普通高等学校数学教材

U0777457

线性代数

吴礼斌 吴磊 编著

机械工业出版社
CHINA MACHINE PRESS

本书是一本普通本科院校线性代数教材，主要面向财经类专业。在涵盖线性代数的核心内容行列式、矩阵及其运算、线性方程组、向量空间、特征值以及二次型等的基础上，适当降低难度，以满足更多学生的学习需求。书中有大量的例题，每节配有练习，每章配有习题，书末提供了大多数练习和习题的答案。

本书适合作为普通本科院校财经类专业本科生教材，以及理工类专业学生的参考教材。

图书在版编目（CIP）数据

线性代数 / 吴礼斌，吴磊编著. -- 北京：机械工业出版社，2025. 9. -- ISBN 978-7-111-79082-2

Ⅰ. O151.2

中国国家版本馆 CIP 数据核字第 2025T0X509 号

机械工业出版社（北京市百万庄大街 22 号　邮政编码 100037）

策划编辑：刘　慧　　　责任编辑：刘　慧

责任校对：甘慧彤　李可意　景　飞　　　责任印制：刘　媛

三河市宏达印刷有限公司印刷

2025 年 9 月第 1 版第 1 次印刷

186mm×240mm · 14.5 印张 · 277 千字

标准书号：ISBN 978-7-111-79082-2

定价：79.00 元

电话服务

客服电话：010-88361066

010-88379833

010-68326294

网络服务

机　工　官　网：www.cmpbook.com

机　工　官　博：weibo.com/cmp1952

金　书　网：www.golden-book.com

机工教育服务网：www.cmpedu.com

前言 PREFACE

线性代数是经济和管理类专业本科生的一门重要的公共数学基础课程。课程的教学目标是使学生掌握线性代数基本知识、基本概念、基本理论、基本方法和基本运算技巧，培养学生自主学习、综合运用所学线性代数的知识分析与解决问题的能力，为学习相关后继课程奠定必要的离散量方面的数学基础。

线性代数的核心内容有行列式、矩阵、向量、线性方程组和二次型等.

为适应“新经管”背景下本科教学的需要，我们依据教育部高等学校大学数学课程教指委制定的大学数学课程教学基本要求以及近年研究生入学数学考试大纲，结合线性代数学特点与几十年的教学实践经验，编写了本书。

线性代数以离散变量为研究对象，具有较强的抽象性、逻辑性和应用性。矩阵、向量和线性方程组是构成线性代数的三条知识主线，虽然它们抽象自不同的对象，但对同一事物经常可以用这三种知识语言从不同的角度给予诠释，三条知识主线关系密切，它们交错前行，相互解释，共同解决问题。

本书共有六章。每章开头的“本章目标”列出了的本章的学习要求。有高、低两种要求标准：高要求的概念、理论用“理解”表述，运算、方法用“掌握”表述，这些内容要求学生深入领会和掌握，并能熟练运用；低要求的概念、理论用“了解”表述，运算、方法用“会”或“了解”表述。第 1 章介绍行列式。其余章突出矩阵主线，通过矩阵的不变量秩介绍方程组解的存在性、向量组的相关性、向量组和矩阵等价性等。书中通过向量理论来介绍方程组解的结构，通过方程组和行列式介绍矩阵的特征值与特征向量、矩阵的相似问题以及二次型的标准形等。

本书的例题、练习和习题是精心挑选的。用例题说明最重要的理论与方法，练习题和习题与例题相呼应，让学生能参照例题的思路进行练习，培养自主学习能力。每节配有练习，每章配有综合习题，题型有选择题、填空题、计算题和证明题，有的章还有应用题。有些练习和习题还设计为让同学自己命题并求解，以培养学生独立思考与解决问题的能力。

为方便教学，我们对课后练习和习题做了详细解答，并制作了完整的 PPT 课件。采用本书做教材的教师前往机械工业出版社教育服务网 http://www.cmpedu.com/ 获取教辅资料。教学建议以课堂讲解为主，注重讲解知识的背景、结构与应用，从知识系统的纵向联系和数学思想方法系统的横向联系两个维度，指导学生把握线性代数的知识结构。

本书的出版得到蚌埠工商学院教务处的大力支持，在此表示感谢。书中难免存在不足之处，欢迎读者批评指正。

本书参考书目

[1] 吴传生．线性代数 [M]. 4 版．北京：高等教育出版社，2020.

[2] 黄廷祝．线性代数 [M]. 2 版．北京：高等教育出版社，2024.

[3] 同济大学数学科学学院．线性代数 [M]. 7 版．北京：高等教育出版社，2023.

[4] [美] 戴维·C. 雷．线性代数及其应用（原书第 6 版）[M]. 北京：机械工业出版社，2023.

[5] 吴赣昌．线性代数（经管类）[M]. 5 版．北京：中国人民大学出版社，2017.

目录

CONTENTS

第1章 CHAPTER 1

行列式

本章目标：

(1)了解行列式的概念，掌握行列式的基本性质。

(2)会用行列式的定义、性质和有关定理计算较简单的行列式。

(3)了解克拉默(Cramer)法则。

在生产实践和科学研究中，有许多问题可归结为求解线性方程组的问题。行列式是在研究线性方程组中建立起来的概念，并成为研究线性方程组的重要工具。当然，行列式还有在其他方面的广泛应用。本章介绍行列式的定义、性质、计算方法以及行列式的应用之一的克拉默法则。

1.1 二阶和三阶行列式

1.1.1 二阶行列式

二阶行列式的定义

在中学阶段，我们学习过各种运算式子，比如，和式 $a+b$、分式$\frac{x-1}{x^2+1}$、根式 $\sqrt{2-a}$ 等，这些式子的共同特征是都含有某种运算符号，如加号“+”、分数线“——”、根号“$\sqrt{\quad}$”等。下面我们用两竖线“$|\cdot|$”的运算符号引入行列式的概念。

定义 1.1 将 4 个数 a_{ij} $(i=1,2;\ j=1,2)$ 排成两行两列的数表并在两边加上竖线的式子

$$\begin{vmatrix} a_{11} & a_{12} \\ a_{21} & a_{22} \end{vmatrix}$$

称为**二阶行列式**(其中横排为行，竖排为列)，并规定

$$\begin{vmatrix} a_{11} & a_{12} \\ a_{21} & a_{22} \end{vmatrix} = a_{11}a_{22} - a_{12}a_{21}。 \tag{1.1}$$

称 $a_{11}a_{22}-a_{12}a_{21}$ 为该**行列式的值**。

由定义 1.1，二阶行列式(1.1)的两竖线“$|\cdot|$”可理解为一种运算符号，它表示 4 个数 $a_{ij}(i=1,2;\ j=1,2)$ 的代数运算 $a_{11}a_{22}-a_{12}a_{21}$

如果从行列式 $\begin{vmatrix} a_{11} & a_{12} \\ a_{21} & a_{22} \end{vmatrix}$ 的左上角 a_{11} 到右下角 a_{22} 画一条实线连接 a_{11}, a_{22}，称为**主对角线**，从右上角到左下角画一条虚线连接 a_{12}, a_{21}，称为**副对角线**，如下所示：

$$\begin{vmatrix} a_{11} & a_{12} \\ a_{21} & a_{22} \end{vmatrix} = a_{11}a_{22} - a_{12}a_{21},$$

那么二阶行列式的运算可用“对角线法则”表述为：二阶行列式的值等于主对角线上两数乘积与副对角线上两数乘积之差。

例如，

$$\begin{vmatrix} 1 & 5 \\ 2 & 7 \end{vmatrix} = 1\times 7 - 5\times 2 = -3; \qquad \begin{vmatrix} 1 & 0 \\ 0 & 1 \end{vmatrix} = 1\times 1 - 0\times 0 = 1;$$

$$\begin{vmatrix} 2 & 3 \\ 4 & 6 \end{vmatrix} = 2\times 6 - 3\times 4 = 0; \qquad \begin{vmatrix} 3 & 5 \\ 0 & 0 \end{vmatrix} = 3\times 0 - 5\times 0 = 0。$$

习惯上，行列式 $\begin{vmatrix} 1 & 5 \\ 2 & 7 \end{vmatrix} = -3$，也称该行列式的值为 -3。从上面的例子可以看出，行列式的值可大于 0，也可小于 0，还可以等于 0。

二阶行列式的应用

利用二阶行列式的定义，可以将中学学习的二元一次线性方程组的解用公式表示。

设含有两个未知量 x_1, x_2 的二元一次线性方程组为

$$\begin{cases} a_{11}x_1 + a_{12}x_2 = b_1, \\ a_{21}x_1 + a_{22}x_2 = b_2, \end{cases} \tag{1.2}$$

其中 a_{ij} 是第 $i(i=1,2)$ 个方程中未知量 $x_j(j=1,2)$ 的系数，b_i 是第 $i(i=1,2)$ 个方程的常数项。

下面用消元法来求解该方程组。先将方程组(1.2)的第一个方程两边乘以 a_{22}，第二个方程的两边乘以 a_{12}，然后将得到的两式相减消去未知量 x_2，得

$$(a_{11}a_{22}-a_{12}a_{21})x_1=b_1a_{22}-a_{12}b_2。\quad ①$$

同理，可消去未知量 x_1，得

$$(a_{11}a_{22}-a_{12}a_{21})x_2=a_{11}b_2-b_1a_{21}，\quad ②$$

当 $a_{11}a_{22}-a_{12}a_{21}\neq 0$ 时，由①和②分别求出 x_1,x_2，即

$$x_1=\frac{b_1a_{22}-a_{12}b_2}{a_{11}a_{22}-a_{12}a_{21}},\ x_2=\frac{a_{11}b_2-b_1a_{21}}{a_{11}a_{22}-a_{12}a_{21}}。\tag{1.3}$$

这是方程组(1.2)的唯一解。

我们观察方程组唯一解式(1.3)的规律，由二阶行列式的定义，x_1,x_2 的分子分别写成二阶行列式 D_1,D_2，即

$$D_1=\begin{vmatrix} b_1 & a_{12}\\ b_2 & a_{22}\end{vmatrix}=b_1a_{22}-a_{12}b_2,\ D_2=\begin{vmatrix} a_{11} & b_1\\ a_{21} & b_2\end{vmatrix}=a_{11}b_2-b_1a_{21}。$$

共同的分母 $a_{11}a_{22}-a_{12}a_{21}$ 写成二阶行列式 D，即

$$D=\begin{vmatrix} a_{11} & a_{12}\\ a_{21} & a_{22}\end{vmatrix}=a_{11}a_{22}-a_{12}a_{21}。$$

那么，当 $D\neq 0$ 时，方程组(1.2)的唯一解式(1.3)可简记作公式

$$x_1=\frac{D_1}{D},\ x_2=\frac{D_2}{D}。\tag{1.4}$$

注： 公式(1.4)是很容易记忆的！x_1,x_2 的分母 D 是由方程组(1.2)的系数在方程组的一般形式下保持原来的相对位置不变所构成的二阶行列式(称为**系数行列式**)，x_1 的分子 D_1 是用方程组(1.1)的常数项 b_1,b_2 替换 D 中第一列即替换 x_1 的系数 a_{11},a_{21} 所得的行列式。同样 x_2 的分子 D_2 是用 b_1,b_2 替换 D 中第二列即替换 x_2 的系数 a_{12},a_{22} 所得的行列式。

【例 1.1】求解方程组 $\begin{cases}2x_1+5x_2=1,\\ 3x_1+7x_2=2。\end{cases}$

【解】因为系数行列式 $D=\begin{vmatrix} 2 & 5\\ 3 & 7\end{vmatrix}=-1\neq 0$，所以方程组有唯一解。又因为

$$D_1=\begin{vmatrix} 1 & 5\\ 2 & 7\end{vmatrix}=-3,\ D_2=\begin{vmatrix} 2 & 1\\ 3 & 2\end{vmatrix}=1,$$

所以由式(1.4)得方程组的唯一解为

$$x_1=\frac{D_1}{D}=\frac{-3}{-1}=3,\ x_2=\frac{D_2}{D}=\frac{1}{-1}=-1。$$

读者若用初等数学的消元法求解，会得到相同的结果。

1.1.2 三阶行列式

三阶行列式的定义

类似于定义 1.1，我们引入三阶行列式的概念。

定义 1.2 由 3×3 个数 $a_{ij}(i,j=1,2,3)$ 排成的 3 行 3 列的数表，两边加上竖线的式子

$$\begin{vmatrix} a_{11} & a_{12} & a_{13} \\ a_{21} & a_{22} & a_{23} \\ a_{31} & a_{32} & a_{33} \end{vmatrix} \tag{1.5}$$

称为**三阶行列式**，并规定

$$\begin{vmatrix} a_{11} & a_{12} & a_{13} \\ a_{21} & a_{22} & a_{23} \\ a_{31} & a_{32} & a_{33} \end{vmatrix} = a_{11}a_{22}a_{33}+a_{12}a_{23}a_{31}+a_{13}a_{21}a_{32}-a_{11}a_{23}a_{32}-a_{12}a_{21}a_{33}-a_{13}a_{22}a_{31}, \tag{1.6}$$

其中位于行列式中的第 i 行第 j 列位置上的数 $a_{ij}(i=1,2,3;\ j=1,2,3)$ 称为行列式的 (i,j) 元，i 与 j 分别称为 (i,j) 元素 a_{ij} 的**行标与列标**。

三阶行列式(1.5)可简记为 $|(a_{ij})_3|$ 或 $\det(a_{ij})$。

注：三阶行列式的值式(1.6)可用“对角线法则”记忆。三条实线上三个元素乘积之和与三条虚线上三个元素乘积之差，如图 1.1 所示。

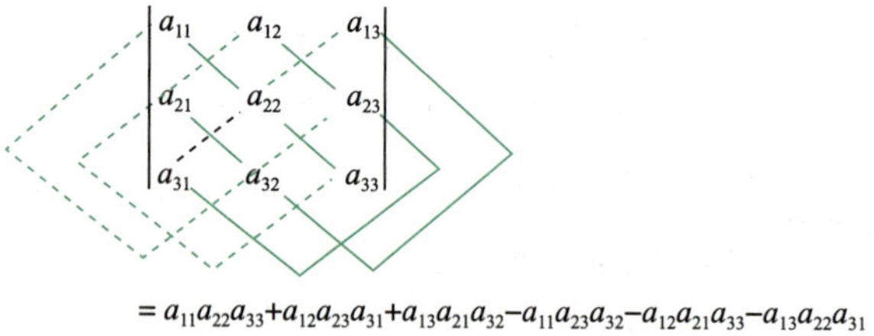
a_{11} a_{12} a_{13}
a_{21} a_{22} a_{23}
a_{31} a_{32} a_{33}
$=a_{11}a_{22}a_{33}+a_{12}a_{23}a_{31}+a_{13}a_{21}a_{32}-a_{11}a_{23}a_{32}-a_{12}a_{21}a_{33}-a_{13}a_{22}a_{31}$

图 1.1 三阶行列式的“对角线法则”

【例 1.2】计算行列式 $\begin{vmatrix} 1 & 2 & 3 \\ -1 & 5 & 2 \\ 2 & -1 & 4 \end{vmatrix}$。

【解】按照对角线法则得

$$\begin{vmatrix} 1 & 2 & 3 \\ -1 & 5 & 2 \\ 2 & -1 & 4 \end{vmatrix} = 1\times5\times4+2\times2\times2+3\times(-1)\times(-1)-1\times2\times(-1)-2\times(-1)\times 4-3\times5\times2=11。$$

【例 1.3】计算行列式 $\begin{vmatrix} 1 & 6 & 3 \\ 0 & 5 & 2 \\ 0 & 0 & 4 \end{vmatrix}$。

【解】按照对角线法则得

$$\begin{vmatrix} 1 & 6 & 3 \\ 0 & 5 & 2 \\ 0 & 0 & 4 \end{vmatrix} = 1\times5\times4+6\times2\times0+3\times0\times0-1\times0\times2-6\times0\times4-3\times5\times0=1\times5\times4=20。$$

注：这个行列式有个特点，它含有较多的零元素，从左上角到右下角元素 1,5,4 的连线(称为主对角线!)的下方元素全部为 0。这样的行列式称为**上三角形行列式**。

【例 1.4】已知 $\begin{vmatrix} 1 & 2 & 3 \\ 0 & x & 5 \\ 1 & -4 & 1 \end{vmatrix}=0$，求 x。

【解】方程左端为三阶行列式，按照对角线法则得

$$x+10+0-3x-(-20)-0=0,$$

解得 $x=15$。

注：若记 $D(x)=\begin{vmatrix} 1 & 2 & 3 \\ 0 & x & 5 \\ 1 & -4 & 1 \end{vmatrix}$，显然 $D(x)$是 x 的函数。

三阶行列式的应用

有了三阶行列式的概念，类似于二元线性方程组，三元线性方程组的解也可用公式表示。

设含 3 个未知量 x_1,x_2,x_3 与 3 个方程的线性方程组为

$$\begin{cases} a_{11}x_1+a_{12}x_2+a_{13}x_3=b_1, \\ a_{21}x_1+a_{22}x_2+a_{23}x_3=b_2, \\ a_{31}x_1+a_{32}x_2+a_{33}x_3=b_3。 \end{cases} \tag{1.7}$$

其中 a_{ij}，$b_i(i=1,2,3;\ j=1,2,3)$为常数，由未知量的系数构成的三阶行列式

$$D=\begin{vmatrix} a_{11} & a_{12} & a_{13} \\ a_{21} & a_{22} & a_{23} \\ a_{31} & a_{32} & a_{33} \end{vmatrix}$$

称为**系数行列式**，又记

$$D_1=\begin{vmatrix} b_1 & a_{12} & a_{13} \\ b_2 & a_{22} & a_{23} \\ b_3 & a_{32} & a_{33} \end{vmatrix}，D_2=\begin{vmatrix} a_{11} & b_1 & a_{13} \\ a_{21} & b_2 & a_{23} \\ a_{31} & b_3 & a_{33} \end{vmatrix}，D_3=\begin{vmatrix} a_{11} & a_{12} & b_1 \\ a_{21} & a_{22} & b_2 \\ a_{31} & a_{32} & b_3 \end{vmatrix}。$$

当 $D\neq 0$ 时，线性方程组(1.7)的唯一解为

$$x_1=\frac{D_1}{D},\ x_2=\frac{D_2}{D},\ x_3=\frac{D_3}{D}。\tag{1.8}$$

注： 显然，行列式 $D_j(j=1,2,3)$ 的第 j 列是系数行列式 D 的第 j 列用方程组(1.7)右端的常数替换得到的，为了便于观察，在行列式中用虚框框出了。

【例 1.5】解线性方程组

$$\begin{cases} 3x_1+x_2+x_3=8, \\ 6x_1+2x_2+x_3=13, \\ x_1+x_2+2x_3=9。\end{cases}$$

【解】因为系数行列式

$$D=\begin{vmatrix} 3 & 1 & 1 \\ 6 & 2 & 1 \\ 1 & 1 & 2 \end{vmatrix}=2\neq 0,$$

所以方程组有唯一解。又因为

$$D_1=\begin{vmatrix} 8 & 1 & 1 \\ 13 & 2 & 1 \\ 9 & 1 & 2 \end{vmatrix}=2，D_2=\begin{vmatrix} 3 & 8 & 1 \\ 6 & 13 & 1 \\ 1 & 9 & 2 \end{vmatrix}=4，D_3=\begin{vmatrix} 3 & 1 & 8 \\ 6 & 2 & 13 \\ 1 & 1 & 9 \end{vmatrix}=6,$$

所以由式(1.8)得线性方程组的唯一解为

$$x_1=\frac{D_1}{D}=\frac{2}{2}=1,\ x_2=\frac{D_2}{D}=\frac{4}{2}=2,\ x_3=\frac{D_3}{D}=\frac{6}{2}=3。$$

本节介绍的二阶、三阶行列式，本质上是一种代数运算，这种运算可以推广到更高阶行列式。

练习 1.1

1. 计算下列二阶或三阶行列式(假设 a，b，c，θ 为常数)。

(1) $\begin{vmatrix} 2 & 7 \\ 1 & 4 \end{vmatrix}$；　(2) $\begin{vmatrix} \sin\theta & -\cos\theta \\ \cos\theta & \sin\theta \end{vmatrix}$；　(3) $\begin{vmatrix} a & b \\ a^2 & b^2 \end{vmatrix}$；

(4) $\begin{vmatrix} 1 & 2 & 3 \\ 4 & 5 & 6 \\ 7 & 8 & 9 \end{vmatrix}$；　(5) $\begin{vmatrix} 2 & 0 & 1 \\ 1 & -4 & -1 \\ -1 & 8 & 3 \end{vmatrix}$；　(6) $\begin{vmatrix} 8 & 1 & 6 \\ 3 & 5 & 7 \\ 4 & 9 & 2 \end{vmatrix}$；

(7) $\begin{vmatrix} a & b & c \\ b & c & a \\ c & a & b \end{vmatrix}$；　(8) $\begin{vmatrix} 1 & 1 & 1 \\ a & b & c \\ a^2 & b^2 & c^2 \end{vmatrix}$；　(9) $\begin{vmatrix} a & b & a+b \\ b & a+b & a \\ a+b & a & b \end{vmatrix}$。

2. 已知 $\begin{vmatrix} \lambda-2 & -2 & -1 \\ 2 & \lambda+2 & 1 \\ -1 & -1 & \lambda+2 \end{vmatrix}=0$，求常数 λ。

3. 用公式解下列线性方程组。

(1) $\begin{cases} 2x_1+x_2=-2, \\ 3x_1+2x_2=3。 \end{cases}$　(2) $\begin{cases} x_1+x_2+x_3=6, \\ 2x_2-x_3=4, \\ 2x_3=4。 \end{cases}$　(3) $\begin{cases} 5x_1+x_2+x_3=-2, \\ -2x_1-x_3=1, \\ 8x_1+x_2+2x_3=-4。 \end{cases}$

1.2　n 阶行列式

1.2.1　n 级排列及其逆序数

为了定义 $n(n\geqslant 2)$ 阶行列式，我们首先介绍 $n(n\geqslant 2)$ 级排列的概念与性质。

定义 1.3　由自然数 $1,2,\cdots,n(n\geqslant 2)$ 按不同顺序排成的有限数列

$$i_1 i_2 \cdots i_k \cdots i_n (1\leqslant k\leqslant n,\ 1\leqslant i_k\leqslant n),$$

称为一个 **n 级排列**，其中数 i_k 也称为排列的**第 k 个数码**。

由定义，n 级排列共有 $n!$ 个。

例如，3 级排列共有 $3!(6)$个，即

$$1\,2\,3,\quad 2\,3\,1,\quad 3\,1\,2,\quad 1\,3\,2,\quad 2\,1\,3,\quad 3\,2\,1。$$

定义 1.4 在 $n(n\geqslant 2)$ 级排列 $i_1i_2\cdots i_t\cdots i_k\cdots i_n(1\leqslant t<n,\ 1<k\leqslant n,\ t\neq k)$ 中，如果排前面的数码 i_t 大于排后面的数码 i_k，即 $i_t>i_k(t<k)$，则称数码 i_t 与 i_k 构成一个**逆序**。一个排列 $i_1i_2\cdots i_n$ 的逆序总数称为该排列的**逆序数**，记作 $\tau(i_1i_2\cdots i_n)$。一个数码的逆序数是排在该数码后面且小于该数码的数码数。

如果逆序数 $\tau(i_1i_2\cdots i_n)$ 为奇数，则称该排列为**奇排列**；如果逆序数 $\tau(i_1i_2\cdots i_n)$ 为偶数，称该排列为**偶排列**。

由定义，按自然数顺序排列的 n 级排列“$1\ 2\cdots(n-1)n$”的逆序数为

$$\tau[1\ 2\cdots(n-1)n]=0。$$

【例 1.6】求 4 级排列“3 4 1 2”的逆序数，并指出奇偶性。

【解】从排列“3 4 1 2”的左边第一个数码“3”开始，从左至右，依次求出每个数码的逆序数，然后将每个数码的逆序数相加即得排列的逆序数。

因为排列“3 4 1 2”从左至右数码“3”的逆序数为 2，数码“4”的逆序数为 2，数码“1”的逆序数为 0，数码“2”的逆序数为 0，所以

$$\tau(3\ 4\ 1\ 2)=2+2+0+0=4。$$

又因为 $\tau(3\ 4\ 1\ 2)=4$ 是偶数，故排列“3 4 1 2”是偶排列。

注：分别计算出排列中每个数码后面比它小的数码个数，即算出排列中每个数码的逆序数，每个数码的逆序数之总和即为所求排列的逆序数。

【例 1.7】求 $n(n\geqslant 2)$ 级排列 $n(n-1)(n-2)\cdots 2\ 1$ 的逆序数，并指出它的奇偶性。

【解】从排列“$n(n-1)(n-2)\cdots 21$”的左边第一个数码开始，从左至右，数码“n”的逆序数为 $n-1$，数码“$n-1$”的逆序数为 $n-2$，以此类推，“2”的逆序数为 1，“1”的逆序数为 0。所以

$$\tau[n(n-1)(n-2)\cdots 21]=(n-1)+(n-2)+\cdots+2+1=\frac{1}{2}n(n-1)。$$

显然，当 $n=4k$，$4k+1$（k 为自然数）时，$\frac{1}{2}n(n-1)$ 为偶数，此时排列“$n(n-1)(n-2)\cdots 21$”为偶排列；当 $n=4k+2$，$4k+3$ 时，$\frac{1}{2}n(n-1)$ 为奇数，此时排列“$n(n-1)(n-2)\cdots 21$”为奇排列。

定义 1.5 在一个 n 级排列 $i_1i_2\cdots i_t\cdots i_k\cdots i_n(1\leqslant t<n,\ 1<k\leqslant n,\ t\neq k)$ 中，若交换数码 i_t 与 i_k 的位置，其余数码的位置不变，得到一个新的 n 级排列 $i_1i_2\cdots i_k\cdots i_t\cdots i_n$，这样的交换称为**对换**，记作

$$i_1 i_2 \cdots i_t \cdots i_k \cdots i_n \xrightarrow{(i_t, i_k)} i_1 i_2 \cdots i_k \cdots i_t \cdots i_n。$$

例如，在 5 级排列“5 2 3 1 4”中，将数码 2 与 1 对换，记为

$$5\ 2\ 3\ 1\ 4 \xrightarrow{(2,1)} 5\ 1\ 3\ 2\ 4。$$

容易求出对换前该排列的逆序数为

$$\tau(5\ 2\ 3\ 1\ 4) = 4+1+2+0+0 = 7(7 \text{ 是奇数}),$$

该排列是奇排列。对换后的排列的逆序数为

$$\tau(5\ 1\ 3\ 2\ 4) = 4+0+2+0+0 = 6(6 \text{ 是偶数})。$$

对换后的排列是偶排列。

一般地，有如下的定理。

定理 1.1　任意一排列经过一次对换将改变其奇偶性。

【证】先考察相邻的两数码对换，再考察不相邻的两数码对换。

(1)**相邻的数码对换**。设排列 $AijB \xrightarrow{(i,j)} AjiB$，其中 A,B 是 i,j 以外的的其余数码。将相邻的数码 i，j 做对换，由于在对换前后的两个排列中，数码 i,j 与 A 及 B 中的数码构成的逆序数不会发生改变，所以，若 $i>j$，则经过对换排列会减少 1 个逆序，若 $i<j$，经过对换排列会增加 1 个逆序。这样，无论逆序数增加还是减少，都改变了排列的奇偶性。

(2)**不相邻的两数码对换**。设排列 $Aik_1k_2\cdots k_tjB \xrightarrow{(i,j)} Ajk_1k_2\cdots k_tiB$，将不相邻的数码做对换，可以先将数码 i 和 $k_1,k_2,\cdots,k_t,j$ 依次做对换，即

$$Aik_1k_2\cdots k_tjB \xrightarrow{(i,k_1)} Ak_1ik_2\cdots k_tjB \xrightarrow{(i,k_2)} Ak_1k_2i\cdots k_tjB \to \cdots \xrightarrow{(t+1)\text{ 次对换}} Ak_1k_2\cdots k_tjiB,$$

再将数码 j 和 k_t，$k_{t-1},\cdots,k_1$ 依次做对换，即

$$Ak_1k_2\cdots k_tjiB \xrightarrow{(j,k_t)} Ak_1k_2\cdots jk_tiB \to \cdots \xrightarrow{(t)\text{ 次对换}} Ajk_1k_2\cdots k_tiB。$$

这样，共进行了 $t+(t+1)=2t+1$ 次相邻数码的对换，因而排列的逆序数共改变了 $2t+1$次，所以改变了排列的奇偶性。□

推论 1.1　在全部 n 级排列中，奇偶排列各占一半。

【证】设共有 p 个奇排列、q 个偶排列，则 $p+q=n!$。在 p 个奇排列中，每一个都将其中的数码 i,j 做对换，这样就得到 p 个不同的偶排列，这些偶排列是全部偶排列的一部分，因而 $p\leqslant q$。同理，有 $q\leqslant p$，故 $p=q=n!/2$。□

例如，全部的 3 级排列中，偶排列有 3 个，分别是 1 2 3，2 3 1，3 1 2；奇排列也有 3 个，分别是 1 3 2，2 1 3，3 2 1。

1.2.2 n 阶行列式的定义

考察三阶行列式式(1.6)，可看到三阶行列式共有 3!(6)项代数和。每项都是取自不同行不同列的 3 个元素的乘积，且元素的行标按自然数顺序排列，列标是一个 3 级排列。当列标构成的排列为奇排列时，该项前面取负号；当列标构成的排列为偶排列时，该项前面取正号。因此，

$$\begin{vmatrix} a_{11} & a_{12} & a_{13} \\ a_{21} & a_{22} & a_{23} \\ a_{31} & a_{32} & a_{33} \end{vmatrix} = \sum_{j_1j_2j_3} (-1)^{\tau(j_1j_2j_3)} a_{1j_1}a_{2j_2}a_{3j_3}$$

其中 $\sum\limits_{j_1j_2j_3}$ 表示对所有 3 级排列 $j_1j_2j_3$ 求和。

这样，我们抽象出 n 阶行列式的定义如下。

定义 1.6 设有 $n^2(n\geqslant 2)$个数 $a_{ij}(i=1,2,\cdots,n;\ j=1,2,\cdots,n)$，符号

$$\begin{vmatrix} a_{11} & a_{12} & \cdots & a_{1n} \\ a_{21} & a_{22} & \cdots & a_{2n} \\ \vdots & \vdots & & \vdots \\ a_{n1} & a_{n2} & \cdots & a_{nn} \end{vmatrix}$$

称为 **n 阶行列式**，简记为 $D_n=|(a_{ij})_n|$ 或 $\det(a_{ij})$，并规定

$$D_n = |(a_{ij})_n| = \sum_{j_1j_2\cdots j_n} (-1)^{\tau(j_1j_2\cdots j_n)} a_{1j_1}a_{2j_2}\cdots a_{nj_n}, \tag{1.9}$$

其中求和符号 $\sum\limits_{j_1j_2\cdots j_n}$ 表示对所有 n 级排列求和(共有 $n!$ 项)，$(-1)^{\tau(j_1j_2\cdots j_n)}a_{1j_1}a_{2j_2}\cdots a_{nj_n}$ 称为和式的一般项，表示取自不同行与不同列的 n 个元素的乘积 $a_{1j_1}a_{2j_2}\cdots a_{nj_n}$ 乘以符号$(-1)^{\tau(j_1j_2\cdots j_n)}$。

注：(1)由定义，行列式(1.9)表示所有可能的取自不同行不同列的 n 个元素乘积 $a_{1j_1}a_{2j_2}\cdots a_{nj_n}$ 的代数和。乘积元素的行标按自然数顺序排列$(1,2,3,\cdots,n)$，而列标构成一个 n 级排列$(j_1,j_2,\cdots,j_n)$。符号$(-1)^{\tau(j_1j_2\cdots j_n)}$由列标排列$(j_1,j_2,\cdots,j_n)$的奇偶性确定：如果排列为奇排列，则该项前面取负号；如果排列为偶排列，则该项前面取正号。

(2)n 阶行列式本质上是一个代数运算式，其值是一个数。

(3)为了方便，一个数(即只有一行一列)的行列式就规定为该数本身，即 $D_1=|a_{11}|=a_{11}$。注意，这里的符号$|a_{11}|$不表示数的绝对值。

【例 1.8】计算四阶行列式

$$D_4=\begin{vmatrix}5&0&0&0\\0&2&0&0\\0&0&6&0\\0&0&0&3\end{vmatrix}。$$

【解】设 $D_4=|(a_{ij})_4|$，由定义 1.6，

$$D_4=|(a_{ij})_4|=\sum_{j_1j_2j_3j_4}(-1)^{\tau(j_1j_2j_3j_4)}a_{1j_1}a_{2j_2}a_{3j_3}a_{4j_4}$$

共有 $4!=24$ 项求和，但由于行列式中有较多的元素为 0，所以和式中有许多项等于 0。具体来说，一般项是

$$(-1)^{\tau(j_1j_2j_3j_4)}a_{1j_1}a_{2j_2}a_{3j_3}a_{4j_4},$$

只有当 $j_1=1$ 时，一般项才有可能不为 0。否则，如果 $j_1\neq1$，而第 1 行中只有位于第 1 列的元素为 1，其余元素为 0，那么 $a_{1j_1}=0$，从而该项等于 0。同理，只有当

$$j_2=2,\ j_3=3,\ j_4=4$$

时，一般项才不为 0。这就是说，和式中不为 0 的项只有 $a_{11}a_{22}a_{33}a_{44}$ 这一项，且列下标排列 $j_1=1,j_2=2,j_3=3,j_4=4$ 的逆序数 $\tau(j_1j_2j_3j_4)=\tau(1\ 2\ 3\ 4)=0$，所以

$$\begin{vmatrix}5&0&0&0\\0&2&0&0\\0&0&3&0\\0&0&0&6\end{vmatrix}=(-1)^0\times5\times2\times3\times6=180。$$

【例 1.9】计算行列式

$$D_4=\begin{vmatrix}0&0&0&1\\0&0&2&0\\0&3&0&0\\4&0&0&0\end{vmatrix}。$$

【解】这也是一个四阶行列式，在式(1.9)中应该有 $4!=24$ 项求和。但由于行列式中有较多的零元素，所以在 24 项中有很多项等于 0。具体来说，一般项是

$$(-1)^{\tau(j_1j_2j_3j_4)}a_{1j_1}a_{2j_2}a_{3j_3}a_{4j_4},$$

只有当 $j_1=4$ 时，一般项才有可能不为 0。否则，如果 $j_1\neq4$，且由于第 1 行中只有位于第 4 列的元素为 1，其余元素为 0，那么 $a_{1j_1}=0$，从而该项等于 0。同理，只有当

$$j_2=3,\ j_3=2,\ j_4=1$$

时，一般项才不为 0。这就是说，式(1.9)中不为 0 的项只有 $a_{14}a_{23}a_{32}a_{41}$ 这一项，且 $\tau(j_1j_2j_3j_4)=\tau(4\ 3\ 2\ 1)=6$，所以

$$\begin{vmatrix} 0 & 0 & 0 & 1 \\ 0 & 0 & 2 & 0 \\ 0 & 3 & 0 & 0 \\ 4 & 0 & 0 & 0 \end{vmatrix} = (-1)^6 \times 1 \times 2 \times 3 \times 4 = 24。$$

这个例子表明类似于三阶行列式的对角线法则对四阶行列式并不成立！

【例 1.10】计算行列式

$$D_n = \begin{vmatrix} a_{11} & a_{12} & \cdots & a_{1n} \\ 0 & a_{22} & \cdots & a_{2n} \\ \vdots & \vdots & & \vdots \\ 0 & 0 & \cdots & a_{nn} \end{vmatrix}。\tag{1.10}$$

（该行列式称为**上三角形行列式**。）

【解】根据行列式定义，先考虑 D_n 的 $n!$ 项中有哪些不为 0，然后再来决定它们的符号。不考虑符号的一般项为

$$a_{1j_1}a_{2j_2}\cdots a_{nj_n}。$$

在行列式中第 n 行的元素除 a_{nn} 外全为 0，因此，只要考虑 $j_n=n$ 的那些项。在第 $n-1$ 行中，除 $a_{n-1,n-1}$，$a_{n-1,n}$ 外，其余的元素全为 0，因此只考虑 $j_{n-1}=n-1$，n 这两种可能。由于 $j_n=n$，所以 j_{n-1} 就不能等于 n 了，从而 $j_{n-1}=n-1$。以此类推，不难看出，在式(1.9)中的 $n!$ 项中，除去

$$a_{11}a_{22}\cdots a_{nn}$$

这一项，其余的项全是 0，且 $\tau(j_1j_2\cdots j_n)=\tau(12\cdots n)=0$，所以

$$\begin{vmatrix} a_{11} & a_{12} & \cdots & a_{1n} \\ 0 & a_{22} & \cdots & a_{2n} \\ \vdots & \vdots & & \vdots \\ 0 & 0 & \cdots & a_{nn} \end{vmatrix} = (-1)^{\tau(12\cdots n)}a_{11}a_{22}\cdots a_{nn} = a_{11}a_{22}\cdots a_{nn}。$$

结论：**上三角形行列式等于主对角线上元素的乘积。**

类似地，下三角形行列式

$$\begin{vmatrix} a_{11} & 0 & \cdots & 0 \\ a_{21} & a_{22} & \cdots & 0 \\ \vdots & \vdots & & \vdots \\ a_{n1} & a_{n2} & \cdots & a_{nn} \end{vmatrix} = a_{11}a_{22}\cdots a_{nn}。$$

特别地，**对角行列式**

$$\begin{vmatrix} a_{11} & 0 & \cdots & 0 \\ 0 & a_{22} & \cdots & 0 \\ \vdots & \vdots & & \vdots \\ 0 & 0 & \cdots & a_{nn} \end{vmatrix} = a_{11}a_{22}\cdots a_{nn}。$$

总之，上(下)三角形行列式与对角行列式都等于主对角线上元素的乘积。

主对角线上元素全为 1 的对角行列式

$$\begin{vmatrix} 1 & 0 & \cdots & 0 \\ 0 & 1 & \cdots & 0 \\ \vdots & \vdots & & \vdots \\ 0 & 0 & \cdots & 1 \end{vmatrix} = 1。$$

注：形如以下的两个行列式没有人给予命名。由行列式的定义，通过类似于例 1.10 的分析可以得到

$$\begin{vmatrix} a_{11} & a_{12} & \cdots & a_{1n} \\ a_{21} & a_{22} & \cdots & 0 \\ \vdots & \vdots & & \vdots \\ a_{n1} & 0 & \cdots & 0 \end{vmatrix} = (-1)^{\frac{n(n-1)}{2}} a_{1n}a_{2(n-1)}\cdots a_{n1},$$

$$\begin{vmatrix} 0 & 0 & \cdots & a_{1n} \\ 0 & 0 & \cdots & a_{2n} \\ \vdots & \vdots & & \vdots \\ a_{n1} & a_{n2} & \cdots & a_{nn} \end{vmatrix} = (-1)^{\frac{n(n-1)}{2}} a_{1n}a_{2(n-1)}\cdots a_{n1}。$$

请读者分析。

1.2.3　行列式的等价定义

在定义 1.6 中，行列式与“列行式”从语义上是相同的，即不同行与不同列元素乘积等价于不同列与不同行元素乘积。因此，有如下的行列式等价定义。

定义 1.7　n 阶行列式(1.9)还可以写成

$$D_n = \sum_{i_1 i_2 \cdots i_n} (-1)^{\tau(i_1 i_2 \cdots i_n)} a_{i_1 1} a_{i_2 2} \cdots a_{i_n n},$$

即一般项 $a_{i_1 1} a_{i_2 2} \cdots a_{i_n n}$ 的行标是一个 n 级排列 $i_1 i_2 \cdots i_n$，而列标是自然顺序排列 $12\cdots n$。

更进一步，我们有下面的定理。

定理 1.2 n 阶行列式(1.9)还可以写成

$$D_n=\sum_{j_1j_2\cdots j_n}(-1)^{\tau(i_1i_2\cdots i_n)+\tau(j_1j_2\cdots j_n)}a_{i_1j_1}a_{i_2j_2}\cdots a_{i_nj_n}。\tag{1.11}$$

【证】由于项 $a_{i_1j_1}a_{i_2j_2}\cdots a_{i_nj_n}$ 是不同行不同列的 n 个元素的乘积，因而是 D 中的项。由数的乘法交换律，有

$$a_{i_1j_1}a_{i_2j_2}\cdots a_{i_tj_t}\cdots a_{i_kj_k}\cdots a_{i_nj_n}=a_{i_1j_1}a_{i_2j_2}\cdots a_{i_kj_k}\cdots a_{i_tj_t}\cdots a_{i_nj_n}。$$

此时行标排列由 $i_1i_2\cdots i_t\cdots i_k\cdots i_n$ 变成了 $i_1i_2\cdots i_k\cdots i_t\cdots i_n$，而列标排列由 $j_1j_2\cdots j_t\cdots j_k\cdots j_n$ 变成了 $j_1j_2\cdots j_k\cdots j_t\cdots j_n$，这样行标构成的排列改变了奇偶性，同时列标构成的排列也改变了奇偶性，但行标排列与列标排列的逆序数之和的奇偶性并不改变。经过一次交换如此，经过若干次交换也是如此。于是经过若干次交换，将项

$$a_{i_1j_1}a_{i_2j_2}\cdots a_{i_tj_t}\cdots a_{i_kj_k}\cdots a_{i_nj_n}$$

变成

$$a_{1p_1}a_{2p_2}\cdots a_{np_n},$$

且其符号不变(其中 $p_1p_2\cdots p_n$ 是 $j_1j_2\cdots j_n$ 的一个排列)，于是

$$\begin{aligned}&(-1)^{\tau(i_1i_2\cdots i_n)+\tau(j_1j_2\cdots j_n)}a_{i_1j_1}a_{i_2j_2}\cdots a_{i_nj_n}\\=&(-1)^{\tau(12\cdots n)+\tau(p_1p_2\cdots p_n)}a_{1p_1}a_{2p_2}\cdots a_{np_n}\\=&(-1)^{\tau(p_1p_2\cdots p_n)}a_{1p_1}a_{2p_2}\cdots a_{np_n}。\end{aligned}$$

□

练习 1.2

1. 求下列各排列的逆序数。

(1)1 2 3 4；　(2) 4 1 3 2 5；　(3) 3 4 6 5 2 1；　(4) 5 6 2 4 1 3。

2. 求下列 $2n(n\geqslant 2)$ 级排列的逆序数。

(1)1 3… $(2n-1)$ 2 4 … $(2n)$；　(2) 1 3 … $(2n-1)$ $(2n)$ $(2n-2)$ … 2。

3. 用行列式定义计算下列四阶行列式(a,b,c,d,e,f,g 为常数)。

(1) $\begin{vmatrix}0&0&a&0\\0&b&0&0\\c&0&0&0\\0&0&0&d\end{vmatrix}$；　(2) $\begin{vmatrix}a&b&0&0\\c&d&0&0\\0&0&e&f\\0&0&0&g\end{vmatrix}$。

4. 用行列式定义计算下列 $n(n\geqslant 2)$ 阶行列式。

(1) $\begin{vmatrix} 0 & 1 & 0 & \cdots & 0 \\ 0 & 0 & 2 & \cdots & 0 \\ \vdots & \vdots & \vdots & & \vdots \\ 0 & 0 & 0 & \cdots & n-1 \\ n & 0 & 0 & \cdots & 0 \end{vmatrix}$；　(2) $\begin{vmatrix} 0 & a_1 & 0 & \cdots & 0 \\ 0 & 0 & a_2 & \cdots & 0 \\ \vdots & \vdots & \vdots & & \vdots \\ 0 & 0 & 0 & \cdots & a_{n-1} \\ a_n & b_1 & b_2 & \cdots & b_{n-1} \end{vmatrix}$。

1.3　行列式的性质

本节介绍行列式的运算性质，熟练掌握行列式的这些性质，对简化行列式计算会有一定帮助。

定义 1.8　设 n 阶行列式

$$D = \begin{vmatrix} a_{11} & a_{12} & \cdots & a_{1n} \\ a_{21} & a_{22} & \cdots & a_{2n} \\ \vdots & \vdots & & \vdots \\ a_{n1} & a_{n2} & \cdots & a_{nn} \end{vmatrix}。$$

将 D 的第 i 行写成一个新的行列式的第 i 列(称为交换行列式 D 的行与列)，称新的行列式为 D 的**转置行列式**，记作 D^{T}(或 D')，即

$$D^{\mathrm{T}} = \begin{vmatrix} a_{11} & a_{21} & \cdots & a_{n1} \\ a_{12} & a_{22} & \cdots & a_{n2} \\ \vdots & \vdots & & \vdots \\ a_{1n} & a_{2n} & \cdots & a_{nn} \end{vmatrix}。$$

例如，设行列式 $D=\begin{vmatrix} 1 & 2 & 3 \\ 4 & 5 & 6 \\ 7 & 8 & 9 \end{vmatrix}$，则其转置行列式为 $D^{\mathrm{T}}=\begin{vmatrix} 1 & 4 & 7 \\ 2 & 5 & 8 \\ 3 & 6 & 9 \end{vmatrix}$。

性质 1.1 (行与列的对称性)　行列式 D 与它的转置行列式 D^{T} 相等，即 $D^{\mathrm{T}}=D$。

【证】设 $D=|(a_{ij})_n|$。由于 D 中的不带符号的某项 $a_{1j_1}a_{1j_2}\cdots a_{nj_n}$ 是不同行不同列的元素的乘积，因而也是 D^{T} 中的某项。此项在 D 中的符号为$(-1)^{\tau(j_1j_2\cdots j_n)}$，而该项是 D^{T} 中位于第 j_1，j_2，$\cdots$，j_n 行和第 $1,2,\cdots,n$ 列的元素的乘积，故该项在 D^{T} 中的符号为

$$(-1)^{\tau(j_1j_2\cdots j_n)+\tau(12\cdots n)} = (-1)^{\tau(j_1j_2\cdots j_n)},$$

与 D 中的符号相同。由项的任意性，D^{T} 与 D 有相同的项，所以 $D^{\mathrm{T}}=D$。 □

注： 性质 1.1 表明，行列式中行与列具有对称性，凡是行具有的性质，列也同样具有，反之亦然。为了方便，以下仅就“行”给出有关行列式的性质。

性质 1.2（行互换的变号性） 互换行列式中任何两行（列）的位置，行列式的值改变符号。

【证】设 $D=|(a_{ij})_n|$。将 D 的第 i 行与第 k 行（$i\neq k$）交换位置得行列式 D_1，即

$$D=\begin{vmatrix} a_{11} & a_{12} & \cdots & a_{1n} \\ \vdots & \vdots & & \vdots \\ a_{i1} & a_{i2} & \cdots & a_{in} \\ \vdots & \vdots & & \vdots \\ a_{k1} & a_{k2} & \cdots & a_{kn} \\ \vdots & \vdots & & \vdots \\ a_{n1} & a_{n2} & \cdots & a_{nn} \end{vmatrix},$$

$$D_1=\begin{vmatrix} a_{11} & a_{12} & \cdots & a_{1n} \\ \vdots & \vdots & & \vdots \\ a_{k1} & a_{k2} & \cdots & a_{kn} \\ \vdots & \vdots & & \vdots \\ a_{i1} & a_{i2} & \cdots & a_{in} \\ \vdots & \vdots & & \vdots \\ a_{n1} & a_{n2} & \cdots & a_{nn} \end{vmatrix}。$$

由行列式的定义，D 中的不带符号的任意一项 $a_{1j_1}a_{2j_2}\cdots a_{nj_n}$ 在 D 中的符号为 $(-1)^{\tau(j_1j_2\cdots j_n)}$。由于 D_1 是由 D 的第 i 行与第 k 行交换位置得到的，故 D_1 中的不带符号的项 $a_{1j_1}a_{2j_2}\cdots a_{nj_n}$ 是由 D_1 中位于第 $1,2,\cdots,k,\cdots,i,\cdots,n$ 行和第 $j_1,j_2,\cdots,j_n$ 列的元素的乘积，由定理 1.2，该项在 D_1 中的符号为

$$(-1)^{\tau(12\cdots k\cdots i\cdots n)+\tau(j_1j_2\cdots j_n)}=-(-1)^{\tau(j_1j_2\cdots j_n)}。$$

因此，D 中的项与 D_1 中的项相差一个负号，所以 $D_1=-D$。 □

推论 1.2 如果行列式中的某两行（列）对应元素相等，则该行列式等于零。

【证】设 $D=|(a_{ij})_n|$ 中第 i 行与第 k 行（$i\neq k$）元素对应相等。一方面把这两行相互交换得行列式 D_1，则 $D_1=-D$。另一方面，由于相交换的两行对应元素是相同的，所以仍有 $D_1=D$。这样可得 $D=-D$，即 $2D=0$，所以 $D=0$。 □

例如，由于行列式$\begin{vmatrix}1&2&3\\1&2&3\\7&8&9\end{vmatrix}$的第 1 行与第 2 行相同，所以$\begin{vmatrix}1&2&3\\1&2&3\\7&8&9\end{vmatrix}=0$。

性质 1.3（整行提取公因数） 行列式的某行(列)所有的元素都乘以同一个常数 c，所得到的行列式为原来行列式的 c 倍，即设 $D=|(a_{ij})_n|$，c 为常数，则

$$\begin{vmatrix}a_{11}&a_{12}&\cdots&a_{1n}\\\vdots&\vdots&&\vdots\\ca_{i1}&ca_{i2}&\cdots&ca_{in}\\\vdots&\vdots&&\vdots\\a_{1n}&a_{2n}&\cdots&a_{nn}\end{vmatrix}=c\begin{vmatrix}a_{11}&a_{12}&\cdots&a_{n1}\\\vdots&\vdots&&\vdots\\a_{i2}&a_{i2}&\cdots&a_{i2}\\\vdots&\vdots&&\vdots\\a_{1n}&a_{2n}&\cdots&a_{nn}\end{vmatrix}。$$

【证】设将 $D=|(a_{ij})_n|$ 的第 i 行的全部元素都乘以同一个常数 c 得到新行列式 D_1，且由行列式定义得

$$D_1=\begin{vmatrix}a_{11}&a_{12}&\cdots&a_{1n}\\\vdots&\vdots&&\vdots\\ca_{i1}&ca_{i2}&\cdots&ca_{in}\\\vdots&\vdots&&\vdots\\a_{1n}&a_{2n}&\cdots&a_{nn}\end{vmatrix}=\sum_{j_1j_2\cdots j_n}(-1)^{\tau(j_1j_2\cdots j_n)}a_{1j_1}a_{2j_2}\cdots(ca_{ij_i})\cdots a_{nj_n}$$

$$=c\sum_{j_1j_2\cdots j_n}(-1)^{\tau(j_1j_2\cdots j_n)}a_{1j_1}a_{2j_2}\cdots a_{ij_i}\cdots a_{nj_n}=cD。$$ □

推论 1.3 行列式某行(列)所有元素的公因子可提到行列式符号的外边。

推论 1.4 如果行列式的某行(列)的元素全都等于零，则该行列式等于零。

推论 1.5 如果行列式的某两行(列)的元素对应成比例，则该行列式等于零。

例如，由于行列式$\begin{vmatrix}1&2&3\\2&4&6\\7&8&9\end{vmatrix}$的第 1 行与第 2 行的元素对应成比例，所以

$$\begin{vmatrix}1&2&3\\2&4&6\\7&8&9\end{vmatrix}=2\begin{vmatrix}1&2&3\\1&2&3\\7&8&9\end{vmatrix}=0。$$

性质 1.4（可加性） 如果行列式的某行(列)的所有元素都可以写成两个数的和，则

该行列式可以写成两个行列式的和。这两个行列式的对应行(列)的元素分别为对应的两个加数之一，而其余各行(列)的元素与原行列式相同。

【证】设 $D=|(a_{ij})_n|$ 中的第 i 行的元素 $a_{ij}\ (j=1,2,\cdots,n)$ 为两数之和 $b_{ij}+c_{ij}$，即 $a_{ij}=b_{ij}+c_{ij}\ (j=1,2,\cdots,n)$，则

$$D=\begin{vmatrix} a_{11} & a_{12} & \cdots & a_{1n} \\ \vdots & \vdots & & \vdots \\ b_{i1}+c_{i1} & b_{i2}+c_{i2} & \cdots & b_{in}+c_{in} \\ \vdots & \vdots & & \vdots \\ a_{n1} & a_{n2} & \cdots & a_{nn} \end{vmatrix}=\sum_{j_1j_2\cdots j_n}(-1)^{\tau(j_1j_2\cdots j_n)}a_{1j_1}a_{2j_2}\cdots(b_{ij_i}+c_{ij_i})\cdots a_{nj_n}$$

$$=\sum_{j_1j_2\cdots j_n}(-1)^{\tau(j_1j_2\cdots j_n)}a_{1j_1}a_{2j_2}\cdots b_{ij_i}\cdots a_{nj_j}+\sum_{j_1j_2\cdots j_n}(-1)^{\tau(j_1j_2\cdots j_n)}a_{1j_1}a_{2j_2}\cdots c_{ij_i}\cdots a_{nj_n}$$

$$=\begin{vmatrix} a_{11} & a_{12} & \cdots & a_{1n} \\ \vdots & \vdots & & \vdots \\ b_{i1} & b_{i2} & \cdots & b_{in} \\ \vdots & \vdots & & \vdots \\ a_{n1} & a_{n2} & \cdots & a_{nn} \end{vmatrix}+\begin{vmatrix} a_{11} & a_{12} & \cdots & a_{1n} \\ \vdots & \vdots & & \vdots \\ c_{i1} & c_{i2} & \cdots & c_{in} \\ \vdots & \vdots & & \vdots \\ a_{n1} & a_{n2} & \cdots & a_{nn} \end{vmatrix},$$

即

$$\begin{vmatrix} a_{11} & a_{12} & \cdots & a_{1n} \\ \vdots & \vdots & & \vdots \\ b_{i1}+c_{i1} & b_{i2}+c_{i2} & \cdots & b_{in}+c_{in} \\ \vdots & \vdots & & \vdots \\ a_{n1} & a_{n2} & \cdots & a_{nn} \end{vmatrix}=\begin{vmatrix} a_{11} & a_{12} & \cdots & a_{1n} \\ \vdots & \vdots & & \vdots \\ b_{i1} & b_{i2} & \cdots & b_{in} \\ \vdots & \vdots & & \vdots \\ a_{n1} & a_{n2} & \cdots & a_{nn} \end{vmatrix}+\begin{vmatrix} a_{11} & a_{12} & \cdots & a_{1n} \\ \vdots & \vdots & & \vdots \\ c_{i1} & c_{i2} & \cdots & c_{in} \\ \vdots & \vdots & & \vdots \\ a_{n1} & a_{n2} & \cdots & a_{nn} \end{vmatrix}。$$

□

推论 1.6 如果行列式的某行(列)所有元素都可以写成 $m(m\geqslant 2)$ 个数的和，则行列式可以写成 m 个行列式的和，这 m 个行列式的这一行(列)的元素分别为对应的 m 个加数之一，而其余各行(列)的元素与原行列式相同。

性质 1.5(倍加变换的不变性质) 将行列式的某行(列)的各元素乘以同一常数后加到另一行(列)的各对应元素上，行列式的值不变。

【证】设 $D=|(a_{ij})_n|$，将 D 的第 i 行的元素都乘以同一个常数 c 后加到第 k 行($i\neq k$)的对应元素上得行列式 D_1，即

$$D_1=\begin{vmatrix} a_{11} & a_{12} & \cdots & a_{1n} \\ \vdots & \vdots & & \vdots \\ a_{i1} & a_{i2} & \cdots & a_{in} \\ \vdots & \vdots & & \vdots \\ a_{k1}+ca_{i1} & a_{k2}+ca_{i2} & \cdots & a_{kn}+ca_{in} \\ \vdots & \vdots & & \vdots \\ a_{n1} & a_{n2} & \cdots & a_{nn} \end{vmatrix},$$

由性质 1.4、推论 1.5 和推论 1.6 得

$$D_1=\begin{vmatrix} a_{11} & a_{12} & \cdots & a_{1n} \\ \vdots & \vdots & & \vdots \\ a_{i1} & a_{i2} & \cdots & a_{in} \\ \vdots & \vdots & & \vdots \\ a_{k1} & a_{k2} & \cdots & a_{kn} \\ \vdots & \vdots & & \vdots \\ a_{n1} & a_{n2} & \cdots & a_{nn} \end{vmatrix}+\begin{vmatrix} a_{11} & a_{12} & \cdots & a_{1n} \\ \vdots & \vdots & & \vdots \\ a_{i1} & a_{i2} & \cdots & a_{in} \\ \vdots & \vdots & & \vdots \\ ca_{i1} & ca_{i2} & \cdots & ca_{in} \\ \vdots & \vdots & & \vdots \\ a_{n1} & a_{n2} & \cdots & a_{nn} \end{vmatrix}=\begin{vmatrix} a_{11} & a_{12} & \cdots & a_{1n} \\ \vdots & \vdots & & \vdots \\ a_{i1} & a_{i2} & \cdots & a_{in} \\ \vdots & \vdots & & \vdots \\ a_{k1} & a_{k2} & \cdots & a_{kn} \\ \vdots & \vdots & & \vdots \\ a_{n1} & a_{n2} & \cdots & a_{nn} \end{vmatrix}+0=D。$$

□

注：为了方便，引入运算记号如下：

(1)将行列式第 i 行(列)与第 j 行(列)的元素相互交换位置记为 $r_i \leftrightarrow r_j\,(c_i \leftrightarrow c_j)$；

(2)将行列式第 i 行(列)的元素全都乘以同一个常数 c 记为 $cr_i\,(cc_i)$；

(3)将行列式第 i 行(列)的元素都乘以同一个常数 c 后加到第 k 行(列)的对应元素上记为 $r_k+cr_i\,(c_k+cc_i)$。

可以证明：一个行列式经过有限次行互换与倍加变换，行列式总可以转化成上三角形形式，然后计算出行列式的值。

【例 1.11】计算行列式 $\begin{vmatrix} 4107 & 4007 \\ 5421 & 5321 \end{vmatrix}$。

【解】通过观察，将行列式的第二列的(−1)倍加到第一列上，然后从第一列提取公因数 100，得

$$\begin{vmatrix} 4107 & 4007 \\ 5421 & 5321 \end{vmatrix} \overset{c_1-c_2}{=} \begin{vmatrix} 100 & 4007 \\ 100 & 5321 \end{vmatrix} = 100\begin{vmatrix} 1 & 4007 \\ 1 & 5321 \end{vmatrix} = 100\times(5321-4007)=131400。$$

【例 1.12】计算行列式 $D=\begin{vmatrix} 1 & 4 & -1 & -2 \\ -3 & -7 & -1 & 4 \\ 5 & 15 & 2 & -7 \\ 2 & 3 & 1 & 2 \end{vmatrix}$。

【解】运用行列式的性质，将其转化为上三角形行列式，得

$$D=\begin{vmatrix} 1 & 4 & -1 & -2 \\ -3 & -7 & -1 & 4 \\ 5 & 15 & 2 & -7 \\ 2 & 3 & 1 & 2 \end{vmatrix} \overset{\substack{r_2+3r_1 \\ r_3-5r_1 \\ r_4-2r_1}}{=} \begin{vmatrix} 1 & 4 & -1 & -2 \\ 0 & 5 & -4 & -2 \\ 0 & -5 & 7 & 3 \\ 0 & -5 & 3 & 6 \end{vmatrix} \overset{\substack{r_3+r_2 \\ r_4+r_2}}{=} \begin{vmatrix} 1 & 11 & -1 & -2 \\ 0 & 5 & -4 & -2 \\ 0 & 0 & 3 & 1 \\ 0 & 0 & -1 & 4 \end{vmatrix}$$

$$\overset{r_3 \leftrightarrow r_4}{=} -\begin{vmatrix} 1 & 11 & -1 & -2 \\ 0 & 5 & -4 & -2 \\ 0 & 0 & -1 & 4 \\ 0 & 0 & 3 & 1 \end{vmatrix} \overset{r_4+3r_3}{=} -\begin{vmatrix} 1 & 11 & -1 & -2 \\ 0 & 5 & -4 & -2 \\ 0 & 0 & -1 & 4 \\ 0 & 0 & 0 & 13 \end{vmatrix} = -1\times5\times(-1)\times13=65。$$

【例 1.13】计算 n 阶行列式 $D_n=\begin{vmatrix} x+a & a & a & \cdots & a \\ a & x+a & a & \cdots & a \\ \vdots & \vdots & \vdots & & \vdots \\ a & a & a & \cdots & x+a \end{vmatrix}$。

【解】注意到行列式每一行的所有元素之和均为$(x+na)$，因此将每列加到第 1 列，然后提取公因式$(x+na)$，再将第 1 行的(-1)倍加到其余各行，得

$$D_n=\begin{vmatrix} x+a & a & a & \cdots & a \\ a & x+a & a & \cdots & a \\ \vdots & \vdots & \vdots & & \vdots \\ a & a & a & \cdots & x+a \end{vmatrix} \overset{c_1+c_2+\cdots+c_n}{=} (x+na)\begin{vmatrix} 1 & a & a & \cdots & a \\ 1 & x+a & a & \cdots & a \\ \vdots & \vdots & \vdots & & \vdots \\ 1 & a & a & \cdots & x+a \end{vmatrix}$$

$$\underset{i=2,\cdots,n}{\overset{r_i-r_1}{=}} (x+na)\begin{vmatrix} 1 & a & a & \cdots & a \\ 0 & x & 0 & \cdots & 0 \\ \vdots & \vdots & \vdots & & \vdots \\ 0 & 0 & 0 & \cdots & x \end{vmatrix} = (x+na)x^{n-1}。$$

注：当行列式的每一行(或每一列)之和相等时，往往将每一行(或每一列)加到第一列(或第一行)上，然后提取公因式，从而简化计算。

练习 1.3

1. 利用行列式性质计算下列行列式。

(1) $\begin{vmatrix} 1 & 2 & 3 \\ 4 & 5 & 6 \\ 7 & 8 & 9 \end{vmatrix}$；　(2) $\begin{vmatrix} 0 & 2 & 3 \\ -2 & 0 & -5 \\ -3 & 5 & 0 \end{vmatrix}$；

(3) $\begin{vmatrix} 4 & 1 & 2 & 4 \\ 1 & 2 & 0 & 2 \\ 10 & 5 & 2 & 0 \\ 0 & 1 & 1 & 7 \end{vmatrix}$；　(4) $\begin{vmatrix} a & 1 & 0 & 0 \\ -1 & a & 0 & 0 \\ 0 & 0 & b & 1 \\ 0 & 0 & -1 & b \end{vmatrix}$。

2. 计算下列行列式。

(1) $D=\begin{vmatrix} a & b & b & b \\ b & a & b & b \\ b & b & a & b \\ b & b & b & a \end{vmatrix}$；　(2) $D_n=\begin{vmatrix} x+a_1 & a_2 & \cdots & a_n \\ a_1 & x+a_2 & \cdots & a_n \\ \vdots & \vdots & & \vdots \\ a_1 & a_2 & \cdots & x+a_n \end{vmatrix}$；

(3) $D_n=\begin{vmatrix} 1+a_1 & 1 & 1 & \cdots & 1 & 1 \\ 1 & 1+a_2 & 1 & \cdots & 1 & 1 \\ \vdots & \vdots & \vdots & & \vdots & \vdots \\ 1 & 1 & 1 & \cdots & 1+a_{n-1} & 1 \\ 1 & 1 & 1 & \cdots & 1 & 1+a_n \end{vmatrix}$　$(a_i\neq 0,\ i=1,2,\cdots,n)$。

1.4　行列式按行（列）展开

本节介绍行列式的展开公式。展开公式体现了将高阶行列式计算转化为较低阶行列式计算的思想。

1.4.1　代数余子式

定义 1.9　设 $D=|(a_{ij})_n|$，划去 D 中元素 a_{ij} 所在的第 i 行与第 j 列，剩下的元素按原来的相对位置不变构成一个 $n-1$ 阶行列式，称此行列式为元素 a_{ij} 的**余子式**，记作

M_{ij}，即

$$M_{ij}=\begin{vmatrix} a_{11} & a_{12} & \cdots & a_{1(j-1)} & a_{1(j+1)} & \cdots & a_{1n} \\ a_{21} & a_{22} & \cdots & a_{2(j-1)} & a_{2(j+1)} & \cdots & a_{2n} \\ \vdots & \vdots & & \vdots & \vdots & & \vdots \\ a_{(i-1)1} & a_{(i-1)2} & \cdots & a_{(i-1)(j-1)} & a_{(i-1)(j+1)} & \cdots & a_{(i-1)n} \\ a_{(i+1)1} & a_{(i+1)2} & \cdots & a_{(i+1)(j-1)} & a_{(i+1)(j+1)} & \cdots & a_{(i+1)n} \\ \vdots & \vdots & & \vdots & \vdots & & \vdots \\ a_{n1} & a_{n2} & \cdots & a_{n(j-1)} & a_{n(j+1)} & \cdots & a_{nn} \end{vmatrix}。$$

添加符号$(-1)^{i+j}$的余子式称为元素a_{ij}的**代数余子式**，记作A_{ij}，即

$$A_{ij}=(-1)^{i+j}M_{ij}。$$

例如，在三阶行列式$D=\begin{vmatrix} a_{11} & a_{12} & a_{13} \\ a_{21} & a_{22} & a_{23} \\ a_{31} & a_{32} & a_{33} \end{vmatrix}$中，$a_{12}$的余子式$M_{12}$与代数余子式$A_{12}$分别为

$$M_{12}=\begin{vmatrix} a_{21} & a_{23} \\ a_{31} & a_{33} \end{vmatrix},\ A_{12}=(-1)^{1+2}M_{12}=-\begin{vmatrix} a_{21} & a_{23} \\ a_{31} & a_{33} \end{vmatrix}。$$

1.4.2 按行（列）展开公式

定理 1.3（行列式展开定理） n阶行列式$D=|(a_{ij})_n|$等于D的某行(列)的元素与该行(列)的元素所对应的代数余子式的乘积之和，即

$$D=a_{i1}A_{i1}+a_{i2}A_{i2}+\cdots+a_{in}A_{in},\ (i=1,2,\cdots,n) \tag{1.12}$$

称式(1.12)为行列式D按第i行的展开公式，或

$$D=a_{1j}A_{1j}+a_{2j}A_{2j}+\cdots+a_{nj}A_{nj},\ (j=1,2,\cdots,n) \tag{1.13}$$

称式(1.13)为行列式D按第j列的展开公式。

【证】(1) 先证明第一种情形。假设在D的第1行中$a_{11}\neq 0$，而其余元素均为0，由行列式定义，

$$\begin{vmatrix} a_{11} & 0 & \cdots & 0 \\ a_{21} & a_{22} & \cdots & a_{2n} \\ \vdots & \vdots & & \vdots \\ a_{n1} & a_{n2} & \cdots & a_{nn} \end{vmatrix}=\sum_{j_1j_2\cdots j_n}(-1)^{\tau(j_1j_2\cdots j_n)}a_{1j_1}a_{2j_2}\cdots a_{nj_n}$$

$$= \sum_{1j_2\cdots j_n} (-1)^{\tau(1j_2\cdots j_n)} a_{11}a_{2j_2}\cdots a_{nj_n}$$

$$= a_{11}\sum_{j_2\cdots j_n} (-1)^{\tau(j_2\cdots j_n)} a_{2j_2}\cdots a_{nj_n}$$

$$= a_{11}M_{11} = a_{11}A_{11}。$$

注意，当 $a_{1j_1}\neq a_{11}$ 时，一般项等于 0。

(2)再证明第二种情形。设在第 i 行中 $a_{ij}\neq 0$，而其余元素均为 0。将 D 的第 i 行依次与第 $i-1,i-2,\cdots,2,1$ 行交换，然后再将 D 的第 j 列依次与第 $j-1,j-2,\cdots,2,1$ 列交换，则有

$$D=\begin{vmatrix} a_{11} & \cdots & a_{1j} & \cdots & a_{1n} \\ \vdots & & \vdots & & \vdots \\ 0 & \cdots & a_{ij} & \cdots & 0 \\ \vdots & & \vdots & & \vdots \\ a_{n1} & \cdots & a_{nj} & \cdots & a_{nn} \end{vmatrix} = (-1)^{(i-1)+(j-1)}\begin{vmatrix} a_{ij} & 0 & 0 & \cdots & 0 \\ a_{1j} & a_{11} & a_{12} & \cdots & a_{1n} \\ a_{2j} & a_{21} & a_{22} & \cdots & a_{2n} \\ \vdots & \vdots & \vdots & & \vdots \\ a_{nj} & a_{n1} & a_{n2} & \cdots & a_{nn} \end{vmatrix}$$

$$= (-1)^{i+j}a_{ij}M_{ij} = a_{ij}A_{ij}。$$

(3)最后证明一般情形。由行列式的行可加性，得

$$D=\begin{vmatrix} a_{11} & \cdots & a_{1j} & \cdots & a_{1n} \\ \vdots & & \vdots & & \vdots \\ a_{i1} & \cdots & a_{ij} & \cdots & a_{in} \\ \vdots & & \vdots & & \vdots \\ a_{n1} & \cdots & a_{nj} & \cdots & a_{nn} \end{vmatrix} = \begin{vmatrix} a_{11} & \cdots & a_{1j} & \cdots & a_{1n} \\ \vdots & & \vdots & & \vdots \\ a_{i1}+0+\cdots+0 & \cdots & 0+\cdots+a_{ij}+\cdots+0 & \cdots & 0+\cdots+a_{in} \\ \vdots & & \vdots & & \vdots \\ a_{n1} & \cdots & a_{nj} & \cdots & a_{nn} \end{vmatrix}$$

$$= \begin{vmatrix} a_{11} & \cdots & a_{1j} & \cdots & a_{1n} \\ \vdots & & \vdots & & \vdots \\ a_{11} & \cdots & 0 & \cdots & 0 \\ \vdots & & \vdots & & \vdots \\ a_{n1} & \cdots & a_{nj} & \cdots & a_{nn} \end{vmatrix} + \cdots + \begin{vmatrix} a_{11} & \cdots & a_{1j} & \cdots & a_{1n} \\ \vdots & & \vdots & & \vdots \\ 0 & \cdots & a_{ij} & \cdots & 0 \\ \vdots & & \vdots & & \vdots \\ a_{n1} & \cdots & a_{nj} & \cdots & a_{nn} \end{vmatrix} + \cdots + \begin{vmatrix} a_{11} & \cdots & a_{1j} & \cdots & a_{1n} \\ \vdots & & \vdots & & \vdots \\ 0 & \cdots & 0 & \cdots & a_{in} \\ \vdots & & \vdots & & \vdots \\ a_{n1} & \cdots & a_{nj} & \cdots & a_{nn} \end{vmatrix}$$

$$= a_{i1}A_{i1} + a_{i2}A_{i2} + \cdots + a_{in}A_{in}，i = 1,2,\cdots,n。$$

同理可证式(1.13)。 □

注： 定理 1.3 表明，高阶行列式的计算可转化为较低阶行列式的计算。

推论 1.7 n 阶行列式 $D=|(a_{ij})_n|$ 的某一行(列)的元素与另一行(列)的元素所对应的代数余子式的乘积之和等于零。

【证】将 D 按第 i 行展开，即

$$D=\begin{vmatrix} a_{11} & a_{12} & \cdots & a_{1n} \\ \vdots & \vdots & & \vdots \\ a_{i1} & a_{i2} & \cdots & a_{in} \\ \vdots & \vdots & & \vdots \\ a_{j1} & a_{j2} & \cdots & a_{jn} \\ \vdots & \vdots & & \vdots \\ a_{n1} & a_{n2} & \cdots & a_{nn} \end{vmatrix}=a_{i1}A_{i1}+a_{i2}A_{i2}+\cdots+a_{in}A_{in}。$$

现将 D 的第 i 行的元素全部换成第 $j\,(j\neq i)$ 行的元素，且仍然按第 i 行展开，则有

$$\begin{vmatrix} a_{11} & a_{12} & \cdots & a_{1n} \\ \vdots & \vdots & & \vdots \\ a_{j1} & a_{j2} & \cdots & a_{jn} \\ \vdots & \vdots & & \vdots \\ a_{j1} & a_{j2} & \cdots & a_{jn} \\ \vdots & \vdots & & \vdots \\ a_{n1} & a_{n2} & \cdots & a_{nn} \end{vmatrix}=a_{j1}A_{i1}+a_{j2}A_{i2}+\cdots+a_{jn}A_{in}。$$

上式左边等于零(因为有两行元素相同)，故有

$$a_{j1}A_{i1}+a_{j2}A_{i2}+\cdots+a_{jn}A_{in}=0\ (j\neq i)。$$ □

由定理 1.3 及推论 1.7 有

$$a_{i1}A_{j1}+a_{i2}A_{j2}+\cdots+a_{in}A_{jn}=\begin{cases} D, & i=j, \\ 0, & i\neq j。\end{cases} \tag{1.14}$$

$$a_{1k}A_{1l}+a_{2k}A_{2l}+\cdots+a_{nk}A_{nl}=\begin{cases} D, & k=l, \\ 0, & k\neq l。\end{cases} \tag{1.15}$$

1.4.3 利用行列式展开公式计算举例

在应用展开公式计算行列式时，一般选择含有较多零元素的行或列展开，以简化计算。有时还结合行列式的性质，先将某行或某列化为含有较多零元素，再展开计算。

【例 1.14】计算行列式 $\begin{vmatrix} 1 & 2 & -5 & 1 \\ -3 & 1 & 0 & -6 \\ 2 & 0 & -1 & 2 \\ 4 & 1 & -7 & 6 \end{vmatrix}$。

【解】先将第二列化为含有较多零元素，再按第二列展开计算。

$$\begin{vmatrix} 1 & 2 & -5 & 1 \\ -3 & \boxed{1} & 0 & -6 \\ 2 & 0 & -1 & 2 \\ 4 & 1 & -7 & 6 \end{vmatrix} \overset{\substack{r_1-2r_2 \\ r_4-r_2}}{=} \begin{vmatrix} 7 & 0 & -5 & 13 \\ -3 & \boxed{1} & 0 & -6 \\ 2 & 0 & -1 & 2 \\ 7 & 0 & -7 & 12 \end{vmatrix} = 1\times(-1)^{2+2}\begin{vmatrix} 7 & -5 & 13 \\ 2 & \boxed{-1} & 2 \\ 7 & -7 & 12 \end{vmatrix} \text{（按第二列展开）}$$

$$\overset{\substack{r_1-5r_2 \\ r_3-7r_2}}{=} \begin{vmatrix} -3 & 0 & 3 \\ 2 & \boxed{-1} & 2 \\ -7 & 0 & -2 \end{vmatrix} = (-1)\times(-1)^{2+2}\begin{vmatrix} -3 & 3 \\ -7 & -2 \end{vmatrix} = -27。$$

【例 1.15】已知数列 $x_1, x_2, \cdots, x_n (n\geqslant 2)$，证明行列式(称为范德蒙行列式)

$$V_n = \begin{vmatrix} 1 & 1 & 1 & \cdots & 1 \\ x_1 & x_2 & x_3 & \cdots & x_n \\ x_1^2 & x_2^2 & x_3^2 & \cdots & x_n^2 \\ \vdots & \vdots & \vdots & & \vdots \\ x_1^{n-1} & x_2^{n-1} & x_3^{n-1} & \cdots & x_n^{n-1} \end{vmatrix} = \prod_{1\leqslant i<j\leqslant n}(x_j - x_i)。\tag{1.16}$$

【解】(用数学归纳法证明) 因为

$$V_2 = \begin{vmatrix} 1 & 1 \\ x_1 & x_2 \end{vmatrix} = x_2 - x_1 = \prod_{1\leqslant i<j\leqslant 2}(x_j - x_i),$$

所以当 $n=2$ 时式(1.16)成立。现假设式(1.16)对 $n-1$ 阶范德蒙行列式成立，即

$$V_{n-1} = \prod_{1\leqslant i<j\leqslant n-1}(x_j - x_i),$$

要证明式(1.16)对 n 阶范德蒙行列式也成立。

为此，设法把 V_n 降阶，从第 n 行开始，后行减去前行的 x_1 倍，有

$$V_n = \begin{vmatrix} 1 & 1 & 1 & \cdots & 1 \\ x_1 & x_2 & x_3 & \cdots & x_n \\ x_1^2 & x_2^2 & x_3^2 & \cdots & x_n^2 \\ \vdots & \vdots & \vdots & & \vdots \\ x_1^{n-1} & x_2^{n-1} & x_3^{n-1} & \cdots & x_n^{n-1} \end{vmatrix}$$

$$= \begin{vmatrix} 1 & 1 & 1 & \cdots & 1 \\ 0 & x_2 - x_1 & x_3 - x_1 & \cdots & x_n - x_1 \\ 0 & x_2(x_2 - x_1) & x_3(x_3 - x_1) & \cdots & x_n(x_n - x_1) \\ \vdots & \vdots & \vdots & & \vdots \\ 0 & x_2^{n-2}(x_2 - x_1) & x_3^{n-2}(x_3 - x_1) & \cdots & x_n^{n-2}(x_n - x_1) \end{vmatrix}。$$

上式按第 1 列展开，并且在第 $i(i=2,3,\cdots,n)$列提取因子(x_i-x_1)，得

$$V_n=(x_2-x_1)(x_3-x_1)\cdots(x_n-x_1)\begin{vmatrix}1&1&1&\cdots&1\\x_2&x_3&x_4&\cdots&x_n\\x_2^2&x_3^2&x_4^2&\cdots&x_n^2\\\vdots&\vdots&\vdots&&\vdots\\x_2^{n-2}&x_3^{n-2}&x_4^{n-2}&\cdots&x_n^{n-2}\end{vmatrix},$$

上式中的行列式是$(n-1)$阶范德蒙行列式，因此由归纳假设得

$$V_n=(x_2-x_1)(x_3-x_1)\cdots(x_n-x_1)\prod_{2\leqslant i<j\leqslant n}(x_j-x_i)=\prod_{1\leqslant i<j\leqslant n}(x_j-x_i)。$$

证毕。

注：范德蒙行列式等于 $x_1,x_2,\cdots,x_n(n\geqslant 2)$的下标较大与下标较小的两数之差的连乘积。

【例 1.16】设 $D=\begin{vmatrix}1&3&2&1\\3&0&2&4\\1&1&2&1\\0&1&2&0\end{vmatrix}$。(1)求行列式第二列元素的代数余子式之和 $A_{12}+A_{22}+A_{32}+A_{42}$；(2)求行列式第二行元素余子式之和 $M_{21}+M_{22}+M_{23}+M_{24}$。

【解】(1) 将展开公式左右倒过来运用，有

$$A_{12}+A_{22}+A_{32}+A_{42}=1\times A_{12}+1\times A_{22}+1\times A_{32}+1\times A_{42}$$

$$=\begin{vmatrix}1&1&2&1\\3&1&2&4\\1&1&2&1\\0&1&2&0\end{vmatrix}=0。$$

(2)将余子式转化为代数余子式，再利用展开公式，

$$M_{21}+M_{22}+M_{23}+M_{24}=-A_{21}+A_{22}-A_{23}+A_{24}$$

$$=(-1)\times A_{21}+1\times A_{22}+(-1)\times A_{23}+1\times A_{24}$$

$$=\begin{vmatrix}1&3&2&1\\-1&1&-1&1\\1&1&2&1\\0&1&2&0\end{vmatrix}\xlongequal[r_3-r_1]{r_2+r_1}\begin{vmatrix}1&3&2&1\\0&4&1&2\\0&-2&0&0\\0&1&2&0\end{vmatrix}$$

$$=\begin{vmatrix} 4 & 1 & 2 \\ -2 & 0 & 0 \\ 1 & 2 & 0 \end{vmatrix}=-(-2)\begin{vmatrix} 1 & 2 \\ 2 & 0 \end{vmatrix}=-8。$$

注： 在计算 $A_{12}+A_{22}+A_{32}+A_{42}$ 时，若分别计算每个 $A_{i2}(i=1,2,3,4)$，计算量较大。逆用展开公式将其转化为四阶行列式，再利用行列式性质计算可简化运算。

练习 1.4

1. 设 $D=\begin{vmatrix} -1 & 2 & 0 & 1 \\ -1 & 1 & -1 & 1 \\ 3 & 0 & -2 & -1 \\ 1 & 1 & 2 & 0 \end{vmatrix}$，分别计算余子式 $A_{11},A_{12},A_{13},A_{14}$ 以及 $A_{11}-A_{12}+A_{13}-A_{14}$。

2. 利用展开式计算下列行列式。

(1) $\begin{vmatrix} 1 & 2 & 1 & 1 \\ -1 & 0 & 0 & 1 \\ 3 & 0 & 0 & -1 \\ 1 & 1 & 0 & 4 \end{vmatrix}$；　(2) $\begin{vmatrix} 2 & 0 & 0 & 0 & 0 \\ 1 & 5 & -1 & 0 & 3 \\ -1 & 0 & 6 & 0 & 0 \\ 3 & 0 & 0 & 1 & 2 \\ 6 & 0 & 0 & 3 & 2 \end{vmatrix}$；

(3) $D_n=\begin{vmatrix} 1 & a_1 & 0 & \cdots & 0 \\ 0 & 1 & a_2 & \cdots & 0 \\ \vdots & \vdots & \vdots & & \vdots \\ 0 & 0 & 0 & \cdots & a_{n-1} \\ a_n & 0 & 0 & \cdots & 1 \end{vmatrix}=1+(-1)^{n+1}a_1a_2\cdots a_{n-1}a_n$。

1.5　克拉默法则

在这一节中，我们讨论含有 n 个方程与 n 个未知量的线性方程组的求解方法，应用行列式来表示方程组的解。

设含有 n 个方程 n 个未知量 $x_1,x_2,\cdots,x_n$ 的线性方程组为

$$\begin{cases} a_{11}x_1 + a_{12}x_2 + \cdots + a_{1n}x_n = b_1, \\ a_{21}x_1 + a_{22}x_2 + \cdots + a_{2n}x_n = b_2, \\ \qquad\qquad \vdots \\ a_{n1}x_1 + a_{n2}x_2 + \cdots + a_{nn}x_n = b_n。 \end{cases} \tag{1.17}$$

其中 a_{ij}，$b_i(i=1,2,\cdots,n;\ j=1,2,\cdots,n)$为常数。由未知量的系数在方程组(1.17)的形式下保持原来的相对位置不变所构成的 n 阶行列式 D 称为方程组的**系数行列式**，即

$$D = \begin{vmatrix} a_{11} & a_{12} & \cdots & a_{1n} \\ a_{21} & a_{22} & \cdots & a_{2n} \\ \vdots & \vdots & & \vdots \\ a_{n1} & a_{n2} & \cdots & a_{nn} \end{vmatrix}。$$

下面应用行列式的展开定理证明克拉默(Cramer)法则。

定理 1.4 (克拉默法则) 若线性方程组(1.17)的系数行列式 $D=|(a_{ij})_n|\neq 0$，则该方程组有唯一解

$$x_j = \frac{D_j}{D} \quad (j=1,2,\cdots,n),$$

其中 D_j 是将系数行列式 $D=|(a_{ij})_n|$中的第 j 列换成方程的常数项所形成的行列式，即

$$\begin{aligned} D_j &= \begin{vmatrix} a_{11} & \cdots & a_{1(j-1)} & b_1 & a_{1(j+1)} & \cdots & a_{1n} \\ a_{21} & \cdots & a_{2(j-1)} & b_2 & a_{2(j+1)} & \cdots & a_{2n} \\ \vdots & & \vdots & \vdots & \vdots & & \vdots \\ a_{n1} & \cdots & a_{n(j-1)} & b_n & a_{n(j+1)} & \cdots & a_{nn} \end{vmatrix} \\ &= b_1A_{1j} + b_2A_{2j} + \cdots + b_nA_{nj}。 \end{aligned}$$

$A_{ij}(i=1,2,\cdots,n;\ j=1,2,\cdots,n)$为 D 的(i,j)元素的代数余子式。

【证】(1) 先证明 $x_j=\dfrac{D_j}{D}(j=1,2,\cdots,n)$是方程组(1.17)的解。

将 $x_j=\dfrac{D_j}{D}(j=1,2,\cdots,n)$代入方程组的第 $k(k=1,2,\cdots,n)$个方程，可得

$$\begin{aligned} & a_{k1}\frac{D_1}{D} + a_{k2}\frac{D_2}{D} + \cdots + a_{kn}\frac{D_n}{D} \\ =& \frac{1}{D}(a_{k1}D_1 + a_{k2}D_2 + \cdots + a_{kn}D_n) \\ =& \frac{1}{D}[a_{k1}(b_1A_{11} + \cdots + b_nA_{n1}) + a_{k2}(b_1A_{12} + \cdots + b_nA_{n2}) + \cdots + a_{kn}(b_1A_{1n} + \cdots + b_nA_{nn})] \end{aligned}$$

$$=\frac{1}{D}[b_1(a_{k1}A_{11}+\cdots+a_{kn}A_{1n})+\cdots+b_k(a_{k1}A_{k1}+\cdots+a_{kn}A_{kn})+\cdots+b_n(a_{k1}A_{n1}+\cdots+a_{kn}A_{nn})]$$

$$=\frac{1}{D}b_k(a_{k1}A_{k1}+\cdots+a_{kn}A_{kn})=\frac{1}{D}b_kD=b_k,$$

即 $x_j=\dfrac{D_j}{D}\quad(j=1,2,\cdots,n)$是方程组的解。

(2) 再证明方程组的解是唯一的。

若 $c_1,c_2,\cdots,c_n$ 是方程组(1.17)的另一解，则有

$$\begin{cases}a_{11}c_1+a_{12}c_2+\cdots+a_{1n}c_n=b_1,\\ a_{21}c_1+a_{22}c_2+\cdots+a_{2n}c_n=b_2,\\ \qquad\vdots\\ a_{n1}c_1+a_{n2}c_2+\cdots+a_{nn}c_n=b_n,\end{cases}$$

分别用 $A_{1j},A_{2j},\cdots,A_{nj}$ 乘以各个等式，即

$$\begin{cases}(a_{11}c_1+a_{12}c_2+\cdots+a_{1n}c_n)A_{1j}=b_1A_{1j},\\ (a_{21}c_1+a_{22}c_2+\cdots+a_{2n}c_n)A_{2j}=b_2A_{2j},\\ \qquad\vdots\\ (a_{n1}c_1+a_{n2}c_2+\cdots+a_{nn}c_n)A_{nj}=b_nA_{nj}.\end{cases}\tag{1.18}$$

将式(1.18)中的 n 个等式两边分别相加得

$$c_j(a_{1j}A_{1j}+a_{2j}A_{2j}+\cdots a_{nj}A_{nj})=b_1A_{1j}+b_2A_{2j}+\cdots+b_nA_{nj},$$

即

$$c_jD=D_j,$$

所以 $c_j=\dfrac{D_j}{D}(j=1,2,\cdots,n)$，即方程组的解是唯一的。□

注：(1) 应用克拉默法则解题时需要注意方程组应满足两个条件：①方程的个数与未知量个数相等；②系数行列式 $D=|(a_{ij})_n|\neq0$。否则不能应用克拉默法则。

(2)当系数行列式 $D=|(a_{ij})_n|=0$ 时，方程组 (1.17)可能无解，也可能有无数多个解。

在方程组(1.17)中，若 $b_1=b_2=\cdots=b_n=0$，则得到一个齐次线性方程组

$$\begin{cases}a_{11}x_1+a_{12}x_2+\cdots+a_{1n}x_n=0,\\ a_{21}x_1+a_{22}x_2+\cdots+a_{2n}x_n=0,\\ \qquad\vdots\\ a_{n1}x_1+a_{n2}x_2+\cdots+a_{nn}x_n=0.\end{cases}\tag{1.19}$$

注：(1) 显然，$x_1=0,x_2=0,\cdots,x_n=0$ 是方程组(1.19)的解，称该解为齐次线性方程组的**零解**。

(2)如果 $x_1,x_2,\cdots,x_n$不全为零，且又是齐次线性方程组(1.19)的解，则称该解为齐次线性方程组的**非零解**。

(3)因为零解永远是齐次线性方程组(1.19)的一个解，所以齐次线性方程组(1.19)**一定有解**。

定理 1.5 如果齐次线性方程组(1.19)的系数行列式 $D\neq 0$，则该齐次线性方程组只有零解。

推论 1.8 如果齐次线性方程组(1.19)有非零解，则它的系数行列式 $D=0$。

注：这个推论的逆命题也成立，即有如下定理。

定理 1.6 齐次线性方程组(1.19)有非零解的充分必要条件是它的系数行列式 $D=0$。(充分性将在第 3 章证明。)

【例 1.17】当 λ 取何值时，齐次线性方程组

$$\begin{cases}(1-\lambda)x_1-2x_2+4x_3=0,\\2x_1+(3-\lambda)x_2+x_3=0,\\x_1+x_2+(1-\lambda)x_3=0\end{cases}$$

有非零解？

【解】系数行列式为

$$\begin{aligned}D=\begin{vmatrix}1-\lambda & -2 & 4\\2 & 3-\lambda & 1\\1 & 1 & 1-\lambda\end{vmatrix}&=\begin{vmatrix}1-\lambda & -3+\lambda & 4\\2 & 1-\lambda & 1\\1 & 0 & 1-\lambda\end{vmatrix}\\&=(1-\lambda)^3+(\lambda-3)-4(1-\lambda)-2(1-\lambda)(-3+\lambda)\\&=(1-\lambda)^3+2(1-\lambda)^2+\lambda-3=-\lambda(2-\lambda)(3-\lambda)。\end{aligned}$$

令 $D=0$，得 $\lambda=0,2,3$。于是，当 $\lambda=0,2,3$ 时，该齐次线性方程组有非零解。

注：例 1.17 给我们的启发是，当方程中含有参数时，参数的取值不同会影响方程是否有解。若将方程理解为某个系统，那么参数可看成一个控制变量，控制变量的不同取值决定了系统的解。

练习 1.5

1. 用克拉姆法则解线性方程组。

(1) $\begin{cases} x_1+6x_2+2x_3=13, \\ x_1+3x_2+x_3=8, \\ 2x_1+x_2+x_3=9。 \end{cases}$　(2) $\begin{cases} x_1+x_2+x_3+x_4=5, \\ x_1-5x_2-9x_4=0, \\ x_1+2x_2-x_3+4x_4=-2, \\ 3x_1+x_2+2x_3+11x_4=0。 \end{cases}$

2. 当 λ 取何值时，齐次线性方程组

$$\begin{cases} (1-\lambda)x_1+x_2+x_3=0, \\ x_1+(1-\lambda)x_2+x_3=0, \\ x_1+x_2+(1-\lambda)x_3=0 \end{cases}$$

有非零解？

3. 当 a，b 取什么值时，齐次线性方程组 $\begin{cases} ax_1+x_2+x_3=0, \\ x_1+bx_2+x_3=0, \\ x_1+2bx_2+x_3=0 \end{cases}$ 有非零解？

习题一

一、选择题

1. 若自然数由小到大为标准顺序，则排列 $n(n-1)\cdots 3\ 2\ 1$ 的逆序数为（　　）。

(A) $\frac{1}{2}n(n-1)$；　(B) $\frac{1}{2}n(n+1)$；　(C) n；　(D) $n-1$。

2. 将行列式 D 的第一列与第二列对换，再将得到的行列式的第二列乘以 (-1)，得到行列式 H，则（　　）。

(A) D 的值与 H 的相等；　(B) H 的值是 D 的相反数；

(C) H 的值是 D 的 2 倍；　(D) H 的值与 D 没关系。

3. 设 $\begin{vmatrix} a_1 & b_1 & c_1 \\ a_2 & b_2 & c_2 \\ a_3 & b_3 & c_3 \end{vmatrix}=2$，则 $\begin{vmatrix} 2a_1 & 4a_1-3b_1 & c_1 \\ 2a_2 & 4a_2-3b_2 & c_2 \\ 2a_3 & 4a_3-3b_3 & c_3 \end{vmatrix}=$（　　）。

(A) 6；　(B) 2；　(C) -12；　(D) -48。

4. 行列式 $\begin{vmatrix} 0 & a & b & 0 \\ a & 0 & 0 & b \\ 0 & c & d & 0 \\ c & 0 & 0 & d \end{vmatrix}=$（　　）。

(A) $(ad-bc)^2$；　(B) $-(ad-bc)^2$；　(C) $a^2d^2-b^2c^2$；　(D) $b^2c^2-a^2d^2$。

5. 齐次线性方程组$\begin{cases}(5-\lambda)x_1+2x_2+2x_3=0\\2x_1+(6-\lambda)x_2=0\\2x_1+(4-\lambda)x_3=0\end{cases}$有非零解，则$\lambda=$（　　）。

（A）2 或 5 或 8；　（B）2；　（C）5；　（D）8。

二、填空题

6. 若行列式每行的元素的和为零，则该行列式的值为________。

7. 若行列式每行的元素的和相等，且第一列元素相同，则该行列式的值为________。

8. 已知四阶行列式 D 中第一列的元素为 $1,2,0,-4$，第三列的元素的余子式为 $6,x,19,2$，则 $x=$________。

9. 设 a 为已知常数，则$\begin{vmatrix}a&0&1&-1\\0&a&1&1\\1&-1&a&0\\1&1&0&a\end{vmatrix}=$________。

10. 当线性方程组$\begin{cases}ax_1+bx_2=0,\\2x_1+3x_2=2\end{cases}$的常数 a,b 满足________时，方程组有唯一解。

三、计算题

11. 计算$\begin{vmatrix}-1&0&0&1\\0&-1&2&1\\1&0&-1&2\\1&1&1&-1\end{vmatrix}$。

12. 计算下列 $n(n>1)$ 阶行列式。

(1) $\begin{vmatrix}1&a_1&0&\cdots&0\\0&1&a_2&\cdots&0\\\vdots&\vdots&\vdots&&\vdots\\0&0&0&\cdots&a_{n-1}\\a_n&0&0&\cdots&1\end{vmatrix}$；　(2) $\begin{vmatrix}a&b&0&\cdots&0\\0&a&b&\cdots&0\\0&0&a&\cdots&0\\\vdots&\vdots&\vdots&&\vdots\\b&0&0&\cdots&a\end{vmatrix}$；

(3) $\begin{vmatrix}a_0&1&\cdots&1&1\\1&a_1&\cdots&0&0\\\vdots&\vdots&&\vdots&\vdots\\1&0&\cdots&a_{n-1}&0\\1&0&\cdots&0&a_n\end{vmatrix}$，其中 $a_1a_2\cdots a_n\neq0$。

四、证明题

13. 证明 n 阶行列式 $\begin{vmatrix} a+b & ab & 0 & \cdots & 0 & 0 \\ 1 & a+b & ab & \cdots & 0 & 0 \\ 0 & 1 & a+b & \cdots & 0 & 0 \\ \vdots & \vdots & \vdots & & \vdots & \vdots \\ 0 & 0 & 0 & \cdots & a+b & ab \\ 0 & 0 & 0 & \cdots & 1 & a+b \end{vmatrix} = \begin{cases} (n+1)a^n, & a=b, \\ \dfrac{b^{n+1}-a^{n+1}}{b-a}, & a\neq b。\end{cases}$

14. 设 n 阶行列式 $D_n = \begin{vmatrix} 1 & 2 & 3 & \cdots & n \\ 1 & 2 & 0 & \cdots & 0 \\ 1 & 0 & 3 & \cdots & 0 \\ \vdots & \vdots & \vdots & & \vdots \\ 1 & 0 & 0 & \cdots & n \end{vmatrix}$，第一行各元素的代数余子式为 $A_{1i}(i=1,2,\cdots,n)$，证明 $\sum_{i=1}^{n} A_{1i} = \left(1-\sum_{i=2}^{n}\frac{1}{i}\right)n!$。

五、应用题

15. 当参数 λ 取何值时，方程组 $\begin{cases} (1+\lambda)x_1 - x_2 = 0 \\ 4x_1 + (-3+\lambda)x_2 = 0 \\ x_1 - (-2+\lambda)x_3 = 0 \end{cases}$ 有非零解？

第2章 CHAPTER 2

矩阵及其运算

本章目标：

(1)理解矩阵的概念。

(2)了解单位矩阵、对角矩阵、阶梯形矩阵、对称矩阵、反对称矩阵以及它们的基本性质。

(3)掌握矩阵的线性运算、乘法、转置及其运算规则。

(4)理解逆矩阵的概念，掌握逆矩阵的性质，了解伴随矩阵的概念。

(5)掌握矩阵的初等变换及用矩阵的行初等变换求逆矩阵的方法。

(6)了解矩阵等价的概念。

(7)了解矩阵的秩的概念，掌握矩阵的秩的求法。

矩阵是线性代数的一个最基本概念，也是数学的一个基本工具。矩阵理论已渗透到自然科学、人文科学、社会科学等各个领域。本章主要讨论矩阵基本运算、可逆矩阵、分块矩阵、初等矩阵以及矩阵的秩等内容。

2.1 矩阵的概念

在第1章求解线性方程组时，我们发现方程组的解取决于方程组的系数与常数项。例如在例1.5中，若将该线性方程组的系数与常数项按照原相对位置排成如下用括号括起来的数表：

$$\begin{pmatrix} 3 & 1 & 1 & 8 \\ 6 & 2 & 1 & 13 \\ 1 & 1 & 2 & 9 \end{pmatrix},$$

那么该方程组由该数表确定。像这样按行列排的数表我们就称为矩阵。

定义 2.1 由 $m\times n$ 个数 $a_{ij}(i=1,2,\cdots,m;\ j=1,2,\cdots,n)$ 排成的 m 行 n 列的数表

$$\begin{pmatrix} a_{11} & a_{12} & \cdots & a_{1n} \\ a_{21} & a_{22} & \cdots & a_{2n} \\ \vdots & \vdots & & \vdots \\ a_{m1} & a_{m2} & \cdots & a_{mn} \end{pmatrix} \tag{2.1}$$

称为 **m 行 n 列矩阵**，简称 **$m\times n$ 矩阵**(matrix)，记为 $\boldsymbol{A}=(a_{ij})_{m\times n}$ 或 $(a_{ij})_{m\times n}$。其中位于第 i 行第 j 列位置上的数 a_{ij} 称为矩阵 $\boldsymbol{A}$ 的 (i,j) 元素，i 称为元素 a_{ij} 的行标，j 称为元素 a_{ij} 的列标，$i=1,2,\cdots,m$；$j=1,2,\cdots,n$。

在本书中，用大写粗体字母 $\boldsymbol{A},\boldsymbol{B},\boldsymbol{C},\cdots$ 表示矩阵。

从定义可以看出，确定一个具体的矩阵有两个要素：一是行数、列数，二是组成矩阵的元素。若两个矩阵的行数相同，列数也相同，则称这两个矩阵是**同型矩阵**。

定义 2.2 若 $\boldsymbol{A}=(a_{ij})_{m\times n}$，$\boldsymbol{B}=(b_{ij})_{m\times n}$ 是同型矩阵，且

$$a_{ij}=b_{ij},\ i=1,2,\cdots,m,\ j=1,2,\cdots,n,$$

则称矩阵 $\boldsymbol{A}$ 与 $\boldsymbol{B}$ **相等**，记作 $\boldsymbol{A}=\boldsymbol{B}$。

【例 2.1】设矩阵 $\boldsymbol{A}=(a_{ij})_{3\times 4}$，其中 $a_{ij}=2i-j$，试写出矩阵 $\boldsymbol{A}$。

【解】依题意，矩阵 $\boldsymbol{A}$ 的行数为 3，列数为 4，故行标 i 可取 1,2,3，列标 j 可取 1,2,3,4，所以 $\boldsymbol{A}$ 的第一行元素分别为

$a_{11}=2\times1-1=1$，$a_{12}=2\times1-2=0$，$a_{13}=2\times1-3=-1$，$a_{14}=2\times1-4=-2$；

类似可求出 $\boldsymbol{A}$ 的第二、三、四行的元素，故得

$$\boldsymbol{A}=(a_{ij})_{3\times4}=\begin{pmatrix} 1 & 0 & -1 & -2 \\ 3 & 2 & 1 & 0 \\ 5 & 4 & 3 & 2 \end{pmatrix}。$$

注：(1)从形式上看矩阵与第 1 章的行列式很相似，但它们有本质上的区别：①行列式是一个算式，其结果是一个数；而矩阵是数表，仅此而已；②行列式的行数与列数必须相等，而矩阵的行数与列数可以相等，也可以不相等。

(2)元素是实数的矩阵称为实矩阵，元素是复数的矩阵称为复矩阵。本书主要研究实矩阵。

(3)只有一行的矩阵称为**行矩阵**，又称为**行向量**，即式(2.1)的第一行为行向量

$$\boldsymbol{A}_{1\times n}=(a_{11}\quad a_{12}\quad \cdots\quad a_{1n})。$$

为了表述方便，行向量的元素之间用逗号隔开，可简记为$(a_1, a_2, \cdots, a_n)$。

(4)只有一列的矩阵称为**列矩阵**，又称为**列向量**，即式(2.1)的第一列为列向量

$$\boldsymbol{A}_{m\times 1} = \begin{pmatrix} a_{11} \\ a_{21} \\ \vdots \\ a_{m1} \end{pmatrix}$$

同样为了书写方便，列向量简记为$(a_1, a_2, \cdots, a_m)^{\mathrm{T}}$。

(5)每个元素都是数 0 的矩阵称为**零矩阵**，记作 $\boldsymbol{O}_{m\times n}$或$\boldsymbol{O}$。

注意：不同型的零矩阵是不同的！以下是不同型的**零矩阵**：

$$\boldsymbol{O}_{2\times 2} = \begin{pmatrix} 0 & 0 \\ 0 & 0 \end{pmatrix}, \boldsymbol{O}_{2\times 3} = \begin{pmatrix} 0 & 0 & 0 \\ 0 & 0 & 0 \end{pmatrix}。$$

(6)当矩阵的行数与列数相等且都等于 n 时，称该矩阵为 n 阶**方阵**，记作 $\boldsymbol{A}_n$或$(a_{ij})_n$。当矩阵 $\boldsymbol{A}_n=(a_{ij})_n$的阶数 $n=1$ 时，一阶方阵 $\boldsymbol{A}_1=(a_{11})$是一个数 a_{11}，因此，后面一阶方阵和一个数等同看待，一阶矩阵(a_{11})可省略圆括号直接写成 a_{11}。

对于方阵$(a_{ij})_n$，从左上角元素 a_{11} 到右下角元素 a_{nn} 的连线称为矩阵的**主对角线**。如图 2.1 所示。

$$(a_{ij})_n = \begin{pmatrix} a_{11} & a_{12} & \cdots & a_{1n} \\ a_{21} & a_{22} & \cdots & a_{2n} \\ \vdots & \vdots & & \vdots \\ a_{n1} & a_{n2} & \cdots & a_{nn} \end{pmatrix}$$

图 2.1 矩阵的主对角线

(7)主对角线上的元素分别为 $a_1, a_2, \cdots, a_n$，主对角线以外的元素全为零的方阵

$$\boldsymbol{A} = \begin{pmatrix} a_1 & 0 & \cdots & 0 \\ 0 & a_2 & \cdots & 0 \\ \vdots & \vdots & & \vdots \\ 0 & 0 & \cdots & a_n \end{pmatrix}$$

称为**对角矩阵**，简记为 $\boldsymbol{A}=\mathrm{diag}(a_1, a_2, \cdots, a_n)$。

(8)主对角线上的元素都等于 1 的对角矩阵称为**单位矩阵**。n 阶单位矩阵记为 $\boldsymbol{E}_n$，简记为 $\boldsymbol{E}$，即

$$
\boldsymbol{E}_n=\begin{pmatrix}1&0&\cdots&0\\0&1&\cdots&0\\\vdots&\vdots&&\vdots\\0&0&\cdots&1\end{pmatrix}。
$$

(9)主对角线上的元素都等于常数 a 的对角矩阵称为 a 的**数量矩阵**，数 a 的 n 阶数量矩阵记为 $a\boldsymbol{E}_n$，即

$$
a\boldsymbol{E}_n=a\begin{pmatrix}1&0&\cdots&0\\0&1&\cdots&0\\\vdots&\vdots&&\vdots\\0&0&\cdots&1\end{pmatrix}=\begin{pmatrix}a&0&\cdots&0\\0&a&\cdots&0\\\vdots&\vdots&&\vdots\\0&0&\cdots&a\end{pmatrix}。
$$

显然，单位矩阵是数量矩阵(当 $a=1$ 时)的特例。

(10)还有其他类型的矩阵：如上(下)三角形矩阵、阶梯形矩阵、元素全为数 1 的矩阵等。

【例 2.2】某航空公司在编号为 1,2,3,4 的四个城市之间开辟了若干航线，如果从城市 i 到城市 j 有航班，则用带方向的箭头线连接 i 与 j，如图 2.2 所示。

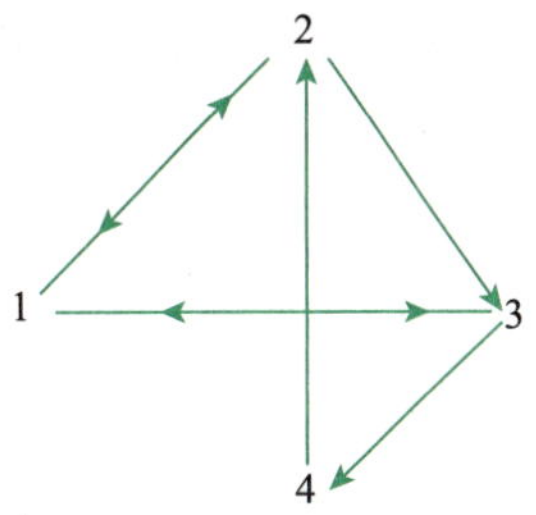

图 2.2　城市间航班示意图

由图 2.2，四个城市间的航班图情况可用表 2.1 来表示，表中“有”表示从“出发站”到“终点站”有航班，“无”表示从“出发站”到“终点站”没有航班。

表 2.1　城市间航班图情况

出发站	终点站			
	1	2	3	4
1	无	有	有	无
2	有	无	有	无
3	有	无	无	有
4	无	有	无	无

若令

$$
a_{ij}=\begin{cases}1,从城市\ i\ 到城市\ j“有”单向航班,\\0,从城市\ i\ 到城市\ j“无”航班,\end{cases}
$$

则城市间的航班图可表示为矩阵

$$\boldsymbol{A}=(a_{ij})_4=\begin{pmatrix}0&1&1&0\\1&0&1&0\\1&0&0&1\\0&1&0&0\end{pmatrix}。$$

一般地，平面上有限多个点之间的单向或双向通道图都可以这样用矩阵表示，在数学的另一个分支图论中，方阵 $\boldsymbol{A}$ 称为图(图 2.2)的**邻接矩阵**。

【例 2.3】某公司向三个门店配送四种不同商品的数量可列成矩阵

$$\boldsymbol{A}=\begin{pmatrix}a_{11}&a_{12}&a_{13}&a_{14}\\a_{21}&a_{22}&a_{23}&a_{24}\\a_{31}&a_{32}&a_{33}&a_{34}\end{pmatrix}$$

其中 a_{ij} 为公司向第 $i(i=1,2,3)$ 个门店配送第 $j(j=1,2,3,4)$ 种商品的数量。

这四种商品的单价及数量也可以写成矩阵。

$$\boldsymbol{B}=\begin{pmatrix}b_{11}&b_{12}\\b_{21}&b_{22}\\b_{31}&b_{32}\\b_{41}&b_{42}\end{pmatrix}$$

其中 $\boldsymbol{B}$ 的第一列 $b_{i1}(i=1,2,3,4)$ 为第 i 种商品的单价，第二列 $b_{i2}(i=1,2,3,4)$ 为第 i 种商品的数量。

注意，矩阵 $\boldsymbol{B}$ 的第一列数值与第二列数值的量纲不同！可见量纲不同的数值也可以构成矩阵。

练习 2.1

1. 请列举实际问题中的矩阵例子，并写出矩阵。
2. 设三阶矩阵 $\boldsymbol{A}=(a_{ij})_{3\times3}$，其中元素 $a_{ij}=(i+j)^{-1}(i,j=1,2,3)$，写出矩阵 $\boldsymbol{A}$。
3. 设矩阵 $\boldsymbol{A}=(a_{ij})_{4\times4}$，其中 $a_{ij}=i+j(i\geqslant j)$，$a_{ij}=1/(i+j)(i<j)$，写出矩阵 $\boldsymbol{A}$。
4. 分别写出二阶、三阶、四阶单位矩阵 $\boldsymbol{E}_2,\boldsymbol{E}_3,\boldsymbol{E}_4$。
5. 设矩阵 $\boldsymbol{A}=\begin{pmatrix}1&2&3\\4&1&2\end{pmatrix}$，$\boldsymbol{B}=\begin{pmatrix}1&x+y&3\\x-y&1&z\end{pmatrix}$，且 $\boldsymbol{A}=\boldsymbol{B}$，求 x,y,z。

2.2　矩阵的运算

本节介绍矩阵的加法、数乘、乘法等运算以及它们的运算性质。

2.2.1　矩阵的加法

定义 2.3　设同型矩阵 $\boldsymbol{A}=(a_{ij})_{m\times n}$，$\boldsymbol{B}=(b_{ij})_{m\times n}$，令

$$c_{ij}=a_{ij}+b_{ij},\ i=1,2,\cdots,m,\ j=1,2,\cdots,n,$$

称矩阵 $(c_{ij})_{m\times n}$ 为 $\boldsymbol{A}$ 与 $\boldsymbol{B}$ 的和，记作 $\boldsymbol{A}+\boldsymbol{B}$，即

$$\boldsymbol{A}+\boldsymbol{B}=(a_{ij}+b_{ij})_{m\times n}=\begin{pmatrix} a_{11}+b_{11} & a_{12}+b_{12} & \cdots & a_{1n}+b_{1n} \\ a_{21}+b_{21} & a_{22}+b_{22} & \cdots & a_{2n}+b_{2n} \\ \vdots & \vdots & & \vdots \\ a_{m1}+b_{m1} & a_{m2}+b_{m2} & \cdots & a_{mn}+b_{mn} \end{pmatrix}。$$

注：(1) 由定义，只有当两个矩阵是同型矩阵时，相加才有意义，且两矩阵相加就是两矩阵的对应位置的元素相加。

(2)若 $\boldsymbol{A}=(a_{ij})_{m\times n}$，称 $(-a_{ij})_{m\times n}$ 为 $\boldsymbol{A}$ 的负矩阵，记作 $-\boldsymbol{A}$，即

$$-\boldsymbol{A}=(-a_{ij})_{m\times n}=\begin{pmatrix} -a_{11} & -a_{12} & \cdots & -a_{1n} \\ -a_{21} & -a_{22} & \cdots & -a_{2n} \\ \vdots & \vdots & & \vdots \\ -a_{m1} & -a_{m2} & \cdots & -a_{mn} \end{pmatrix}。$$

利用负矩阵，可以定义矩阵的减法运算如下：

$$\boldsymbol{A}-\boldsymbol{B}=\boldsymbol{A}+(-\boldsymbol{B})。$$

显然，两矩阵相减就是两矩阵的对应位置上的元素相减。

2.2.2　矩阵的数乘

定义 2.4　设 $\boldsymbol{A}=(a_{ij})_{m\times n}$ 是一个矩阵，c 是一个数(标量)，定义

$$c\boldsymbol{A}=c\,(a_{ij})_{m\times n}=(ca_{ij})_{m\times n},$$

则称 $c\boldsymbol{A}$ 为数 c 与矩阵 $\boldsymbol{A}$ 的乘积，简称**矩阵的数乘**。

由定义 2.4，数 c 与矩阵 $\boldsymbol{A}$ 的乘积，相当于用 c 与矩阵 $\boldsymbol{A}$ 的每个元素做乘积。

例如，$3\begin{pmatrix} 1 & 2 & 3 \\ 4 & 5 & 6 \end{pmatrix}=\begin{pmatrix} 3 & 6 & 9 \\ 12 & 15 & 18 \end{pmatrix}$。

【例 2.4】某物流企业从两个生产地直接将商品运到三个销售地，设生产地到销售地的距离(单位：km)矩阵为

$$\boldsymbol{B}=(b_{ij})_{2\times 3}=\begin{pmatrix}40 & 60 & 105\\ 70 & 45 & 180\end{pmatrix},$$

其中 b_{ij} 表示第 i 个生产地到第 j 个销售地的距离(单位：km)，已知 9.6m 货车拉 18t 货物，每吨每千米运费为 0.5 元，那么货车拉满 18t 货物从各生产地到各销售地的运费矩阵为

$$\boldsymbol{C}=(c_{ij})_{2\times 3}=18\times 0.5\times \boldsymbol{B}=\begin{pmatrix}9\times 40 & 9\times 60 & 9\times 105\\ 9\times 70 & 9\times 45 & 9\times 180\end{pmatrix}=\begin{pmatrix}360 & 540 & 945\\ 630 & 405 & 1620\end{pmatrix}。$$

其中 c_{ij} 表示第 i 个生产地到第 j 个销售地的运费(单位：元)。

矩阵的加法及数乘统称为矩阵的**线性运算**。

可以证明，矩阵的线性运算满足以下运算规律。

设 $\boldsymbol{A},\boldsymbol{B},\boldsymbol{C}$ 为同型矩阵，k,l 为常数，则

① 加法交换律：$\boldsymbol{A}+\boldsymbol{B}=\boldsymbol{B}+\boldsymbol{A}$；

② 加法结合律：$(\boldsymbol{A}+\boldsymbol{B})+\boldsymbol{C}=\boldsymbol{A}+(\boldsymbol{B}+\boldsymbol{C})$；

③ 对于所有的矩阵 $\boldsymbol{A}$，都有 $\boldsymbol{A}+\boldsymbol{O}=\boldsymbol{A}$；

④ 对于所有的矩阵 $\boldsymbol{A}$，都有 $\boldsymbol{A}+(-\boldsymbol{A})=\boldsymbol{O}$；

⑤ 矩阵对数和的分配律：$(l+k)\boldsymbol{A}=l\boldsymbol{A}+k\boldsymbol{A}$；

⑥ 数对矩阵和的分配律：$k(\boldsymbol{A}+\boldsymbol{B})=k\boldsymbol{A}+k\boldsymbol{B}$；

⑦ 数乘结合律：$(lk)\boldsymbol{A}=l(k\boldsymbol{A})=k(l\boldsymbol{A})$；

⑧ 对于所有的矩阵 $\boldsymbol{A}$，有 $1\boldsymbol{A}=\boldsymbol{A}$。

矩阵的线性运算规律和中学里所学数的代数运算规律类似，计算时可比照代数式的计算，如进行项的合并、提取公因数、移项等。

【例 2.5】若 $\boldsymbol{A}=\begin{pmatrix}1 & 5 & -1\\ 3 & 2 & 0\end{pmatrix}$，$\boldsymbol{B}=\begin{pmatrix}1 & 3 & 0\\ 1 & 0 & -1\end{pmatrix}$，求 $\boldsymbol{A}+\boldsymbol{B}$，$\boldsymbol{A}-\boldsymbol{B}$，$3\boldsymbol{A}+2\boldsymbol{B}$。

【解】由矩阵线性运算定义及运算性质，有

$$\boldsymbol{A}+\boldsymbol{B}=\begin{pmatrix}1 & 5 & -1\\ 3 & 2 & 0\end{pmatrix}+\begin{pmatrix}1 & 3 & 0\\ 1 & 0 & -1\end{pmatrix}=\begin{pmatrix}1+1 & 5+3 & (-1)+0\\ 3+1 & 2+0 & 0+(-1)\end{pmatrix}=\begin{pmatrix}2 & 8 & -1\\ 4 & 2 & -1\end{pmatrix};$$

$$\boldsymbol{A}-\boldsymbol{B}=\begin{pmatrix}1-1 & 5-3 & (-1)-0\\ 3-1 & 2-0 & 0-(-1)\end{pmatrix}=\begin{pmatrix}0 & 2 & -1\\ 2 & 2 & 1\end{pmatrix};$$

$$3\boldsymbol{A}+2\boldsymbol{B}=\begin{pmatrix}3&15&-3\\9&6&0\end{pmatrix}+\begin{pmatrix}2&6&0\\2&0&-2\end{pmatrix}=\begin{pmatrix}5&21&-3\\11&6&-2\end{pmatrix}。$$

【例 2.6】设 $\boldsymbol{A}=\begin{pmatrix}3&1&-2\\5&2&0\end{pmatrix}$，$\boldsymbol{B}=\begin{pmatrix}-1&1&-6\\1&6&8\end{pmatrix}$，且 $\boldsymbol{A}+4\boldsymbol{X}=\boldsymbol{B}$，求矩阵 $\boldsymbol{X}$。

【解】已知 $\boldsymbol{A}+4\boldsymbol{X}=\boldsymbol{B}$，移项可得 $4\boldsymbol{X}=\boldsymbol{B}-\boldsymbol{A}$，而

$$\boldsymbol{B}-\boldsymbol{A}=\begin{pmatrix}-1&1&-6\\1&6&8\end{pmatrix}-\begin{pmatrix}3&1&-2\\5&2&0\end{pmatrix}=\begin{pmatrix}-4&0&-4\\-4&4&8\end{pmatrix},$$

所以

$$\boldsymbol{X}=\frac{1}{4}(\boldsymbol{B}-\boldsymbol{A})=\frac{1}{4}\begin{pmatrix}-4&0&-4\\-4&4&8\end{pmatrix}=\begin{pmatrix}-1&0&-1\\-1&1&2\end{pmatrix}。$$

注：这种含有未知矩阵的矩阵等式也称为**矩阵方程**。

2.2.3 矩阵的乘法

定义 2.5 设矩阵 $\boldsymbol{A}=(a_{ik})_{m\times s}$，$\boldsymbol{B}=(b_{kj})_{s\times n}$，令

$$c_{ij}=a_{i1}b_{1j}+a_{i2}b_{2j}+\cdots+a_{is}b_{sj}=\sum_{k=1}^{s}a_{ik}b_{kj}\ (i=1,2,\cdots,m;j=1,2,\cdots,n),\quad(2.2)$$

称 $m\times n$ 矩阵 $(c_{ij})_{m\times n}$ 为 $\boldsymbol{A}$ 与 $\boldsymbol{B}$ 的**乘积**，记作 $\boldsymbol{AB}$，即

$$\boldsymbol{AB}=(a_{ik})_{m\times s}(b_{kj})_{s\times n}=(c_{ij})_{m\times n}。$$

注：(1) 由定义 2.5，乘积矩阵的元素 c_{ij} 等于左边矩阵 $\boldsymbol{A}$ 的第 i 行的元素与右边矩阵 $\boldsymbol{B}$ 的第 j 列的元素依次相乘再相加，如图 2.3 所示。式(2.2)简称为**行乘列规则**。

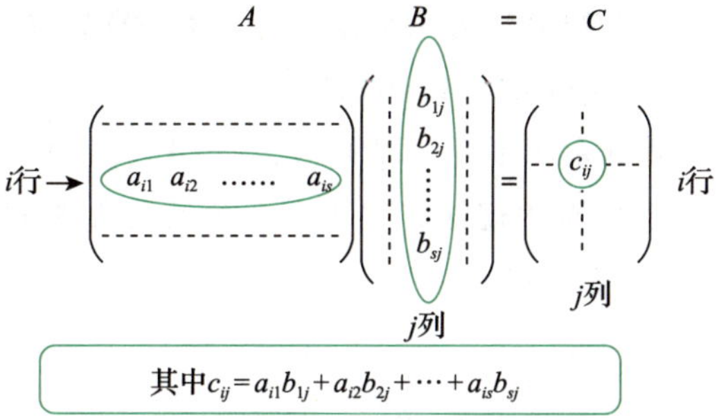

图 2.3　行乘列规则

(2)由定义 2.5，只有当左边矩阵 $\boldsymbol{A}$ 的列数与右边矩阵 $\boldsymbol{B}$ 的行数相等时，$\boldsymbol{AB}$ 才有意义。因此，为了强调 $\boldsymbol{A}$ 与 $\boldsymbol{B}$ 的位置，称 $\boldsymbol{AB}$ 为矩阵 $\boldsymbol{A}$ 左乘矩阵 $\boldsymbol{B}$。

(3)乘积矩阵 $\boldsymbol{AB}$ 的行数等于左边矩阵 $\boldsymbol{A}$ 的行数，其列数等于右边矩阵 $\boldsymbol{B}$ 的列数，如图 2.4所示。

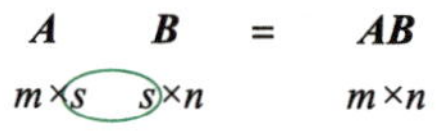

图 2.4 行列数示意图

【例 2.7】设 $\boldsymbol{A}=\begin{pmatrix}1 & 0 & -1\\ 2 & 3 & 5\end{pmatrix}$，$\boldsymbol{B}=\begin{pmatrix}-2 & 4 & 1\\ 7 & -3 & 2\\ -2 & 0 & -1\end{pmatrix}$，求 $\boldsymbol{AB}$。

【解】注意到 $\boldsymbol{A}$ 矩阵是 2×3 矩阵，$\boldsymbol{B}$ 矩阵是 3×3 矩阵，故 $\boldsymbol{AB}$ 为 2×3 矩阵。设 $\boldsymbol{AB}=(c_{ij})_{2\times3}$，由乘法定义，$\boldsymbol{AB}$ 的第一行元素 c_{11},c_{12},c_{13} 分别为矩阵 $\boldsymbol{A}$ 的第一行的元素与矩阵 $\boldsymbol{B}$ 的第 $j\,(j=1,2,3)$ 列的元素依次相乘再相加得到，即

$$c_{11}=1\times(-2)+0\times7+(-1)\times(-2)=0,$$

$$c_{12}=1\times4+0\times(-3)+(-1)\times0=4,$$

$$c_{13}=1\times1+0\times2+(-1)\times(-1)=2,$$

类似求出第二行。所以

$$\boldsymbol{AB}=\begin{pmatrix}c_{11} & c_{12} & c_{13}\\ c_{21} & c_{22} & c_{23}\end{pmatrix}=\begin{pmatrix}0 & 4 & 2\\ 7 & -1 & 3\end{pmatrix}。$$

可以证明，矩阵的乘法满足以下运算规律。

给定矩阵 $\boldsymbol{A},\boldsymbol{B},\boldsymbol{C},\boldsymbol{D}$ 和任意常数 k，则有

(1)结合律：$(\boldsymbol{AB})\boldsymbol{C}=\boldsymbol{A}(\boldsymbol{BC})$；

(2)分配律：$\boldsymbol{A}(\boldsymbol{B}+\boldsymbol{D})=\boldsymbol{AB}+\boldsymbol{AD}$(左乘分配律)，$(\boldsymbol{B}+\boldsymbol{D})\boldsymbol{A}=\boldsymbol{BA}+\boldsymbol{DA}$(右乘分配律)；

(3)数乘结合律：$k(\boldsymbol{AB})=(k\boldsymbol{A})\boldsymbol{B}=\boldsymbol{A}(k\boldsymbol{B})$；

(4)任意矩阵与单位矩阵的乘积不变，即 $\boldsymbol{E}_m\boldsymbol{A}_{m\times n}=\boldsymbol{A}_{m\times n}$，$\boldsymbol{A}_{m\times n}\boldsymbol{E}_n=\boldsymbol{A}_{m\times n}$。

注：(1)矩阵的乘法与数的乘法规律有些不同。数的乘法满足交换律与消去律，但矩阵的乘法一般不满足交换律与消去律。

例如，已知 $\boldsymbol{A}=\begin{pmatrix}-2 & 4\\ 1 & -2\end{pmatrix}$，$\boldsymbol{B}=\begin{pmatrix}2 & 4\\ -3 & -6\end{pmatrix}$，则

$$\boldsymbol{AB}=\begin{pmatrix}-2 & 4\\ 1 & -2\end{pmatrix}\begin{pmatrix}2 & 4\\ -3 & -6\end{pmatrix}=\begin{pmatrix}-16 & -32\\ 8 & 16\end{pmatrix},$$

$$\boldsymbol{BA}=\begin{pmatrix}2 & 4\\ -3 & -6\end{pmatrix}\begin{pmatrix}-2 & 4\\ 1 & -2\end{pmatrix}=\begin{pmatrix}0 & 0\\ 0 & 0\end{pmatrix}。$$

可见 $\boldsymbol{AB}\neq\boldsymbol{BA}$。这说明矩阵乘法不满足交换律。

由这个例子同时还可看出，尽管 $\boldsymbol{A}$ 和 $\boldsymbol{B}$ 都是非零矩阵，但是 $\boldsymbol{BA}$ 为零矩阵，即两个非零矩阵的乘积可以为零矩阵。

又例如，已知 $\boldsymbol{A}=\begin{pmatrix}1&0\\0&0\end{pmatrix}$，$\boldsymbol{X}=\begin{pmatrix}1\\1\end{pmatrix}$，$\boldsymbol{Y}=\begin{pmatrix}1\\2\end{pmatrix}$，则

$$\boldsymbol{AX}=\begin{pmatrix}1&0\\0&0\end{pmatrix}\begin{pmatrix}1\\1\end{pmatrix}=\begin{pmatrix}1\\0\end{pmatrix},\boldsymbol{AY}=\begin{pmatrix}1&0\\0&0\end{pmatrix}\begin{pmatrix}1\\2\end{pmatrix}=\begin{pmatrix}1\\0\end{pmatrix}。$$

这里 $\boldsymbol{AX}=\boldsymbol{AY}=\begin{pmatrix}1\\0\end{pmatrix}$，但是 $\boldsymbol{X}\neq\boldsymbol{Y}$，这说明矩阵乘法不满足消去律。

(2)可交换矩阵。一般情况下，$\boldsymbol{AB}$ 与 $\boldsymbol{BA}$ 不相等，但存在一些矩阵这两者相等，我们引入可交换矩阵的概念。

定义 2.6　给定矩阵 $\boldsymbol{A},\boldsymbol{B}$，若 $\boldsymbol{AB}=\boldsymbol{BA}$，则称矩阵 $\boldsymbol{A}$ 与 $\boldsymbol{B}$ **可交换**。

显然，当矩阵 $\boldsymbol{A}$ 与 $\boldsymbol{B}$ 可交换时，$\boldsymbol{A}$ 与 $\boldsymbol{B}$ 一定是同阶的方阵。

例如，设 $\boldsymbol{A}=\begin{pmatrix}2&4\\1&2\end{pmatrix}$，$\boldsymbol{B}=\begin{pmatrix}2&-4\\-1&2\end{pmatrix}$，则

$$\boldsymbol{AB}=\begin{pmatrix}2&4\\1&2\end{pmatrix}\begin{pmatrix}2&-4\\-1&2\end{pmatrix}=\begin{pmatrix}-2&0\\0&0\end{pmatrix},$$

$$\boldsymbol{BA}=\begin{pmatrix}2&-4\\-1&2\end{pmatrix}\begin{pmatrix}2&4\\1&2\end{pmatrix}=\begin{pmatrix}-2&0\\0&0\end{pmatrix},$$

因此，$\boldsymbol{AB}=\boldsymbol{BA}$，即 $\boldsymbol{A}$ 与 $\boldsymbol{B}$ 可交换。

以后我们还会知道，与一个已知的方阵**可交换**的矩阵有无数多个！

【例 2.8】已知 $\boldsymbol{A}=\begin{pmatrix}1&2\\3&4\end{pmatrix}$，$\boldsymbol{B}=\begin{pmatrix}2&1\\-3&2\end{pmatrix}$，$\boldsymbol{C}=\begin{pmatrix}1&0\\2&1\end{pmatrix}$，求 $\boldsymbol{AB}+\boldsymbol{AC}$。

【解】**(方法 1)**　先分别求 $\boldsymbol{AB}$ 与 $\boldsymbol{AC}$，然后求和

$$\begin{aligned}\boldsymbol{AB}+\boldsymbol{AC}&=\begin{pmatrix}1&2\\3&4\end{pmatrix}\begin{pmatrix}2&1\\-3&2\end{pmatrix}+\begin{pmatrix}1&2\\3&4\end{pmatrix}\begin{pmatrix}1&0\\2&1\end{pmatrix}\\&=\begin{pmatrix}-4&5\\-6&11\end{pmatrix}+\begin{pmatrix}5&2\\11&4\end{pmatrix}=\begin{pmatrix}1&7\\5&15\end{pmatrix}。\end{aligned}$$

(方法 2)　运用乘法分配律

$$\boldsymbol{AB}+\boldsymbol{AC}=\boldsymbol{A}(\boldsymbol{B}+\boldsymbol{C})=\begin{pmatrix}1&2\\3&4\end{pmatrix}\left[\begin{pmatrix}2&1\\-3&2\end{pmatrix}+\begin{pmatrix}1&0\\2&1\end{pmatrix}\right]=\begin{pmatrix}1&2\\3&4\end{pmatrix}\begin{pmatrix}3&1\\-1&3\end{pmatrix}=\begin{pmatrix}1&7\\5&15\end{pmatrix}。$$

矩阵的乘法运算可以推广到方阵的幂运算。

定义 2.7 设 $\boldsymbol{A}$ 为 n 阶矩阵，k 个 $\boldsymbol{A}$ 的连乘积记为 $\boldsymbol{A}^k$，即

$$\boldsymbol{A}^k=\underbrace{\boldsymbol{AA}\cdots\boldsymbol{A}}_{k\text{个}\boldsymbol{A}}。$$

称 $\boldsymbol{A}^k$ 为矩阵 $\boldsymbol{A}$ 的 k 次幂。

显然，对正整数 k 与 l，矩阵的幂运算具有以下规律：

$$\boldsymbol{A}^k\boldsymbol{A}^l=\boldsymbol{A}^{k+l},(\boldsymbol{A}^k)^l=\boldsymbol{A}^{kl}。$$

为了便于研究，规定 $\boldsymbol{A}^0=\boldsymbol{E}$。

【例 2.9】已知 $\boldsymbol{A}=\begin{pmatrix}1&0&1\\0&2&0\\1&0&1\end{pmatrix}$，求 $\boldsymbol{A}^2-2\boldsymbol{A}$。

【解】(方法 1)

$$\boldsymbol{A}^2-2\boldsymbol{A}=\begin{pmatrix}1&0&1\\0&2&0\\1&0&1\end{pmatrix}\begin{pmatrix}1&0&1\\0&2&0\\1&0&1\end{pmatrix}-2\begin{pmatrix}1&0&1\\0&2&0\\1&0&1\end{pmatrix}$$

$$=\begin{pmatrix}2&0&2\\0&4&0\\2&0&2\end{pmatrix}-\begin{pmatrix}2&0&2\\0&4&0\\2&0&2\end{pmatrix}=\begin{pmatrix}0&0&0\\0&0&0\\0&0&0\end{pmatrix}。$$

(方法 2) 运用乘法的分配律，有 $\boldsymbol{A}^2-2\boldsymbol{A}=(\boldsymbol{A}-2\boldsymbol{E})\boldsymbol{A}=\boldsymbol{A}(\boldsymbol{A}-2\boldsymbol{E})$，所以

$$\boldsymbol{A}^2-2\boldsymbol{A}=(\boldsymbol{A}-2\boldsymbol{E})\boldsymbol{A}=\left[\begin{pmatrix}1&0&1\\0&2&0\\1&0&1\end{pmatrix}-\begin{pmatrix}2&0&0\\0&2&0\\0&0&2\end{pmatrix}\right]\begin{pmatrix}1&0&1\\0&2&0\\1&0&1\end{pmatrix}$$

$$=\begin{pmatrix}-1&0&1\\0&0&0\\1&0&-1\end{pmatrix}\begin{pmatrix}1&0&1\\0&2&0\\1&0&1\end{pmatrix}=\begin{pmatrix}0&0&0\\0&0&0\\0&0&0\end{pmatrix}。$$

根据本例题，请读者思考，自己能否构造两个可交换的矩阵。

【例 2.10】设 $\boldsymbol{A}$ 与 $\boldsymbol{B}$ 是可交换矩阵，证明：$(\boldsymbol{A}-\boldsymbol{B})(\boldsymbol{A}+\boldsymbol{B})=\boldsymbol{A}^2-\boldsymbol{B}^2$。

【证】运用矩阵乘法的左乘、右乘分配律，有

$$\begin{aligned}(\boldsymbol{A}-\boldsymbol{B})(\boldsymbol{A}+\boldsymbol{B})&=(\boldsymbol{A}-\boldsymbol{B})\boldsymbol{A}+(\boldsymbol{A}-\boldsymbol{B})\boldsymbol{B} &&（左乘分配律）\\&=\boldsymbol{A}^2-\boldsymbol{BA}+\boldsymbol{AB}-\boldsymbol{B}^2, &&（右乘分配律）\end{aligned}$$

由于 $\boldsymbol{AB}=\boldsymbol{BA}$，故 $(\boldsymbol{A}-\boldsymbol{B})(\boldsymbol{A}+\boldsymbol{B})=\boldsymbol{A}^2-\boldsymbol{B}^2$。

注： 例题的结论很像初等数学中的平方差公式，不妨称其为矩阵的平方差公式。但要注意矩阵的平方差公式成立是有条件的，即 $\boldsymbol{A}$ 与 $\boldsymbol{B}$ 要满足可交换条件。

由矩阵的乘法运算可以得到线性方程组的矩阵表示。

设含有 m 个方程 n 个未知量 $x_1,x_2,\cdots,x_n$ 的线性方程组为

$$\begin{cases} a_{11}x_1+a_{12}x_2+\cdots+a_{1n}x_n=b_1, \\ a_{21}x_1+a_{22}x_2+\cdots+a_{2n}x_n=b_2, \\ \qquad\vdots \\ a_{m1}x_1+a_{m2}x_2+\cdots+a_{mn}x_n=b_m。\end{cases} \tag{2.3}$$

记矩阵 $\boldsymbol{A}=\begin{pmatrix} a_{11} & a_{12} & \cdots & a_{1n} \\ a_{21} & a_{22} & \cdots & a_{2n} \\ \vdots & \vdots & & \vdots \\ a_{m1} & a_{m2} & \cdots & a_{mn} \end{pmatrix}$，$\boldsymbol{X}=\begin{pmatrix} x_1 \\ x_2 \\ \vdots \\ x_n \end{pmatrix}$，$\boldsymbol{b}=\begin{pmatrix} b_1 \\ b_2 \\ \vdots \\ b_m \end{pmatrix}$，称 $\boldsymbol{A}$ 为方程组(2.3)的**系数矩阵**，$\boldsymbol{X}$ **为未知向量**，$\boldsymbol{b}$ **为常数项向量**。

根据矩阵的乘法运算，方程组(2.3)可表示为

$$\begin{pmatrix} a_{11} & a_{12} & \cdots & a_{1n} \\ a_{21} & a_{22} & \cdots & a_{2n} \\ \vdots & \vdots & & \vdots \\ a_{m1} & a_{m2} & \cdots & a_{mn} \end{pmatrix}\begin{pmatrix} x_1 \\ x_2 \\ \vdots \\ x_n \end{pmatrix}=\begin{pmatrix} b_1 \\ b_2 \\ \vdots \\ b_m \end{pmatrix},$$

即

$$\boldsymbol{AX}=\boldsymbol{b}, \tag{2.4}$$

称式(2.4)为线性方程组(2.3)的矩阵表示。

显然，线性方程组的矩阵表示在形式上很简洁。作为线性代数学的研究对象之一，我们将在下一章研究方程组 $\boldsymbol{AX}=\boldsymbol{b}$ 的解的存在性问题和求解方法。

线性变换的矩阵表示

由矩阵的乘法运算还可以得到线性变换的矩阵表示。

从变量 $x_1,x_2,\cdots,x_n$ 到变量 $y_1,y_2,\cdots,y_m$ 的线性变换为

$$\begin{cases} y_1=a_{11}x_1+a_{12}x_2+\cdots+a_{1n}x_n, \\ y_2=a_{21}x_1+a_{22}x_2+\cdots+a_{2n}x_n, \\ \qquad\vdots \\ y_m=a_{m1}x_1+a_{m2}x_2+\cdots+a_{mn}x_n。\end{cases} \tag{2.5}$$

如果记

$$\boldsymbol{A}=(a_{ij})_{m\times n}=\begin{pmatrix}a_{11}&a_{12}&\cdots&a_{1n}\\a_{21}&a_{22}&\cdots&a_{2n}\\\vdots&\vdots&&\vdots\\a_{m1}&a_{m2}&\cdots&a_{mn}\end{pmatrix},\ \boldsymbol{x}=\begin{pmatrix}x_1\\x_2\\\vdots\\x_n\end{pmatrix},\ \boldsymbol{y}=\begin{pmatrix}y_1\\y_2\\\vdots\\y_m\end{pmatrix},$$

则有

$$\boldsymbol{y}=\boldsymbol{Ax},\tag{2.6}$$

称式(2.6)为线性变换(2.5)的矩阵表示。

例如，线性变换

$$\begin{cases}y_1=x_1+2x_2+\ \ x_3-x_4,\\y_2=x_1-3x_2-\ \ x_3+x_4,\\y_3=\qquad\ \ x_2+4x_3\end{cases}$$

的矩阵表示为

$$\begin{pmatrix}y_1\\y_2\\y_3\end{pmatrix}=\begin{pmatrix}1&2&1&-1\\1&-3&-1&1\\0&1&4&0\end{pmatrix}\begin{pmatrix}x_1\\x_2\\x_3\\x_4\end{pmatrix}。$$

2.2.4 矩阵的转置与对称矩阵

定义 2.8 设 $m\times n$ 矩阵 $\boldsymbol{A}=(a_{ij})_{m\times n}$，即 $\boldsymbol{A}=\begin{pmatrix}a_{11}&a_{12}&\cdots&a_{1n}\\a_{21}&a_{22}&\cdots&a_{2n}\\\vdots&\vdots&&\vdots\\a_{m1}&a_{m2}&\cdots&a_{mn}\end{pmatrix}$，将 $\boldsymbol{A}$ 的第 1，2，…，m 行分别写成新矩阵的第 1，2，…，m 列(称为**互换 $\boldsymbol{A}$** 的行与列)，新矩阵称为矩阵 $\boldsymbol{A}$ 的**转置矩阵**，记作 $\boldsymbol{A}^{\mathrm{T}}$，即

$$\boldsymbol{A}^{\mathrm{T}}=\begin{pmatrix}a_{11}&a_{21}&\cdots&a_{m1}\\a_{12}&a_{22}&\cdots&a_{m2}\\\vdots&\vdots&&\vdots\\a_{1n}&a_{2n}&\cdots&a_{mn}\end{pmatrix}。$$

例如，若 $\boldsymbol{A}=\begin{pmatrix}1 & -1\\ 0 & 1\\ 2 & 3\end{pmatrix}$，则 $\boldsymbol{A}^{\mathrm{T}}=\begin{pmatrix}1 & 0 & 2\\ -1 & 1 & 3\end{pmatrix}$。

可以证明，矩阵的转置满足以下运算规律。

① 转置的转置：对于任意矩阵 $\boldsymbol{A}$，$(\boldsymbol{A}^{\mathrm{T}})^{\mathrm{T}}=\boldsymbol{A}$；

② 矩阵和的转置：给定矩阵 $\boldsymbol{A}$，$\boldsymbol{B}$，则 $(\boldsymbol{A}+\boldsymbol{B})^{\mathrm{T}}=\boldsymbol{A}^{\mathrm{T}}+\boldsymbol{B}^{\mathrm{T}}$；

③ 数乘矩阵的转置：任意常数 c，$(c\boldsymbol{A})^{\mathrm{T}}=c\boldsymbol{A}^{\mathrm{T}}$；

④ 矩阵乘积的转置：给定矩阵 $\boldsymbol{A}$，$\boldsymbol{B}$，则 $(\boldsymbol{AB})^{\mathrm{T}}=\boldsymbol{B}^{\mathrm{T}}\boldsymbol{A}^{\mathrm{T}}$。

【证】仅证明④。设 $\boldsymbol{A}=(a_{ij})_{m\times s}$ 是一个 $m\times s$ 矩阵，$\boldsymbol{B}=(b_{ij})_{s\times n}$ 是一个 $s\times n$ 矩阵，则 $\boldsymbol{AB}$ 为 $m\times n$ 矩阵，故 $(\boldsymbol{AB})^{\mathrm{T}}$ 为 $n\times m$ 矩阵，记为 $(\boldsymbol{AB})^{\mathrm{T}}=(c_{ji})_{n\times m}$。那么位于 $(\boldsymbol{AB})^{\mathrm{T}}$ 的第 i 行第 j 列的元素恰好等于 $\boldsymbol{AB}$ 的第 j 行第 i 列的元素，即

$$c_{ji}=a_{j1}b_{1i}+a_{j2}b_{2i}+\cdots+a_{js}b_{si}\text{。}$$

因为 $\boldsymbol{B}^{\mathrm{T}}$ 为 $n\times s$ 矩阵，$\boldsymbol{A}^{\mathrm{T}}$ 为 $s\times m$ 矩阵，则 $\boldsymbol{B}^{\mathrm{T}}\boldsymbol{A}^{\mathrm{T}}$ 为 $n\times m$ 矩阵，记为 $\boldsymbol{B}^{\mathrm{T}}\boldsymbol{A}^{\mathrm{T}}=(d_{ji})_{n\times m}$，那么位于 $\boldsymbol{B}^{\mathrm{T}}\boldsymbol{A}^{\mathrm{T}}$ 的第 i 行第 j 列的元素等于 $\boldsymbol{B}^{\mathrm{T}}$ 的第 i 行与 $\boldsymbol{A}^{\mathrm{T}}$ 的第 j 列对应元素的乘积之和，即

$$d_{ji}=a_{j1}b_{1i}+a_{j2}b_{2i}+\cdots+a_{js}b_{si}\text{，}$$

所以

$$c_{ji}=d_{ji}(j=1,2,\cdots,n;\ i=1,2,\cdots,m)\text{。}$$

即 $(\boldsymbol{AB})^{\mathrm{T}}=\boldsymbol{B}^{\mathrm{T}}\boldsymbol{A}^{\mathrm{T}}$。□

由转置矩阵的概念可定义对称矩阵的概念。

定义 2.9　若 n 阶方阵 $\boldsymbol{A}=(a_{ij})_n$ 满足 $\boldsymbol{A}^{\mathrm{T}}=\boldsymbol{A}$，即 $a_{ij}=a_{ji}(i,j=1,2,\cdots,n)$，则称 $\boldsymbol{A}$ 为**对称矩阵**。

显然，对称矩阵的元素关于主对角线轴对称。

例如，$\begin{pmatrix}1 & 3 & 5\\ 3 & 7 & 6\\ 5 & 6 & 0\end{pmatrix}$ 是三阶对称矩阵，$\begin{pmatrix}-2 & 6 & 8 & 2\\ 6 & 0 & 4 & -3\\ 8 & 4 & 1 & 0\\ 2 & -3 & 0 & 5\end{pmatrix}$ 是四阶对称矩阵。

类似地可给出反对称矩阵的定义。

定义 2.10　若方阵 $\boldsymbol{A}=(a_{ij})_n$ 满足 $\boldsymbol{A}^{\mathrm{T}}=-\boldsymbol{A}$，即 $a_{ij}=-a_{ji}(i,j=1,2,\cdots,n)$，则称 $\boldsymbol{A}$ 为**反对称矩阵**。

显然，反对称矩阵的元素关于主对角线互为相反数，且主对角线元素全为零。

例如，$\begin{pmatrix} 0 & -3 & 5 \\ 3 & 0 & -6 \\ -5 & 6 & 0 \end{pmatrix}$是一个三阶反对称矩阵。

关于对称矩阵与反对称矩阵有如下结论：

(1) 设 $\boldsymbol{A}$、$\boldsymbol{B}$ 均为 n 阶对称矩阵，则 $\boldsymbol{A}+\boldsymbol{B}$、$c\boldsymbol{A}$ 是对称矩阵。

(2) 设 $\boldsymbol{A}$、$\boldsymbol{B}$ 均为 n 阶反对称矩阵，则 $\boldsymbol{A}+\boldsymbol{B}$、$c\boldsymbol{A}$ 也是反对称矩阵。

(3) 对任何矩阵 $\boldsymbol{A}$，$\boldsymbol{A}\boldsymbol{A}^{\mathrm{T}}$、$\boldsymbol{A}^{\mathrm{T}}\boldsymbol{A}$ 都是对称矩阵。

(4) 任意一方阵 $\boldsymbol{A}$ 都可以分解成对称矩阵与反对称矩阵的和。这是因为

$$\boldsymbol{A}=\frac{1}{2}(\boldsymbol{A}+\boldsymbol{A}^{\mathrm{T}})+\frac{1}{2}(\boldsymbol{A}-\boldsymbol{A}^{\mathrm{T}})$$

其中 $\boldsymbol{A}+\boldsymbol{A}^{\mathrm{T}}$是对称矩阵，$\boldsymbol{A}-\boldsymbol{A}^{\mathrm{T}}$是反对称矩阵。

【例 2.11】设 $\boldsymbol{A}=\begin{pmatrix} 1 \\ -1 \\ 2 \end{pmatrix}$，$\boldsymbol{B}=\begin{pmatrix} 2 & -1 & 0 \\ 1 & 1 & 3 \\ 4 & 2 & 1 \end{pmatrix}$，计算 $\boldsymbol{A}^{\mathrm{T}}\boldsymbol{A}$、$\boldsymbol{B}\boldsymbol{A}$ 和 $\boldsymbol{A}^{\mathrm{T}}\boldsymbol{B}\boldsymbol{A}$。

【解】$\boldsymbol{A}^{\mathrm{T}}\boldsymbol{A}=(1 \quad -1 \quad 2)\begin{pmatrix} 1 \\ -1 \\ 2 \end{pmatrix}=1^2+(-1)^2+2^2=6$，

$$\boldsymbol{B}\boldsymbol{A}=\begin{pmatrix} 2 & -1 & 0 \\ 1 & 1 & 3 \\ 4 & 2 & 1 \end{pmatrix}\begin{pmatrix} 1 \\ -1 \\ 2 \end{pmatrix}=\begin{pmatrix} 3 \\ 6 \\ 4 \end{pmatrix},$$

$$\boldsymbol{A}^{\mathrm{T}}\boldsymbol{B}\boldsymbol{A}=\boldsymbol{A}^{\mathrm{T}}(\boldsymbol{B}\boldsymbol{A})=(1 \quad -1 \quad 2)\begin{pmatrix} 3 \\ 6 \\ 4 \end{pmatrix}=(5)=5。$$

【例 2.12】设 $\boldsymbol{A}$、$\boldsymbol{B}$ 均为 n 阶对称矩阵，则 $\boldsymbol{A}\boldsymbol{B}$ 为对称矩阵的充分必要条件是 $\boldsymbol{A}$、$\boldsymbol{B}$ 为可交换矩阵。

【证】**(必要性)** 设 $\boldsymbol{A}\boldsymbol{B}$ 为对称矩阵，则$(\boldsymbol{A}\boldsymbol{B})^{\mathrm{T}}=\boldsymbol{A}\boldsymbol{B}$。

另一方面由矩阵的转置性质$(\boldsymbol{A}\boldsymbol{B})^{\mathrm{T}}=\boldsymbol{B}^{\mathrm{T}}\boldsymbol{A}^{\mathrm{T}}=\boldsymbol{B}\boldsymbol{A}$，所以 $\boldsymbol{A}\boldsymbol{B}=\boldsymbol{B}\boldsymbol{A}$，即 $\boldsymbol{A}$、$\boldsymbol{B}$ 为可交换矩阵。

(充分性) 设 $\boldsymbol{A}$、$\boldsymbol{B}$ 为可交换矩阵，则 $\boldsymbol{A}\boldsymbol{B}=\boldsymbol{B}\boldsymbol{A}$，所以

$$(\boldsymbol{A}\boldsymbol{B})^{\mathrm{T}}=\boldsymbol{B}^{\mathrm{T}}\boldsymbol{A}^{\mathrm{T}}=\boldsymbol{B}\boldsymbol{A}=\boldsymbol{A}\boldsymbol{B},$$

即 $\boldsymbol{A}\boldsymbol{B}$ 为对称矩阵。

例题表明：即使 $\boldsymbol{A}$、$\boldsymbol{B}$ 均为 n 阶对称矩阵，但 $\boldsymbol{AB}$ 未必是对称矩阵。同样，$\boldsymbol{A}$、$\boldsymbol{B}$ 均为 n 阶反对称矩阵，$\boldsymbol{AB}$ 未必是反对称矩阵。

【例 2.13】设矩阵 $\boldsymbol{X}=(x_1,x_2,\cdots,x_n)^{\mathrm{T}}$，满足 $\boldsymbol{X}^{\mathrm{T}}\boldsymbol{X}=1$，$\boldsymbol{E}$ 为 n 阶单位矩阵，$\boldsymbol{H}=\boldsymbol{E}-2\boldsymbol{X}\boldsymbol{X}^{\mathrm{T}}$，证明：$\boldsymbol{H}=\boldsymbol{H}^{\mathrm{T}}$ 且 $\boldsymbol{H}\boldsymbol{H}^{\mathrm{T}}=\boldsymbol{E}$。

【证】由转置矩阵的运算性质，

$$\begin{aligned}\boldsymbol{H}^{\mathrm{T}}&=(\boldsymbol{E}-2\boldsymbol{X}\boldsymbol{X}^{\mathrm{T}})^{\mathrm{T}}=\boldsymbol{E}-(2\boldsymbol{X}\boldsymbol{X}^{\mathrm{T}})^{\mathrm{T}}\\&=\boldsymbol{E}-2(\boldsymbol{X}^{\mathrm{T}})^{\mathrm{T}}\boldsymbol{X}^{\mathrm{T}}=\boldsymbol{E}-2\boldsymbol{X}\boldsymbol{X}^{\mathrm{T}}=\boldsymbol{H},\end{aligned}$$

即 $\boldsymbol{H}$ 是对称矩阵，且

$$\begin{aligned}\boldsymbol{H}\boldsymbol{H}^{\mathrm{T}}=\boldsymbol{H}^2&=(\boldsymbol{E}-2\boldsymbol{X}\boldsymbol{X}^{\mathrm{T}})^2=\boldsymbol{E}-4\boldsymbol{X}\boldsymbol{X}^{\mathrm{T}}+4(\boldsymbol{X}\boldsymbol{X}^{\mathrm{T}})(\boldsymbol{X}\boldsymbol{X}^{\mathrm{T}})\\&=\boldsymbol{E}-4\boldsymbol{X}\boldsymbol{X}^{\mathrm{T}}+4\boldsymbol{X}(\boldsymbol{X}^{\mathrm{T}}\boldsymbol{X})\boldsymbol{X}^{\mathrm{T}}\\&=\boldsymbol{E}-4\boldsymbol{X}\boldsymbol{X}^{\mathrm{T}}+4\boldsymbol{X}\boldsymbol{X}^{\mathrm{T}}=\boldsymbol{E}。\end{aligned}$$

注：在第 4 章中我们将知道 $\boldsymbol{H}$ 是正交矩阵。

2.2.5 方阵的行列式

定义 2.11　由 n 阶矩阵 $\boldsymbol{A}=(a_{ij})_n$ 的元素所构成的行列式，称为**矩阵 $\boldsymbol{A}$ 的行列式**，记作 $|\boldsymbol{A}|$、$|(a_{ij})_n|$ 或者 $\det(\boldsymbol{A})$。

注：(1) 引入矩阵的行列式概念后，要区分矩阵与行列式的记法，矩阵用圆括号，行列式用两竖线，例如 $\begin{pmatrix}2&3\\6&8\end{pmatrix}$ 表示矩阵，而 $\begin{vmatrix}2&3\\6&8\end{vmatrix}$ 表示行列式。

(2)只有当 $\boldsymbol{A}$ 是方阵时，$\boldsymbol{A}$ 的行列式 $|\boldsymbol{A}|$ 才有意义。$\boldsymbol{A}$ 的行列式能反映 $\boldsymbol{A}$ 的一些特征，这一点在今后研究矩阵的性质时读者将有体会。

可以证明，矩阵行列式运算有如下性质。

① 转置矩阵行列式：对于任意 n 阶方阵 $\boldsymbol{A}$，有 $|\boldsymbol{A}^{\mathrm{T}}|=|\boldsymbol{A}|$；

② 数乘矩阵行列式：对于任意 n 阶方阵 $\boldsymbol{A}$ 与常数 λ，有 $|\lambda\boldsymbol{A}|=\lambda^n|\boldsymbol{A}|$；

③ 乘积矩阵行列式：对于任意 n 阶方阵 $\boldsymbol{A}$ 与 $\boldsymbol{B}$，有 $|\boldsymbol{AB}|=|\boldsymbol{A}|\cdot|\boldsymbol{B}|$；

④ 矩阵方幂行列式：对于任意 n 阶方阵 $\boldsymbol{A}$ 与正整数 m，有 $|\boldsymbol{A}^m|=|\boldsymbol{A}|^m$。

注：(1) 对于数乘矩阵的行列式，由②可知，不能误以为 $|\lambda\boldsymbol{A}|=\lambda|\boldsymbol{A}|$，因为 $\lambda|\boldsymbol{A}|$ 只是用 λ 去乘行列式 $|\boldsymbol{A}|$ 的某一行(列)，$|\lambda\boldsymbol{A}|$ 则是用 λ 乘遍 $|\boldsymbol{A}|$ 的每一行(列)。

(2)关于矩阵乘积的行列式，只有两个同阶方阵相乘时，性质③才成立。当两个不同阶矩阵相乘时，即 $|\boldsymbol{A}_{n\times s}\boldsymbol{B}_{s\times n}|\neq|\boldsymbol{A}|\cdot|\boldsymbol{B}|$，其中 $n\neq s$，此时 $|\boldsymbol{A}|$ 和 $|\boldsymbol{B}|$ 不存在。

(3)对于 n 阶方阵 $\boldsymbol{A}$、$\boldsymbol{B}$，一般 $\boldsymbol{AB}\neq\boldsymbol{BA}$，但都有 $|\boldsymbol{AB}|=|\boldsymbol{A}|\cdot|\boldsymbol{B}|=|\boldsymbol{B}|\cdot|\boldsymbol{A}|=|\boldsymbol{BA}|$。

(4)乘积矩阵的行列式还可以推广到有限个矩阵乘积的情形，即对于任意 k 个 n 阶方阵 $\boldsymbol{A}_1,\boldsymbol{A}_2,\cdots,\boldsymbol{A}_k$，有

$$|\boldsymbol{A}_1\boldsymbol{A}_2\cdots\boldsymbol{A}_k|=|\boldsymbol{A}_1|\cdot|\boldsymbol{A}_2|\cdot\cdots\cdot|\boldsymbol{A}_k|。$$

根据矩阵行列式以及余子式的概念，给定方阵 $\boldsymbol{A}$ 可以构造另一个矩阵 $\boldsymbol{A}^*$。

定义 2.12 设 n 阶方阵 $\boldsymbol{A}=(a_{ij})_n$，由 $\boldsymbol{A}$ 的行列式

$$|\boldsymbol{A}|=\begin{vmatrix} a_{11} & a_{12} & \cdots & a_{1n} \\ a_{21} & a_{22} & \cdots & a_{2n} \\ \vdots & \vdots & & \vdots \\ a_{n1} & a_{n2} & \cdots & a_{nn} \end{vmatrix}$$

的各元素 a_{ij} 的代数余子式 A_{ij} 所构成的矩阵 $(A_{ij})^{\mathrm{T}}$ 称为 $\boldsymbol{A}$ 的**伴随矩阵**，记为 $\boldsymbol{A}^*$，即 $\boldsymbol{A}$ 的**伴随矩阵**。

$$\boldsymbol{A}^*=(A_{ij})^{\mathrm{T}}=\begin{pmatrix} A_{11} & A_{21} & \cdots & A_{n1} \\ A_{12} & A_{22} & \cdots & A_{n2} \\ \vdots & \vdots & & \vdots \\ A_{1n} & A_{2n} & \cdots & A_{nn} \end{pmatrix}。$$

由定义 2.12，任何一个方阵都存在伴随矩阵，且伴随矩阵有下面的性质。

定理 2.1 给定 n 阶矩阵 $\boldsymbol{A}=(a_{ij})_n$，则 $\boldsymbol{AA}^*=\boldsymbol{A}^*\boldsymbol{A}=|\boldsymbol{A}|\boldsymbol{E}$。

【证】因为 $\boldsymbol{A}=(a_{ij})_n$，且记 $\boldsymbol{AA}^*=(b_{ij})_n$，即

$$\begin{pmatrix} a_{11} & a_{12} & \cdots & a_{1n} \\ a_{21} & a_{22} & \cdots & a_{2n} \\ \vdots & \vdots & & \vdots \\ a_{n1} & a_{n2} & \cdots & a_{nn} \end{pmatrix}\begin{pmatrix} A_{11} & A_{21} & \cdots & A_{n1} \\ A_{12} & A_{22} & \cdots & A_{n2} \\ \vdots & \vdots & & \vdots \\ A_{1n} & A_{2n} & \cdots & A_{nn} \end{pmatrix}=\begin{pmatrix} b_{11} & b_{12} & \cdots & b_{1n} \\ b_{21} & b_{22} & \cdots & b_{2n} \\ \vdots & \vdots & & \vdots \\ b_{n1} & b_{n2} & \cdots & b_{nn} \end{pmatrix}。$$

由矩阵的乘法定义，有

$$b_{ij}=a_{i1}A_{j1}+a_{i2}A_{j2}+\cdots+a_{in}A_{jn},$$

又由行列式的按行展开定理 1.3，有

$$b_{ij}=a_{i1}A_{j1}+a_{i2}A_{j2}+\cdots+a_{in}A_{jn}=\begin{cases} |\boldsymbol{A}|, & i=j, \\ 0, & i\neq j。\end{cases}$$

所以

$$AA^* = \begin{pmatrix} |A| & 0 & \cdots & 0 \\ 0 & |A| & \cdots & 0 \\ \vdots & \vdots & & \vdots \\ 0 & 0 & \cdots & |A| \end{pmatrix} = |A|E。$$

同理可证，$A^*A=|A|E$。 □

注：(1) 定理 2.1 表明，A 与其伴随矩阵 A^* 是可交换的，且其乘积是 $|A|$ 的数量矩阵 $|A|E$。这样，当 A 已知时，就可构造与 A 可交换的矩阵。

(2)要灵活运用定理 2.1。例如，若记 A^* 的伴随矩阵为$(A^*)^*$，则有

$$A^*(A^*)^* = (A^*)^*A^* = |A^*|E。$$

练习 2.2

1. 设 $A=\begin{pmatrix} 5 & 2 & 0 \\ 2 & 1 & 1 \end{pmatrix}$，$B=\begin{pmatrix} 1 & 6 & 3 \\ 4 & -2 & 7 \end{pmatrix}$，$C=\begin{pmatrix} 1 & 1 \\ 1 & 2 \\ 9 & 0 \end{pmatrix}$，$D=\begin{pmatrix} 1 & -2 \\ 0 & 1 \end{pmatrix}$。

(1)计算 $A+B$、$A-B$、$2A+3B$；

(2)若 X 满足$-A+3X=C^{\mathrm{T}}$，求 X；

(3)计算 $2BC+D$、$ACD+BCD$；

(4)计算$(A+B)(A-B)^{\mathrm{T}}+DD^{\mathrm{T}}$。

2. 计算

(1) $\begin{pmatrix} 1 & 2 & 3 \\ 3 & 2 & 1 \\ 1 & 1 & 1 \end{pmatrix}\begin{pmatrix} 1 \\ 1 \\ 1 \end{pmatrix}$；　(2) $(1\ \ 1\ \ 1)\begin{pmatrix} 1 & 2 & 3 \\ 3 & 2 & 1 \\ 1 & 1 & 1 \end{pmatrix}$；　(3) $(1\ \ 1\ \ 1)\begin{pmatrix} 1 & 2 & 3 \\ 3 & 2 & 1 \\ 1 & 1 & 1 \end{pmatrix}\begin{pmatrix} 1 \\ 1 \\ 1 \end{pmatrix}$

(4) $\begin{pmatrix} 3 & 1 & 1 \\ 1 & 2 & 0 \\ 1 & 0 & 1 \end{pmatrix}\begin{pmatrix} 2 & 1 \\ 1 & 2 \\ 4 & -1 \end{pmatrix}$；　(5) $(1\ \ 4\ \ 2)\begin{pmatrix} -1 & 2 & 0 \\ 5 & 2 & 0 \\ 0 & 3 & 1 \end{pmatrix}\begin{pmatrix} 1 \\ 4 \\ 2 \end{pmatrix}$；

(6) $\begin{pmatrix} -1 & 1 & 2 \\ 3 & 4 & 0 \\ 1 & 3 & -1 \end{pmatrix}\begin{pmatrix} -1 & 3 & 1 \\ 1 & 4 & 3 \\ 2 & 0 & -1 \end{pmatrix}$。

3. 设矩阵 $A=\begin{pmatrix} 0 & 1 & 0 \\ 0 & 0 & 1 \\ 0 & 0 & 0 \end{pmatrix}$，求 A^2 和 A^3。

4. 设 $f(x)=x^2+3x-2$，$\boldsymbol{A}$ 为方阵，$\boldsymbol{E}$ 为与 $\boldsymbol{A}$ 同阶的单位矩阵，记 $f(\boldsymbol{A})=\boldsymbol{A}^2+3\boldsymbol{A}-2\boldsymbol{E}$。若 $\boldsymbol{A}=\begin{pmatrix}1 & -1\\ 3 & 2\end{pmatrix}$，求 $f(\boldsymbol{A})$、$\boldsymbol{A}f(\boldsymbol{A})$和 $f(\boldsymbol{A})\boldsymbol{A}$。
5. 设 $\boldsymbol{A}$ 为 n 阶方阵。证明：$\boldsymbol{A}+\boldsymbol{A}^{\mathrm{T}}$、$\boldsymbol{A}\boldsymbol{A}^{\mathrm{T}}$是对称矩阵，$\boldsymbol{A}-\boldsymbol{A}^{\mathrm{T}}$是反对称矩阵。
6. 若 $\boldsymbol{A}^2=\boldsymbol{A}$，则称 $\boldsymbol{A}$ 为幂等矩阵。证明：若 $\boldsymbol{A}$、$\boldsymbol{B}$ 为幂等矩阵，则 $\boldsymbol{A}+\boldsymbol{B}$ 为幂等矩阵的充分必要条件是 $\boldsymbol{AB}=-\boldsymbol{BA}$。
7. 设矩阵 $\boldsymbol{A}=\begin{pmatrix}0 & -1 & 0\\ 1 & 0 & 1\\ 1 & 0 & 2\end{pmatrix}$，求 $\boldsymbol{A}$ 的行列式 $|\boldsymbol{A}|$、伴随矩阵 $\boldsymbol{A}^*$ 以及 $|\boldsymbol{A}^*|$。
8. 设 $\boldsymbol{A}=(a_{ij})_3$ 为三阶实矩阵，且 $a_{ij}=A_{ij}$，$a_{33}=-1$，其中 A_{ij} 是 a_{ij} 的代数余子式，求 $|\boldsymbol{A}|$。

2.3 逆矩阵

在上一节中，我们定义了可交换矩阵的概念，即若 $\boldsymbol{AB}=\boldsymbol{BA}$，则称 $\boldsymbol{A}$ 与 $\boldsymbol{B}$ 是可交换的。本节我们探讨 $\boldsymbol{A}$ 与 $\boldsymbol{B}$ 不仅可交换，而且满足 $\boldsymbol{AB}=\boldsymbol{BA}=\boldsymbol{E}$ 的情形，从而建立逆矩阵的概念。

2.3.1 逆矩阵的概念

定义 2.13 设 $\boldsymbol{A}$ 是 n 阶方阵，如果存在 n 阶矩阵 $\boldsymbol{B}$，使得

$$\boldsymbol{AB}=\boldsymbol{BA}=\boldsymbol{E}, \tag{2.7}$$

则称矩阵 $\boldsymbol{A}$ 是**可逆的**，并称矩阵 $\boldsymbol{B}$ 是 $\boldsymbol{A}$ 的**逆矩阵**。

在式(2.7)中，由于 $\boldsymbol{A}$ 与 $\boldsymbol{B}$ 位置的对称性，矩阵 $\boldsymbol{A}$ 当然也是 $\boldsymbol{B}$ 的**逆矩阵**，且矩阵 $\boldsymbol{B}$ 是可逆的，因此满足式(2.7)的 $\boldsymbol{A}$ 与 $\boldsymbol{B}$ 是一对互逆矩阵。

当矩阵 $\boldsymbol{A}$ 可逆时，其逆矩阵 $\boldsymbol{B}$ 必是唯一的。

事实上，设 $\boldsymbol{A}$ 还有另一个逆矩阵 $\boldsymbol{B}_1$，那么由定义，$\boldsymbol{B}_1\boldsymbol{A}=\boldsymbol{AB}_1=\boldsymbol{E}$，且

$$\boldsymbol{AB}=\boldsymbol{BA}=\boldsymbol{E},$$

因此

$$\boldsymbol{B}_1=\boldsymbol{B}_1\boldsymbol{E}=\boldsymbol{B}_1(\boldsymbol{AB})=(\boldsymbol{B}_1\boldsymbol{A})\boldsymbol{B}=\boldsymbol{EB}=\boldsymbol{B}。$$

这说明矩阵 $\boldsymbol{B}_1$ 与矩阵 $\boldsymbol{B}$ 是同一个矩阵，也即 $\boldsymbol{A}$ 的逆矩阵唯一。

这样，逆矩阵可以有唯一的记号，通常 $\boldsymbol{A}$ 的逆矩阵记为 $\boldsymbol{A}^{-1}$，读作 $\boldsymbol{A}$ 的逆。

按逆矩阵的记号，若矩阵 $\boldsymbol{A}$ 可逆，则式(2.7)可写成

$$\boldsymbol{A}\boldsymbol{A}^{-1}=\boldsymbol{A}^{-1}\boldsymbol{A}=\boldsymbol{E}。\tag{2.8}$$

【例 2.14】设矩阵 $\boldsymbol{A}=\begin{pmatrix}0&1&1\\1&1&2\\2&-1&0\end{pmatrix}$，$\boldsymbol{B}=\begin{pmatrix}2&-1&1\\4&-2&1\\-3&2&-1\end{pmatrix}$，验证 $\boldsymbol{A}$ 与 $\boldsymbol{B}$ 互为逆矩阵。

【解】由矩阵的乘法易得

$$\boldsymbol{AB}=\boldsymbol{BA}=\begin{pmatrix}1&0&0\\0&1&0\\0&0&1\end{pmatrix}=\boldsymbol{E}_3,$$

所以 $\boldsymbol{A}$ 与 $\boldsymbol{B}$ 是一对互逆矩阵。

注：(1) 在式(2.7)中，矩阵 $\boldsymbol{A}$ 一定是方阵，因此只有方阵才有逆矩阵的概念。

(2)对于单位矩阵 $\boldsymbol{E}$，由于 $\boldsymbol{EE}=\boldsymbol{EE}=\boldsymbol{E}$，所以 $\boldsymbol{E}^{-1}=\boldsymbol{E}$，即单位矩阵的逆矩阵还是单位矩阵本身。

(3)有了逆矩阵的概念，一些矩阵方程的解就可以用逆矩阵来表示。比如，在用矩阵表示的线性方程组 $\boldsymbol{AX}=\boldsymbol{b}$ 中，如果 $\boldsymbol{A}$ 可逆，则在方程的两边同时左乘 $\boldsymbol{A}^{-1}$，得

$$\boldsymbol{A}^{-1}\boldsymbol{AX}=\boldsymbol{A}^{-1}\boldsymbol{b},$$

又因为 $\boldsymbol{A}^{-1}\boldsymbol{A}=\boldsymbol{E}$，$\boldsymbol{EX}=\boldsymbol{X}$，所以方程的解可表示为

$$\boldsymbol{X}=\boldsymbol{A}^{-1}\boldsymbol{b}。$$

方程解的这种形式比较简洁，也很“美”!

给定方程 $\boldsymbol{AX}=\boldsymbol{b}$，当 $\boldsymbol{A}$ 可逆时，只要先求出 $\boldsymbol{A}^{-1}$，再做矩阵乘积 $\boldsymbol{A}^{-1}\boldsymbol{b}$，则得方程组 $\boldsymbol{AX}=\boldsymbol{b}$ 的解 $\boldsymbol{X}=\boldsymbol{A}^{-1}\boldsymbol{b}$。

(4)有这样的矩阵存在，如 $\boldsymbol{A}=\begin{pmatrix}1&1\\2&2\end{pmatrix}$，对于任何的矩阵 $\boldsymbol{B}$，都不能使等式 $\boldsymbol{AB}=\boldsymbol{BA}=\boldsymbol{E}_2$ 成立，称这样的矩阵称为不可逆矩阵。

那么，什么样的矩阵一定是可逆的呢？在可逆的情况下，又如何求出其逆矩阵呢？这两个问题的答案将在下面给出。

2.3.2　矩阵可逆的充要条件

定理 2.2　n 阶矩阵 $\boldsymbol{A}$ 可逆的充分必要条件是 $|\boldsymbol{A}|\neq 0$，且当 $\boldsymbol{A}$ 可逆时，$\boldsymbol{A}^{-1}=$

$\frac{1}{|\boldsymbol{A}|}\boldsymbol{A}^*$。

【证】**（充分性）** 由定理 2.1 可知

$$\boldsymbol{A}\boldsymbol{A}^* = \boldsymbol{A}^*\boldsymbol{A} = |\boldsymbol{A}|\boldsymbol{E}。$$

如果$|\boldsymbol{A}|\neq 0$，上式同除以非零数$|\boldsymbol{A}|$，则可得

$$\boldsymbol{A}\left(\frac{1}{|\boldsymbol{A}|}\boldsymbol{A}^*\right) = \left(\frac{1}{|\boldsymbol{A}|}\boldsymbol{A}^*\right)\boldsymbol{A} = \boldsymbol{E}。$$

由逆矩阵的定义，矩阵 $\boldsymbol{A}$ 可逆，且

$$\boldsymbol{A}^{-1} = \frac{1}{|\boldsymbol{A}|}\boldsymbol{A}^*。\tag{2.9}$$

（必要性） 因为矩阵 $\boldsymbol{A}$ 可逆，所以

$$\boldsymbol{A}\boldsymbol{A}^{-1} = \boldsymbol{E}。$$

两边取行列式，得$|\boldsymbol{A}\boldsymbol{A}^{-1}| = |\boldsymbol{A}||\boldsymbol{A}^{-1}| = |\boldsymbol{E}| = 1\neq 0$，因此$|\boldsymbol{A}|\neq 0$。 □

注：(1) 行列式不等于零的方阵又叫作**非奇异矩阵**。因此，非奇异矩阵和可逆矩阵是等价概念。行列式等于零的矩阵自然叫作**奇异矩阵**了。

(2)从定理 2.2 可以体会，前面为什么我们对行列式的值是否为 0 感兴趣。

(3)式(2.9)给出了求逆矩阵的方法，即先计算 $\boldsymbol{A}$ 的行列式，当行列式不为零时，再计算 $\boldsymbol{A}$ 的伴随矩阵 $\boldsymbol{A}^*$，最后写出 $\boldsymbol{A}$ 的逆矩阵，这一方法也称为**伴随矩阵法**。不过在求伴随矩阵 $\boldsymbol{A}^*$ 时，要计算 n^2 个$(n-1)$阶行列式，显然当 n 较大时计算量非常大。因此，伴随矩阵法主要用于较低阶的矩阵或者理论上的逻辑推证。下一节我们将介绍用矩阵的行初等变换求逆矩阵的方法。

【例 2.15】设 $\boldsymbol{A}=\begin{pmatrix}1 & 2\\ 3 & 4\end{pmatrix}$，求 $\boldsymbol{A}^{-1}$。

【解】显然，$|\boldsymbol{A}| = -2\neq 0$，故 $\boldsymbol{A}$ 可逆。而且由于$|\boldsymbol{A}|$的代数余子式都是一阶行列式，容易得出

$$\boldsymbol{A}^* = \begin{pmatrix}4 & -2\\ -3 & 1\end{pmatrix}。$$

所以

$$\boldsymbol{A}^{-1} = \frac{1}{|\boldsymbol{A}|}\boldsymbol{A}^* = \frac{1}{-2}\begin{pmatrix}4 & -2\\ -3 & 1\end{pmatrix} = \begin{pmatrix}-2 & 1\\ 3/2 & -1/2\end{pmatrix}。$$

【例 2.16】用伴随矩阵法求 $\boldsymbol{A}=\begin{pmatrix}0 & -1 & 0\\ 1 & 0 & 1\\ 1 & 0 & 2\end{pmatrix}$的逆矩阵 $\boldsymbol{A}^{-1}$。

【解】因为 $|\boldsymbol{A}|=\begin{vmatrix}0&-1&0\\1&0&1\\1&0&2\end{vmatrix}=1\neq0$，所以 $\boldsymbol{A}$ 可逆。而且

$$A_{11}=(-1)^{1+1}\begin{vmatrix}0&1\\0&2\end{vmatrix}=0,\ A_{12}=(-1)^{1+2}\begin{vmatrix}1&1\\1&2\end{vmatrix}=-1,\ A_{13}=(-1)^{1+3}\begin{vmatrix}1&0\\1&0\end{vmatrix}=0,$$

$$A_{21}=(-1)^{2+1}\begin{vmatrix}-1&0\\0&2\end{vmatrix}=2,\ A_{22}=(-1)^{2+2}\begin{vmatrix}0&0\\1&2\end{vmatrix}=0,\ A_{23}=(-1)^{2+3}\begin{vmatrix}0&-1\\1&0\end{vmatrix}=-1,$$

$$A_{31}=(-1)^{3+1}\begin{vmatrix}-1&0\\0&1\end{vmatrix}=-1,\ A_{32}=(-1)^{3+2}\begin{vmatrix}0&0\\1&2\end{vmatrix}=0,\ A_{33}=(-1)^{3+3}\begin{vmatrix}0&-1\\1&0\end{vmatrix}=1,$$

所以

$$\boldsymbol{A}^{-1}=\frac{1}{|\boldsymbol{A}|}\boldsymbol{A}^*=\begin{pmatrix}0&2&-1\\-1&0&0\\0&-1&1\end{pmatrix}。$$

定理 2.3　设 $\boldsymbol{A}$、$\boldsymbol{B}$ 都是 n 阶矩阵，则 $\boldsymbol{A}$ 与 $\boldsymbol{B}$ 是互逆矩阵的充分必要条件是 $\boldsymbol{AB}=\boldsymbol{E}$ 或者 $\boldsymbol{BA}=\boldsymbol{E}$。

【证】必要性显然，只证充分性。

若 $\boldsymbol{AB}=\boldsymbol{E}$，两边取行列式得 $|\boldsymbol{AB}|=1$，故 $|\boldsymbol{A}|\neq0$，则根据定理 2.1，$\boldsymbol{A}^{-1}$ 存在。等式两端左乘 $\boldsymbol{A}^{-1}$，可得 $\boldsymbol{B}=\boldsymbol{EB}=(\boldsymbol{A}^{-1}\boldsymbol{A})\boldsymbol{B}=\boldsymbol{A}^{-1}(\boldsymbol{AB})=\boldsymbol{A}^{-1}\boldsymbol{E}=\boldsymbol{A}^{-1}$。

$\boldsymbol{BA}=\boldsymbol{E}$ 的情况相同。 □

注：(1)定理 2.3 表明，检验或者证明 $\boldsymbol{B}$ 是否为 $\boldsymbol{A}$ 的逆矩阵，只要验证 $\boldsymbol{AB}=\boldsymbol{E}$ 或 $\boldsymbol{BA}=\boldsymbol{E}$ 两个等式中的一个成立即可。

(2)由定理 2.3 容易验证对角矩阵的逆矩阵。

$$\begin{pmatrix}a_1&0&\cdots&0\\0&a_2&\cdots&0\\\vdots&\vdots&&\vdots\\0&0&\cdots&a_n\end{pmatrix}^{-1}=\begin{pmatrix}a_1^{-1}&0&\cdots&0\\0&a_2^{-1}&\cdots&0\\\vdots&\vdots&&\vdots\\0&0&\cdots&a_n^{-1}\end{pmatrix},$$

其中 $a_1a_2\cdots a_n\neq0$。

【例 2.17】设 n 阶矩阵 $\boldsymbol{A}$ 满足 $\boldsymbol{A}^2-\boldsymbol{A}-\boldsymbol{E}=\boldsymbol{O}$，证明 $\boldsymbol{A}$ 及 $\boldsymbol{A}+\boldsymbol{E}$ 都可逆，并且求出 $\boldsymbol{A}^{-1}$ 及 $(\boldsymbol{A}+\boldsymbol{E})^{-1}$。

【证】因为 $\boldsymbol{A}^2-\boldsymbol{A}-\boldsymbol{E}=\boldsymbol{O}$，所以 $\boldsymbol{A}^2-\boldsymbol{A}=\boldsymbol{E}$，由矩阵乘法的分配律得

$$A(A-E)=E。$$

根据定理 2.3，上式表明矩阵 A 可逆，且

$$A^{-1}=(A-E)。$$

又由 $A^2-A-E=O$ 可得

$$A^2+A-2A-2E=-E,$$

即

$$A(A+E)-2(A+E)=-E,$$

所以

$$(A+E)(2E-A)=E,$$

即 $A+E$ 可逆，且 $(A+E)^{-1}=(2E-A)$。

注：从例 2.17 的解题过程看，由矩阵等式 $A^2-A-E=O$ 求 A^{-1} 及 $(A+E)^{-1}$，就是将 A^{-1} 及 $(A+E)^{-1}$ 表示成 A 与 E 的表达式。

【例 2.18】解线性方程组 $\begin{cases}3x_1+2x_2+x_3=1,\\ x_1+2x_2+2x_3=2,\\ 3x_1+4x_2+3x_3=3。\end{cases}$

【解】方程组的矩阵形式为 $\begin{pmatrix}3&2&1\\1&2&2\\3&4&3\end{pmatrix}\begin{pmatrix}x_1\\x_2\\x_3\end{pmatrix}=\begin{pmatrix}1\\2\\3\end{pmatrix}$，记 $A=\begin{pmatrix}3&2&1\\1&2&2\\3&4&3\end{pmatrix}$，$b=\begin{pmatrix}1\\2\\3\end{pmatrix}$。

因为 $|A|=\begin{vmatrix}3&2&1\\1&2&2\\3&4&3\end{vmatrix}=-2$，所以 A 可逆，且 $A^{-1}=\begin{pmatrix}1&1&-1\\-\frac{3}{2}&-3&\frac{5}{2}\\1&3&-2\end{pmatrix}$。故

$$\begin{pmatrix}x_1\\x_2\\x_3\end{pmatrix}=A^{-1}b=\begin{pmatrix}1&1&-1\\-\frac{3}{2}&-3&\frac{5}{2}\\1&3&-2\end{pmatrix}\begin{pmatrix}1\\2\\3\end{pmatrix}=\begin{pmatrix}0\\0\\1\end{pmatrix}。$$

即方程组的解为 $x_1=0$，$x_2=0$，$x_3=1$。

【例 2.19】求解矩阵方程 $AXB=C$，其中 $A=\begin{pmatrix}3&2&1\\1&2&2\\3&4&3\end{pmatrix}$，$B=\begin{pmatrix}3&1\\5&2\end{pmatrix}$，$C=\begin{pmatrix}1&4\\2&0\\3&2\end{pmatrix}$。

【解】容易验证矩阵 $\boldsymbol{A}$、$\boldsymbol{B}$ 可逆，且 $\boldsymbol{A}^{-1}=\begin{pmatrix}1 & 1 & -1\\ -\frac{3}{2} & -3 & \frac{5}{2}\\ 1 & 3 & -2\end{pmatrix}$，$\boldsymbol{B}^{-1}=\begin{pmatrix}2 & -1\\ -5 & 3\end{pmatrix}$。

由已知 $\boldsymbol{AXB}=\boldsymbol{C}$，可得 $\boldsymbol{X}=\boldsymbol{A}^{-1}\boldsymbol{C}\boldsymbol{B}^{-1}$，所以

$$\boldsymbol{X}=\boldsymbol{A}^{-1}\boldsymbol{C}\boldsymbol{B}^{-1}=\begin{pmatrix}1 & 1 & -1\\ -\frac{3}{2} & -3 & \frac{5}{2}\\ 1 & 3 & -2\end{pmatrix}\begin{pmatrix}1 & 4\\ 2 & 0\\ 3 & 2\end{pmatrix}\begin{pmatrix}2 & -1\\ -5 & 3\end{pmatrix}=\begin{pmatrix}-10 & 6\\ 5 & -3\\ 2 & -1\end{pmatrix}。$$

2.3.3　逆矩阵的性质

矩阵的逆矩阵运算具有下列性质。

性质 2.1（自反性）　若 $\boldsymbol{A}$ 可逆，则 $\boldsymbol{A}^{-1}$ 也可逆，且 $(\boldsymbol{A}^{-1})^{-1}=\boldsymbol{A}$。

【证】根据定理 2.3，只需要做一个乘积：因为 $\boldsymbol{A}\boldsymbol{A}^{-1}=\boldsymbol{E}$，故得证。

说明：该性质表明，$\boldsymbol{A}^{-1}$ 是 $\boldsymbol{A}$ 的逆矩阵，$\boldsymbol{A}$ 也是 $\boldsymbol{A}^{-1}$ 的逆矩阵。

性质 2.2（数乘矩阵的逆矩阵）　若 $\boldsymbol{A}$ 可逆，且常数 $\lambda\neq 0$，则 $\lambda\boldsymbol{A}$ 也可逆，且 $(\lambda\boldsymbol{A})^{-1}=\lambda^{-1}\boldsymbol{A}^{-1}$。

【证】因为 $(\lambda\boldsymbol{A})(\lambda^{-1}\boldsymbol{A}^{-1})=(\lambda\lambda^{-1})(\boldsymbol{A}\boldsymbol{A}^{-1})=\boldsymbol{E}$，故 $(\lambda\boldsymbol{A})^{-1}=\lambda^{-1}\boldsymbol{A}^{-1}$。

性质 2.3（乘积矩阵的逆矩阵）　若 $\boldsymbol{A}$、$\boldsymbol{B}$ 是同阶矩阵且都可逆，则 $(\boldsymbol{AB})^{-1}=\boldsymbol{B}^{-1}\boldsymbol{A}^{-1}$。

【证】因为

$$(\boldsymbol{AB})(\boldsymbol{B}^{-1}\boldsymbol{A}^{-1})=\boldsymbol{A}(\boldsymbol{B}\boldsymbol{B}^{-1})\boldsymbol{A}^{-1}=\boldsymbol{A}(\boldsymbol{E})\boldsymbol{A}^{-1}=\boldsymbol{A}\boldsymbol{A}^{-1}=\boldsymbol{E},$$

故由逆矩阵定义得

$$(\boldsymbol{AB})^{-1}=\boldsymbol{B}^{-1}\boldsymbol{A}^{-1}。$$

□

性质 2.4（转置矩阵的逆矩阵）　若 $\boldsymbol{A}$ 可逆，则 $\boldsymbol{A}^{\mathrm{T}}$ 也可逆，且 $(\boldsymbol{A}^{\mathrm{T}})^{-1}=(\boldsymbol{A}^{-1})^{\mathrm{T}}$。

【证】因为

$$\boldsymbol{A}^{\mathrm{T}}(\boldsymbol{A}^{-1})^{\mathrm{T}}=(\boldsymbol{A}^{-1}\boldsymbol{A})^{\mathrm{T}}=\boldsymbol{E}^{\mathrm{T}}=\boldsymbol{E},$$

故由逆矩阵定义得

$$(\boldsymbol{A}^{\mathrm{T}})^{-1}=(\boldsymbol{A}^{-1})^{\mathrm{T}}。$$

□

性质 2.5（逆矩阵的行列式）　若 $\boldsymbol{A}$ 可逆，则 $|\boldsymbol{A}^{-1}|=|\boldsymbol{A}|^{-1}$。

【证】因为 $\boldsymbol{A}\boldsymbol{A}^{-1}=\boldsymbol{E}$，所以由矩阵乘积的行列式性质得

$$|\boldsymbol{A}\boldsymbol{A}^{-1}|=|\boldsymbol{A}||\boldsymbol{A}^{-1}|=|\boldsymbol{E}|=1,$$

故$|\boldsymbol{A}^{-1}|=|\boldsymbol{A}|^{-1}$。

不难证明，逆矩阵还有如下两个常用的结论：

(1)若$\boldsymbol{A}$可逆，k为正整数，则$(\boldsymbol{A}^k)^{-1}=(\boldsymbol{A}^{-1})^k$。

(2)若$\boldsymbol{A}$可逆，则$(\boldsymbol{A}^*)^{-1}=(\boldsymbol{A}^{-1})^*=|\boldsymbol{A}|^{-1}\boldsymbol{A}$。

练习 2.3

1. 求下列矩阵的逆矩阵。

(1)$\begin{pmatrix}2 & 1\\7 & 4\end{pmatrix}$；(2)$\begin{pmatrix}1 & 1 & 2\\0 & 1 & 1\\0 & 0 & 1\end{pmatrix}$；(3)$\begin{pmatrix}1 & -1 & 1\\1 & 1 & -1\\-1 & 1 & 1\end{pmatrix}$。

2. 若$\boldsymbol{A}^2=\boldsymbol{A}$，证明$\boldsymbol{A}+\boldsymbol{E}$可逆，并求$(\boldsymbol{A}+\boldsymbol{E})^{-1}$。

3. 设$\boldsymbol{A}$是n阶矩阵且满足$\boldsymbol{A}^k=\boldsymbol{O}$($k$为正整数)，$\boldsymbol{E}$是$n$阶单位矩阵。证明：

$$(\boldsymbol{E}-\boldsymbol{A})^{-1}=\boldsymbol{E}+\boldsymbol{A}+\boldsymbol{A}^2+\cdots+\boldsymbol{A}^{k-1}。$$

4. 已知$\boldsymbol{A}=\begin{pmatrix}4 & 1 & -2\\2 & 2 & 1\\3 & 1 & -1\end{pmatrix}$，$\boldsymbol{B}=\begin{pmatrix}1 & -3\\2 & 2\\3 & -1\end{pmatrix}$，求矩阵$\boldsymbol{X}$使$\boldsymbol{AX}=\boldsymbol{B}$。

5. 设$\boldsymbol{A}$、$\boldsymbol{B}$为三阶矩阵，且$|\boldsymbol{A}|=3$，$|\boldsymbol{B}|=2$，$|\boldsymbol{A}^{-1}+\boldsymbol{B}|=2$，求$|\boldsymbol{B}^{-1}+\boldsymbol{A}|$。

2.4 矩阵的初等变换

在第1章中，我们学习了行列式的性质，其中行(列)变换性质对简化行列式计算很重要，比如互换行列式某两行则行列式值改变符号。矩阵也有类似的变换。

定义 2.14 对矩阵进行下列三种变换，称为矩阵的**行初等变换**。

(1)交换矩阵某两行的位置；

(2)用一个非零常数乘以矩阵某一行的每一个元素；

(3)将矩阵某一行的元素都乘以同一个常数后对应加到另一行上。

称(1)为**行对换变换**，(2)为**行倍法变换**，(3)为**行倍加法变换**。

若把对矩阵"行"的三种变换改为对"列"的三种变换，称为矩阵的**列初等变换**。矩阵的行初等变换和列初等变换统称为矩阵的**初等变换**。

为了表示的方便，我们引入如下的一组变换运算符号。

(1)交换矩阵的第 i 行与第 j 行，记为“$r_i \leftrightarrow r_j$”；

(2)用一个非零常数 k 乘以矩阵的第 i 行每一个元素记为“kr_i”；

(3)将矩阵的第 j 行的元素都乘以常数 k 后对应加到第 i 行上记为“$r_i + kr_j$”。

若是列初等变换，就将上述符号中的字母 r 改写为 c，即有符号“$c_i \leftrightarrow c_j$”“kc_i”“$c_i + kc_j$”。

若矩阵 $\boldsymbol{A}$ 经行(列)初等变换后得矩阵 $\boldsymbol{B}$，则称 $\boldsymbol{A}$ 与 $\boldsymbol{B}$ 是**等价矩阵**，记为 $\boldsymbol{A} \xrightarrow{r(c)} \boldsymbol{B}$。

例如，下面对 $\boldsymbol{A}$ 进行若干次行初等变换，得到一个等价矩阵 $\boldsymbol{B}$。

$$\boldsymbol{A} = \begin{pmatrix} 0 & 1 & 1 \\ 1 & 1 & 2 \\ 2 & -1 & 0 \end{pmatrix} \xrightarrow{r_1 \leftrightarrow r_2} \begin{pmatrix} 1 & 1 & 2 \\ 0 & 1 & 1 \\ 2 & -1 & 0 \end{pmatrix} \xrightarrow{r_3 + (-2)r_1} \begin{pmatrix} 1 & 1 & 2 \\ 0 & 1 & 1 \\ 0 & -3 & -4 \end{pmatrix}$$

$$\xrightarrow{r_3 + 3r_2} \begin{pmatrix} 1 & 1 & 2 \\ 0 & 1 & 1 \\ 0 & 0 & -1 \end{pmatrix} \xrightarrow{(-1)r_3} \begin{pmatrix} 1 & 1 & 2 \\ 0 & 1 & 1 \\ 0 & 0 & 1 \end{pmatrix} = \boldsymbol{B}。$$

阶梯形矩阵

对矩阵做初等变换，要将其变换成什么样形式的等价矩阵呢？一般来说，将其变换成阶梯形矩阵。

定义 2.15　满足下列条件的矩阵称为**行阶梯形矩阵**，简称**阶梯形矩阵**。

(1)若矩阵有零行(元素全为零的行)，零行全部在矩阵的最下方；

(2)矩阵各非零行的第一个非零元素的列标随着行标的递增而严格增大。

例如，矩阵

$$\begin{pmatrix} 5 & 0 & 7 \\ 0 & 1 & 2 \\ 0 & 0 & 0 \end{pmatrix}, \begin{pmatrix} 1 & 2 & 3 & 0 \\ 0 & 4 & 0 & 2 \\ 0 & 0 & 0 & 3 \end{pmatrix}, \begin{pmatrix} 2 & 1 & 1 & 5 \\ 0 & 0 & 3 & 2 \\ 0 & 0 & 0 & 0 \\ 0 & 0 & 0 & 0 \end{pmatrix}$$

都是阶梯形矩阵。而矩阵

$$\begin{pmatrix} 6 & 0 & 4 \\ 0 & 2 & 3 \\ 0 & 1 & 0 \end{pmatrix}, \begin{pmatrix} 1 & 2 & 3 & 0 \\ 0 & 0 & 0 & 2 \\ 0 & 0 & 0 & 3 \end{pmatrix}, \begin{pmatrix} 3 & 1 & 0 & 5 \\ 0 & 0 & 3 & 2 \\ 0 & 1 & 0 & 1 \\ 0 & 0 & 0 & 0 \end{pmatrix}$$

不是阶梯形矩阵。

若矩阵 $\boldsymbol{A}$ 经过若干次行初等变换后化为阶梯形矩阵，则称这个阶梯形矩阵是 **$\boldsymbol{A}$ 的阶梯形矩阵**。

定理 2.4 任意一个矩阵经过若干次行初等变换，一定可以化成阶梯形矩阵。

【证】设 $\boldsymbol{A}=(a_{ij})$ 是一个 $m\times n$ 矩阵。如果 $\boldsymbol{A}$ 是零矩阵，则 $\boldsymbol{A}$ 已是阶梯形矩阵；如果 $\boldsymbol{A}$ 不是零矩阵，则 $\boldsymbol{A}$ 中至少有一个不为零的元素。不妨设 $a_{11}\neq 0$，此时，把第一行乘以 $-\dfrac{a_{21}}{a_{11}}$ 加到第二行相应元素上，把第一行乘以 $-\dfrac{a_{31}}{a_{11}}$ 加到第三行相应元素上，以此类推，就可以把第一列除 a_{11} 外的其余元素化为 0，即

$$\boldsymbol{A}=\begin{pmatrix} a_{11} & a_{12} & \cdots & a_{1n} \\ a_{21} & a_{22} & \cdots & a_{2n} \\ \vdots & \vdots & & \vdots \\ a_{m1} & a_{m2} & \cdots & a_{mn} \end{pmatrix} \xrightarrow{r_i+\left(-\frac{a_{i1}}{a_{11}}\right)r_1} \begin{pmatrix} a_{11} & a_{12} & \cdots & a_{1n} \\ 0 & a'_{22} & \cdots & a'_{2n} \\ \vdots & \vdots & & \vdots \\ 0 & a'_{m2} & \cdots & a'_{mn} \end{pmatrix}=\boldsymbol{B}。$$

矩阵 $\boldsymbol{B}$ 除第一行与第一列外，右下方是一个 $(m-1)\times(n-1)$ 矩阵。若该矩阵是**阶梯形矩阵**，则 $\boldsymbol{A}$ 已化成了阶梯形矩阵；若该矩阵**不是阶梯形矩阵**，则对该矩阵做类似上述的行初等变换，这样经过有限次的行初等变换，一定可以把 $\boldsymbol{A}$ 化成阶梯形矩阵。 □

【例 2.20】设 $\boldsymbol{A}=\begin{pmatrix} 3 & -3 & 7 & 0 & 0 \\ 1 & -1 & 2 & 0 & 1 \\ 1 & -1 & 3 & 2 & 2 \\ 2 & -2 & 5 & 2 & 3 \end{pmatrix}$，将 $\boldsymbol{A}$ 化为阶梯形矩阵。

【解】为了方便运算，避免做分式计算，首先将第一行与第二行互换，然后再做其他的行初等变换。具体过程为

$$\boldsymbol{A}=\begin{pmatrix} 3 & -3 & 7 & 0 & 0 \\ 1 & -1 & 2 & 0 & 1 \\ 1 & -1 & 3 & 2 & 2 \\ 2 & -2 & 5 & 2 & 3 \end{pmatrix} \xrightarrow{r_1\leftrightarrow r_2} \begin{pmatrix} 1 & -1 & 2 & 0 & 1 \\ 3 & -3 & 7 & 0 & 0 \\ 1 & -1 & 3 & 2 & 2 \\ 2 & -2 & 5 & 2 & 3 \end{pmatrix}$$

$$\xrightarrow[\substack{r_3+r_1\times(-1) \\ r_4+r_1\times(-2)}]{r_2+r_1\times(-3)} \begin{pmatrix} 1 & -1 & 2 & 0 & 1 \\ 0 & 0 & 1 & 0 & -3 \\ 0 & 0 & 1 & 2 & 1 \\ 0 & 0 & 1 & 2 & 1 \end{pmatrix}$$

$$\xrightarrow[r_4+r_2\times(-1)]{r_3+r_2\times(-1)}\begin{pmatrix}1&-1&2&0&1\\0&0&1&0&-3\\0&0&0&2&4\\0&0&0&2&4\end{pmatrix}$$

$$\xrightarrow{r_4+r_3\times(-1)}\begin{pmatrix}1&-1&2&0&1\\0&0&1&0&-3\\0&0&0&2&4\\0&0&0&0&0\end{pmatrix}=\boldsymbol{B}。$$

得到的矩阵 $\boldsymbol{B}$ 是 $\boldsymbol{A}$ 的阶梯形矩阵。

注：例 2.20 中的矩阵 $\boldsymbol{B}$ 已是阶梯形矩阵，如果对它再做两次行初等变换：

$$\boldsymbol{B}\xrightarrow{r_3\times\frac{1}{2}}\begin{pmatrix}1&-1&2&0&1\\0&0&1&0&-3\\0&0&0&1&2\\0&0&0&0&0\end{pmatrix}\xrightarrow{r_1+r_2\times(-2)}\begin{pmatrix}1&-1&0&0&7\\0&0&1&0&-3\\0&0&0&1&2\\0&0&0&0&0\end{pmatrix}=\boldsymbol{C},$$

则矩阵 $\boldsymbol{C}$ 也是 $\boldsymbol{A}$ 的阶梯形矩阵。可见**矩阵的阶梯形矩阵不是唯一的**。但是，矩阵的任何两个阶梯形矩阵所含非零行的行数是相同的。矩阵的这一性质在矩阵理论中占有很重要的地位，以后我们将引入矩阵秩的概念，矩阵秩等于其阶梯形矩阵所含非零行的行数。

定义 2.16　若行阶梯形矩阵还满足条件：非零行第一个非零元素为常数 1，且这个非零元素 1 所在的列其余元素都为 0，则称该矩阵为行简化阶梯形矩阵，简称**行简化矩阵**。

例如，矩阵

$$\begin{pmatrix}1&0&3\\0&1&2\\0&0&0\end{pmatrix},\begin{pmatrix}1&0&-1&0&4\\0&1&-1&0&3\\0&0&0&1&-3\\0&0&0&0&0\end{pmatrix},\begin{pmatrix}1&2&0&0&5\\0&0&1&0&5\\0&0&0&1&-2\\0&0&0&0&0\end{pmatrix}$$

都是行简化矩阵。

由定理 2.4 容易得到下面定理。

定理 2.5　任何矩阵经过行初等变换都能化成行简化矩阵。

【证】设 $m\times n$ 矩阵 $\boldsymbol{A}$ 经过行初等变换后化成行阶梯形矩阵 $\boldsymbol{B}$，不妨设

$$A \xrightarrow{r} B = \begin{pmatrix} b_{11} & b_{12} & \cdots & b_{1r} & \cdots & b_{1n} \\ 0 & b_{22} & \cdots & b_{2r} & \cdots & b_{2n} \\ \vdots & \vdots & & \vdots & & \vdots \\ 0 & 0 & \cdots & b_{rr} & \cdots & b_{rn} \\ 0 & 0 & \cdots & 0 & \cdots & 0 \\ \vdots & \vdots & & \vdots & & \vdots \\ 0 & 0 & \cdots & 0 & \cdots & 0 \end{pmatrix},$$

其中 $b_{kk}\neq 0(k=1,2,\cdots,r;\ 0<r\leqslant\min(m,n))$。在 B 中，将第 r 行的元素乘以 $-\dfrac{b_{sr}}{b_{rr}}(s=1,2,3,\cdots,r-1)$ 加到第 s 行，则可以将第 r 列除 b_{rr} 外其余的元素全部变成零；再将第 $r-1$ 行的元素乘以 $-\dfrac{b_{s(r-1)}}{b_{(r-1)(r-1)}}(s=1,2,3,\cdots,r-2)$ 加到第 s 行，则可以将第 $r-1$ 列除 $b_{(r-1)(r-1)}$ 外其余的元素全部变成零；同理依次变换第 $r-2,r-3,\cdots,3,2$ 列，则可以将 B 化成矩阵 C，不妨设

$$B \xrightarrow{r} C = \begin{pmatrix} b_{11} & 0 & \cdots & 0 & c_{1(r+1)} & \cdots & c_{1n} \\ 0 & b_{22} & \cdots & 0 & c_{2(r+1)} & \cdots & c_{2n} \\ \vdots & \vdots & & \vdots & \vdots & & \vdots \\ 0 & 0 & \cdots & b_{rr} & c_{r(r+1)} & \cdots & c_{rn} \\ 0 & 0 & \cdots & 0 & 0 & \cdots & 0 \\ \vdots & \vdots & & \vdots & \vdots & & \vdots \\ 0 & 0 & \cdots & 0 & 0 & \cdots & 0 \end{pmatrix},$$

对于 C 矩阵，再利用倍法变换，将 C 的第 $k(k=1,2,3,\cdots,r)$ 行乘以 $\dfrac{1}{b_{kk}}$ 就得行简化矩阵。

□

由于 $m\times n$ 矩阵 A 经过行初等变换可化成行简化矩阵，所以对行简化矩阵再经过若干次列初等变换，则矩阵 A 一定可以化成如下形式的矩阵(证明类似于定理 2.5)：

$$\begin{pmatrix} 1 & \cdots & 0 & 0 & \cdots & 0 \\ \vdots & & \vdots & \vdots & & \vdots \\ 0 & \cdots & 1 & 0 & \cdots & 0 \\ 0 & \cdots & 0 & 0 & \cdots & 0 \\ \vdots & & \vdots & \vdots & & \vdots \\ 0 & \cdots & 0 & 0 & \cdots & 0 \end{pmatrix} = \begin{pmatrix} E_r & O \\ O & O \end{pmatrix}_{m\times n},$$

称此矩阵为 $\boldsymbol{A}$ 的**标准形**。

矩阵 $\boldsymbol{A}$ 的标准形由数 r 唯一确定，其中 r 是 $\boldsymbol{A}$ 的阶梯形矩阵中非零行的行数。在本章 2.6 节中我们将知道 r 就是矩阵 $\boldsymbol{A}$ 的**秩**。

综上可得如下定理。

定理 2.6　任何矩阵经过初等行变换与列初等变换都能化成唯一的**标准形**。

【例 2.21】将例 2.20 中的矩阵 $\boldsymbol{A}$ 化成标准形。

【解】由例 2.20，已将 $\boldsymbol{A}$ 化成了行简化矩阵 $\boldsymbol{C}$，再对 $\boldsymbol{C}$ 进行列初等变换，得

$$\boldsymbol{C}\xrightarrow[\substack{c_5+c_3\times 3\\ c_5+c_4\times(-2)}]{\substack{c_5+c_1\times(-7)\\ c_2+c_1\times 1}}\begin{pmatrix}1&0&0&0&0\\0&0&1&0&0\\0&0&0&1&0\\0&0&0&0&0\end{pmatrix}\xrightarrow{c_2\leftrightarrow c_3}\begin{pmatrix}1&0&0&0&0\\0&1&0&0&0\\0&0&0&1&0\\0&0&0&0&0\end{pmatrix}$$

$$\xrightarrow{c_3\leftrightarrow c_4}\begin{pmatrix}1&0&0&0&0\\0&1&0&0&0\\0&0&1&0&0\\0&0&0&0&0\end{pmatrix}=\begin{pmatrix}\boldsymbol{E}_3&\boldsymbol{O}_{3\times 2}\\\boldsymbol{O}_{1\times 3}&\boldsymbol{O}_{1\times 2}\end{pmatrix}。$$

注：事实上，由于 $\boldsymbol{A}$ 的行简化矩阵 $\boldsymbol{C}$ 有 3 个非零行，所以可立即写出 $\boldsymbol{A}$ 的标准形为 $\begin{pmatrix}\boldsymbol{E}_3&\boldsymbol{O}\\\boldsymbol{O}&\boldsymbol{O}\end{pmatrix}$。

方阵的标准形(以三阶为例)一般有以下三种类型：

$$\left(\begin{array}{c:cc}1&0&0\\\hdashline 0&0&0\\0&0&0\end{array}\right),\quad\left(\begin{array}{cc:c}1&0&0\\0&1&0\\\hdashline 0&0&0\end{array}\right),\quad\begin{pmatrix}1&0&0\\0&1&0\\0&0&1\end{pmatrix}。$$

这里看到方阵的标准形可以为单位矩阵。

不是方阵的标准形(以 3×4 或 4×3 矩阵为例)有

$$\left(\begin{array}{c:ccc}1&0&0&0\\\hdashline 0&0&0&0\\0&0&0&0\end{array}\right),\quad\left(\begin{array}{cc:cc}1&0&0&0\\0&1&0&0\\\hdashline 0&0&0&0\end{array}\right),\quad\left(\begin{array}{ccc:c}1&0&0&0\\0&1&0&0\\0&0&1&0\end{array}\right),\quad\left(\begin{array}{ccc}1&0&0\\0&1&0\\0&0&1\\\hdashline 0&0&0\end{array}\right)$$

等。

练习 2.4

1. 将下列矩阵化为行简化矩阵并写出标准形。

(1) $\begin{pmatrix} 0 & -1 & 1 \\ 1 & 2 & 2 \\ 1 & 4 & -1 \end{pmatrix}$；　　(2) $\begin{pmatrix} 1 & -1 & 3 & -4 & 3 \\ 3 & -3 & 5 & -4 & 1 \\ 2 & -2 & 3 & -2 & 0 \\ 3 & -3 & 4 & -2 & -1 \end{pmatrix}$。

2. 设矩阵 $\begin{pmatrix} 1 & -1 & 1 & 2 \\ 3 & a & -1 & 2 \\ 5 & 3 & b & 6 \end{pmatrix}$ 的阶梯形矩阵有两个非零行，求 a、b 的值。

2.5 初等矩阵

初等矩阵是一类比较简单的矩阵，它和矩阵的初等变换有着密切的联系。本节将证明可逆矩阵可以分解为若干初等矩阵的乘积，并由此给出求逆矩阵的行初等变换法。

2.5.1 初等矩阵的概念

定义 2.17 对单位矩阵仅做一次初等变换得到的矩阵称为**初等矩阵**。

因为初等变换有三种，所以初等矩阵也有三类，且每种初等变换都有一初等矩阵与之对应。

(1)把单位矩阵 $\boldsymbol{E}$ 的第 i 行与第 j 行交换后得到的矩阵记为 $\boldsymbol{E}_n(i,j)$，即

$$\boldsymbol{E}_n \xrightarrow{r_i \leftrightarrow r_j} \boldsymbol{E}_n(i,j) = \begin{pmatrix} 1 & & & & & & & \\ & \ddots & & & & & & \\ & & 0 & \cdots & \cdots & \cdots & 1 & & \\ & & \vdots & 1 & & & \vdots & & \\ & & \vdots & & \ddots & & \vdots & & \\ & & \vdots & & & 1 & \vdots & & \\ & & 1 & \cdots & \cdots & \cdots & 0 & & \\ & & & & & & & \ddots & \\ & & & & & & & & 1 \end{pmatrix} \begin{matrix} \\ \\ i\text{行} \\ \\ \\ \\ j\text{行} \\ \\ \\ \end{matrix}$$

$$\qquad\qquad i\text{列} \qquad\qquad\qquad j\text{列}$$

称 $\boldsymbol{E}_n(i,j)$ 为**对换初等矩阵**。

(2)用非零常数 c 乘单位矩阵 $\boldsymbol{E}$ 的第 i 行后得到的矩阵记为 $\boldsymbol{E}_n(i(c))$，即

$$\boldsymbol{E}_n \xrightarrow{r_i \times c} \boldsymbol{E}_n(i(c)) = \begin{pmatrix} 1 & & & & & & \\ & \ddots & & & & & \\ & & 1 & & & & \\ & & & c & & & \\ & & & & 1 & & \\ & & & & & \ddots & \\ & & & & & & 1 \end{pmatrix} \begin{matrix} \\ \\ \\ i\text{ 行} \\ \\ \\ \\ \end{matrix}$$

$$i\text{ 列}$$

称 $\boldsymbol{E}_n(i(c))$ 为**倍法初等矩阵**。

(3)把矩阵 $\boldsymbol{E}$ 的第 j 行的 c 倍加到第 i 行后得到的矩阵记为 $\boldsymbol{E}_n(i,j(c))$，即

$$\boldsymbol{E}_n \xrightarrow{r_i + c \times r_j} \boldsymbol{E}_n(i,j(c)) = \begin{pmatrix} 1 & & & & & & & & \\ & \ddots & & & & & & & \\ & & 1 & \cdots & \cdots & \cdots & c & & \\ & & \vdots & 0 & & & \vdots & & \\ & & \vdots & & \ddots & & \vdots & & \\ & & \vdots & & & 0 & \vdots & & \\ & & 0 & \cdots & \cdots & \cdots & 1 & & \\ & & & & & & & \ddots & \\ & & & & & & & & 1 \end{pmatrix} \begin{matrix} \\ \\ i\text{ 行} \\ \\ \\ \\ j\text{ 行} \\ \\ \\ \end{matrix}$$

$$i\text{ 列} \qquad\qquad j\text{ 列}$$

称 $\boldsymbol{E}_n(i,j(c))$ 为**倍加法初等矩阵**。

同样可以得到与三种列变换相应的初等矩阵。

容易证明，初等矩阵有如下基本性质。

(1)初等矩阵是可逆的，且初等矩阵的逆矩阵仍是初等矩阵，即

① $[\boldsymbol{E}_n(i,j)]^{-1}=\boldsymbol{E}_n(i,j)$；

② $[\boldsymbol{E}_n(i(c))]^{-1}=\boldsymbol{E}_n(i(c^{-1}))(c\neq 0)$；

③ $[\boldsymbol{E}_n(i,j(c))]^{-1}=\boldsymbol{E}_n(i,j(-c))$。

(2)初等矩阵的行列式

$$\mathrm{Det}[\boldsymbol{E}_n(i,j)]=-1，\mathrm{Det}[\boldsymbol{E}_n(i(c))]=c，\mathrm{Det}[\boldsymbol{E}_n(i,j(c))]=1。$$

2.5.2 矩阵的初等变换与初等矩阵间的关系

对矩阵 $\boldsymbol{A}$ 做初等变换，可以通过用初等矩阵与矩阵 $\boldsymbol{A}$ 的乘积表示。

定理 2.7（左行右列原理） 设 $\boldsymbol{A}$ 为 $m\times n$ 矩阵，对 $\boldsymbol{A}$ 矩阵做一次初等行（列）变换，就相当于在 $\boldsymbol{A}$ 的左边（右边）乘以一个相应的 m 阶（n 阶）初等矩阵。

【证】只证明行变换的情形，列变换的情形可以同样证明。

将矩阵 $\boldsymbol{A}$ 按行分块，得 $\boldsymbol{A}=\begin{pmatrix} a_{11} & a_{12} & \cdots & a_{1n} \\ a_{21} & a_{22} & \cdots & a_{2n} \\ \vdots & \vdots & & \vdots \\ a_{m1} & a_{m2} & \cdots & a_{mn} \end{pmatrix}=\begin{pmatrix} \boldsymbol{A}_1 \\ \boldsymbol{A}_2 \\ \vdots \\ \boldsymbol{A}_m \end{pmatrix}$，

(1)用 m 阶初等矩阵 $\boldsymbol{E}_m(i,j)$ 左乘 $\boldsymbol{A}$，得

$$\boldsymbol{E}_m(i,j)\boldsymbol{A}=\begin{pmatrix} 1 & & & & & & & \\ & \ddots & & & & & & \\ & & 0 & \cdots & \cdots & \cdots & 1 & & \\ & & \vdots & 1 & & & \vdots & & \\ & & \vdots & & \ddots & & \vdots & & \\ & & \vdots & & & 1 & \vdots & & \\ & & 1 & \cdots & \cdots & \cdots & 0 & & \\ & & & & & & & \ddots & \\ & & & & & & & & 1 \end{pmatrix}\begin{pmatrix} \boldsymbol{A}_1 \\ \vdots \\ \boldsymbol{A}_i \\ \vdots \\ \boldsymbol{A}_j \\ \vdots \\ \boldsymbol{A}_m \end{pmatrix}=\begin{pmatrix} \boldsymbol{A}_1 \\ \vdots \\ \boldsymbol{A}_j \\ \vdots \\ \boldsymbol{A}_i \\ \vdots \\ \boldsymbol{A}_m \end{pmatrix}。$$

这相当于把 $\boldsymbol{A}$ 的第 i 行与第 j 行交换。

(2)用 m 阶初等矩阵 $\boldsymbol{E}_m(i(c))$ 左乘 $\boldsymbol{A}$，得

$$\boldsymbol{E}_m(i(c))\boldsymbol{A}=\boldsymbol{E}_m(i(c))\begin{pmatrix} \boldsymbol{A}_1 \\ \vdots \\ \boldsymbol{A}_i \\ \vdots \\ \boldsymbol{A}_m \end{pmatrix}=\begin{pmatrix} \boldsymbol{A}_1 \\ \vdots \\ c\boldsymbol{A}_i \\ \vdots \\ \boldsymbol{A}_m \end{pmatrix}。$$

这相当于对 $\boldsymbol{A}$ 的第 i 行乘以常数 c。

(3)用 m 阶初等矩阵 $\boldsymbol{E}_m(i,j(c))$ 左乘 $\boldsymbol{A}$，得

$$E_m(i,j(c))A = E_m(i,j(c))\begin{pmatrix} A_1 \\ \vdots \\ A_i \\ \vdots \\ A_j \\ \vdots \\ A_n \end{pmatrix} = \begin{pmatrix} A_1 \\ \vdots \\ A_i + cA_j \\ \vdots \\ A_j \\ \vdots \\ A_n \end{pmatrix}。$$

这相当于把 $\boldsymbol{A}$ 的第 j 行乘以常数 c 加到第 i 行上。 □

例如，交换矩阵 $\boldsymbol{A}$ 的第一行与第二行，得矩阵 $\boldsymbol{B}$，

$$\boldsymbol{A} = \begin{pmatrix} 1 & 2 & 3 \\ 4 & 5 & 6 \\ 7 & 8 & 9 \end{pmatrix} \xrightarrow{r_1 \leftrightarrow r_2} \begin{pmatrix} 4 & 5 & 6 \\ 1 & 2 & 3 \\ 7 & 8 & 9 \end{pmatrix} = \boldsymbol{B}$$

即等同于在 $\boldsymbol{A}$ 的左边乘以初等矩阵 $\boldsymbol{E}_3(1,2)$，即

$$\boldsymbol{E}_3(1,2)\boldsymbol{A} = \begin{pmatrix} 0 & 1 & 0 \\ 1 & 0 & 0 \\ 0 & 0 & 1 \end{pmatrix}\begin{pmatrix} 1 & 2 & 3 \\ 4 & 5 & 6 \\ 7 & 8 & 9 \end{pmatrix} = \begin{pmatrix} 4 & 5 & 6 \\ 1 & 2 & 3 \\ 7 & 8 & 9 \end{pmatrix} = \boldsymbol{B}。$$

2.5.3　矩阵的分解定理

定理 2.8（矩阵的分解定理）　设 $m \times n$ 矩阵 $\boldsymbol{A}$ 的标准形为 $\begin{pmatrix} \boldsymbol{E}_r & \boldsymbol{O} \\ \boldsymbol{O} & \boldsymbol{O} \end{pmatrix}_{m\times n}$，$0 \leqslant r \leqslant \min(m,n)$，则存在 m 阶初等矩阵 $\boldsymbol{P}_1,\boldsymbol{P}_2,\cdots,\boldsymbol{P}_s$ 与 n 阶初等矩阵 $\boldsymbol{Q}_1,\boldsymbol{Q}_2,\cdots,\boldsymbol{Q}_t$，$s$、$t$ 为正整数，使得

$$\boldsymbol{A} = \boldsymbol{P}_1\boldsymbol{P}_2\cdots\boldsymbol{P}_s \begin{pmatrix} \boldsymbol{E}_r & \boldsymbol{O} \\ \boldsymbol{O} & \boldsymbol{O} \end{pmatrix}_{m\times n} \boldsymbol{Q}_1\boldsymbol{Q}_2\cdots\boldsymbol{Q}_t。$$

【证】因为 $\boldsymbol{A}$ 的标准形为 $\begin{pmatrix} \boldsymbol{E}_r & \boldsymbol{O} \\ \boldsymbol{O} & \boldsymbol{O} \end{pmatrix}_{m\times n}$，由定理 2.4 及定理 2.5 知，则存在 m 阶初等矩阵 $\boldsymbol{T}_1,\boldsymbol{T}_2,\cdots,\boldsymbol{T}_s$ 与 n 阶初等矩阵 $\boldsymbol{S}_1,\boldsymbol{S}_2,\cdots,\boldsymbol{S}_t$，使得

$$\boldsymbol{T}_1\boldsymbol{T}_2\cdots\boldsymbol{T}_s\boldsymbol{A}\boldsymbol{S}_1\boldsymbol{S}_2\cdots\boldsymbol{S}_t = \begin{pmatrix} \boldsymbol{E}_r & \boldsymbol{O} \\ \boldsymbol{O} & \boldsymbol{O} \end{pmatrix}_{m\times n},$$

所以

$$A = T_s^{-1} \cdots T_2^{-1} T_1^{-1} \begin{pmatrix} E_r & O \\ O & O \end{pmatrix}_{m \times n} S_t^{-1} \cdots S_2^{-1} S_1^{-1}。$$

由于初等矩阵的逆矩阵还是初等矩阵，令 $P_1 = T_s^{-1}, \cdots, P_s = T_1^{-1}$；$Q_1 = S_t^{-1}, \cdots, Q_t = S_1^{-1}$，则

$$A = P_1 P_2 \cdots P_s \begin{pmatrix} E_r & O \\ O & O \end{pmatrix}_{m \times n} Q_1 Q_2 \cdots Q_t。$$ □

定理 2.8 表明：**任何矩阵可以分解成它的标准形并在其左右分别乘上若干个初等矩阵。**

推论 2.1 n 阶矩阵 A 可逆的充分必要条件是 A 可表示成初等矩阵的乘积。

【证】**(必要性)** 因为 A 可逆，所以 A 的标准形必须为单位矩阵 E(否则由矩阵的分解定理，$|A|=0$)，因而存在 n 阶初等矩阵 P_1，P_2，…，P_s 与 Q_1，$Q_2, \cdots, Q_t$，使得

$$\begin{aligned} A &= P_1 P_2 \cdots P_s E Q_1 Q_2 \cdots Q_t \\ &= P_1 P_2 \cdots P_s Q_1 Q_2 \cdots Q_t, \end{aligned}$$

即 A 可表示成初等矩阵的乘积。

(充分性) 设 $A = T_1 T_2 \cdots T_m$，其中 $T_i (i=1,2,\cdots,m)$ 为初等矩阵，则

$$|A| = |T_1 T_2 \cdots T_m| = |T_1||T_2| \cdots |T_m| \neq 0,$$

故 A 可逆。 □

推论 2.2 可逆矩阵可以经过一系列行初等变换可化成单位矩阵。

【证】不妨设 n 阶矩阵 A 可分解成初等矩阵 $P_i (i=1,2,\cdots,m$，m 为正整数)的乘积，即

$$A = P_1 P_2 \cdots P_m。$$

上式两边分别左乘以 $P_1^{-1}, P_2^{-1}, \cdots, P_m^{-1}$，得

$$P_m^{-1} \cdots P_2^{-1} P_1^{-1} A = E,$$

由于初等矩阵的逆矩阵还是初等矩阵，而在 A 的左边乘上一个初等矩阵，相当于对 A 做一次行初等变换。因此，上式表明 A 经过一系列行初等变换可化成单位矩阵。 □

2.5.4 求逆矩阵的行初等变换法

一个可逆的矩阵，如何求出其逆矩阵呢？上一章介绍了用伴随矩阵求逆矩阵的方法，下面介绍用行初等变换求逆矩阵的方法。

由推论 2.2，设矩阵 A 可逆，则存在初等矩阵 $P_1, P_2, \cdots, P_m$，使得

$$P_1 P_2 \cdots P_m A = E, \tag{2.10}$$

上式两边右乘 $\boldsymbol{A}^{-1}$，则有

$$\boldsymbol{P}_1\boldsymbol{P}_2\cdots\boldsymbol{P}_m\boldsymbol{E}=\boldsymbol{A}^{-1}。\tag{2.11}$$

式(2.10)表明，对 $\boldsymbol{A}$ 做一系列行初等变换将其化成了单位矩阵 $\boldsymbol{E}$；而式(2.11)表明，对单位矩阵 $\boldsymbol{E}$ 做同样的行初等变换就将其化成了 $\boldsymbol{A}^{-1}$。

从而可得到用行初等变换求逆矩阵的方法，这一方法的步骤为：

第一步，在矩阵 $\boldsymbol{A}$ 的右边写上同阶的单位矩阵 $\boldsymbol{E}$，构成一个 $n\times(2n)$ 矩阵 $(\boldsymbol{A},\boldsymbol{E})_{n\times(2n)}$；

第二步，对 $(\boldsymbol{A},\boldsymbol{E})_{n\times(2n)}$ 做行初等变换，当将矩阵 $\boldsymbol{A}$ 化成单位矩阵时，那么单位矩阵 $\boldsymbol{E}$ 就同时化成了 $\boldsymbol{A}^{-1}$；

第三步，写出 $\boldsymbol{A}$ 的逆矩阵 $\boldsymbol{A}^{-1}$。

【例 2.22】设矩阵 $\boldsymbol{A}=\begin{pmatrix}0&1&1\\1&1&2\\2&-1&0\end{pmatrix}$，求 $\boldsymbol{A}^{-1}$。

【解】$\boldsymbol{A}$ 是 3 阶矩阵，在 $\boldsymbol{A}$ 的右边写上 3 阶单位矩阵，并对其做行初等变换，得

$$(\boldsymbol{A},\boldsymbol{E})=\left(\begin{array}{ccc:ccc}0&1&1&1&0&0\\1&1&2&0&1&0\\2&-1&0&0&0&1\end{array}\right)\xrightarrow{r_2\leftrightarrow r_1}\left(\begin{array}{ccc:ccc}1&1&2&0&1&0\\0&1&1&1&0&0\\2&-1&0&0&0&1\end{array}\right)$$

$$\xrightarrow{r_3+r_1\times(-2)}\left(\begin{array}{ccc:ccc}1&1&2&0&1&0\\0&1&1&1&0&0\\0&-3&-4&0&-2&1\end{array}\right)\xrightarrow{r_3+r_2\times 3}\left(\begin{array}{ccc:ccc}1&1&2&0&1&0\\0&1&1&1&0&0\\0&0&-1&3&-2&1\end{array}\right)$$

$$\xrightarrow[r_1+r_3\times 2]{r_2+r_3\times 1}\left(\begin{array}{ccc:ccc}1&1&0&6&-3&2\\0&1&0&4&-2&1\\0&0&-1&3&-2&1\end{array}\right)\xrightarrow[r_3\times(-1)]{r_1+r_2\times(-1)}\left(\begin{array}{ccc:ccc}1&0&0&2&-1&1\\0&1&0&4&-2&1\\0&0&1&-3&2&-1\end{array}\right)。$$

因此，$\boldsymbol{A}^{-1}=\begin{pmatrix}2&-1&1\\4&-2&1\\-3&2&-1\end{pmatrix}$。

注：对任意一个 n 阶矩阵 $\boldsymbol{A}$，不管其是否为可逆矩阵，都可以构造 $n\times(2n)$ 矩阵 $(\boldsymbol{A},\boldsymbol{E})_{n\times(2n)}$，对 $(\boldsymbol{A},\boldsymbol{E})_{n\times(2n)}$ 做行初等变换。在变换过程中，如果 $\boldsymbol{A}$ 中出现了零行，则可以判定原矩阵 $\boldsymbol{A}$ 是不可逆的；否则，$\boldsymbol{A}$ 是可逆的，同时可求出逆矩阵。

【例 2.23】设矩阵 $\boldsymbol{A}=\begin{pmatrix}1&1&2\\-1&1&3\\2&2&4\end{pmatrix}$，问 $\boldsymbol{A}$ 是否可逆？若可逆，求出 $\boldsymbol{A}^{-1}$。

【解】$\boldsymbol{A}$ 是三阶矩阵，在 $\boldsymbol{A}$ 的右边写上三阶单位矩阵，并对其做行初等变换，得

$$(\boldsymbol{A},\boldsymbol{E})=\left(\begin{array}{ccc:ccc}1&1&2&1&0&0\\-1&1&3&0&1&0\\2&2&4&0&0&1\end{array}\right)\xrightarrow[r_3+r_1\times(-2)]{r_2+r_1\times 1}\left(\begin{array}{ccc:ccc}1&1&2&1&0&0\\0&2&5&1&1&0\\\hdashline 0&0&0&-2&0&1\end{array}\right),$$

矩阵 $\boldsymbol{A}$ 中出现了零行，所以矩阵 $\boldsymbol{A}$ 不是满秩矩阵，即 $\boldsymbol{A}$ 不可逆。

下面介绍用行初等变换求解一些矩阵方程的方法。

设矩阵 $\boldsymbol{A}$ 与 $\boldsymbol{C}$ 已知，$\boldsymbol{X}$ 是未知矩阵，则

$$\boldsymbol{AX}=\boldsymbol{C}$$

是**矩阵方程**。对于该方程，当 $\boldsymbol{C}=\boldsymbol{E}$ 时，未知矩阵 $\boldsymbol{X}$ 就是 $\boldsymbol{A}$ 的逆矩阵；当 $\boldsymbol{C}$ 不是单位矩阵且 $\boldsymbol{A}$ 可逆时，方程的解为

$$\boldsymbol{X}=\boldsymbol{A}^{-1}\boldsymbol{C}。$$

同求逆矩阵的分析一样，可得用行初等变换求解方程

$$\boldsymbol{AX}=\boldsymbol{C}。$$

这一方法是，把 $\boldsymbol{A}$ 与 $\boldsymbol{C}$ 并排写成一个分块矩阵 $(\boldsymbol{A},\boldsymbol{C})$，对矩阵 $(\boldsymbol{A},\boldsymbol{C})$ 做一系列行初等变换，如果左半部分的 $\boldsymbol{A}$ 化成了单位矩阵，则此时右半部分的 $\boldsymbol{C}$ 就化成了 $\boldsymbol{A}^{-1}\boldsymbol{C}$，

$$(\boldsymbol{A},\boldsymbol{C})\rightarrow(\boldsymbol{E},\boldsymbol{A}^{-1}\boldsymbol{C}),$$

即 $\boldsymbol{X}=\boldsymbol{A}^{-1}\boldsymbol{C}$。

【例 2.24】设 $\boldsymbol{A}=\begin{pmatrix}1&-3&2\\-3&0&1\\1&1&-1\end{pmatrix}$，$\boldsymbol{C}=\begin{pmatrix}5&1\\-2&0\\3&2\end{pmatrix}$，求解矩阵方程 $\boldsymbol{AX}=\boldsymbol{C}$。

【解】在 $\boldsymbol{A}$ 的右边写上 $\boldsymbol{C}$ 矩阵，构造矩阵 $(\boldsymbol{A},\boldsymbol{C})$，并对其做行初等变换，得

$$(\boldsymbol{A},\boldsymbol{C})=\left(\begin{array}{ccc:cc}1&-3&2&5&1\\-3&0&1&-2&0\\1&1&-1&3&2\end{array}\right)\xrightarrow[r_3+r_1\times(-1)]{r_2+r_1\times 3}\left(\begin{array}{ccc:cc}1&-3&2&5&1\\0&-9&7&13&3\\0&4&-3&-2&1\end{array}\right)$$

$$\xrightarrow{r_3\times 9}\left(\begin{array}{ccc:cc}1&-3&2&5&1\\0&-9&7&13&3\\0&36&-27&-18&9\end{array}\right)\xrightarrow{r_3+r_2\times 4}\left(\begin{array}{ccc:cc}1&-3&2&5&1\\0&-9&7&13&3\\0&0&1&34&21\end{array}\right)$$

$$\xrightarrow[r_1+r_3\times(-2)]{r_2+r_3\times(-7)}\left(\begin{array}{ccc:cc}1&-3&0&-63&-41\\0&-9&0&-225&-144\\0&0&1&34&21\end{array}\right)\xrightarrow{r_2\div(-9)}\left(\begin{array}{ccc:cc}1&-3&0&-63&-41\\0&1&0&25&16\\0&0&1&34&21\end{array}\right)$$

$$\xrightarrow{r_1+r_2\times 3}\left(\begin{array}{ccc:cc}1&0&0&12&7\\0&1&0&25&16\\0&0&1&34&21\end{array}\right)。$$

所以 $\boldsymbol{X}=\begin{pmatrix}12 & 7\\ 25 & 16\\ 34 & 21\end{pmatrix}$。

思考：方程 $\boldsymbol{XA}=\boldsymbol{C}$ 如何求解？（提示：考虑方程 $\boldsymbol{A}^{\mathrm{T}}\boldsymbol{X}^{\mathrm{T}}=\boldsymbol{C}^{\mathrm{T}}$）。

练习 2.5

1. 设 $\boldsymbol{A}=\begin{pmatrix}1 & 2 & 3\\ 4 & 5 & 6\\ 7 & 8 & 9\end{pmatrix}$，$\boldsymbol{P}_1=\begin{pmatrix}1 & 0 & 0\\ 0 & 1 & 0\\ 0 & 1 & 1\end{pmatrix}$，$\boldsymbol{P}_2=\begin{pmatrix}0 & 0 & 1\\ 0 & 1 & 0\\ 1 & 0 & 0\end{pmatrix}$，求 $\boldsymbol{P}_1\boldsymbol{A}\boldsymbol{P}_2$。

2. 计算 $\begin{pmatrix}1 & 0 & 0\\ -3 & 1 & 0\\ 0 & 0 & 1\end{pmatrix}\begin{pmatrix}0 & 1 & 0\\ 1 & 0 & 0\\ 0 & 0 & 1\end{pmatrix}\begin{pmatrix}3 & 1 & 0 & 2\\ 1 & -1 & 2 & -1\\ 1 & 3 & -4 & 4\end{pmatrix}$。

3. 试利用矩阵的初等变换，求下列方阵的逆矩阵。

(1) $\begin{pmatrix}1 & -1 & 1\\ 1 & 1 & -1\\ -1 & 1 & 1\end{pmatrix}$；　(2) $\begin{pmatrix}3 & 2 & 1\\ 3 & 1 & 5\\ 3 & 2 & 3\end{pmatrix}$；　(3) $\begin{pmatrix}3 & 2 & 0 & -1\\ 0 & 2 & 2 & 1\\ 1 & -2 & -3 & -2\\ 0 & 1 & 2 & 1\end{pmatrix}$。

4．设 $\boldsymbol{A}=\begin{pmatrix}4 & 1 & -2\\ 2 & 2 & 1\\ 3 & 1 & -1\end{pmatrix}$，$\boldsymbol{B}=\begin{pmatrix}1 & -3\\ 2 & 2\\ 3 & -1\end{pmatrix}$，求矩阵 $\boldsymbol{X}$ 使 $\boldsymbol{AX}=\boldsymbol{B}$。

5. 设矩阵 $\boldsymbol{A}=\begin{pmatrix}1 & 1 & 3\\ 1 & 0 & -2\\ 0 & 1 & 2\end{pmatrix}$ 满足 $\boldsymbol{AX}=2\boldsymbol{X}+\boldsymbol{A}^2-\boldsymbol{E}$，求矩阵 $\boldsymbol{X}$。

2.6　矩阵的秩

矩阵的秩是深入研究线性方程组等问题的重要工具。矩阵可经行初等变换化为行阶梯形矩阵，且行阶梯形矩阵所含非零行的行数是唯一确定的，行数实质上就是矩阵的秩。鉴于这个数的唯一性尚未证明，在本节中，我们首先利用行列式来定义矩阵的秩，然后给出利用初等变换求矩阵秩的方法。

2.6.1 矩阵的秩的概念

定义 2.18 在 $m\times n$ 矩阵 $\boldsymbol{A}$ 中，任意取 k 行 k 列($1\leqslant k\leqslant m$，$1\leqslant k\leqslant n$)，位于这些行列交叉处的 k^2 个元素，不改变它们在 $\boldsymbol{A}$ 中的相对位置而得到的 k 阶行列式，称为矩阵 $\boldsymbol{A}$ 的 **k 阶子式**。若某个 k 阶子式为 0，则称该子式为 **k 阶零子式**；否则称为 **k 阶非零子式**。

例如，给定矩阵 $\boldsymbol{A}=\begin{pmatrix}1&2&3&1\\4&5&6&1\\7&8&9&0\end{pmatrix}$，则 $\boldsymbol{A}$ 的二阶子式有 $\begin{vmatrix}1&2\\4&5\end{vmatrix}$，$\begin{vmatrix}1&3\\4&6\end{vmatrix}$，$\begin{vmatrix}2&1\\8&0\end{vmatrix}$ 等，$\boldsymbol{A}$ 的三阶子式有 $\begin{vmatrix}1&2&3\\4&5&6\\7&8&9\end{vmatrix}$，$\begin{vmatrix}1&2&1\\4&5&1\\7&8&0\end{vmatrix}$ 等，其中 $\begin{vmatrix}1&2&1\\4&5&1\\7&8&0\end{vmatrix}=3$ 是 $\boldsymbol{A}$ 的一个三阶非零子式。

显然，$m\times n$ 矩阵 $\boldsymbol{A}$ 的 $k(1\leqslant k\leqslant \min(m,n))$ 阶子式共有 $C_m^k\cdot C_n^k$ 个。

设 $\boldsymbol{A}$ 为 $m\times n$ 矩阵，当 $\boldsymbol{A}=\boldsymbol{O}$ 时，它的任何子式都为零。当 $\boldsymbol{A}\neq\boldsymbol{O}$ 时，它至少有一个元素不为零，因此它至少有一个一阶子式不为零。此时考察它的二阶子式，若 $\boldsymbol{A}$ 中有一个二阶子式不为零，则接着考察它的三阶子式，如此进行下去，最后一定找到某个 r，使得 $\boldsymbol{A}$ 中存在 r 阶子式不为零，而比 r 更高阶的子式全为零。这个不为零的子式的最高阶数 r 反映了矩阵 $\boldsymbol{A}$ 内在的重要特征，在矩阵的理论与应用中都有重要意义。

定义 2.19 设 $\boldsymbol{A}$ 为 $m\times n$ 矩阵，如果存在 $\boldsymbol{A}$ 的 r 阶子式不为 0，而任何 $r+1$ 阶子式(如果存在的话)皆为 0，则称 r 为矩阵 $\boldsymbol{A}$ 的**秩**，记为 $r(\boldsymbol{A})$ 或 $R(\boldsymbol{A})$。并规定零矩阵的秩等于 0。

显然，矩阵的秩具有下列性质：

(1)若矩阵 $\boldsymbol{A}$ 中存在某个 s 阶子式不为 0，则 $r(\boldsymbol{A})\geqslant s$；

(2)若 $\boldsymbol{A}$ 中所有 t 阶子式全为 0，则 $r(\boldsymbol{A})<t$；

(3)若 $\boldsymbol{A}$ 为 $m\times n$ 矩阵，则 $0\leqslant r(\boldsymbol{A})\leqslant\min\{m,n\}$；

(4)$r(\boldsymbol{A})=r(\boldsymbol{A}^{\mathrm{T}})$。

当 $r(\boldsymbol{A})=\min\{m,n\}$，称矩阵 $\boldsymbol{A}$ 为**满秩矩阵**；否则称为**降秩矩阵**。

定理 2.9 n 阶方阵 $\boldsymbol{A}$ 的秩 $r(\boldsymbol{A})=n$ 的充分必要条件是 $\det(\boldsymbol{A})\neq 0$。

【证】**(必要性)** 因为 $\boldsymbol{A}$ 为 n 阶方阵，且 $\det(\boldsymbol{A})\neq 0$，表明 $\boldsymbol{A}$ 的 n 阶子式不为零，由定义 2.19，因此 $r(\boldsymbol{A})=n$。

(充分性) 若 $r(\boldsymbol{A})=n$，表明 $\boldsymbol{A}$ 的 n 阶子式不为零，又因为 $\boldsymbol{A}$ 的 n 阶子式即是其本身，

因此，$\det(\boldsymbol{A})\neq 0$。 □

由定理 2.2 可知，定理 2.9 又可等价地表述为：n 阶方阵 $\boldsymbol{A}$ 可逆的充分必要条件是 $r(\boldsymbol{A})=n$。

【例 2.25】求下列矩阵的秩：(1)$\boldsymbol{A}=\begin{pmatrix}1&2&3&0\\0&1&2&1\\2&4&6&0\end{pmatrix}$；(2)$\boldsymbol{B}=\begin{pmatrix}2&-1&0&3&-2\\0&3&1&-2&5\\0&0&0&4&-3\\0&0&0&0&0\end{pmatrix}$。

【解】(1)$\boldsymbol{A}$ 的所有三阶子式如下：

$$\begin{vmatrix}2&3&0\\1&2&1\\4&6&0\end{vmatrix}=0,\begin{vmatrix}1&2&3\\0&1&2\\2&4&6\end{vmatrix}=0,\begin{vmatrix}1&2&0\\0&1&1\\2&4&0\end{vmatrix}=0,\begin{vmatrix}1&3&0\\0&2&1\\2&6&0\end{vmatrix}=0。$$

存在二阶子式 $\begin{vmatrix}1&2\\0&1\end{vmatrix}=1\neq 0$，所以 $r(\boldsymbol{A})=2$。

(2)在矩阵 $\boldsymbol{B}$ 中，因为 $\boldsymbol{B}$ 是一个阶梯形矩阵，其非零行有 3 行，所以 $\boldsymbol{B}$ 的所有四阶子式一定有零行，从而四阶子式全为零，而在 $\boldsymbol{B}$ 中选取第 1、2、4 列与第 1、2、3 行，则得 $\boldsymbol{B}$ 的三阶子式(显然为上三角形矩阵!)

$$\begin{vmatrix}2&-1&3\\0&3&-2\\0&0&4\end{vmatrix}=24\neq 0。$$

因此，由矩阵秩的定义得 $r(\boldsymbol{B})=3$。

一般地，我们有下面的定理。

定理 2.10　阶梯形矩阵的秩就等于其非零行的行数。

【证】在阶梯形矩阵中，选出矩阵的每个非零行的第一个非零数所在的行与列，这些行列交叉处的元素所构成的子式是上三角形行列式，且主对角线元素非零，因而该子式一定不为零，记该非零子式为 A_1。显然 A_1 的阶数是阶梯形矩阵的非零行的行数，而所有阶数高于 A_1 的阶数的子式(如果存在的话)一定含有零行，因而是零子式，所以 A_1 就是矩阵的最高阶非零子式。因此阶梯形矩阵的秩就等于 A_1 的阶数，也就是其非零行的行数。 □

利用定义计算矩阵的秩，需要由高阶到低阶考虑矩阵的子式，当矩阵的行数与列数较多时，按定义求秩是非常麻烦的。由于阶梯形矩阵的秩很容易判断，而任意矩阵都可以经过初等变换化为阶梯形矩阵，因此，如果初等变换不改变矩阵的秩，则可考虑借助初等变换法来求矩阵的秩。

定理 2.11 初等变换不改变矩阵的秩，即若 $\boldsymbol{A}\to\boldsymbol{B}$，则 $r(\boldsymbol{A})=r(\boldsymbol{B})$。

【证】只需要证明在一次初等变换下，$r(\boldsymbol{A})\leqslant r(\boldsymbol{B})$且 $r(\boldsymbol{A})\geqslant r(\boldsymbol{B})$。

设 $r(\boldsymbol{A})=r$，且 $\boldsymbol{A}$ 的某个 r 阶子式 $D_r\neq 0$。因为 $\boldsymbol{A}\to\boldsymbol{B}$，故 $\boldsymbol{A}$ 可经初等变换变为 $\boldsymbol{B}$，又 $r(\boldsymbol{A}^{\mathrm{T}})=r(\boldsymbol{A})$，所以可仅就行变换的情形给出证明。

(1)先证明经过一次行初等变换后，$r(\boldsymbol{B})\geqslant r(\boldsymbol{A})=r$。

当 $\boldsymbol{A}\xrightarrow{r_i\leftrightarrow r_j}\boldsymbol{B}$ 或 $\boldsymbol{A}\xrightarrow{kr_i}\boldsymbol{B}$ 时，则 $\boldsymbol{B}$ 中与 D_r 相对应的子式 $\overline{D}_r$ 必满足 $\overline{D}_r=D_r$，$\overline{D}_r=-D_r$，或 $\overline{D}_r=kD_r$，从而总有 $\overline{D}_r\neq 0$，所以 $R(\boldsymbol{B})\geqslant r$。

当 $\boldsymbol{A}\xrightarrow{r_i+kr_j}\boldsymbol{B}$ 时，①若 D_r不含第 i 行，或同时含第 i 行和第 j 行，则 $\overline{D}_r=D_r\neq 0$，所以 $r(\boldsymbol{B})\geqslant r$；②若 D_r 中含第 i 行但不含第 j 行，则有

$$\overline{D}_r=\begin{vmatrix}\vdots\\ r_i+kr_j\\ \vdots\end{vmatrix}=\begin{vmatrix}\vdots\\ r_i\\ \vdots\end{vmatrix}+k\begin{vmatrix}\vdots\\ r_j\\ \vdots\end{vmatrix}=D_r+k\hat{D}_r。$$

若 $\hat{D}_r=0$，则 $\hat{D}_r=D_r\neq 0$，所以 $r(\boldsymbol{B})\geqslant r$；若 $\hat{D}_r\neq 0$，则 $\hat{D}_r$ 就是 $\boldsymbol{A}$ 的不含第 i 行的 r 阶子式，由①知 $r(\boldsymbol{B})\geqslant r$，综合以上知，经一次行初等变换后 $r(\boldsymbol{B})\geqslant r(\boldsymbol{A})$。

(2)再证明经过一次行初等变换后 $r(\boldsymbol{B})\leqslant r$。因为行初等变换均可逆，再由(1)的证明知，$r(\boldsymbol{B})\leqslant r(\boldsymbol{A})$。

综合(1)和(2)，经一次初等变换后，$r(\boldsymbol{A})=r(\boldsymbol{B})$。

根据定理 2.10 和定理 2.11，我们得到利用初等变换求矩阵的秩的方法即把矩阵用行初等变换变成行阶梯形矩阵，行阶梯形矩阵中非零行的行数就是该矩阵的秩。

推论 2.3 n 阶方阵 $\boldsymbol{A}$ 满秩的充分必要条件是 $\boldsymbol{A}$ 经过初等变换可以化为 $\boldsymbol{E}$。

2.6.2 求秩举例

【例 2.26】求矩阵 $\boldsymbol{A}=\begin{pmatrix}1&2&4&-1\\2&1&3&6\\1&0&1&0\\3&1&4&6\end{pmatrix}$的秩。

【解】对矩阵 $\boldsymbol{A}$ 做行初等变换，化成阶梯形矩阵(中间过程省略，直接写出阶梯形矩阵)：

$$A=\begin{pmatrix}1&2&4&-1\\2&1&3&6\\1&0&1&0\\3&1&4&6\end{pmatrix}\xrightarrow{r}\begin{pmatrix}1&2&4&-1\\0&-1&-2&7\\0&0&1&-13\\0&0&0&0\end{pmatrix}=B,$$

显然 $\boldsymbol{B}$ 的非零行数为 3，所以 $r(\boldsymbol{A})=r(\boldsymbol{B})=3$。

注：从例 2.26 看出，实际上矩阵 $\boldsymbol{A}$ 的秩就是 $\boldsymbol{A}$ 的阶梯形矩阵的非零行数。

【例 2.27】设 $\boldsymbol{A}=\begin{pmatrix}3&2&0&5&0\\3&-2&3&6&-1\\2&0&1&5&-3\\1&6&-4&-1&4\end{pmatrix}$，求 $r(\boldsymbol{A})$，并求 $\boldsymbol{A}$ 的一个最高阶非零子式。

【解】对 $\boldsymbol{A}$ 做行初等变换，化成阶梯形矩阵

$$A=\begin{pmatrix}3&2&0&5&0\\3&-2&3&6&-1\\2&0&1&5&-3\\1&6&-4&-1&4\end{pmatrix}\xrightarrow{r_1\leftrightarrow r_4}\begin{pmatrix}1&6&-4&-1&4\\3&-2&3&6&-1\\2&0&1&5&-3\\3&2&0&5&0\end{pmatrix}$$

$$\xrightarrow[\substack{r_3-2r_1\\r_4-3r_1}]{r_2-3r_1}\begin{pmatrix}1&6&-4&-1&4\\0&-20&15&9&-13\\0&-12&9&7&-11\\0&-16&12&8&-12\end{pmatrix}\xrightarrow{r_2-r_4}\begin{pmatrix}1&6&-4&-1&4\\0&-4&3&1&-1\\0&-12&9&7&-11\\0&-16&12&8&-12\end{pmatrix}$$

$$\xrightarrow[r_4-4r_2]{r_3-3r_2}\begin{pmatrix}1&6&-4&-1&4\\0&-4&3&1&-1\\0&0&0&4&-8\\0&0&0&4&-8\end{pmatrix}\xrightarrow{r_4-r_3}\begin{pmatrix}1&6&-4&-1&4\\0&-4&3&1&-1\\0&0&0&4&-8\\0&0&0&0&0\end{pmatrix}$$

由于 $\boldsymbol{A}$ 的行阶梯形有 3 个非零行，所以 $r(\boldsymbol{A})=3$。

由上知，$\boldsymbol{A}$ 的最高阶非零子式是三阶的，故只需要找出 $\boldsymbol{A}$ 的一个不为零的三阶子式。又因为 $\boldsymbol{A}$ 的行阶梯形有一个三阶非零子式

$$\begin{vmatrix}1&6&-1\\0&-4&1\\0&0&4\end{vmatrix},$$

与它相对应的是 $\boldsymbol{A}$ 的第 1、2、4 列，只需要在这三列构成的矩阵

$$A_1=\begin{pmatrix}3 & 2 & 5\\3 & -2 & 6\\2 & 0 & 5\\1 & 6 & -1\end{pmatrix}$$

中找出一个三阶非零子式。取前三行得三阶子式：

$$\begin{vmatrix}3 & 2 & 5\\3 & -2 & 6\\2 & 0 & 5\end{vmatrix}=-30+24+0+20-0-30=-16\neq 0,$$

所以该子式就是 A 的一个最高阶非零子式。

练习 2.6

1. 求下列矩阵的秩。

(1) $\begin{pmatrix}1 & 2\\2 & 4\end{pmatrix}$； (2) $\begin{pmatrix}3 & 1 & 0 & 2\\1 & -1 & 2 & -1\\1 & 3 & -4 & 4\end{pmatrix}$； (3) $\begin{pmatrix}3 & 2 & -1 & -3 & -1\\2 & -1 & 3 & 1 & -3\\7 & 0 & 5 & -1 & -8\end{pmatrix}$。

2. 设矩阵 $A=\begin{pmatrix}1 & a & -1 & 2\\2 & -1 & a & 5\\1 & 10 & -6 & 1\end{pmatrix}$，其中 a 为常数，求矩阵 A 的秩。

3. 设 A 是 n 阶方阵，A^* 为 A 的伴随矩阵，证明：$r(A^*)=\begin{cases}n, & r(A)=n,\\1, & r(A)=n-1,\\0, & r(A)<n-1。\end{cases}$

2.7 分块矩阵

2.7.1 矩阵的分块

在矩阵的理论研究以及一些实际应用问题中，经常会遇到阶数很高或结构特殊的矩阵，为了便于分析与计算，通常用若干条纵横直线将矩阵分成若干个“小块”，每一小块称为矩阵的**子块**(或**子矩阵**)，以子块为元素列表形成的矩阵称为**分块矩阵**。例如，给定矩阵

$$\boldsymbol{A}=\begin{pmatrix}1&0&2&3\\0&1&0&-1\\0&0&1&0\\0&0&0&1\end{pmatrix}$$

用一条横直线与一条纵直线将 $\boldsymbol{A}$ 分成

$$\boldsymbol{A}=\left(\begin{array}{cc:cc}1&0&2&3\\0&1&0&-1\\\hdashline 0&0&1&0\\0&0&0&1\end{array}\right),$$

记 $\boldsymbol{A}_1=\begin{pmatrix}2&3\\0&-1\end{pmatrix}$，$\boldsymbol{E}_2=\begin{pmatrix}1&0\\0&1\end{pmatrix}$，则得分块矩阵 $\boldsymbol{A}=\begin{pmatrix}\boldsymbol{E}_2&\boldsymbol{A}_1\\\boldsymbol{O}&\boldsymbol{E}_2\end{pmatrix}$。显然，分块矩阵形式上像普通的矩阵，只不过其元素是“子矩阵”。

同一个矩阵，可以进行不同方式的分块。例如，对于上面矩阵 $\boldsymbol{A}$，还可以按下面的方式分块：

$$\left(\begin{array}{ccc:c}1&0&2&3\\0&1&0&-1\\0&0&1&0\\\hdashline 0&0&0&1\end{array}\right),\quad\left(\begin{array}{c:c:c:c}1&0&2&3\\0&1&0&-1\\0&0&1&0\\0&0&0&1\end{array}\right)。$$

一般说来，一个矩阵可任意分块，但往往要根据解决问题的需要进行分块，大致体现如下的一些目的：①便于问题的理论逻辑推证；②反映矩阵的某些特征；③使得分块矩阵间的和、差、积等运算有意义。

2.7.2　分块矩阵的运算

分块矩阵的运算指的是分块矩阵间的和、差、积等运算，其运算规则和前面介绍的普通矩阵的运算类似，下面详细介绍。

分块矩阵的加法与数乘

定义 2.20　设矩阵 $\boldsymbol{A},\boldsymbol{B}$ 为同型矩阵，按相同的分块方式得分块矩阵

$$\boldsymbol{A}=\begin{pmatrix}\boldsymbol{A}_{11}&\cdots&\boldsymbol{A}_{1r}\\\vdots&&\vdots\\\boldsymbol{A}_{s1}&\cdots&\boldsymbol{A}_{sr}\end{pmatrix},\ \boldsymbol{B}=\begin{pmatrix}\boldsymbol{B}_{11}&\cdots&\boldsymbol{B}_{1r}\\\vdots&&\vdots\\\boldsymbol{B}_{s1}&\cdots&\boldsymbol{B}_{sr}\end{pmatrix}$$

那么，分块矩阵 $\boldsymbol{A}$ 与 $\boldsymbol{B}$ 的和定义为

$$\boldsymbol{A}+\boldsymbol{B}=\begin{pmatrix}\boldsymbol{A}_{11}+\boldsymbol{B}_{11} & \cdots & \boldsymbol{A}_{1r}+\boldsymbol{B}_{1r}\\ \vdots & & \vdots\\ \boldsymbol{A}_{s1}+\boldsymbol{B}_{s1} & \cdots & \boldsymbol{A}_{sr}+\boldsymbol{B}_{sr}\end{pmatrix}。$$

常数 c 与分块矩阵 $\boldsymbol{A}$ 的数乘为 $c\begin{pmatrix}\boldsymbol{A}_{11} & \cdots & \boldsymbol{A}_{1r}\\ \vdots & & \vdots\\ \boldsymbol{A}_{s1} & \cdots & \boldsymbol{A}_{sr}\end{pmatrix}=\begin{pmatrix}c\boldsymbol{A}_{11} & \cdots & c\boldsymbol{A}_{1r}\\ \vdots & & \vdots\\ c\boldsymbol{A}_{s1} & \cdots & c\boldsymbol{A}_{sr}\end{pmatrix}$。

分块矩阵的乘法

定义 2.21 设 $\boldsymbol{A}$ 为 $m\times l$ 矩阵，$\boldsymbol{B}$ 为 $l\times n$ 矩阵，并分块成

$$\boldsymbol{A}=\begin{pmatrix}\boldsymbol{A}_{11} & \cdots & \boldsymbol{A}_{1t}\\ \vdots & & \vdots\\ \boldsymbol{A}_{s1} & \cdots & \boldsymbol{A}_{st}\end{pmatrix},\boldsymbol{B}=\begin{pmatrix}\boldsymbol{B}_{11} & \cdots & \boldsymbol{B}_{1r}\\ \vdots & & \vdots\\ \boldsymbol{B}_{t1} & \cdots & \boldsymbol{B}_{tr}\end{pmatrix}$$

其中 $\boldsymbol{A}$ 的第 i 行中第 k 子块 $\boldsymbol{A}_{ik}(k=1,2,\cdots,t)$ 的列数等于 $\boldsymbol{B}$ 的第 j 列中第 k 子块 $\boldsymbol{B}_{kj}(k=1,2,\cdots,t)$ 的行数(称 $\boldsymbol{A}$ 的行的分法与 $\boldsymbol{B}$ 的列的分法一致)，定义

$$\boldsymbol{AB}=\begin{pmatrix}\boldsymbol{A}_{11} & \cdots & \boldsymbol{A}_{1t}\\ \vdots & & \vdots\\ \boldsymbol{A}_{s1} & \cdots & \boldsymbol{A}_{st}\end{pmatrix}\begin{pmatrix}\boldsymbol{B}_{11} & \cdots & \boldsymbol{B}_{1r}\\ \vdots & & \vdots\\ \boldsymbol{B}_{t1} & \cdots & \boldsymbol{B}_{tr}\end{pmatrix}=\begin{pmatrix}\boldsymbol{C}_{11} & \cdots & \boldsymbol{C}_{1r}\\ \vdots & & \vdots\\ \boldsymbol{C}_{s1} & \cdots & \boldsymbol{C}_{sr}\end{pmatrix},$$

其中 $\boldsymbol{C}_{ij}=\sum\limits_{k=1}^{t}\boldsymbol{A}_{ik}\boldsymbol{B}_{kj}$。

注： 分块矩阵相乘，需满足分块矩阵行乘列规则，同时子块间相乘，也要满足行乘列规则。

转置运算

定义 2.22 设 $\boldsymbol{A}=\begin{pmatrix}\boldsymbol{A}_{11} & \cdots & \boldsymbol{A}_{1t}\\ \vdots & & \vdots\\ \boldsymbol{A}_{s1} & \cdots & \boldsymbol{A}_{st}\end{pmatrix}$，分块矩阵 $\boldsymbol{A}$ 的转置定义为

$$\boldsymbol{A}^{\mathrm{T}}=\begin{pmatrix}\boldsymbol{A}_{11} & \cdots & \boldsymbol{A}_{1t}\\ \vdots & & \vdots\\ \boldsymbol{A}_{s1} & \cdots & \boldsymbol{A}_{st}\end{pmatrix}^{\mathrm{T}}=\begin{pmatrix}\boldsymbol{A}_{11}^{\mathrm{T}} & \cdots & \boldsymbol{A}_{s1}^{\mathrm{T}}\\ \vdots & & \vdots\\ \boldsymbol{A}_{1t}^{\mathrm{T}} & \cdots & \boldsymbol{A}_{st}^{\mathrm{T}}\end{pmatrix}。$$

由定义，**分块矩阵的转置**需要子块也转置，可简记为“**自转+公转**”。

注： (1) 总结一下，分块矩阵运算的基本原则必须同时满足两条：①将矩阵的子块视

为元素时，分块矩阵应符合普通矩阵运算的要求，比如做加法运算时要求两分块矩阵是同型的；②相应的子矩阵间运算也应符合普通矩阵运算的要求，比如做乘法运算时要求子矩阵间符合普通矩阵乘法的要求。

(2) 有些读者会有疑惑，似乎看不出分块在矩阵运算中的简化作用，好像更麻烦了，实际上分块的简化作用主要体现在特殊的分块矩阵上，下面介绍的内容对读者或有启示。

2.7.3 特殊的分块矩阵

准对角矩阵

定义 2.23 若 n 阶矩阵 $\boldsymbol{A}$ 可分块为

$$\boldsymbol{A}=\begin{pmatrix}\boldsymbol{A}_1 & & \\ & \ddots & \\ & & \boldsymbol{A}_s\end{pmatrix}, \tag{2.12}$$

其中 $\boldsymbol{A}_i$ 是 $k_i(i=1,2,\cdots,s)$ 阶方阵($k_1+k_2+\cdots+k_s=n$)，则称 $\boldsymbol{A}$ 为**准对角矩阵**。

可以证明，若 $\boldsymbol{A}$ 为式(2.12)表示的准对角矩阵，则其有如下运算性质。

(1)准对角矩阵的和、数乘、乘积、转置仍是准对角矩阵，即

和运算：$\boldsymbol{A}+\boldsymbol{B}=\begin{pmatrix}\boldsymbol{A}_1 & & \\ & \ddots & \\ & & \boldsymbol{A}_s\end{pmatrix}+\begin{pmatrix}\boldsymbol{B}_1 & & \\ & \ddots & \\ & & \boldsymbol{B}_s\end{pmatrix}=\begin{pmatrix}\boldsymbol{A}_1+\boldsymbol{B}_1 & & \\ & \ddots & \\ & & \boldsymbol{A}_s+\boldsymbol{B}_s\end{pmatrix}$；

数乘运算：$k\boldsymbol{A}=\begin{pmatrix}k\boldsymbol{A}_1 & & \\ & \ddots & \\ & & k\boldsymbol{A}_s\end{pmatrix}$；

乘积运算：$\boldsymbol{A}\boldsymbol{B}=\begin{pmatrix}\boldsymbol{A}_1 & & \\ & \ddots & \\ & & \boldsymbol{A}_s\end{pmatrix}\begin{pmatrix}\boldsymbol{B}_1 & & \\ & \ddots & \\ & & \boldsymbol{B}_s\end{pmatrix}=\begin{pmatrix}\boldsymbol{A}_1\boldsymbol{B}_1 & & \\ & \ddots & \\ & & \boldsymbol{A}_s\boldsymbol{B}_s\end{pmatrix}$；

转置运算：$\boldsymbol{A}^{\mathrm{T}}=\begin{pmatrix}\boldsymbol{A}_1^{\mathrm{T}} & & \\ & \ddots & \\ & & \boldsymbol{A}_s^{\mathrm{T}}\end{pmatrix}$。

(2)准对角矩阵的幂运算 $\boldsymbol{A}^m=\begin{pmatrix}\boldsymbol{A}_1^m & & \\ & \ddots & \\ & & \boldsymbol{A}_s^m\end{pmatrix}$($m$ 为正整数)。

(3)准对角矩阵的行列式 $|\boldsymbol{A}|=|\boldsymbol{A}_1|\cdot|\boldsymbol{A}_2|\cdots|\boldsymbol{A}_s|$。

(4)若 $\boldsymbol{A}_1,\boldsymbol{A}_2,\cdots,\boldsymbol{A}_s$ 都可逆，则 $\boldsymbol{A}$ 可逆，且 $\boldsymbol{A}^{-1}=\begin{pmatrix}\boldsymbol{A}_1^{-1} & & \\ & \ddots & \\ & & \boldsymbol{A}_s^{-1}\end{pmatrix}$。

【例 2.28】设 $\boldsymbol{A}=\begin{pmatrix}1 & 2 & 0 & 0\\ 0 & 3 & 0 & 0\\ 0 & 0 & 4 & 3\\ 0 & 0 & 2 & 2\end{pmatrix}$，求 $\boldsymbol{A}^{-1}$。

【解】将矩阵 $\boldsymbol{A}$ 分块成 $\boldsymbol{A}=\begin{pmatrix}\boldsymbol{A}_1 & 0\\ 0 & \boldsymbol{A}_2\end{pmatrix}$，其中 $\boldsymbol{A}_1=\begin{pmatrix}1 & 2\\ 0 & 3\end{pmatrix}$，$\boldsymbol{A}_2=\begin{pmatrix}4 & 3\\ 2 & 2\end{pmatrix}$，那么

$$\boldsymbol{A}^{-1}=\begin{pmatrix}\boldsymbol{A}_1^{-1} & 0\\ 0 & \boldsymbol{A}_2^{-1}\end{pmatrix},$$

其中 $\boldsymbol{A}_1^{-1}=\dfrac{1}{3}\begin{pmatrix}3 & 0\\ -2 & 1\end{pmatrix}$，$\boldsymbol{A}_2^{-1}=\dfrac{1}{2}\begin{pmatrix}2 & -2\\ -3 & 4\end{pmatrix}$。

矩阵的按行(列)分块

任一个矩阵 $\boldsymbol{A}=(a_{ij})_{m\times n}$ 都可按行分块为

$$\boldsymbol{A}=\begin{pmatrix}a_{11} & a_{12} & \cdots & a_{1n}\\ a_{21} & a_{22} & \cdots & a_{2n}\\ \vdots & \vdots & & \vdots\\ a_{m1} & a_{m2} & \cdots & a_{mn}\end{pmatrix}=\begin{pmatrix}\boldsymbol{\beta}_1^{\mathrm{T}}\\ \boldsymbol{\beta}_2^{\mathrm{T}}\\ \vdots\\ \boldsymbol{\beta}_m^{\mathrm{T}}\end{pmatrix},$$

其中 $\boldsymbol{\beta}_i^{\mathrm{T}}=(a_{i1},a_{i2},\cdots,a_{in})(i=1,2,\cdots,m)$ 为 $\boldsymbol{A}$ 的第 i 个行向量。

类似地，$\boldsymbol{A}=(a_{ij})_{m\times n}$ 也可按"列"分块为

$$\boldsymbol{A}=\begin{pmatrix}a_{11} & a_{12} & \cdots & a_{1n}\\ a_{21} & a_{22} & \cdots & a_{2n}\\ \vdots & \vdots & & \vdots\\ a_{m1} & a_{m2} & \cdots & a_{mn}\end{pmatrix}=(\boldsymbol{\alpha}_1,\boldsymbol{\alpha}_2,\cdots,\boldsymbol{\alpha}_n),$$

其中 $\boldsymbol{\alpha}_j=(a_{1j},a_{2j},\cdots,a_{mj})^{\mathrm{T}}(j=1,2,\cdots,n)$ 为 $\boldsymbol{A}$ 的第 j 个列向量。

矩阵的按列分块，有利于我们在研究线性方程组时，根据需要而采用不同的表达形式。

设含有 n 个未知量与 m 个方程的线性方程组为

$$\begin{cases} a_{11}x_1+a_{12}x_2+\cdots+a_{1n}x_n=b_1, \\ a_{21}x_1+a_{22}x_2+\cdots+a_{2n}x_n=b_2, \\ \qquad\vdots \\ a_{m1}x_1+a_{m2}x_2+\cdots+a_{mn}x_n=b_m, \end{cases} \tag{2.13}$$

记 $\boldsymbol{A}=\begin{pmatrix} a_{11} & a_{12} & \cdots & a_{1n} \\ a_{21} & a_{22} & \cdots & a_{2n} \\ \vdots & \vdots & & \vdots \\ a_{m1} & a_{m2} & \cdots & a_{mn} \end{pmatrix}$，$\boldsymbol{b}=\begin{pmatrix} b_1 \\ b_2 \\ \vdots \\ b_m \end{pmatrix}$，$\boldsymbol{x}=\begin{pmatrix} x_1 \\ x_2 \\ \vdots \\ x_n \end{pmatrix}$，以 $\boldsymbol{A}$ 和 $\boldsymbol{b}$ 为子块的矩阵 $(\boldsymbol{A},\boldsymbol{b})$ 为

$$(\boldsymbol{A},\boldsymbol{b})=\begin{pmatrix} a_{11} & a_{12} & \cdots & a_{1n} & b_1 \\ a_{21} & a_{22} & \cdots & a_{2n} & b_2 \\ \vdots & \vdots & & \vdots & \vdots \\ a_{m1} & a_{m2} & \cdots & a_{mn} & b_m \end{pmatrix},$$

称 $(\boldsymbol{A},\boldsymbol{b})$ 为方程组(2.13)的**增广矩阵**。

显然**增广矩阵** $(\boldsymbol{A},\boldsymbol{b})$ 与非齐次线性方程组(2.13)构成一一对应。

由矩阵的乘法有

$$\boldsymbol{Ax}=\boldsymbol{b},$$

这称为线性方程的**矩阵表示**。

若对**矩阵 $\boldsymbol{A}$ 按列分块为** $\boldsymbol{A}=(\boldsymbol{\alpha}_1,\boldsymbol{\alpha}_2,\cdots,\boldsymbol{\alpha}_n)$，则线性方程组(2.13)可表示成

$$(\boldsymbol{\alpha}_1,\boldsymbol{\alpha}_2,\cdots,\boldsymbol{\alpha}_n)\begin{pmatrix} x_1 \\ \vdots \\ x_n \end{pmatrix}=\boldsymbol{b},$$

即

$$x_1\boldsymbol{\alpha}_1+x_2\boldsymbol{\alpha}_2+\cdots+x_n\boldsymbol{\alpha}_n=\boldsymbol{b},$$

这称为线性方程的**向量表示**。

若对矩阵 $\boldsymbol{A}$ 按行分块，则线性方程组(2.13)可表示成

$$\boldsymbol{Ax}=\begin{pmatrix} \boldsymbol{\beta}_1^{\mathrm{T}} \\ \boldsymbol{\beta}_2^{\mathrm{T}} \\ \vdots \\ \boldsymbol{\beta}_m^{\mathrm{T}} \end{pmatrix}\boldsymbol{x}=\begin{pmatrix} b_1 \\ b_2 \\ \vdots \\ b_m \end{pmatrix},$$

即

$$\boldsymbol{\beta}_i^{\mathrm{T}}\boldsymbol{x}=b_i(i=1,2,\cdots,m),$$

这称为线性方程的**向量数量积表示**。

练习 2.7

1. 用矩阵分块的方法进行下列矩阵计算。

(1) $\left(\begin{array}{cc:cc}1&2&0&0\\0&1&0&0\\ \hdashline 0&0&4&5\end{array}\right)\left(\begin{array}{cc:cc}1&1&0&0\\-2&3&0&0\\ \hdashline 0&0&1&0\\0&0&0&1\end{array}\right)$；(2) $\left(\begin{array}{cc:cc}1&1&0&0\\2&3&0&0\\ \hdashline 0&0&1&0\\0&0&3&1\end{array}\right)^{-1}$。

2. 设 $m\times n$ 矩阵 $\boldsymbol{A}=(a_{ij})$ 按列分块为 $\boldsymbol{A}=(\alpha_1,\alpha_2,\cdots,\alpha_n)$，计算 $\boldsymbol{A}^{\mathrm{T}}\boldsymbol{A}$ 与 $\boldsymbol{A}\boldsymbol{A}^{\mathrm{T}}$。

3. 设 $\boldsymbol{A}$、$\boldsymbol{B}$ 分别为 m、n 阶对称矩阵，且 $\boldsymbol{A}$ 可逆，$\boldsymbol{C}$ 为 $m\times n$ 矩阵，$\boldsymbol{E}_m$、$\boldsymbol{E}_n$ 为单位矩阵，分块矩阵 $\boldsymbol{D}=\begin{pmatrix}\boldsymbol{A}&\boldsymbol{C}\\ \boldsymbol{C}^{\mathrm{T}}&\boldsymbol{B}\end{pmatrix}$，$\boldsymbol{P}=\begin{pmatrix}\boldsymbol{E}_m&-\boldsymbol{A}^{-1}\boldsymbol{C}\\ \boldsymbol{O}&\boldsymbol{E}_n\end{pmatrix}$，试计算 $\boldsymbol{P}^{\mathrm{T}}\boldsymbol{D}\boldsymbol{P}$。

4. 设线性方程组 $\begin{cases}x_1+2x_2+x_3-x_4=5,\\3x_1-x_2+4x_3+x_4=2,\\3x_2+x_3+6x_4=0,\end{cases}$ 试分别写出方程组的矩阵与向量表示。

习题二

一、选择题

1. 设 $\boldsymbol{A}$、$\boldsymbol{B}$、$\boldsymbol{X}$、$\boldsymbol{Y}$ 都是 n 阶矩阵，则下面等式正确的是(　　)。

(A)若 $\boldsymbol{A}^2=\boldsymbol{O}$，则 $\boldsymbol{A}=\boldsymbol{O}$；　(B) $(\boldsymbol{AB})^2=\boldsymbol{A}^2\boldsymbol{B}^2$；

(C)若 $\boldsymbol{AX}=\boldsymbol{AY}$，则 $\boldsymbol{X}=\boldsymbol{Y}$；　(D)若 $\boldsymbol{A}+\boldsymbol{X}=\boldsymbol{B}$，则 $\boldsymbol{X}=\boldsymbol{B}-\boldsymbol{A}$。

2. 设 $\boldsymbol{A}$、$\boldsymbol{B}$、$\boldsymbol{C}$ 均为 n 阶矩阵，$\boldsymbol{AB}=\boldsymbol{BA}$，$\boldsymbol{AC}=\boldsymbol{CA}$，则 $\boldsymbol{ABC}=$(　　)。

(A)$\boldsymbol{ACB}$；　(B)$\boldsymbol{CAB}$；　(C)$\boldsymbol{CBA}$；　(D)$\boldsymbol{BCA}$。

3. 设 $\boldsymbol{A}$、$\boldsymbol{B}$ 均为 n 阶矩阵，$\boldsymbol{E}$ 为 n 阶单位矩阵，且$(\boldsymbol{A}+\boldsymbol{B})(\boldsymbol{A}-\boldsymbol{B})=\boldsymbol{A}^2-\boldsymbol{B}^2$，则必有(　　)。

(A)$\boldsymbol{B}=\boldsymbol{E}$；　(B)$\boldsymbol{A}=\boldsymbol{E}$；　(C)$\boldsymbol{A}=\boldsymbol{B}$；　(D)$\boldsymbol{AB}=\boldsymbol{BA}$。

4. 设 n 阶矩阵 $\boldsymbol{A}$、$\boldsymbol{B}$、$\boldsymbol{C}$ 满足 $\boldsymbol{ABC}=\boldsymbol{E}$，则必有(　　)。

(A)$\boldsymbol{ACB}=\boldsymbol{E}$；　(B)$\boldsymbol{CBA}=\boldsymbol{E}$；　(C)$\boldsymbol{BAC}=\boldsymbol{E}$；　(D)$\boldsymbol{BCA}=\boldsymbol{E}$。

5. 设 $\boldsymbol{A}$、$\boldsymbol{B}$ 均为 n 阶可逆矩阵，则 $\boldsymbol{AB}$ 的伴随矩阵$(\boldsymbol{AB})^*=$(　　)。

(A)$\boldsymbol{A}^*\boldsymbol{B}^*$；　(B)$|\boldsymbol{AB}|\boldsymbol{A}^{-1}\boldsymbol{B}^{-1}$；　(C)$\boldsymbol{B}^{-1}\boldsymbol{A}^{-1}$；　(D)$\boldsymbol{B}^*\boldsymbol{A}^*$。

6. 设 $\boldsymbol{A}$ 是 $n(n>1)$阶可逆矩阵，$\boldsymbol{A}^*$ 是 $\boldsymbol{A}$ 的伴随矩阵，则 $|\boldsymbol{A}^*|=$(　　)。

(A)$|\boldsymbol{A}|^{n-1}$；　(B)$|\boldsymbol{A}|^{n-2}$；　(C)$|\boldsymbol{A}|^{n}$；　(D)$|\boldsymbol{A}|^{n+1}$。

7. 设 $\boldsymbol{A}$ 为 n 阶非零矩阵，$\boldsymbol{E}$ 为 n 阶单位矩阵，若 $\boldsymbol{A}^3=\boldsymbol{O}$，则(　　)。

(A)$\boldsymbol{E}-\boldsymbol{A}$ 不可逆，$\boldsymbol{E}+\boldsymbol{A}$ 不可逆；　(B)$\boldsymbol{E}-\boldsymbol{A}$ 不可逆，$\boldsymbol{E}+\boldsymbol{A}$ 可逆；

(C)$\boldsymbol{E}-\boldsymbol{A}$ 可逆，$\boldsymbol{E}+\boldsymbol{A}$ 可逆；　(D)$\boldsymbol{E}-\boldsymbol{A}$ 可逆，$\boldsymbol{E}+\boldsymbol{A}$ 不可逆。

8. 设 $\boldsymbol{A}$ 为三阶矩阵，将 $\boldsymbol{A}$ 的第 2 列加到第 1 列得矩阵 $\boldsymbol{B}$，再交换 $\boldsymbol{B}$ 的第 2 行与第 3 行得单位矩阵，记 $P_1=\begin{pmatrix}1&0&0\\1&1&0\\0&0&1\end{pmatrix}$，$P_2=\begin{pmatrix}1&0&0\\0&0&1\\0&1&0\end{pmatrix}$，则 $\boldsymbol{A}=$(　　)。

(A)P_1P_2；　(B)$P_1^{-1}P_2$；　(C)$P_2P_1^{-1}$；　(D)$P_2^{-1}P_1$。

9. 设矩阵 $\boldsymbol{A}$ 的秩为 r，则 $\boldsymbol{A}$ 中(　　)。

(A)所有 $r-1$ 阶子式都不为 0；　(B)所有 $r-1$ 阶子式全为 0；

(C)至少有一个 r 阶子式不等于 0；　(D)所有 r 阶子式都不为 0。

10. 设矩阵 $\boldsymbol{A}=\begin{pmatrix}1&2&-1&1\\2&0&t&0\\0&-4&5&-2\end{pmatrix}$的秩 $r(\boldsymbol{A})=2$，则 $t=$(　　)。

(A)0；　(B)1；　(C)2；　(D) 3。

11. 设矩阵 $\boldsymbol{A}=\begin{pmatrix}a+1&b&3\\a&\dfrac{b}{2}&1\\1&1&2\end{pmatrix}$，$M_{ij}$ 表示 $\boldsymbol{A}$ 的 i 行 j 列的元素的余子式，若 $|\boldsymbol{A}|=-\dfrac{1}{2}$，且 $-M_{21}+M_{22}-M_{23}=0$，则(　　)。

(A)$a=0$ 或 $a=-\dfrac{3}{2}$；　(B)$a=0$ 或 $a=\dfrac{3}{2}$；

(C)$b=0$ 或 $b=-\dfrac{1}{2}$；　(D)$b=0$ 或 $b=\dfrac{1}{2}$。

12. 设 $\boldsymbol{A}$ 为三阶矩阵，则 $\boldsymbol{P}=\begin{pmatrix}1&0&0\\0&1&0\\1&0&1\end{pmatrix}$，若 $\boldsymbol{P}^{\mathrm{T}}\boldsymbol{A}\boldsymbol{P}^2=\begin{pmatrix}a+2c&0&c\\0&b&0\\2c&0&c\end{pmatrix}$，则 $\boldsymbol{A}=$(　　)。

(A) $\begin{pmatrix} c & 0 & 0 \\ 0 & a & 0 \\ 0 & 0 & b \end{pmatrix}$； (B) $\begin{pmatrix} b & 0 & 0 \\ 0 & c & 0 \\ 0 & 0 & a \end{pmatrix}$； (C) $\begin{pmatrix} a & 0 & 0 \\ 0 & b & 0 \\ 0 & 0 & c \end{pmatrix}$； (D) $\begin{pmatrix} c & 0 & 0 \\ 0 & b & 0 \\ 0 & 0 & a \end{pmatrix}$。

二、填空题

13. 已知 $\boldsymbol{A}=(1,0,1)$，$\boldsymbol{B}=(1,1,-2)$，则 $\boldsymbol{AB}^{\mathrm{T}}=$________，$\boldsymbol{A}^{\mathrm{T}}\boldsymbol{B}=$________，$(\boldsymbol{B}^{\mathrm{T}}\boldsymbol{B})^{100}=$________。

14. 设 $\boldsymbol{A}=\begin{pmatrix} 1 & 2 \\ 3 & 4 \end{pmatrix}$，$\boldsymbol{B}=\begin{pmatrix} 0 & 1 \\ -1 & 5 \end{pmatrix}$，则 $\boldsymbol{AB}-\boldsymbol{BA}=$________。

15. 设 $\boldsymbol{A}$、$\boldsymbol{B}$ 为三阶矩阵，且 $|\boldsymbol{A}|=3$，$|\boldsymbol{B}^{-1}+\boldsymbol{A}|=2$，$|\boldsymbol{A}^{-1}+\boldsymbol{B}|=2$，则 $|\boldsymbol{B}|=$________。

16. 设 $\boldsymbol{A}$ 为三阶实矩阵，A_{ij} 为 a_{ij} 的代数余子式，且 $a_{ij}=A_{ij}$，$a_{33}=-1$，则 $|\boldsymbol{A}|=$________。

17. 设 n 阶矩阵 $\boldsymbol{A}$ 的行列式 $|\boldsymbol{A}|=a\neq 0$，且 $\boldsymbol{A}$ 的每行元素之和均为 b，则 $|\boldsymbol{A}|$ 的第一列元素的代数余子式之和 $A_{11}+A_{21}+\cdots+A_{n1}=$________。

18. 设 $\boldsymbol{A}=\begin{pmatrix} 1 & 2 & 3 & 4 \\ 2 & 3 & 4 & 5 \\ 3 & 4 & 5 & 6 \\ 4 & 5 & 6 & 7 \end{pmatrix}$，$\boldsymbol{B}=\begin{pmatrix} 0 & -1 & 2 & 4 \\ 0 & 2 & 0 & 1 \\ 0 & 0 & 3 & -1 \\ 0 & 0 & 0 & 4 \end{pmatrix}$，则 $r(\boldsymbol{BA}+2\boldsymbol{A})=$________。

19. 已知 $\boldsymbol{A}$ 是三阶矩阵，且 $|\boldsymbol{A}|=3$，则 $|2\boldsymbol{A}^{-1}-\boldsymbol{A}^{*}|=$________。

20. 已知 $\boldsymbol{A}$ 是 3×4 阶矩阵，且 $r(\boldsymbol{A})=2$，则与 $\boldsymbol{A}$ 等价的标准形矩阵 $\boldsymbol{F}=$________。

21. 设矩阵 $\boldsymbol{A}=\begin{pmatrix} a & 1 & 1 \\ 1 & a & 1 \\ 1 & 1 & a \end{pmatrix}$，且 $r(\boldsymbol{A})=2$，则 $a=$________。

22. 设矩阵 $\boldsymbol{P}=\begin{pmatrix} 1 & 0 & 0 \\ 0 & 1 & 0 \\ 4 & 0 & 1 \end{pmatrix}$，则 $\boldsymbol{P}^{-1}=$________。

三、计算题

23. 设矩阵 $\boldsymbol{A}=\begin{pmatrix} 1 & 0 & 2 \\ 4 & 3 & 1 \\ 5 & 2 & 0 \end{pmatrix}$，$\boldsymbol{B}=\begin{pmatrix} 1 & 1 & 1 \\ 1 & 1 & 0 \\ 1 & 0 & 0 \end{pmatrix}$，计算 $\boldsymbol{AB}$、$\boldsymbol{BA}$、$\boldsymbol{A}(\boldsymbol{B}-\boldsymbol{E})$、$(\boldsymbol{A}+\boldsymbol{B})(\boldsymbol{A}-\boldsymbol{B})$。

24. 求下列矩阵的逆矩阵。

(1) $\begin{pmatrix} 0 & 1 & 2 \\ 1 & 1 & 4 \\ 2 & -1 & 0 \end{pmatrix}$； (2) $\begin{pmatrix} 0 & 2 & 0 \\ 0 & 0 & 2 \\ 1 & 0 & 0 \end{pmatrix}$； (3) $\begin{pmatrix} 1 & 2 & 0 & 0 \\ 1 & 1 & 2 & 0 \\ 0 & 1 & 1 & 2 \\ 0 & 0 & 1 & 1 \end{pmatrix}$。

25. 设 n 阶矩阵 $\boldsymbol{A}=\begin{pmatrix} 0 & a_1 & 0 & \cdots & 0 \\ 0 & 0 & a_2 & \cdots & 0 \\ \vdots & \vdots & \vdots & & \vdots \\ 0 & 0 & 0 & \cdots & a_{n-1} \\ a_n & 0 & 0 & \cdots & 0 \end{pmatrix}$，其中 $a_1a_2\cdots a_n\neq 0$，求 $|\boldsymbol{A}|$ 中所有元素的代数余子式之和 $\sum\limits_{i=1}^{n}\sum\limits_{j=1}^{n}A_{ij}$。

26. 已知 $\boldsymbol{A}=\begin{pmatrix} 1 & 0 & 0 \\ -2 & 3 & 0 \\ 0 & -4 & 5 \end{pmatrix}$，$\boldsymbol{B}=(\boldsymbol{E}+\boldsymbol{A})^{-1}(\boldsymbol{E}-\boldsymbol{A})$，其中 $\boldsymbol{E}$ 为单位矩阵，求 $(\boldsymbol{E}+\boldsymbol{B})^{-1}$。

27. 设方阵 $\boldsymbol{A}$ 满足 $\boldsymbol{A}^2+\boldsymbol{A}-8\boldsymbol{E}=\boldsymbol{O}$，证明 $\boldsymbol{A}-2\boldsymbol{E}$ 可逆；又若 $\boldsymbol{AX}+2(\boldsymbol{A}+3\boldsymbol{E})^{-1}\boldsymbol{A}=2\boldsymbol{X}+2\boldsymbol{E}$，求 $\boldsymbol{X}$。

28. 设 $\boldsymbol{A}=\begin{pmatrix} 0 & 1 & 1 \\ 2 & -1 & 1 \\ -1 & 0 & -2 \end{pmatrix}$，$\boldsymbol{B}=\begin{pmatrix} 1 & 1 & 2 \\ 2 & 1 & 1 \end{pmatrix}$，求矩阵 $\boldsymbol{X}$ 使 $\boldsymbol{XA}=\boldsymbol{B}$。

29. 设矩阵 $\boldsymbol{A}=\begin{pmatrix} a & 1 & 0 \\ 1 & a & -1 \\ 0 & 1 & a \end{pmatrix}$，且 $\boldsymbol{A}^3=\boldsymbol{O}$。(1)求 a 的值；(2)若矩阵 $\boldsymbol{X}$ 满足

$$\boldsymbol{X}-\boldsymbol{XA}^2-\boldsymbol{AX}+\boldsymbol{AXA}^2=\boldsymbol{E},$$

其中 $\boldsymbol{E}$ 为三阶单位矩阵，求 $\boldsymbol{X}$。

30. 计算 $\begin{pmatrix} 1 & 0 & 0 \\ 0 & 1 & 0 \\ 0 & 1 & 1 \end{pmatrix}^{2k}\begin{pmatrix} 1 & 2 & 3 \\ 4 & 5 & 6 \\ 7 & 8 & 9 \end{pmatrix}\begin{pmatrix} 0 & 0 & 1 \\ 0 & 1 & 0 \\ 1 & 0 & 0 \end{pmatrix}^{2k+1}$，其中 k 为正整数。

31. 设 $\boldsymbol{A}=\begin{pmatrix} 0 & -1 & 0 \\ 1 & 0 & 0 \\ 0 & 0 & -1 \end{pmatrix}$，$\boldsymbol{B}=\boldsymbol{P}^{-1}\boldsymbol{AP}$，其中 $\boldsymbol{P}$ 为三阶可逆矩阵，求 $\boldsymbol{B}^{2024}-2\boldsymbol{A}^2$。

32. 已知 a 是常数，矩阵 $\boldsymbol{A}=\begin{pmatrix} 1 & 2 & a \\ 1 & 3 & 0 \\ 2 & 7 & -a \end{pmatrix}$ 可经列初等变换化为矩阵 $\boldsymbol{B}=\begin{pmatrix} 1 & a & 2 \\ 0 & 1 & 1 \\ -1 & 1 & 1 \end{pmatrix}$。

①求 a；②求满足 $\boldsymbol{AP}=\boldsymbol{B}$ 的可逆矩阵 $\boldsymbol{P}$。

33. 求矩阵 $\boldsymbol{A}=\begin{pmatrix} a & 1 & 1 & 1 \\ 1 & a & 1 & 1 \\ 1 & 1 & a & 1 \\ 1 & 1 & 1 & a \end{pmatrix}$的秩，其中 a 为常数。

四、证明题

34. 若 $\boldsymbol{A}^2=\boldsymbol{A}$，则称 $\boldsymbol{A}$ 为幂等矩阵。试证：若 $\boldsymbol{A}$、$\boldsymbol{B}$ 为幂等矩阵，则 $\boldsymbol{A}+\boldsymbol{B}$ 为幂等矩阵的充分必要条件是 $\boldsymbol{AB}=-\boldsymbol{BA}$。

35. 设 $\boldsymbol{A}$ 为 n 阶可逆矩阵，$\boldsymbol{B}$ 为 $n\times m$ 矩阵，则 $r(\boldsymbol{AB})=r(\boldsymbol{B})$。

36. 设 $\boldsymbol{A}$、$\boldsymbol{B}$ 都是可逆矩阵，证明分块矩阵$\begin{pmatrix} \boldsymbol{O} & \boldsymbol{A} \\ \boldsymbol{B} & \boldsymbol{O} \end{pmatrix}$的逆矩阵为$\begin{pmatrix} \boldsymbol{O} & \boldsymbol{B}^{-1} \\ \boldsymbol{A}^{-1} & \boldsymbol{O} \end{pmatrix}$。

37. 设 $\boldsymbol{A}$ 是 m 阶可逆矩阵，$\boldsymbol{B}$ 是 n 阶可逆矩阵，证明分块矩阵$\begin{pmatrix} \boldsymbol{A} & \boldsymbol{O} \\ \boldsymbol{C} & \boldsymbol{B} \end{pmatrix}$的逆矩阵为$\begin{pmatrix} \boldsymbol{A}^{-1} & \boldsymbol{O} \\ -\boldsymbol{B}^{-1}\boldsymbol{C}\boldsymbol{A}^{-1} & \boldsymbol{B}^{-1} \end{pmatrix}$(其中 $\boldsymbol{C}$ 为 $n\times m$ 矩阵)。

38. 设 $\boldsymbol{A}$ 是 n 阶可逆矩阵，证明$(\boldsymbol{A}^*)^*=|\boldsymbol{A}|^{n-2}\boldsymbol{A}$。

第3章 CHAPTER 3

线性方程组

本章目标：

(1)理解齐次线性方程组有非零解的充要条件及非齐次线性方程组有解的充要条件。

(2)理解 n 维向量的概念。

(3)理解向量组的线性组合、线性相关和线性无关的概念。

(4)了解线性相关和线性无关的有关性质，会判断向量组的线性相关性。

(5)了解向量组的极大线性无关组和秩的概念，会求向量组的极大线性无关组和秩。

(6)了解齐次线性方程组的基础解系和通解。

(7)了解非齐次线性方程组的解的结构及通解等概念。

(8)掌握用行初等变换求线性方程组通解的方法。

科学技术和经济管理中的许多问题经常可以归结为线性方程组求解问题。一般来说，这样的方程组中未知量的个数与方程的个数不一定相同，方程组可能有解，也可能无解；在有解的情况下，可能有唯一解，也可能有无穷多解。本章将讨论线性方程组有解的判定与求解方法、n 维向量及其线性运算，以及如何利用向量工具研究线性方程组有无穷多解时解的结构。

3.1 线性方程组的求解

3.1.1 线性方程组的概念

定义 3.1 设含有 n 个未知量 $x_1,x_2,\cdots,x_n$ 及 m 个方程的线性方程组为

$$\begin{cases} a_{11}x_1 + a_{12}x_2 + \cdots + a_{1n}x_n = b_1, \\ a_{21}x_1 + a_{22}x_2 + \cdots + a_{2n}x_n = b_2, \\ \qquad\qquad \vdots \\ a_{m1}x_1 + a_{m2}x_2 + \cdots + a_{mn}x_n = b_m, \end{cases} \tag{3.1}$$

称式(3.1)为线性方程组的**一般表示**。记

$$\boldsymbol{A} = \begin{pmatrix} a_{11} & a_{12} & \cdots & a_{1n} \\ a_{21} & a_{22} & \cdots & a_{2n} \\ \vdots & \vdots & & \vdots \\ a_{m1} & a_{m2} & \cdots & a_{mn} \end{pmatrix}, \boldsymbol{x} = \begin{pmatrix} x_1 \\ x_2 \\ \vdots \\ x_n \end{pmatrix}, \boldsymbol{b} = \begin{pmatrix} b_1 \\ b_2 \\ \vdots \\ b_m \end{pmatrix},$$

称矩阵 $\boldsymbol{A}$ 称为线性方程组(3.1)的**系数矩阵**，称 $\boldsymbol{x}$ 为**未知量向量**，称 $\boldsymbol{b}$ 为**常数项向量**。我们把系数矩阵和常数项向量拼成的 $m\times(n+1)$ 矩阵

$$(\boldsymbol{A},\boldsymbol{b}) = \left(\begin{array}{cccc:c} a_{11} & a_{12} & \cdots & a_{1n} & b_1 \\ a_{21} & a_{22} & \cdots & a_{2n} & b_2 \\ \vdots & \vdots & & \vdots & \vdots \\ a_{m1} & a_{m2} & \cdots & a_{mn} & b_m \end{array}\right)$$

称为线性方程组(3.1)的**增广矩阵**。

注：增广矩阵最后一列前(方程组的常数列)的虚竖线是人为添加的。

根据矩阵乘法，方程组(3.1)的矩阵表示为

$$\begin{pmatrix} a_{11} & a_{12} & \cdots & a_{1n} \\ a_{21} & a_{22} & \cdots & a_{2n} \\ \vdots & \vdots & & \vdots \\ a_{m1} & a_{m2} & \cdots & a_{mn} \end{pmatrix} \begin{pmatrix} x_1 \\ x_2 \\ \vdots \\ x_n \end{pmatrix} = \begin{pmatrix} b_1 \\ b_2 \\ \vdots \\ b_m \end{pmatrix},$$

即

$$\boldsymbol{A}\boldsymbol{x}=\boldsymbol{b}。 \tag{3.2}$$

将增广矩阵$(\boldsymbol{A},\boldsymbol{b})$的按列分块记为$(\boldsymbol{\alpha}_1,\boldsymbol{\alpha}_2,\cdots,\boldsymbol{\alpha}_n,\boldsymbol{b})$，则方程组(3.1)的向量表示为

$$x_1\begin{pmatrix} a_{11} \\ a_{21} \\ \vdots \\ a_{m1} \end{pmatrix} + x_2\begin{pmatrix} a_{12} \\ a_{22} \\ \vdots \\ a_{m2} \end{pmatrix} + \cdots + x_n\begin{pmatrix} a_{1n} \\ a_{2n} \\ \vdots \\ a_{mn} \end{pmatrix} = \begin{pmatrix} b_1 \\ b_2 \\ \vdots \\ b_m \end{pmatrix},$$

即

$$x_1\boldsymbol{\alpha}_1 + x_2\boldsymbol{\alpha}_2 + \cdots + x_n\boldsymbol{\alpha}_n = \boldsymbol{b}。 \tag{3.3}$$

注：(1) 线性方程组 $\boldsymbol{A}\boldsymbol{x}=\boldsymbol{b}$ 和**增广矩阵**$(\boldsymbol{A},\boldsymbol{b})$一一对应。

(2)今后谈及线性方程组时，有时指式(3.1)，有时指式(3.2)或式(3.3)，三者可不加区分。在介绍线性方程组的理论时常用式(3.2)。

(3)当 $b_1,b_2,\cdots,b_m$ 全为 0 时，线性方程组(3.1)即为

$$\begin{cases} a_{11}x_1+a_{12}x_2+\cdots+a_{1n}x_n=0 \\ a_{21}x_1+a_{22}x_2+\cdots+a_{2n}x_n=0 \\ \qquad\vdots \\ a_{m1}x_1+a_{m2}x_2+\cdots+a_{mn}x_n=0 \end{cases} \tag{3.4}$$

称式(3.4)为**齐次线性方程组**，简记为 $\boldsymbol{Ax}=\boldsymbol{0}$。

(4)当 $b_1,b_2,\cdots,b_m$ 不全为 0，即 $\boldsymbol{b}\neq\boldsymbol{0}$ 时，称 $\boldsymbol{Ax}=\boldsymbol{b}$ 为**非齐次线性方程组**。

【例 3.1】写出非齐次线性方程组

$$\begin{cases} x_1+2x_2-2x_3=2, \\ 2x_1+4x_2-3x_3=2, \\ 3x_1+6x_2+2x_3=-10 \end{cases}$$

的系数矩阵、增广矩阵，并写出方程组的矩阵表示与向量表示形式。

【解】系数矩阵为 $\boldsymbol{A}=\begin{pmatrix}1&2&-2\\2&4&-3\\3&6&2\end{pmatrix}$，增广矩阵 $(\boldsymbol{A},\boldsymbol{b})=\left(\begin{array}{ccc:c}1&2&-2&2\\2&4&-3&2\\3&6&2&-10\end{array}\right)$，未知量向量 $\boldsymbol{x}=\begin{pmatrix}x_1\\x_2\\x_3\end{pmatrix}$，常数项向量 $\boldsymbol{b}=\begin{pmatrix}2\\2\\-10\end{pmatrix}$，则方程组的矩阵表示为 $\boldsymbol{Ax}=\boldsymbol{b}$，即

$$\begin{pmatrix}1&2&-2\\2&4&-3\\3&6&2\end{pmatrix}\begin{pmatrix}x_1\\x_2\\x_3\end{pmatrix}=\begin{pmatrix}2\\2\\-10\end{pmatrix},$$

方程组的向量表示为

$$x_1\begin{pmatrix}1\\2\\3\end{pmatrix}+x_2\begin{pmatrix}2\\4\\6\end{pmatrix}+x_3\begin{pmatrix}-2\\-3\\2\end{pmatrix}=\begin{pmatrix}2\\2\\-10\end{pmatrix}。$$

3.1.2　线性方程组解的概念

定义 3.2　如果将 $x_1=d_1,x_2=d_2,\cdots,x_n=d_n$ 代入方程组(3.1)，能使方程两端成为

恒等式，则称 $x_1=d_1, x_2=d_2, \cdots, x_n=d_n$ 是方程组(3.1)的**解**。

例如，在上面例 3.1 中，$x_1=0, x_2=-1, x_3=-2$ 是方程组的解，即

$$\begin{pmatrix}1 & 2 & -2\\ 2 & 4 & -3\\ 3 & 6 & 2\end{pmatrix}\begin{pmatrix}0\\ -1\\ -2\end{pmatrix}\equiv\begin{pmatrix}2\\ 2\\ -10\end{pmatrix}。$$

显然，$x_1=0, x_2=0, \cdots, x_n=0$ 是齐次线性方程组 $\boldsymbol{Ax}=\boldsymbol{0}$ 的一个**解**，称这个解为齐次线性方程组的**零解**。若 $x_1=d_1, x_2=d_2, \cdots, x_n=d_n$ 中 $d_1, d_2, \cdots, d_n$ 不全为 0，则称该解为**非零解**。求线性方程组解的过程称为**解方程**。

3.1.3 消元法

消元法的基本思想是：将方程组中的一部分方程通过消元变换变成同解的未知量较少的方程组，从而判断方程是否有解或逐一求出未知量的取值。

【例 3.2】求解线性方程组

$$\begin{cases}x_1+x_2+x_3=4,\\ 2x_1-x_2+x_3=2,\\ 3x_1+2x_2+2x_3=4。\end{cases}$$

【解】将第一个方程的(−2)倍、(−3)倍分别加到第二、三个方程上去，消去后面两个方程中的未知量 x_1，得

$$\begin{cases}x_1+x_2+x_3=4,\\ -3x_2-x_3=-6,\\ -x_2-x_3=-8。\end{cases}$$

交换第二个方程与第三个方程的位置，得

$$\begin{cases}x_1+x_2+x_3=4,\\ -x_2-x_3=-8,\\ -3x_2-x_3=-6。\end{cases}$$

再将第二个方程的(−3)倍加到第三个方程上去，消去第三个方程中的未知量 x_2，得

$$\begin{cases}x_1+x_2+x_3=4,\\ -x_2-x_3=-8,\\ 2x_3=18。\end{cases}$$

称这一方程组为**阶梯形方程组**。从阶梯形方程组的第三个方程中解出 x_3，将 x_3 代入第二

个方程解出 x_2，再将 x_2、x_3 代入第一个方程解出 x_1，这样得原方程的解为

$$\begin{cases} x_1 = -4, \\ x_2 = -1, \\ x_3 = 9。\end{cases}$$

总结例 3.2 的求解过程，消元法就是对线性方程组反复施行以下三种变换：(1) 交换两个方程的位置；(2) 用非零常数去乘某个方程；(3) 将一个方程倍乘一个数后加到另一个方程上。可以证明：这三种变换不改变方程组的解。

由于线性方程组可以用增广矩阵表示，并且在对线性方程组施行三种变换时，参与运算的只是未知量的系数，这实质上就是对增广矩阵做行初等变换，所以线性方程组的消元法过程完全可用方程组的增广矩阵及其行初等变换表示出来。如例 3.2 的求解过程可表示成：

$$(\boldsymbol{A},\boldsymbol{b}) = \left(\begin{array}{ccc:c} 1 & 1 & 1 & 4 \\ 2 & -1 & 1 & 2 \\ 3 & 2 & 2 & 4 \end{array}\right) \xrightarrow[r_3 + r_1 \times (-3)]{r_2 + r_1 \times (-2)} \left(\begin{array}{ccc:c} 1 & 1 & 1 & 4 \\ 0 & -3 & -1 & -6 \\ 0 & -1 & -1 & -8 \end{array}\right)$$

$$\xrightarrow{r_2 \leftrightarrow r_3} \left(\begin{array}{ccc:c} 1 & 1 & 1 & 4 \\ 0 & -1 & -1 & -8 \\ 0 & -3 & -1 & -6 \end{array}\right) \xrightarrow{r_3 + r_2 \times (-3)} \left(\begin{array}{ccc:c} 1 & 1 & 1 & 4 \\ 0 & -1 & -1 & -8 \\ 0 & 0 & 2 & 18 \end{array}\right)。$$

这个阶梯形矩阵所表示的就是阶梯形方程组

$$\begin{cases} x_1 + x_2 + x_3 = 4, \\ \quad -x_2 - x_3 = -8, \\ \qquad 2x_3 = 18。\end{cases}$$

阶梯形方程组的解是容易求出的。

可见，用矩阵及其行初等变换来表示线性方程组的求解过程，不仅很简便，而且清晰明了。因此线性方程组的消元法也就归结为矩阵的**行初等变换解法**。

下面再举两个例子。

【例 3.3】解线性方程组

$$\begin{cases} x_1 + x_2 + x_3 + x_4 = 4, \\ 2x_1 + 3x_2 + x_3 + x_4 = 9, \\ -x_1 + 5x_2 - 7x_3 - 7x_4 = 5。\end{cases}$$

【解】写出该方程组的增广矩阵，用行初等变换将其化成阶梯形矩阵，即

$$(\boldsymbol{A},\boldsymbol{b})=\left(\begin{array}{cccc:c}1&1&1&1&4\\2&3&1&1&9\\-1&5&-7&-7&5\end{array}\right)\xrightarrow[r_3+r_1]{r_2+r_1\times(-2)}\left(\begin{array}{cccc:c}1&1&1&1&4\\0&1&-1&-1&1\\0&6&-6&-6&9\end{array}\right)$$

$$\xrightarrow{r_3+r_2\times(-6)}\left(\begin{array}{cccc:c}1&1&1&1&4\\0&1&-1&-1&1\\0&0&0&0&3\end{array}\right)。$$

这个阶梯形矩阵所表示的阶梯形方程组为

$$\begin{cases}x_1+x_2+x_3+x_4=4,\\ \qquad x_2-x_3-x_4=1,\\ \qquad\qquad 0x_4=3。\end{cases}$$

显然，该阶梯形方程组中第三个方程是个矛盾方程，即无论 x_1,x_2,x_3,x_4 取哪一组数，都不能使第三个方程变成恒等式，这说明方程组无解，从而原方程组也无解。

【例 3.4】解线性方程组

$$\begin{cases}x_1+x_2+\ x_3+2x_4=3,\\2x_1-x_2+3x_3+8x_4=8,\\ \qquad x_2-2x_3-3x_4=-4。\end{cases}$$

【解】写出增广矩阵，用行初等变换将其化成阶梯形矩阵，即

$$(\boldsymbol{A},\boldsymbol{b})=\left(\begin{array}{cccc:c}1&1&1&2&3\\2&-1&3&8&8\\0&1&-2&-3&-4\end{array}\right)\xrightarrow{r_2+r_1\times(-2)}\left(\begin{array}{cccc:c}1&1&1&2&3\\0&-3&1&4&2\\0&1&-2&-3&-4\end{array}\right)$$

$$\xrightarrow{r_3\leftrightarrow r_2}\left(\begin{array}{cccc:c}1&1&1&2&3\\0&1&-2&-3&-4\\0&-3&1&4&2\end{array}\right)\xrightarrow{r_3+r_2\times3}\left(\begin{array}{cccc:c}1&1&1&2&3\\0&1&-2&-3&-4\\0&0&-5&-5&-10\end{array}\right)=\boldsymbol{C}。$$

矩阵 $\boldsymbol{C}$ 已是阶梯形矩阵，继续对其施行行初等变换，将其化成矩阵 $\boldsymbol{D}$，即

$$\boldsymbol{C}\xrightarrow{r_3\times(-\frac{1}{5})}\left(\begin{array}{cccc:c}1&1&1&2&3\\0&1&-2&-3&-4\\0&0&1&1&2\end{array}\right)\xrightarrow[r_1+r_3\times(-1)]{r_2+r_3\times2}\left(\begin{array}{cccc:c}1&1&0&1&1\\0&1&0&-1&0\\0&0&1&1&2\end{array}\right)$$

$$\xrightarrow{r_1+r_2\times(-1)}\left(\begin{array}{cccc:c}1&0&0&2&1\\0&1&0&-1&0\\0&0&1&1&2\end{array}\right)=\boldsymbol{D}。$$

矩阵 $\boldsymbol{D}$ 所对应的方程组为

$$\begin{cases}x_1+2x_4=1,\\x_2-\ x_4=0,\\x_3+\ x_4=2。\end{cases}$$

将含 x_4 的项移至方程的右端，得原方程组的解为

$$\begin{cases}x_1=-2x_4+1,\\x_2=\quad x_4,\\x_3=\ -x_4+2。\end{cases}$$

显然，对未知量 x_4 任取一值代入上式都可求出相应的 x_1,x_2,x_3 的一组值，从而得方程组的一个解。由于未知量 x_4 可以任意取值，所以原方程组有无穷多个解。

通常称上式中的未知量 x_4 为原方程组的**自由未知量**，称用自由未知量表示其他未知量的解的表达式为原方程组的**一般解**。在一般解中，令自由未知量取一特定数值(比如取 0)，所得方程组的解称为方程组的**特解**。

在例 3.4 中，对增广矩阵施行行初等变换得到矩阵 $\boldsymbol{D}$，它是增广矩阵$(\boldsymbol{A},\boldsymbol{b})$的行简化矩阵，由矩阵 $\boldsymbol{D}$ 能方便地写出方程组的一般解。

总结以上各例，消元法解线性方程组 $\boldsymbol{Ax}=\boldsymbol{b}$ 的一般步骤可归纳如下：

第一步，写出方程组的增广矩阵$(\boldsymbol{A},\boldsymbol{b})$，用行初等变换将其化成阶梯形矩阵。

第二步，观察阶梯形矩阵最末一非零行对应的方程是否有解。若该方程无解，则方程组无解；若该方程有解，则进行下一步。

第三步，对阶梯形矩阵继续施行行初等变换，将其化成行简化阶梯形矩阵，由行简化矩阵写出对应的同解方程组，从而求出一般解。

3.1.4　线性方程组是否有解的判定

由例 3.2、例 3.3、例 3.4 可知，线性方程组解的情况有三种：唯一解、无穷多解和无解。

线性方程组在什么情况下有解？又在什么情况下无解？在有解的情况下，是只有唯一解还是有无穷多解？由于线性方程组是由增广矩阵决定的，解线性方程组就是对增广矩阵进行行初等变换，因此可以从分析由增广矩阵化成的阶梯形矩阵的特点入手来回答上面的问题。

对于线性方程组 $\boldsymbol{A}\boldsymbol{x}=\boldsymbol{b}$，不妨设用行初等变换将增广矩阵$(\boldsymbol{A},\boldsymbol{b})$化成了如下形式的阶梯形矩阵：

$$(\boldsymbol{A},\boldsymbol{b}) \rightarrow \left(\begin{array}{ccccc:cc} c_{11} & c_{12} & \cdots & c_{1j} & \cdots & c_{1n} & d_1 \\ 0 & c_{22} & \cdots & c_{2j} & \cdots & c_{2n} & d_2 \\ \vdots & \vdots & & \vdots & & \vdots & \vdots \\ 0 & 0 & \cdots & c_{rj} & \cdots & c_{rn} & d_r \\ 0 & 0 & \cdots & 0 & \cdots & 0 & d_{r+1} \\ \vdots & \vdots & & \vdots & & \vdots & \vdots \\ 0 & 0 & \cdots & 0 & \cdots & 0 & 0 \end{array}\right) \tag{3.5}$$

其中 $c_{rj}\neq 0(1\leqslant r\leqslant m，r\leqslant j\leqslant n)$。由阶梯形矩阵（3.5）相应写出同解方程组

$$\begin{cases} c_{11}x_1+c_{12}x_2+\cdots+c_{1r}x_r+c_{1(r+1)}x_{r+1}+\cdots+c_{1n}x_n=d_1, \\ \qquad c_{22}x_2+\cdots+c_{2r}x_r+c_{2(r+1)}x_{r+1}+\cdots+c_{2n}x_n=d_2, \\ \qquad\qquad \vdots \\ \qquad\qquad c_{rr}x_r+c_{r(r+1)}x_{r+1}+\cdots+c_{rn}x_n=d_r, \\ \qquad\qquad\qquad 0=d_{r+1}。 \end{cases} \tag{3.6}$$

(1)当 $d_{r+1}\neq 0$ 时，方程组(3.6)中有相互矛盾的方程，故线性方程组 $\boldsymbol{A}\boldsymbol{x}=\boldsymbol{b}$ 无解(如例 3.3)；

(2)当 $d_{r+1}=0$ 时，线性方程组 $\boldsymbol{A}\boldsymbol{x}=\boldsymbol{b}$ 有解(如例 3.2、例 3.4)。

这说明，线性方程组 $\boldsymbol{A}\boldsymbol{x}=\boldsymbol{b}$ 是否有解，关键在于增广矩阵$(\boldsymbol{A},\boldsymbol{b})$化为阶梯形矩阵后，$d_{r+1}$是否为 0，也就是说，增广矩阵$(\boldsymbol{A},\boldsymbol{b})$化为阶梯形矩阵后的非零行数和系数矩阵 $\boldsymbol{A}$ 化为阶梯形矩阵后的非零行数是否相同。已知矩阵的阶梯形矩阵的非零行数就等于矩阵的秩，因此，线性方程组 $\boldsymbol{A}\boldsymbol{x}=\boldsymbol{b}$ 是否有解可用系数矩阵的秩和增广矩阵$(\boldsymbol{A},\boldsymbol{b})$的秩来刻画。

定理 3.1 (有解判定定理) 线性方程组 $\boldsymbol{A}\boldsymbol{x}=\boldsymbol{b}$ 有解的充分必要条件是其系数矩阵 $\boldsymbol{A}$ 的秩与增广矩阵$(\boldsymbol{A},\boldsymbol{b})$的秩相等，即

$$r(\boldsymbol{A})=r(\boldsymbol{A},\boldsymbol{b})。$$

【证】 因为方程组 $\boldsymbol{A}\boldsymbol{x}=\boldsymbol{b}$ 有解的充分必要条件是 $d_{r+1}=0$，由矩阵(3.5)知，$d_{r+1}=0$ 的充分必要条件是

$$r(\boldsymbol{A})=r(\boldsymbol{A},\boldsymbol{b})=r。$$ □

当 $r=n$ 时，矩阵(3.5)就是阶梯形矩阵

$$\begin{pmatrix} c_{11} & c_{12} & \cdots & c_{1n} & \vdots & d_1 \\ 0 & c_{22} & \cdots & c_{2n} & \vdots & d_2 \\ \vdots & \vdots & & \vdots & \vdots & \vdots \\ 0 & 0 & \cdots & c_{nn} & \vdots & d_n \\ 0 & 0 & \cdots & 0 & \vdots & 0 \\ \vdots & \vdots & & \vdots & \vdots & \vdots \\ 0 & 0 & \cdots & 0 & \vdots & 0 \end{pmatrix}$$

由该阶梯形矩阵得方程组 $\boldsymbol{Ax}=\boldsymbol{b}$ 的同解方程组

$$\begin{cases} c_{11}x_1 + c_{12}x_2 + \cdots + c_{1n}x_n = d_1, \\ \qquad c_{22}x_2 + \cdots + c_{2n}x_n = d_2, \\ \qquad\qquad \vdots \\ \qquad\qquad c_{nn}x_n = d_n, \\ \qquad\qquad\qquad 0 = 0。 \end{cases} \tag{3.7}$$

从方程组(3.7)的第 n 个方程解出 x_n，回代到第 $n-1$ 个方程解出 x_{n-1}，再将 x_n 和 x_{n-1} 回代到第 $n-2$ 个方程解出 x_{n-2}，以此类推，直到将 x_n，x_{n-1}，…，x_2 回代到第一个方程解出 x_1，因此这个方程组只有唯一解，所以原方程组也只有**唯一解**。

当 $r<n$ 时，矩阵(3.5)就是下面的阶梯形矩阵：

$$\begin{pmatrix} c_{11} & c_{12} & \cdots & c_{1j} & \cdots & c_{1n} & \vdots & d_1 \\ 0 & c_{22} & \cdots & c_{2j} & \cdots & c_{2n} & \vdots & d_2 \\ \vdots & \vdots & & \vdots & & \vdots & \vdots & \vdots \\ 0 & 0 & \cdots & c_{rj} & \cdots & c_{rn} & \vdots & d_r \\ 0 & 0 & \cdots & 0 & \cdots & 0 & \vdots & 0 \\ \vdots & \vdots & & \vdots & & \vdots & \vdots & \vdots \\ 0 & 0 & \cdots & 0 & \cdots & 0 & \vdots & 0 \end{pmatrix}$$

由该阶梯形矩阵得方程组 $\boldsymbol{Ax}=\boldsymbol{b}$ 的同解方程组

$$\begin{cases} c_{11}x_1 + c_{12}x_2 + \cdots + c_{1r}x_r + c_{1(r+1)}x_{r+1} + \cdots + c_{1n}x_n = d_1, \\ \qquad c_{22}x_2 + \cdots + c_{2r}x_r + c_{2(r+1)}x_{r+1} + \cdots + c_{2n}x_n = d_2, \\ \qquad\qquad \vdots \\ \qquad\qquad c_{rr}x_r + c_{r(r+1)}x_{r+1} + \cdots + c_{rn}x_n = d_r, \\ \qquad\qquad\qquad 0 = 0。 \end{cases} \tag{3.8}$$

方程组(3.8)含有 $n-r$ 个自由未知量 $x_{r+1},x_{r+2},\cdots,x_n$，因此方程组 $\boldsymbol{Ax}=\boldsymbol{b}$ 有无穷多解。

于是有如下定理。

定理 3.2（唯一解判定） 线性方程组 $\boldsymbol{Ax}=\boldsymbol{b}$ 有唯一解的充分必要条件是

$$r(\boldsymbol{A}) = r(\boldsymbol{A},\boldsymbol{b}) = n。$$

定理 3.3（无穷多解判定） 线性方程组 $\boldsymbol{Ax}=\boldsymbol{b}$ 有无穷多解的充分必要条件是

$$r(\boldsymbol{A}) = r(\boldsymbol{A},\boldsymbol{b}) < n。$$

注：当方程组有无穷多解时，解中有 $n-r$ 个自由未知量，令它们分别等于 $c_1,c_2,\cdots,c_{n-r}$，可得含 $n-r$ 个参数的解，由于这 $n-r$ 个参数可任意取值，因此这 $n-r$ 个参数的解可表示方程组的任意解，称这个解为线性方程组的**通解**。

由于齐次线性方程组 $\boldsymbol{Ax}=\boldsymbol{0}$ 一定有解，因此可得齐次线性方程组有非零解的**判定定理**。

定理 3.4（齐次线性方程组有非零解判定） n 元齐次线性方程组 $\boldsymbol{Ax}=\boldsymbol{0}$ 有非零解的充分必要条件是

$$r(\boldsymbol{A}) < n。$$

定理 3.5（齐次线性方程组仅有零解判定） n 元齐次线性方程组 $\boldsymbol{Ax}=\boldsymbol{0}$ 只有零解的充分必要条件是

$$r(\boldsymbol{A}) = n。$$

推论 3.1 在 n 元方程组 $\boldsymbol{Ax}=\boldsymbol{0}$ 中，如果方程的个数小于未知量的个数 n，则方程组 $\boldsymbol{Ax}=\boldsymbol{0}$ 一定有非零解。

【证】设 n 元方程组 $\boldsymbol{Ax}=\boldsymbol{0}$ 中有 m 个方程，且 $m<n$，则由矩阵秩的性质知

$$r(\boldsymbol{A}) \leqslant \min(m,n) = m < n,$$

所以 $\boldsymbol{Ax}=\boldsymbol{0}$ 一定有非零解。 □

推论 3.2 在 n 元方程组 $\boldsymbol{Ax}=\boldsymbol{0}$ 中，如果方程的个数等于未知量的个数 n，则 $\boldsymbol{Ax}=\boldsymbol{0}$ 有非零解的充要条件是 $\det(\boldsymbol{A})=0$。

【证】当方程个数等于未知量个数时，系数矩阵 $\boldsymbol{A}$ 为方阵，$\det(\boldsymbol{A})=0 \Leftrightarrow r(\boldsymbol{A})<n$，所以 $\boldsymbol{Ax}=\boldsymbol{0}$ 有非零解的充要条件是 $\det(\boldsymbol{A})=0$。 □

3.1.5 线性方程组的求解方法

依据方程组解的判定及矩阵的秩的求法，可归纳出用矩阵的行初等变换法求解线性方程组的步骤如下：

(1)对方程组的增广矩阵 $(\boldsymbol{A},\boldsymbol{b})$ 进行行初等变换，将其化成阶梯形矩阵，从阶梯形矩阵

可同时看出 $r(\boldsymbol{A})$ 与 $r(\boldsymbol{A},\boldsymbol{b})$，若 $r(\boldsymbol{A})<r(\boldsymbol{A},\boldsymbol{b})$，则方程组无解。

(2)若 $r(\boldsymbol{A})=r(\boldsymbol{A},\boldsymbol{b})=r$，则进一步把 $(\boldsymbol{A},\boldsymbol{b})$ 的阶梯形矩阵化成行简化阶梯形，并把行简化形中 r 个非零行的首非零元素所对应的未知量取作非自由未知量，其余 $n-r$ 个未知量取作自由未知量。

(3)从行简化矩阵写出原方程组的同解方程组，并将同解方程组变形为用自由未知量来表示非自由未知量的形式。

(4)令自由未知量分别等于任意常数 $c_1,c_2,\cdots,c_{n-r}$，代入同解方程组即得原方程组的一般形式表示的通解。

【例 3.5】求解线性方程组

$$\begin{cases} x_1+3x_2+2x_3-4x_4=-2, \\ 3x_1+2x_2-x_3+2x_4=1, \\ 5x_1+8x_2+3x_3-6x_4=3。\end{cases}$$

【解】对方程组的增广矩阵进行行初等变换，将其化成阶梯形矩阵，得

$$(\boldsymbol{A},\boldsymbol{b})=\left(\begin{array}{cccc:c} 1 & 3 & 2 & -4 & -2 \\ 3 & 2 & -1 & 2 & 1 \\ 5 & 8 & 3 & -6 & 3 \end{array}\right)\xrightarrow[r_3-5r_1]{r_2-3r_1}\left(\begin{array}{cccc:c} 1 & 3 & 2 & -4 & -2 \\ 0 & -7 & -7 & 14 & 7 \\ 0 & -7 & -7 & 14 & 13 \end{array}\right)$$

$$\xrightarrow{r_3-r_2}\left(\begin{array}{cccc:c} 1 & 3 & 2 & -4 & -2 \\ 0 & -7 & -7 & 14 & 7 \\ 0 & 0 & 0 & 0 & 6 \end{array}\right)。$$

从阶梯形矩阵可看出 $r(\boldsymbol{A})=2<r(\boldsymbol{A},\boldsymbol{b})=3$，所以方程组无解。

【例 3.6】求解线性方程组

$$\begin{cases} x_1-2x_2+2x_3-x_4=1, \\ x_1-2x_2+4x_3=6, \\ -2x_1+4x_2-2x_3+3x_4=3。\end{cases}$$

【解】对方程组的增广矩阵 $(\boldsymbol{A},\boldsymbol{b})$ 做行初等变换，将其化成阶梯形矩阵，得

$$(\boldsymbol{A},\boldsymbol{b})=\left(\begin{array}{cccc:c} 1 & -2 & 2 & -1 & 1 \\ 1 & -2 & 4 & 0 & 6 \\ -2 & 4 & -2 & 3 & 3 \end{array}\right)\xrightarrow[r_3+2r_1]{r_2-r_1}\left(\begin{array}{cccc:c} 1 & -2 & 2 & -1 & 1 \\ 0 & 0 & 2 & 1 & 5 \\ 0 & 0 & 2 & 1 & 5 \end{array}\right)$$

$$\xrightarrow{r_3+r_2\times(-1)}\left(\begin{array}{cccc:c} 1 & -2 & 2 & -1 & 1 \\ 0 & 0 & 2 & 1 & 5 \\ 0 & 0 & 0 & 0 & 0 \end{array}\right)=\boldsymbol{B}。$$

从阶梯形矩阵看出 $r(\boldsymbol{A})=r(\boldsymbol{A},\boldsymbol{b})=2<n=4$，所以方程组有解。

进一步把$(\boldsymbol{A},\boldsymbol{b})$的阶梯形矩阵 $\boldsymbol{B}$ 化成行简化形，得

$$\boldsymbol{B}\xrightarrow{r_1-r_2}\left(\begin{array}{cccc:c}1&-2&0&-2&-4\\0&0&2&1&5\\0&0&0&0&0\end{array}\right)\xrightarrow{\frac{1}{2}r_2}\left(\begin{array}{cccc:c}1&-2&0&-2&-4\\0&0&1&\frac{1}{2}&\frac{5}{2}\\0&0&0&0&0\end{array}\right)。$$

由行简化形可知，将 x_1、x_3 取作非自由未知量，x_2、x_4 为自由未知量。

再由行简化形矩阵写出原方程组的同解方程组为

$$\begin{cases}x_1-2x_2-2x_4=-4,\\x_3+\frac{1}{2}x_4=\frac{5}{2}。\end{cases}$$

移项得

$$\begin{cases}x_1=-4+2x_2+2x_4,\\x_3=\frac{5}{2}-\frac{1}{2}x_4。\end{cases}$$

令 $x_2=c_1,x_4=c_2$，并代入上面同解方程组得原方程组的通解(一般表示形式)为

$$\begin{cases}x_1=-4+2c_1+2c_2\\x_2=c_1\\x_3=\frac{5}{2}-\frac{1}{2}c_2\\x_4=c_2\end{cases}$$

其中 c_1、c_2 为任意常数。

将方程组的通解写成向量形式，有

$$\boldsymbol{x}=\begin{pmatrix}x_1\\x_2\\x_3\\x_4\end{pmatrix}=\begin{pmatrix}-4\\0\\\frac{5}{2}\\0\end{pmatrix}+c_1\begin{pmatrix}2\\1\\0\\0\end{pmatrix}+c_2\begin{pmatrix}2\\0\\-\frac{1}{2}\\1\end{pmatrix},$$

其中 c_1、c_2 为任意常数。

【例 3.7】求解齐次线性方程组

$$\begin{cases}x_1+x_2+x_3+x_4=0,\\3x_1+2x_2+x_3+x_4=0,\\x_2+2x_3+2x_4=0。\end{cases}$$

【解】对方程组的系数矩阵 $\boldsymbol{A}$ 做行初等变换，将其化成阶梯形矩阵，得

$$\boldsymbol{A}=\begin{pmatrix}1&1&1&1\\3&2&1&1\\0&1&2&2\end{pmatrix}\xrightarrow{r_2-3r_1}\begin{pmatrix}1&1&1&1\\0&-1&-2&-2\\0&1&2&2\end{pmatrix}\xrightarrow{r_3+r_2}\begin{pmatrix}1&1&1&1\\0&-1&-2&-2\\0&0&0&0\end{pmatrix}=\boldsymbol{B}。$$

从阶梯形矩阵看出 $r(\mathbf{A})=2<4$，方程组有非零解。进一步把 $\boldsymbol{A}$ 的阶梯形矩阵化成行简化形，得

$$\boldsymbol{B}\xrightarrow[r_2\times(-1)]{r_1+r_2}\begin{pmatrix}1&0&-1&-1\\0&1&2&2\\0&0&0&0\end{pmatrix}。$$

由行简化形可知，将 x_1、x_2 取作非自由未知量，x_3、x_4 为自由未知量。

再由行简化形矩阵写出原方程组的同解方程组为

$$\begin{cases}x_1-x_3-x_4=0,\\x_2+2x_3+2x_4=0,\end{cases}$$

移项得

$$\begin{cases}x_1=x_3+x_4,\\x_2=-2x_3-2x_4,\end{cases}$$

令 $x_3=c_1, x_4=c_2$，并代入上面同解方程组得原方程组的通解(一般表示形式)为

$$\begin{cases}x_1=c_1+c_2\\x_2=-2c_1-2c_2\\x_3=c_1\\x_4=c_2\end{cases}$$

其中 c_1、c_2 为任意常数。将方程组的通解写成向量形式，有

$$\boldsymbol{x}=\begin{pmatrix}x_1\\x_2\\x_3\\x_4\end{pmatrix}=c_1\begin{pmatrix}1\\-2\\1\\0\end{pmatrix}+c_2\begin{pmatrix}1\\-2\\0\\1\end{pmatrix},$$

其中 c_1、c_2 为任意常数。

注：由于齐次线性方程组的增广矩阵 $(\mathbf{A},\mathbf{0})$ 中最右侧的列元素全为 0，且在行初等变换中该列仍是 0，所以在求齐次线性方程组解时，只需要对系数矩阵 $\mathbf{A}$ 做行初等变换就行了。

【例 3.8】当 λ 取何值时，方程组 $\begin{cases} x_1+x_2-x_3+12x_4=2, \\ 2x_1-x_2+x_3+3x_4=1, \\ x_1+4x_2-4x_3+33x_4=\lambda \end{cases}$ 有解。在有解的情况下，求出方程组的一般解。

【解】写出方程组的增广矩阵，用行初等变换将其化成阶梯形矩阵，即

$$(\boldsymbol{A},\boldsymbol{b})=\left(\begin{array}{cccc|c} 1 & 1 & -1 & 12 & 2 \\ 2 & -1 & 1 & 3 & 1 \\ 1 & 4 & -4 & 33 & \lambda \end{array}\right) \xrightarrow[r_3+r_1\times(-1)]{r_2+r_1\times(-2)} \left(\begin{array}{cccc|c} 1 & 1 & -1 & 12 & 2 \\ 0 & -3 & 3 & -21 & -3 \\ 0 & 3 & -3 & 21 & \lambda-2 \end{array}\right)$$

$$\xrightarrow{r_3+r_2} \left(\begin{array}{cccc|c} 1 & 1 & -1 & 12 & 2 \\ 0 & -3 & 3 & -21 & -3 \\ 0 & 0 & 0 & 0 & \lambda-5 \end{array}\right)=\boldsymbol{B}。$$

当 $\lambda-5=0$ 即 $\lambda=5$ 时，$r(\boldsymbol{A})=r(\boldsymbol{A},\boldsymbol{b})=2<3$，方程组有解且有无穷多解。

将 $\lambda=5$ 代入矩阵 $\boldsymbol{B}$，再将矩阵 $\boldsymbol{B}$ 继续化成行简化阶梯形矩阵，即

$$\boldsymbol{B} \xrightarrow{r_2\times\left(-\frac{1}{3}\right)} \left(\begin{array}{cccc|c} 1 & 1 & -1 & 12 & 2 \\ 0 & 1 & -1 & 7 & 1 \\ 0 & 0 & 0 & 0 & 0 \end{array}\right) \xrightarrow{r_1+r_2\times(-1)} \left(\begin{array}{cccc|c} 1 & 0 & 0 & 5 & 1 \\ 0 & 1 & -1 & 7 & 1 \\ 0 & 0 & 0 & 0 & 0 \end{array}\right)。$$

所以，当 $\lambda=5$ 时，由行简化阶梯形矩阵得线性方程组的一般解为

$$\begin{cases} x_1 = -5x_4+1, \\ x_2 = x_3-7x_4+1。 \end{cases}（其中 x_3、x_4 是自由未知量。）$$

令 $x_3=c_1, x_4=c_2$，并代入上面同解方程组得原方程组的通解(一般表示形式)为

$$\begin{cases} x_1 = -5c_2+1 \\ x_2 = c_1-7c_2+1 \\ x_3 = c_1 \\ x_4 = c_2 \end{cases}$$

将方程组的通解写成向量形式，有

$$\boldsymbol{x}=\begin{pmatrix} x_1 \\ x_2 \\ x_3 \\ x_4 \end{pmatrix}=c_1\begin{pmatrix} 0 \\ 1 \\ 1 \\ 0 \end{pmatrix}+c_2\begin{pmatrix} -5 \\ -7 \\ 0 \\ 1 \end{pmatrix}+\begin{pmatrix} 1 \\ 1 \\ 0 \\ 0 \end{pmatrix}。$$

其中 c_1、c_2 为任意常数。

注： 若将 λ 视为方程组中的参数，则计算的结果表明，参数的取值影响方程组的解。

练习 3.1

1. 写出方程组 $\begin{cases}2x_1+x_2-x_3+x_4=1,\\3x_1-2x_2+x_3-3x_4=4,\\x_1+4x_2-3x_3+5x_4=-2\end{cases}$ 的系数矩阵、增广矩阵、未知量向量及常数项向量。

2. 若线性方程组 $\boldsymbol{Ax}=\boldsymbol{b}$ 的增广矩阵 $(\boldsymbol{A},\boldsymbol{b})=\left(\begin{array}{cccc:c}1&-2&2&-1&1\\1&-2&4&0&6\\-2&4&-2&3&3\end{array}\right)$，写出方程组的一般表示、矩阵表示以及向量表示，验证 $\boldsymbol{\eta}=(0,1,2,1)^{\mathrm{T}}$ 是方程组 $\boldsymbol{Ax}=\boldsymbol{b}$ 的解。

3. 求解下列线性方程组。

(1) $\begin{cases}x_1+x_2+2x_3-3x_4=0,\\2x_1+x_2+x_3-3x_4=0,\\2x_1+2x_2+x_3+6x_4=0;\end{cases}$　　(2) $\begin{cases}x_1+x_2-3x_3+x_4=1,\\2x_1+2x_2-2x_3+x_4=2,\\x_1+x_2-x_3-x_4=1;\end{cases}$

(3) $\begin{cases}2x_1+x_2-x_3+x_4=1,\\3x_1-2x_2+x_3-3x_4=4,\\x_1+4x_2-3x_3+5x_4=-2。\end{cases}$

4. 问 λ 取何值时，线性方程组 $\begin{cases}\lambda x_1+x_2+x_3=1,\\x_1+\lambda x_2+x_3=\lambda,\\x_1+x_2+\lambda x_3=\lambda^2\end{cases}$（1）有唯一解；（2）无解；（3）有无穷多解？

3.2　*n* 维向量

本节和 3.3 节分别介绍向量的线性运算与向量间的线性相关性，为进一步研究线性方程组的解结构奠定理论基础。

3.2.1　*n* 维向量的定义

定义 3.3　由 n 个实数 $a_1,a_2,\cdots,a_n$ 组成的 n 元有序数组 $(a_1,a_2,\cdots,a_n)$ 称为 **$\boldsymbol{n}$ 维向**

量，这 n 个数称为该向量的 n 个分量，其中第 i 个数 $a_i(i=1,2,\cdots,n)$ 称为该向量的**第 i 个分量**。

n 维向量写成一列的称为**列向量**，写成一行的称为**行向量**。一般用希腊字母 $\boldsymbol{\alpha},\boldsymbol{\beta},\boldsymbol{\gamma},\cdots$ 表示列向量，$\boldsymbol{\alpha}^{\mathrm{T}},\boldsymbol{\beta}^{\mathrm{T}},\boldsymbol{\gamma}^{\mathrm{T}},\cdots$ 表示行向量。

依据矩阵的定义，列向量

$$\boldsymbol{\alpha}=\begin{pmatrix}a_1\\a_2\\\vdots\\a_n\end{pmatrix}$$

是 $n\times 1$ 矩阵，行向量 $\boldsymbol{\beta}^{\mathrm{T}}=(b_1,b_2,\cdots,b_n)$ 是 $1\times n$ 矩阵。行向量与列向量只是书写形式的不同，二者没有本质区别。

由于列向量 $\boldsymbol{\alpha}=\begin{pmatrix}a_1\\a_2\\\vdots\\a_n\end{pmatrix}$ 的转置 $\boldsymbol{\alpha}^{\mathrm{T}}=(a_1,a_2,\cdots,a_n)$ 是行向量，研究列向量也就相当于研究行向量，因此本书主要研究列向量。为了书写的格式简洁，列向量 $\boldsymbol{\alpha}=\begin{pmatrix}a_1\\a_2\\\vdots\\a_n\end{pmatrix}$ 常写成行向量的转置形式，即 $\boldsymbol{\alpha}=(a_1,a_2,\cdots,a_n)^{\mathrm{T}}$。

注：(1) 由向量的定义，n 维列向量可理解为 $n\times 1$ 矩阵，n 维行向量可理解为 $1\times n$ 矩阵。当然从矩阵的角度看向量，行向量与列向量是不同型的矩阵。

(2)当向量的分量全为 0 时称为零向量，记作为 $\mathbf{0}$，即 $\mathbf{0}=(0,0,\cdots,0)^{\mathrm{T}}$。

(3)若 $\boldsymbol{\alpha}=(a_1,a_2,\cdots,a_n)^{\mathrm{T}}$，称 $(-a_1,-a_2,\cdots,-a_n)^{\mathrm{T}}$ 为 $\boldsymbol{\alpha}$ 的负向量，记作 $-\boldsymbol{\alpha}$，即

$$-\boldsymbol{\alpha}=(-a_1,-a_2,\cdots,-a_n)^{\mathrm{T}}。$$

定义 3.4 如果 n 维向量 $\boldsymbol{\alpha}=(a_1,a_2,\cdots,a_n)^{\mathrm{T}}$ 与 $\boldsymbol{\beta}=(b_1,b_2,\cdots,b_n)^{\mathrm{T}}$ 的对应分量都相同，即

$$a_k=b_k(k=1,2,\cdots,n),$$

则称向量 $\boldsymbol{\alpha}$ 与向量 $\boldsymbol{\beta}$ **相等**，记作 $\boldsymbol{\alpha}=\boldsymbol{\beta}$。

3.2.2　向量的线性运算

向量是特殊阶数的矩阵，即列向量和行向量分别是列矩阵和行矩阵，因此可用矩阵的线性运算法则定义向量的线性运算。为了便于读者的学习，我们再将向量的线性运算定义重述如下。

向量的加法

定义 3.5　给定 n 维向量 $\boldsymbol{\alpha}=(a_1,a_2,\cdots,a_n)^{\mathrm{T}}$，$\boldsymbol{\beta}=(b_1,b_2,\cdots,b_n)^{\mathrm{T}}$，称 $(a_1+b_1,a_2+b_2,\cdots,a_n+b_n)^{\mathrm{T}}$ 为向量 $\boldsymbol{\alpha}$ 与 $\boldsymbol{\beta}$ 的**和**，记作 $\boldsymbol{\alpha}+\boldsymbol{\beta}$，即

$$\boldsymbol{\alpha}+\boldsymbol{\beta}=(a_1+b_1,a_2+b_2,\cdots,a_n+b_n)^{\mathrm{T}}。$$

由定义，两个向量相加，就是两个向量的对应分量相加。

注：利用负向量，我们还可以定义向量的减法，即

$$\boldsymbol{\alpha}-\boldsymbol{\beta}=\boldsymbol{\alpha}+(-\boldsymbol{\beta})=(a_1-b_1,a_2-b_2,\cdots,a_n-b_n)^{\mathrm{T}}。$$

数乘

定义 3.6　给定向量 $\boldsymbol{\alpha}=(a_1,a_2,\cdots,a_n)^{\mathrm{T}}$，设 c 是常数，称向量

$$(ca_1,ca_2,\cdots,ca_n)^{\mathrm{T}}$$

为向量 $\boldsymbol{\alpha}$ 与数 c 的**乘积**，记作 $c\boldsymbol{\alpha}$。

向量的加法及数乘运算统称为向量的**线性运算**。向量的线性运算满足以下运算规律。

给定向量 $\boldsymbol{\alpha},\boldsymbol{\beta},\boldsymbol{\gamma}$ 以及常数 k,l，则

① 加法交换律：$\boldsymbol{\alpha}+\boldsymbol{\beta}=\boldsymbol{\beta}+\boldsymbol{\alpha}$；

② 加法结合律：$\boldsymbol{\alpha}+(\boldsymbol{\beta}+\boldsymbol{\gamma})=(\boldsymbol{\alpha}+\boldsymbol{\beta})+\boldsymbol{\gamma}$；

③ 对于任意向量 $\boldsymbol{\alpha}$，都有 $\boldsymbol{\alpha}+\boldsymbol{0}=\boldsymbol{\alpha}$；

④ 对于任意向量 $\boldsymbol{\alpha}$，存在它的负向量 $-\boldsymbol{\alpha}$，都有 $\boldsymbol{\alpha}+(-\boldsymbol{\alpha})=\boldsymbol{0}$；

⑤ 数乘分配律：$k(\boldsymbol{\alpha}+\boldsymbol{\beta})=k\boldsymbol{\alpha}+k\boldsymbol{\beta}$；

⑥ 分配律：$(k+l)\boldsymbol{\alpha}=k\boldsymbol{\alpha}+l\boldsymbol{\alpha}$；

⑦ 数乘结合律：$(kl)\boldsymbol{\alpha}=k(l\boldsymbol{\alpha})$；

⑧ 对于所有的 $\boldsymbol{\alpha}$，都有 $1\cdot\boldsymbol{\alpha}=\boldsymbol{\alpha}$。

这些规律表明：向量的线性运算与数的代数运算规律相同，因此在运算时可以进行移项、合并同类项等。

【例 3.9】设 $\boldsymbol{\alpha}_1=(1,2,-1)^{\mathrm{T}}$，$\boldsymbol{\alpha}_2=(2,-1,0)^{\mathrm{T}}$，求 $2\boldsymbol{\alpha}_1-3\boldsymbol{\alpha}_2$。

【解】$2\boldsymbol{\alpha}_1-3\boldsymbol{\alpha}_2=2(1,2,-1)^{\mathrm{T}}-3(2,-1,0)^{\mathrm{T}}$

$$\begin{aligned}&=(2,4,-2)^{\mathrm{T}}-(6,-3,0)^{\mathrm{T}}\\&=(2-6,4+3,-2-0)^{\mathrm{T}}\\&=(-4,7,-2)^{\mathrm{T}}。\end{aligned}$$

【例 3.10】已知 $\boldsymbol{\alpha}_1=(1,2,-1)^{\mathrm{T}}$，$\boldsymbol{\alpha}_2=(2,-4,2)^{\mathrm{T}}$，且 $2\boldsymbol{\alpha}_1-\boldsymbol{\alpha}=\boldsymbol{\alpha}_2+3\boldsymbol{\alpha}$，求 $\boldsymbol{\alpha}$。

【解】由 $2\boldsymbol{\alpha}_1-\boldsymbol{\alpha}=\boldsymbol{\alpha}_2+3\boldsymbol{\alpha}$，移项得

$$4\boldsymbol{\alpha}=2\boldsymbol{\alpha}_1-\boldsymbol{\alpha}_2=2(1,2,-1)^{\mathrm{T}}-(2,-4,2)^{\mathrm{T}}=(0,8,-4)^{\mathrm{T}},$$

所以

$$\boldsymbol{\alpha}=\frac{1}{4}(0,8,-4)^{\mathrm{T}}=(0,2,-1)^{\mathrm{T}}。$$

向量线性运算的应用

由向量的线性运算，线性方程组(3.1)就可以用向量的形式表示。在方程组(3.1)中，记

$$\boldsymbol{\alpha}_1=\begin{pmatrix}a_{11}\\a_{21}\\\vdots\\a_{m1}\end{pmatrix},\boldsymbol{\alpha}_2=\begin{pmatrix}a_{12}\\a_{22}\\\vdots\\a_{m2}\end{pmatrix},\cdots,\boldsymbol{\alpha}_n=\begin{pmatrix}a_{1n}\\a_{2n}\\\vdots\\a_{mn}\end{pmatrix},\boldsymbol{b}=\begin{pmatrix}b_1\\b_2\\\vdots\\b_m\end{pmatrix},$$

则方程组(3.1)可以写成

$$x_1\begin{pmatrix}a_{11}\\a_{21}\\\vdots\\a_{m1}\end{pmatrix}+x_2\begin{pmatrix}a_{12}\\a_{22}\\\vdots\\a_{m2}\end{pmatrix}+\cdots+x_n\begin{pmatrix}a_{1n}\\a_{2n}\\\vdots\\a_{mn}\end{pmatrix}=\begin{pmatrix}b_1\\b_2\\\vdots\\b_m\end{pmatrix},$$

即

$$x_1\boldsymbol{\alpha}_1+x_2\boldsymbol{\alpha}_2+\cdots+x_n\boldsymbol{\alpha}_n=\boldsymbol{b},\tag{3.9}$$

称式(3.9)为线性方程组的**向量形式表示**，简称**向量表示**。

如果 $x_1=d_1,x_2=d_2,\cdots,x_n=d_n$ 是线性方程组(3.1)的解，记 $\boldsymbol{\eta}=(d_1,d_2,\cdots,d_n)^{\mathrm{T}}$，则称向量 $\boldsymbol{\eta}$ 为方程组(3.1)的**解向量**，简称**解**。

例如，在例 3.1 中，该方程组的向量表示为

$$x_1\begin{pmatrix}1\\2\\3\end{pmatrix}+x_2\begin{pmatrix}2\\4\\6\end{pmatrix}+x_3\begin{pmatrix}-2\\-3\\2\end{pmatrix}=\begin{pmatrix}2\\2\\-10\end{pmatrix},$$

且该方程组的一个解(向量)为 $\boldsymbol{\eta}=(0,-1,-2)^{\mathrm{T}}$。

练习 3.2

1. 已知 $\boldsymbol{\alpha}_1=(1,2,-1)^{\mathrm{T}}$，$\boldsymbol{\alpha}_2=(2,-1,0)^{\mathrm{T}}$，计算 $3\boldsymbol{\alpha}_1+2\boldsymbol{\alpha}_2$。
2. 已知 $\boldsymbol{\alpha}=(1,2,0,4)^{\mathrm{T}}$，$\boldsymbol{\beta}=(0,2,-4,2)^{\mathrm{T}}$，向量 $\boldsymbol{\gamma}$ 满足 $2\boldsymbol{\alpha}+\boldsymbol{\gamma}=\boldsymbol{\beta}-\boldsymbol{\gamma}$，求 $\boldsymbol{\gamma}$。
3. 设线性方程组 $x_1\begin{pmatrix}1\\0\\2\end{pmatrix}+x_2\begin{pmatrix}2\\1\\-1\end{pmatrix}+x_3\begin{pmatrix}1\\-2\\1\end{pmatrix}=\begin{pmatrix}5\\-3\\3\end{pmatrix}$，验证 $\boldsymbol{\eta}=(1,\ 1,\ 2)^{\mathrm{T}}$是方程组的解。
4. 根据向量的线性运算，请编写一个含有 3 个方程且有一个解为 $\boldsymbol{\eta}=(1,2,0,3)^{\mathrm{T}}$的四元线性方程组。

3.3　向量间的线性关系

3.3.1　线性组合

由若干个同维数的列(行)向量构成的集合称为**向量组**。由 s 个 n 维列向量 $\boldsymbol{\alpha}_i\ (i=1,2,\cdots,s)$组成的向量组常记为

$$A:\boldsymbol{\alpha}_1,\boldsymbol{\alpha}_2,\cdots,\boldsymbol{\alpha}_s,$$

简称**向量组** A。

若以向量组 A 的每个向量为列做矩阵 $\boldsymbol{A}=(\boldsymbol{\alpha}_1,\boldsymbol{\alpha}_2,\cdots,\boldsymbol{\alpha}_s)$，则矩阵 $\boldsymbol{A}$ 与向量组 A 一一对应。因此，对向量组的研究又可转化成对矩阵的研究。

定义 3.7　给定 n 维向量组 A：$\boldsymbol{\alpha}_1,\boldsymbol{\alpha}_2,\cdots,\boldsymbol{\alpha}_s$，任意取一组实数 $k_1,k_2,\cdots,k_s$，称

$$k_1\boldsymbol{\alpha}_1+k_2\boldsymbol{\alpha}_2+\cdots+k_s\boldsymbol{\alpha}_s$$

为向量组 A 的**线性组合**，k_1，k_2，$\cdots$，k_s 称为**组合系数**。

由定义可知，由于 $k_1,k_2,\cdots,k_s$ 取值的任意性，所以 $\boldsymbol{\alpha}_1,\boldsymbol{\alpha}_2,\cdots,\boldsymbol{\alpha}_s$ 的线性组合有无数多个。

定义 3.8　给定 n 维向量组 A：$\boldsymbol{\alpha}_1,\boldsymbol{\alpha}_2,\cdots,\boldsymbol{\alpha}_s$ 和向量 $\boldsymbol{\beta}$，若存在一组实数 $k_1,k_2,\cdots,k_s$，使得

$$\boldsymbol{\beta}=k_1\boldsymbol{\alpha}_1+k_2\boldsymbol{\alpha}_2+\cdots+k_s\boldsymbol{\alpha}_s,$$

则称向量 $\boldsymbol{\beta}$ 是向量组 A 的一个线性组合，或称向量 $\boldsymbol{\beta}$ 可由向量组 $\boldsymbol{A}$ **线性表示**。

注：(1) 线性表示体现了一种“替代性”。如果向量 $\boldsymbol{\beta}$ 可由向量组 A 线性表示，那么在向量组 A 中 $\boldsymbol{\beta}$ 是“多余”的，它可由其余向量通过线性组合来替代。

(2)若对任意一组实数 $k_1,k_2,\cdots,k_s$，向量 $\boldsymbol{\beta}$ 都不能写成向量组 A 的线性组合时，即

$$\boldsymbol{\beta} \neq k_1\boldsymbol{\alpha}_1 + k_2\boldsymbol{\alpha}_2 + \cdots + k_s\boldsymbol{\alpha}_s,$$

称 $\boldsymbol{\beta}$ 不是向量组 A 的线性组合，或称 $\boldsymbol{\beta}$ 不可由向量组 A 线性表示。

(3)由方程组的向量表示形式可知，显然 $\boldsymbol{\beta}$ 可由向量组 $\boldsymbol{\alpha}_1,\boldsymbol{\alpha}_2,\cdots,\boldsymbol{\alpha}_s$ 线性表示等价于线性方程组

$$x_1\boldsymbol{\alpha}_1 + x_2\boldsymbol{\alpha}_2 + \cdots + x_s\boldsymbol{\alpha}_s = \boldsymbol{\beta}$$

有解。

(4)由定义 3.8 可得以下三个结论：

① 零向量是任意向量组的线性组合。事实上，只要取 $k_1=k_2=\cdots=k_s=0$，则有

$$\boldsymbol{0} = 0\boldsymbol{\alpha}_1 + 0\boldsymbol{\alpha}_2 + \cdots + 0\boldsymbol{\alpha}_i + \cdots + 0\boldsymbol{\alpha}_s。$$

② n 维向量组 A：$\boldsymbol{\alpha}_1,\boldsymbol{\alpha}_2,\cdots,\boldsymbol{\alpha}_s$ 中的任一向量可由该向量组本身线性表示。事实上，A 中的第 i 个向量 $\boldsymbol{\alpha}_i(i=1,2,\cdots,s)$ 可表示成

$$\boldsymbol{\alpha}_i = 0\boldsymbol{\alpha}_1 + 0\boldsymbol{\alpha}_2 + \cdots + 1\boldsymbol{\alpha}_i + \cdots + 0\boldsymbol{\alpha}_s,$$

这里 $\boldsymbol{\alpha}_i$ 的组合系数 $k_i=1$，其余向量的组合系数是 0。

③ 任意 n 维向量 α 可由向量组

$$\boldsymbol{\varepsilon}_1 = (1,0,\cdots,0)^{\mathrm{T}},\boldsymbol{\varepsilon}_2 = (0,1,\cdots,0)^{\mathrm{T}},\cdots,\boldsymbol{\varepsilon}_n = (0,0,\cdots,1)^{\mathrm{T}}$$

线性表示．这一向量组称为 **$\boldsymbol{n}$ 维基本单位向量组**。

事实上，设 $\boldsymbol{\alpha}=(a_1,a_2,\cdots,a_n)^{\mathrm{T}}$，则

$$\boldsymbol{\alpha} = a_1\boldsymbol{\varepsilon}_1 + a_2\boldsymbol{\varepsilon}_2 + \cdots + a_n\boldsymbol{\varepsilon}_n。$$

即向量 $\boldsymbol{\alpha}$ 可由**基本单位向量组线性表示**。

这一性质也体现了基本单位向量组的完备性。

3.3.2 向量间的线性相关性

定义 3.9 给定向量组 A：$\boldsymbol{\alpha}_1,\boldsymbol{\alpha}_2,\cdots,\boldsymbol{\alpha}_s$，如果存在一组不全为零的数 $k_1,k_2,\cdots,k_s$，使得

$$k_1\boldsymbol{\alpha}_1 + k_2\boldsymbol{\alpha}_2 + \cdots + k_s\boldsymbol{\alpha}_s = \boldsymbol{0},$$

则称向量组 $\boldsymbol{\alpha}_1,\boldsymbol{\alpha}_2,\cdots,\boldsymbol{\alpha}_s$ **线性相关**，否则称 $\boldsymbol{\alpha}_1,\boldsymbol{\alpha}_2,\cdots,\boldsymbol{\alpha}_s$ **线性无关**。

注：(1) 由定义，向量组 $\boldsymbol{\alpha}_1,\boldsymbol{\alpha}_2,\cdots,\boldsymbol{\alpha}_s$ 如果不是线性相关的，就称为是线性无关的。换句话说，如果等式

$$k_1\boldsymbol{\alpha}_1+k_2\boldsymbol{\alpha}_2+\cdots+k_s\boldsymbol{\alpha}_s=\mathbf{0}$$

成立，只有当

$$k_1=k_2=\cdots=k_s=0$$

成立，就称 $\boldsymbol{\alpha}_1,\boldsymbol{\alpha}_2,\cdots,\boldsymbol{\alpha}_s$ 线性无关。

(2)一组向量要么线性相关，要么线性无关，二者必居其一，且仅居其一。这样从关于线性相关的命题可以推得相应的关于线性无关的等价命题；反之亦然。读者可从后面将要介绍的线性相关性质中体会之。

(3)用方程的语言表述向量组的线性相关性概念。向量组 $\boldsymbol{\alpha}_1,\boldsymbol{\alpha}_2,\cdots,\boldsymbol{\alpha}_s$ 线性相关等价于方程组

$$x_1\boldsymbol{\alpha}_1+x_2\boldsymbol{\alpha}_2+\cdots+x_s\boldsymbol{\alpha}_s=\mathbf{0}$$

存在非零解。

(4)显然，对只含有一个向量 $\boldsymbol{\alpha}$ 的向量组，当 $\boldsymbol{\alpha}\neq\mathbf{0}$ 时是线性无关的，当 $\boldsymbol{\alpha}=\mathbf{0}$ 时是线性相关的。这种只含有一个向量的向量组是个特例，通常情况下我们关注的是多于一个向量的向量组的相关性。

【例 3.11】判别 $\boldsymbol{\alpha}_1=(1,2,-1)^{\mathrm{T}}$，$\boldsymbol{\alpha}_2=(2,-1,0)^{\mathrm{T}}$，$\boldsymbol{\alpha}_3=(-4,7,-2)^{\mathrm{T}}$ 的线性相关性。

【解】由例 3.9，若令 $k_1=2$，$k_2=-3$，$k_3=-1$，则

$$2\boldsymbol{\alpha}_1-3\boldsymbol{\alpha}_2-\boldsymbol{\alpha}_3=2(1,2,-1)^{\mathrm{T}}-3(2,-1,0)^{\mathrm{T}}-(-4,7,-2)^{\mathrm{T}}=(0,0,0)^{\mathrm{T}},$$

即存在不全为零的数 k_1,k_2,k_3，使得

$$k_1\boldsymbol{\alpha}_1+k_2\boldsymbol{\alpha}_2+k_3\boldsymbol{\alpha}_3=\mathbf{0},$$

所以 $\boldsymbol{\alpha}_1,\boldsymbol{\alpha}_2,\boldsymbol{\alpha}_3$ 线性相关。

【例 3.12】含有零向量的向量组一定线性相关。

【证】不妨设向量组为 $\boldsymbol{\alpha}_1,\boldsymbol{\alpha}_2,\cdots,\boldsymbol{\alpha}_{s-1},\boldsymbol{\alpha}_s$，其中第 s 个向量 $\boldsymbol{\alpha}_s=\mathbf{0}$，则存在一组不全为零的数

$$k_1=0,k_2=0,\cdots,k_{s-1}=0,k_s=1,$$

使得

$$0\boldsymbol{\alpha}_1+0\boldsymbol{\alpha}_2+\cdots+0\boldsymbol{\alpha}_{s-1}+1\cdot\mathbf{0}=\mathbf{0},$$

所以向量组 $\boldsymbol{\alpha}_1,\boldsymbol{\alpha}_2,\cdots,\boldsymbol{\alpha}_{s-1}$，$\boldsymbol{\alpha}_s$ 线性相关，即含有零向量的向量组线性相关。

【例 3.13】n 维基本单位向量组 E：$\boldsymbol{\varepsilon}_1,\boldsymbol{\varepsilon}_2,\cdots,\boldsymbol{\varepsilon}_n$ 线性无关。

【证】设存在一组数 $k_1,k_2,\cdots,k_n$，使

$$k_1\boldsymbol{\varepsilon}_1+k_2\boldsymbol{\varepsilon}_2+\cdots+k_n\boldsymbol{\varepsilon}_n=\mathbf{0},$$

即

$$\begin{aligned}&k_1(1,0,\cdots,0)^{\mathrm{T}}+k_2(0,1,\cdots,0)^{\mathrm{T}}+\cdots+k_n(0,0,\cdots,1)^{\mathrm{T}}\\&=(k_1,k_2,\cdots,k_n)^{\mathrm{T}}=(0,0,\cdots,0)^{\mathrm{T}}\end{aligned}$$

得 $k_1=0,k_2=0,\cdots,k_n=0$，故 $\boldsymbol{\varepsilon}_1,\boldsymbol{\varepsilon}_2,\cdots,\boldsymbol{\varepsilon}_n$ 线性无关。

【例 3.14】若向量组 $\boldsymbol{\alpha}_1,\boldsymbol{\alpha}_2,\boldsymbol{\alpha}_3$ 线性无关，证明 $\boldsymbol{\alpha}_1+\boldsymbol{\alpha}_2,\boldsymbol{\alpha}_1+\boldsymbol{\alpha}_3,\boldsymbol{\alpha}_2+\boldsymbol{\alpha}_3$ 也线性无关。

【证】设存在一组数 k_1,k_2,k_3，使

$$k_1(\boldsymbol{\alpha}_1+\boldsymbol{\alpha}_2)+k_2(\boldsymbol{\alpha}_1+\boldsymbol{\alpha}_3)+k_3(\boldsymbol{\alpha}_2+\boldsymbol{\alpha}_3)=\mathbf{0},$$

即

$$(k_1+k_2)\boldsymbol{\alpha}_1+(k_1+k_3)\boldsymbol{\alpha}_2+(k_2+k_3)\boldsymbol{\alpha}_3=\mathbf{0},$$

由于向量组 $\boldsymbol{\alpha}_1,\boldsymbol{\alpha}_2,\boldsymbol{\alpha}_3$ 线性无关，所以在上式中 $\boldsymbol{\alpha}_1,\boldsymbol{\alpha}_2,\boldsymbol{\alpha}_3$ 的系数全部为 0，即得方程组

$$\begin{cases}k_1+k_2=0,\\k_1+k_3=0,\\k_2+k_3=0。\end{cases}$$

方程组系数行列式 $\begin{vmatrix}1&1&0\\1&0&1\\0&1&1\end{vmatrix}=-2\neq0$，由克拉默法则

$$k_1=k_2=k_3=0,$$

所以由定义知 $\boldsymbol{\alpha}_1+\boldsymbol{\alpha}_2,\boldsymbol{\alpha}_1+\boldsymbol{\alpha}_3,\boldsymbol{\alpha}_2+\boldsymbol{\alpha}_3$ 线性无关。 □

3.3.3 线性相关的性质

定理 3.6（线性相关的“多余”性） n 维向量组 A：$\boldsymbol{\alpha}_1,\boldsymbol{\alpha}_2,\cdots,\boldsymbol{\alpha}_s(s\geqslant2)$ 线性相关的充分必要条件是其中至少有一个向量可以由其他向量线性表示。

【证】**（充分性）** 不妨设 $\boldsymbol{\alpha}_1$ 可由 $\boldsymbol{\alpha}_2,\cdots,\boldsymbol{\alpha}_s$ 线性表示，即存在一组数 $k_2,\cdots,k_s$ 使得

$$\boldsymbol{\alpha}_1=k_2\boldsymbol{\alpha}_2+\cdots+k_s\boldsymbol{\alpha}_s,$$

移项后得到等式

$$(-1)\boldsymbol{\alpha}_1+k_2\boldsymbol{\alpha}_2+\cdots+k_s\boldsymbol{\alpha}_s=\mathbf{0},$$

即存在一组不全为零的数 $k_1=-1,k_2,\cdots,k_s$，使得

$$k_1\boldsymbol{\alpha}_1+k_2\boldsymbol{\alpha}_2+\cdots+k_s\boldsymbol{\alpha}_s=\mathbf{0},$$

因此向量组 A 线性相关。

（必要性） 设 $\boldsymbol{\alpha}_1,\boldsymbol{\alpha}_2,\cdots,\boldsymbol{\alpha}_s$ 线性相关，即存在一组不全为零的数 $k_1,k_2,\cdots,k_s$ 使得

$$k_1\boldsymbol{\alpha}_1+k_2\boldsymbol{\alpha}_2+\cdots+k_s\boldsymbol{\alpha}_s=\mathbf{0},$$

不妨设 $k_1\neq0$，等式两边除以 k_1 并移项得

$$\boldsymbol{\alpha}_1=\left(-\frac{k_2}{k_1}\right)\boldsymbol{\alpha}_2+\cdots+\left(-\frac{k_s}{k_1}\right)\boldsymbol{\alpha}_s,$$

即 $\boldsymbol{\alpha}_1$ 可由 $\boldsymbol{\alpha}_2,\cdots,\boldsymbol{\alpha}_s$ 线性表示，也即至少有一个向量可以由其他向量线性表示。 □

注：(1) 定理 3.6 表明，一组线性相关的向量组中有某些向量是“多余”的，能够被该组中的其余向量线性表示。

(2)定理的逆否命题是：n 维向量组 $\boldsymbol{\alpha}_1,\boldsymbol{\alpha}_2,\cdots,\boldsymbol{\alpha}_s$ 线性无关的充分必要条件是向量组中任一向量都不是其余向量的线性组合。原命题与逆否命题是等价命题。

设 $\boldsymbol{\alpha}_1,\boldsymbol{\alpha}_2,\cdots,\boldsymbol{\alpha}_s$ 是一个向量组，由其中一部分向量组成的向量组称为这个向量组的部分组。下面介绍部分组的相关性。

定理 3.7（部分组的相关性） 若向量组 $\boldsymbol{\alpha}_1,\boldsymbol{\alpha}_2,\cdots,\boldsymbol{\alpha}_r$ 线性相关，则添加 $s-r(s>r)$ 个向量后的向量组 $\boldsymbol{\alpha}_1,\cdots,\boldsymbol{\alpha}_r,\boldsymbol{\alpha}_{r+1},\cdots,\boldsymbol{\alpha}_s$ 也线性相关。

【证】因为 $\boldsymbol{\alpha}_1,\boldsymbol{\alpha}_2,\cdots,\boldsymbol{\alpha}_r$ 线性相关，所以存在不全为 0 的数 $k_1,k_2,\cdots,k_r$，使得

$$k_1\boldsymbol{\alpha}_1+k_2\boldsymbol{\alpha}_2+\cdots+k_r\boldsymbol{\alpha}_r=\mathbf{0},$$

于是

$$k_1\boldsymbol{\alpha}_1+k_2\boldsymbol{\alpha}_2+\cdots+k_r\boldsymbol{\alpha}_r+0\boldsymbol{\alpha}_{r+1}+\cdots+0\boldsymbol{\alpha}_s=0,$$

所以 $\boldsymbol{\alpha}_1,\cdots,\boldsymbol{\alpha}_r,\boldsymbol{\alpha}_{r+1},\cdots,\boldsymbol{\alpha}_s$ 线性相关。 □

推论 3.3 若向量组 $\boldsymbol{\alpha}_1,\boldsymbol{\alpha}_2,\cdots,\boldsymbol{\alpha}_s$ 线性无关，则它的任何一部分向量组也线性无关。

【证】（反证法） 若向量组 $\boldsymbol{\alpha}_1,\boldsymbol{\alpha}_2,\cdots,\boldsymbol{\alpha}_s$ 有一部分组线性相关，则由定理 3.7，向量组 $\boldsymbol{\alpha}_1,\boldsymbol{\alpha}_2,\cdots,\boldsymbol{\alpha}_s$ 线性相关，得出矛盾。

注：为便于记忆，定理 3.7 及推论 3.3 可简述如下：

(1)如果一个向量组中的部分向量组线性相关，则这个向量组线性相关。

(2)如果向量组是线性无关的，则该向量组的任意部分向量组也线性无关。

定理 3.8（线性表示的唯一性） 若向量组 $\boldsymbol{\alpha}_1,\boldsymbol{\alpha}_2,\cdots,\boldsymbol{\alpha}_s$ 线性无关，而 $\boldsymbol{\alpha}_1,\boldsymbol{\alpha}_2\cdots,\boldsymbol{\alpha}_s,\boldsymbol{\beta}$ 线性相关，则 $\boldsymbol{\beta}$ 一定可由 $\boldsymbol{\alpha}_1,\boldsymbol{\alpha}_2,\cdots,\boldsymbol{\alpha}_s$ 线性表示，且表示系数唯一。

【证】（先证可表示性） 因为 $\boldsymbol{\alpha}_1,\boldsymbol{\alpha}_2\cdots,\boldsymbol{\alpha}_s,\boldsymbol{\beta}$ 线性相关，所以存在不全为零的数 k_1，

$k_2,\cdots,k_s,k_{s+1}$使得

$$k_1\boldsymbol{\alpha}_1+k_2\boldsymbol{\alpha}_2+\cdots+k_s\boldsymbol{\alpha}_s+k_{s+1}\boldsymbol{\beta}=\mathbf{0}, \tag{3.10}$$

这里一定有 $k_{s+1}\neq 0$，因为若 $k_{s+1}=0$，则有

$$k_1\boldsymbol{\alpha}_1+k_2\boldsymbol{\alpha}_2+\cdots+k_s\boldsymbol{\alpha}_s=0,$$

又因为 $\boldsymbol{\alpha}_1,\boldsymbol{\alpha}_2,\cdots,\boldsymbol{\alpha}_s$ 线性无关，则

$$k_1=k_2=\cdots=k_s=0,$$

这与 $k_1,k_2,\cdots,k_s,k_{s+1}$不全为 0 相矛盾。因此，由式(3.10)可得

$$\boldsymbol{\beta}=(-\frac{k_1}{k_{s+1}})\boldsymbol{\alpha}_1+(-\frac{k_2}{k_{s+1}})\boldsymbol{\alpha}_2+\cdots+(-\frac{k_s}{k_{s+1}})\boldsymbol{\alpha}_s,$$

即 $\boldsymbol{\beta}$ 可由 $\boldsymbol{\alpha}_1,\boldsymbol{\alpha}_2,\cdots,\boldsymbol{\alpha}_s$ 线性表示。

(再证唯一性) 若 $\boldsymbol{\beta}$ 还可表示成

$$\boldsymbol{\beta}=x_1\boldsymbol{\alpha}_1+x_2\boldsymbol{\alpha}_2+\cdots+x_s\boldsymbol{\alpha}_s, \tag{3.11}$$

比较式(3.10)与式(3.11)的 $\boldsymbol{\beta}$ 的两种表示，则有

$$\left(-\frac{k_1}{k_{s+1}}\right)\boldsymbol{\alpha}_1+\left(-\frac{k_2}{k_{s+1}}\right)\boldsymbol{\alpha}_2+\cdots+\left(-\frac{k_s}{k_{s+1}}\right)\boldsymbol{\alpha}_s=x_1\boldsymbol{\alpha}_1+x_2\boldsymbol{\alpha}_2+\cdots+x_s\boldsymbol{\alpha}_s,$$

移项得

$$\left(x_1+\frac{k_1}{k_{s+1}}\right)\boldsymbol{\alpha}_1+\left(x_2+\frac{k_2}{k_{s+1}}\right)\boldsymbol{\alpha}_2+\cdots+\left(x_s+\frac{k_s}{k_{s+1}}\right)\boldsymbol{\alpha}_s=\mathbf{0}。$$

又因为 $\boldsymbol{\alpha}_1,\boldsymbol{\alpha}_2,\cdots,\boldsymbol{\alpha}_s$ 线性无关，则必有

$$x_i+\frac{k_i}{k_{s+1}}=0,\text{即 } x_i=-\frac{k_i}{k_{s+1}}(i=1,2,\cdots,s)。$$

这表明 $\boldsymbol{\beta}$ 的表示系数是唯一的。 □

下面再介绍两个判别向量组线性无关的定理。

定理 3.9（添加分量定理） 设 s 个 r 维向量组 $\boldsymbol{\alpha}_1,\boldsymbol{\alpha}_2,\cdots,\boldsymbol{\alpha}_s$ 是线性无关的，若在

$$\boldsymbol{\alpha}_i=(a_{i1},a_{i2},\cdots,a_{ir})^{\mathrm{T}}$$

后面添加 $n-r(n>r)$ 个分量使其成为 n 维向量

$$\alpha'_i=(a_{i1},a_{i2},\cdots,a_{ir},a_{i(r+1)},\cdots,a_{in})^{\mathrm{T}}(i=1,2,\cdots,s),$$

则 n 维向量组 $\boldsymbol{\alpha}'_1,\boldsymbol{\alpha}'_2,\cdots,\boldsymbol{\alpha}'_s$ 线性无关。

【证】略。

例如，因为 $\boldsymbol{\alpha}_1=(1,0,0)^{\mathrm{T}}$，$\boldsymbol{\alpha}_2=(0,1,0)^{\mathrm{T}}$，$\boldsymbol{\alpha}_3=(0,0,1)^{\mathrm{T}}$ 线性无关，所以在其后面添加 2 个分量的向量组

$$\boldsymbol{\alpha}'_1=(1,0,0,3,5)^{\mathrm{T}},\boldsymbol{\alpha}'_2=(0,1,0,-2,4)^{\mathrm{T}},\boldsymbol{\alpha}'_3=(0,0,1,6,0)^{\mathrm{T}}$$

线性无关。

注：(1)定理 3.9 的逆命题不成立。

(2)可以证明，在向量的后面添加分量也可以改变成在每个向量的相同位置添加分量。

(3)定理的逆否命题是：若 n 维向量组 $\boldsymbol{\alpha}'_1,\boldsymbol{\alpha}'_2,\cdots,\boldsymbol{\alpha}'_s$ 线性相关，将其后面删除 $n-r$ $(n>r)$个分量使其成为 r 维向量组 $\boldsymbol{\alpha}_1,\boldsymbol{\alpha}_2,\cdots,\boldsymbol{\alpha}_s$，则向量组 $\boldsymbol{\alpha}_1,\boldsymbol{\alpha}_2,\cdots,\boldsymbol{\alpha}_s$ 线性相关。

定理 3.10　n 个 n 维列向量 $\boldsymbol{\alpha}_1,\boldsymbol{\alpha}_2,\cdots,\boldsymbol{\alpha}_n$ 线性无关的充分必要条件是以该向量组为列构成的行列式 $\det(\boldsymbol{\alpha}_1,\boldsymbol{\alpha}_2,\cdots,\boldsymbol{\alpha}_n)\neq 0$。

【证】由于齐次线性方程组

$$k_1\boldsymbol{\alpha}_1+k_2\boldsymbol{\alpha}_2+\cdots+k_n\boldsymbol{\alpha}_n=\mathbf{0}$$

只有零解的充分必要条件是系数行列式

$$\det(\boldsymbol{\alpha}_1,\boldsymbol{\alpha}_2,\cdots,\boldsymbol{\alpha}_n)\neq 0。$$

因此，由线性无关的定义知，向量组 $\boldsymbol{\alpha}_1,\boldsymbol{\alpha}_2,\cdots,\boldsymbol{\alpha}_n$ 线性无关的充分必要条件是行列式

$$\det(\boldsymbol{\alpha}_1,\boldsymbol{\alpha}_2,\cdots,\boldsymbol{\alpha}_n)\neq 0。$$ □

注：(1)定理 3.10 的逆否命题是：n 个 n 维向量 $\boldsymbol{\alpha}_1,\boldsymbol{\alpha}_2,\cdots,\boldsymbol{\alpha}_n$ 线性相关的充分必要条件是行列式 $\det(\boldsymbol{\alpha}_1,\boldsymbol{\alpha}_2,\cdots,\boldsymbol{\alpha}_n)=0$。

(2)由定理 3.10，当向量组中向量的个数等于向量的维数时，即判断 n 个 n 维的向量组 $\boldsymbol{\alpha}_1,\boldsymbol{\alpha}_2,\cdots,\boldsymbol{\alpha}_n$ 是否线性相关，只要计算行列式 $\det(\boldsymbol{\alpha}_1,\boldsymbol{\alpha}_2,\cdots,\boldsymbol{\alpha}_n)$，然后由行列式是否为零来说明向量组的相关性。

【例 3.15】判定向量组 $\boldsymbol{\alpha}_1=(1,2,1)^{\mathrm{T}}$，$\boldsymbol{\alpha}_2=(2,0,3)^{\mathrm{T}}$，$\boldsymbol{\alpha}_3=(1,1,1)^{\mathrm{T}}$ 的线性相关性。

【解】这是 3 个三维向量组，且

$$\det(\boldsymbol{\alpha}_1,\boldsymbol{\alpha}_2,\boldsymbol{\alpha}_3)=\begin{vmatrix}1&2&1\\2&0&1\\1&3&1\end{vmatrix}=1\neq 0,$$

由定理 3.10 知 $\boldsymbol{\alpha}_1,\boldsymbol{\alpha}_2,\boldsymbol{\alpha}_3$ 线性无关。

练习 3.3

1. 判定下列向量组的线性相关性，并说明理由。

(1) $\boldsymbol{\alpha}_1=(1,0,0)^{\mathrm{T}}$，$\boldsymbol{\alpha}_2=(1,1,0)^{\mathrm{T}}$，$\boldsymbol{\alpha}_3=(1,1,1)^{\mathrm{T}}$；

(2) $\boldsymbol{\alpha}_1=(1,2,3)^{\mathrm{T}}$，$\boldsymbol{\alpha}_2=(4,5,6)^{\mathrm{T}}$，$\boldsymbol{\alpha}_3=(7,8,9)^{\mathrm{T}}$；

(3) $\boldsymbol{\alpha}_1=(1,0,0,-1)^{\mathrm{T}}$，$\boldsymbol{\alpha}_2=(0,1,0,3)^{\mathrm{T}}$，$\boldsymbol{\alpha}_3=(0,0,1,4)^{\mathrm{T}}$；

(4) $\boldsymbol{\alpha}_1=(3,5,1)^{\mathrm{T}}$，$\boldsymbol{\alpha}_2=(1,0,4)^{\mathrm{T}}$，$\boldsymbol{\alpha}_3=(5,-7,-6)^{\mathrm{T}}$，$\boldsymbol{\alpha}_4=(1,2,0)^{\mathrm{T}}$ 。

2. 设 $\boldsymbol{\beta}_1=\boldsymbol{\alpha}_1+\boldsymbol{\alpha}_2$，$\boldsymbol{\beta}_2=\boldsymbol{\alpha}_2+\boldsymbol{\alpha}_3$，$\boldsymbol{\beta}_3=\boldsymbol{\alpha}_3+\boldsymbol{\alpha}_4$，$\boldsymbol{\beta}_4=\boldsymbol{\alpha}_4+\boldsymbol{\alpha}_1$，证明向量组 $\boldsymbol{\beta}_1$，$\boldsymbol{\beta}_2$，$\boldsymbol{\beta}_3$，$\boldsymbol{\beta}_4$ 线性相关。

3. 设向量组 $\boldsymbol{\alpha}_1,\boldsymbol{\alpha}_2,\cdots,\boldsymbol{\alpha}_r$ 线性无关，且 $\boldsymbol{\beta}_1=\boldsymbol{\alpha}_1,\boldsymbol{\beta}_2=\boldsymbol{\alpha}_1+\boldsymbol{\alpha}_2,\cdots,\boldsymbol{\beta}_r=\boldsymbol{\alpha}_1+\boldsymbol{\alpha}_2+\cdots+\boldsymbol{\alpha}_r$，证明向 $\boldsymbol{\beta}_1,\boldsymbol{\beta}_2,\cdots,\boldsymbol{\beta}_r$ 线性无关。

4. 已知 $\boldsymbol{\alpha}_1=(1,-1,1)^{\mathrm{T}}$，$\boldsymbol{\alpha}_2=(1,t,-1)^{\mathrm{T}}$，$\boldsymbol{\alpha}_3=(t,1,2)^{\mathrm{T}}$，$\boldsymbol{\beta}=(4,t^2,-4)^{\mathrm{T}}$，若 $\boldsymbol{\beta}$ 可由 $\boldsymbol{\alpha}_1,\boldsymbol{\alpha}_2,\boldsymbol{\alpha}_3$ 线性表示，表示法不唯一，求 t 及 $\boldsymbol{\beta}$ 的表达式。

3.4 向量组的秩

3.4.1 等价向量组的概念

为了定义向量组的秩的概念，我们先引入等价向量组的概念。

定义 3.10 给定两个同维数的向量组

$$A:\boldsymbol{\alpha}_1,\boldsymbol{\alpha}_2,\cdots,\boldsymbol{\alpha}_s,\qquad B:\boldsymbol{\beta}_1,\boldsymbol{\beta}_2,\cdots,\boldsymbol{\beta}_t,(s,t\text{ 为正整数})$$

如果 A 中的每个向量都可由向量组 B 线性表示，则称向量组 A 可由向量组 B 线性表示；如果向量组 A 与向量组 B 能相互线性表示，则称向量组 A 与向量组 B **等价**，记作

$$\{\boldsymbol{\alpha}_1,\boldsymbol{\alpha}_2,\cdots,\boldsymbol{\alpha}_s\}\cong\{\boldsymbol{\beta}_1,\boldsymbol{\beta}_2,\cdots,\boldsymbol{\beta}_t\},$$

或简记作 $A\cong B$。

可以证明，等价向量组有如下基本性质：

(1)(**反身性**) $\{\boldsymbol{\alpha}_1,\boldsymbol{\alpha}_2,\cdots,\boldsymbol{\alpha}_s\}\cong\{\boldsymbol{\alpha}_1,\boldsymbol{\alpha}_2,\cdots,\boldsymbol{\alpha}_s\}$；

(2)(**对称性**) 若 $\{\boldsymbol{\alpha}_1,\boldsymbol{\alpha}_2,\cdots,\boldsymbol{\alpha}_s\}\cong\{\boldsymbol{\beta}_1,\boldsymbol{\beta}_2,\cdots,\boldsymbol{\beta}_t\}$，则 $\{\boldsymbol{\beta}_1,\boldsymbol{\beta}_2,\cdots,\boldsymbol{\beta}_t\}\cong\{\boldsymbol{\alpha}_1,\boldsymbol{\alpha}_2,\cdots,\boldsymbol{\alpha}_s\}$；

(3)(**传递性**) 若 $\{\boldsymbol{\alpha}_1,\boldsymbol{\alpha}_2,\cdots,\boldsymbol{\alpha}_s\}\cong\{\boldsymbol{\beta}_1,\boldsymbol{\beta}_2,\cdots,\boldsymbol{\beta}_t\}$，且 $\{\boldsymbol{\beta}_1,\boldsymbol{\beta}_2,\cdots,\boldsymbol{\beta}_t\}\cong\{\boldsymbol{\gamma}_1,\boldsymbol{\gamma}_2,\cdots,\boldsymbol{\gamma}_k\}$，则

$$\{\boldsymbol{\alpha}_1,\boldsymbol{\alpha}_2,\cdots,\boldsymbol{\alpha}_s\}\cong\{\boldsymbol{\gamma}_1,\boldsymbol{\gamma}_2,\cdots,\boldsymbol{\gamma}_k\}。$$

下面我们证明，等价的线性无关的向量组所含的向量个数必然相等。为此先介绍一个引理。

引理 3.1 设向量组 $\boldsymbol{\alpha}_1,\boldsymbol{\alpha}_2,\cdots,\boldsymbol{\alpha}_s$ 可由向量组 $\boldsymbol{\beta}_1,\boldsymbol{\beta}_2,\cdots,\boldsymbol{\beta}_t$ 线性表示，且 $\boldsymbol{\alpha}_1,\boldsymbol{\alpha}_2,\cdots,\boldsymbol{\alpha}_s$ 线性无关，则 $s\leqslant t$。

【证】(反证法) 设 $s>t$，且向量组 $\boldsymbol{\alpha}_1,\boldsymbol{\alpha}_2,\cdots,\boldsymbol{\alpha}_s$ 可由 $\boldsymbol{\beta}_1,\boldsymbol{\beta}_2,\cdots,\boldsymbol{\beta}_t$ 线性表示，则可设

$$\boldsymbol{\alpha}_j=\sum_{i=1}^{t}k_{ji}\boldsymbol{\beta}_i(j=1,2,\cdots,s),\tag{3.12}$$

其中 $k_{ji}(i=1,2,\cdots,t;\ j=1,2,\cdots,s)$为组合系数。

又设存在一组数 $x_1,x_2,\cdots,x_s$，使得

$$x_1\boldsymbol{\alpha}_1+x_2\boldsymbol{\alpha}_2+\cdots+x_s\boldsymbol{\alpha}_s=0,$$

将式(3.12)代入，有

$$x_1(k_{11}\boldsymbol{\beta}_1+k_{12}\boldsymbol{\beta}_2+\cdots+k_{1t}\boldsymbol{\beta}_t)+x_2(k_{21}\boldsymbol{\beta}_1+k_{22}\boldsymbol{\beta}_2+\cdots+k_{2t}\boldsymbol{\beta}_t)+\cdots+$$
$$x_s(k_{s1}\boldsymbol{\beta}_1+k_{s2}\boldsymbol{\beta}_2+\cdots+k_{st}\boldsymbol{\beta}_t)=0,$$

整理得

$$(x_1k_{11}+k_{21}x_2+\cdots+k_{s1}x_s)\boldsymbol{\beta}_1+(x_1k_{12}+k_{22}x_2+\cdots+k_{s2}x_s)\boldsymbol{\beta}_2+\cdots+$$
$$(x_1k_{1t}+k_{2t}x_2+\cdots+k_{st}x_s)\boldsymbol{\beta}_t=0,\tag{3.13}$$

如果令

$$\begin{cases}x_1k_{11}+k_{21}x_2+\cdots+k_{s1}x_s=0,\\x_1k_{12}+k_{22}x_2+\cdots+k_{s2}x_s=0,\\\qquad\qquad\vdots\\x_1k_{1t}+k_{2t}x_2+\cdots+k_{st}x_s=0,\end{cases}\tag{3.14}$$

则式(3.13)恒成立，此时方程组(3.14)是一个含有 t 个方程 s 个未知量的齐次线性方程组，且 $s>t$，由推论 3.1 可知该方程组有非零解，即存在不全为零的数 $x_1,x_2,\cdots,x_s$，使得

$$x_1\boldsymbol{\alpha}_1+x_2\boldsymbol{\alpha}_2+\cdots+x_s\boldsymbol{\alpha}_s=0$$

成立，故向量组 $\boldsymbol{\alpha}_1,\boldsymbol{\alpha}_2,\cdots,\boldsymbol{\alpha}_s$ 线性相关，这与条件 $\boldsymbol{\alpha}_1,\boldsymbol{\alpha}_2,\cdots,\boldsymbol{\alpha}_s$ 线性无关相矛盾。因此，$s\leqslant t$成立。 □

定理 3.11　等价的两个线性无关的向量组所含的向量个数相等。

【证】设向量组 $\boldsymbol{\alpha}_1,\boldsymbol{\alpha}_2,\cdots,\boldsymbol{\alpha}_s$ 与 $\boldsymbol{\beta}_1,\boldsymbol{\beta}_2,\cdots,\boldsymbol{\beta}_t$ 等价。一方面，由等价的定义，则向量组 $\boldsymbol{\alpha}_1,\boldsymbol{\alpha}_2,\cdots,\boldsymbol{\alpha}_s$ 可由 $\boldsymbol{\beta}_1,\boldsymbol{\beta}_2,\cdots,\boldsymbol{\beta}_t$ 线性表示，且 $\boldsymbol{\alpha}_1,\boldsymbol{\alpha}_2,\cdots,\boldsymbol{\alpha}_s$ 线性无关，由引理 3.1 知，$s\leqslant t$。

另一方面，同理 $\boldsymbol{\beta}_1,\boldsymbol{\beta}_2,\cdots,\boldsymbol{\beta}_t$ 可由 $\boldsymbol{\alpha}_1,\boldsymbol{\alpha}_2,\cdots,\boldsymbol{\alpha}_s$ 线性表示，且 $\boldsymbol{\beta}_1,\boldsymbol{\beta}_2,\cdots,\boldsymbol{\beta}_t$ 线性无关，由引理 3.1 知，$t\leqslant s$。

综上两方面有 $s=t$。 □

由引理 3.1，我们还可得两个判别向量组线性相关性的结论。

推论 3.4　设向量组 A：$\boldsymbol{\alpha}_1,\boldsymbol{\alpha}_2,\cdots,\boldsymbol{\alpha}_s$ 可由向量组 B：$\boldsymbol{\beta}_1,\boldsymbol{\beta}_2,\cdots,\boldsymbol{\beta}_t$ 线性表示，且 A 中

向量个数多于 B 中向量个数，即 $s>t$，则向量组 $\boldsymbol{\alpha}_1,\boldsymbol{\alpha}_2,\cdots,\boldsymbol{\alpha}_s$ 线性相关。

推论 3.4 其实是引理 3.1 的逆否命题。

推论 3.5 任意 $n+1$ 个 n 维向量必线性相关。

【证】设 $\boldsymbol{\alpha}_1,\boldsymbol{\alpha}_2,\cdots,\boldsymbol{\alpha}_n,\boldsymbol{\alpha}_{n+1}$ 是任意一组 n 维向量，则 $\boldsymbol{\alpha}_1,\boldsymbol{\alpha}_2,\cdots,\boldsymbol{\alpha}_n,\boldsymbol{\alpha}_{n+1}$ 可以由 n 维基本向量组 $\boldsymbol{\varepsilon}_1,\boldsymbol{\varepsilon}_2,\cdots,\boldsymbol{\varepsilon}_n$ 线性表示，而 $n+1>n$，由推论 3.4 知，向量组 $\boldsymbol{\alpha}_1,\boldsymbol{\alpha}_2,\cdots,\boldsymbol{\alpha}_n,\boldsymbol{\alpha}_{n+1}$ 线性相关。 □

可进一步推得：当向量组中向量个数大于其维数时，该向量组必线性相关。

3.4.2 向量组的秩的概念

给定一组向量，当向量的个数等于其维数时，可用行列式判定其相关性；当向量的个数大于其维数时，一定线性相关；当向量的个数小于其维数时，如何更简洁的判定其线性相关性呢？以下我们介绍向量组的秩的概念，借助向量组的秩可以判定其线性相关性。

极大无关组

为了介绍向量组的秩的概念，首先介绍极大无关组的概念。

定义 3.11 给定 n 维向量组 $A:\boldsymbol{\alpha}_1,\boldsymbol{\alpha}_2,\cdots,\boldsymbol{\alpha}_s$，若在 A 中能选出一个含有 r 个向量的部分组 $A_0:\boldsymbol{\alpha}_{i_1},\boldsymbol{\alpha}_{i_2},\cdots,\boldsymbol{\alpha}_{i_r}$，满足：

(1)向量组 A_0 线性无关；

(2)A 中任意含 $r+1$ 个向量的部分组(如果 A 中有含 $r+1$ 个向量的部分组)都线性相关，则称 A_0 为向量组 A 的**一个极大线性无关部分组**，简称**极大无关组**。

注：(1)由定义 3.11，显然“极大”的意思是线性无关的部分组的向量个数不能再增加了，如果再增加一个向量(可能的话)就线性相关了。

(2)由定义 3.11，全为零向量的向量组不存在**极大无关组**；不全为零向量的向量组一定存在极大无关组。

(3)若向量组 $\boldsymbol{\alpha}_1,\boldsymbol{\alpha}_2,\cdots,\boldsymbol{\alpha}_s$ 线性无关，则该向量组的极大无关组就是其本身。

(4)一个向量组的极大无关组并不唯一。例如，在向量组

$$\boldsymbol{\alpha}_1=(1,0,0)^{\mathrm{T}},\boldsymbol{\alpha}_2=(0,1,0)^{\mathrm{T}},\boldsymbol{\alpha}_3=(2,1,0)^{\mathrm{T}}$$

中，$\boldsymbol{\alpha}_1$，$\boldsymbol{\alpha}_2$ 是一个极大无关组，$\boldsymbol{\alpha}_2$，$\boldsymbol{\alpha}_3$ 也是其一个极大无关组。

(5)由定义 3.11 立即可以得出极大无关组的等价定义如下。

定义 3.11* 给定 n 维向量组 A：$\boldsymbol{\alpha}_1,\boldsymbol{\alpha}_2,\cdots,\boldsymbol{\alpha}_s$，若在 A 中能选出一个含有 r 个向量的部分组 A_0：$\boldsymbol{\alpha}_{i_1},\boldsymbol{\alpha}_{i_2},\cdots,\boldsymbol{\alpha}_{i_r}$，满足：

(1)向量组 A_0 线性无关；

(2)A 中任意的向量都可由向量组 A_0 线性表示，则称 A_0 为向量组 A 的一个极大线性无关部分组，简称**极大无关组**。

极大无关组还具有如下的性质。

定理 3.12　向量组 A 与它的任意一个极大无关组 A_0 是等价的。

【证】一方面，因为 A_0 是向量组 A 的部分组，因而 A_0 可由向量组 A 线性表示；另一方面，因为 A_0 是向量组 A 的极大无关组，因而 A 中的任意向量可由 A_0 线性表示。因此向量组 A 与 A_0 可以相互线性表示，于是等价。 □

推论 3.6　向量组的任意两个极大无关组等价。

【证】设向量组 A 有两个极大无关组 A_0 与 A_1，则 A 分别与 A_0 及 A_1 等价，再由等价的传递性即得 A_0 与 A_1 等价。 □

推论 3.7　向量组的任意两个极大无关组中所含的向量个数相等。

【证】由推论 3.6 与定理 3.11，结论显然成立。 □

注：定理 3.12 表明，一个向量组虽然可能有几个极大无关组，但各个极大无关组所含的向量个数却都是一样的。极大无关组中向量的个数直接反映了向量组本身的一种性质，从而可引入向量组的秩的概念。

向量组的秩

定义 3.12　向量组 A:$\boldsymbol{\alpha}_1,\boldsymbol{\alpha}_2,\cdots,\boldsymbol{\alpha}_s$ 的极大无关组中所含的向量个数称为该**向量组的秩**，记作 $r(\boldsymbol{\alpha}_1,\boldsymbol{\alpha}_2,\cdots,\boldsymbol{\alpha}_s)$。

只含零向量的向量组没有极大无关组，规定它的**秩为零**。

由定义 3.12，任意向量组 A：$\boldsymbol{\alpha}_1,\boldsymbol{\alpha}_2,\cdots,\boldsymbol{\alpha}_s$ 的秩满足不等式

$$0\leqslant r(\boldsymbol{\alpha}_1,\boldsymbol{\alpha}_2,\cdots,\boldsymbol{\alpha}_s)\leqslant s。$$

利用向量组的秩，可以判别向量组的线性相关性。

定理 3.13　含有 s 个向量的向量组 A：$\boldsymbol{\alpha}_1,\boldsymbol{\alpha}_2,\cdots,\boldsymbol{\alpha}_s$ 线性无关的充分必要条件是

$$r(\boldsymbol{\alpha}_1,\boldsymbol{\alpha}_2,\cdots,\boldsymbol{\alpha}_s)=s。$$

【证】**(必要性)**　若向量组 A 线性无关，则其极大无关组就是其自身，因而 $r(\boldsymbol{\alpha}_1,\boldsymbol{\alpha}_2,\cdots,\boldsymbol{\alpha}_s)=s$。

(充分性)　若 $r(\boldsymbol{\alpha}_1,\boldsymbol{\alpha}_2,\cdots,\boldsymbol{\alpha}_s)=s$，则 A 的极大无关组含的向量个数为 s，而 A 只有 s 个向量，因而向量组 A 线性无关。 □

注：(1)定理 3.13 可等价地表述成：含 s 个向量的向量组 A：$\boldsymbol{\alpha}_1,\boldsymbol{\alpha}_2,\cdots,\boldsymbol{\alpha}_s$ 线性相关的

充分必要条件是 $r(\boldsymbol{\alpha}_1,\boldsymbol{\alpha}_2,\cdots,\boldsymbol{\alpha}_s)<s$。

(2)定理 3.13 表明，通过比较向量组的秩与向量组所含向量的个数的大小，能确定向量组的线性相关性。

(3)如何求出向量组的秩呢？将在 3.4.3 小节中介绍借助矩阵的行初等变换求秩的方法。

定理 3.14(向量组秩的不等式性质) 若向量组 A：$\boldsymbol{\alpha}_1,\boldsymbol{\alpha}_2,\cdots,\boldsymbol{\alpha}_s$ 可由向量组 B：$\boldsymbol{\beta}_1,\boldsymbol{\beta}_2,\cdots,\boldsymbol{\beta}_t$ 线性表示，则 $r(\boldsymbol{\alpha}_1,\boldsymbol{\alpha}_2,\cdots,\boldsymbol{\alpha}_s)\leqslant r(\boldsymbol{\beta}_1,\boldsymbol{\beta}_2,\cdots,\boldsymbol{\beta}_t)$。

【证】设 $\boldsymbol{\alpha}_{j_1},\boldsymbol{\alpha}_{j_2},\cdots,\boldsymbol{\alpha}_{j_r}$ 与 $\boldsymbol{\beta}_{k_1},\boldsymbol{\beta}_{k_2},\cdots,\boldsymbol{\beta}_{k_m}$ 分别是向量组 A 与 B 的极大无关组，则

$$r(\boldsymbol{\alpha}_1,\boldsymbol{\alpha}_2,\cdots,\boldsymbol{\alpha}_s)=r,r(\boldsymbol{\beta}_1,\boldsymbol{\beta}_2,\cdots,\boldsymbol{\beta}_t)=m。$$

因为向量组 A 可由向量组 B 线性表示，故 $\boldsymbol{\alpha}_{j_1},\boldsymbol{\alpha}_{j_2},\cdots,\boldsymbol{\alpha}_{j_r}$ 可由向量组 B 线性表示。又因为 B 可由其极大无关组 $\boldsymbol{\beta}_{k_1},\boldsymbol{\beta}_{k_2},\cdots,\boldsymbol{\beta}_{k_m}$ 线性表示，所以 $\boldsymbol{\alpha}_{j_1},\boldsymbol{\alpha}_{j_2},\cdots,\boldsymbol{\alpha}_{j_r}$ 可由 $\boldsymbol{\beta}_{k_1},\boldsymbol{\beta}_{k_2},\cdots,\boldsymbol{\beta}_{k_m}$ 线性表示。由引理 3.1 有 $r\leqslant m$，即

$$r(\boldsymbol{\alpha}_1,\boldsymbol{\alpha}_2,\cdots,\boldsymbol{\alpha}_s)=r\leqslant m=r(\boldsymbol{\beta}_1,\boldsymbol{\beta}_2,\cdots,\boldsymbol{\beta}_t)。$$ □

定理 3.15 任意两个等价的向量组的秩相等。

【证】设向量组 A：$\boldsymbol{\alpha}_1,\boldsymbol{\alpha}_2,\cdots,\boldsymbol{\alpha}_s$ 与 B：$\boldsymbol{\beta}_1,\boldsymbol{\beta}_2,\cdots,\boldsymbol{\beta}_t$ 是等价的，又设 $\boldsymbol{\alpha}_{j_1},\boldsymbol{\alpha}_{j_2},\cdots,\boldsymbol{\alpha}_{j_r}$ 与 $\boldsymbol{\beta}_{k_1},\boldsymbol{\beta}_{k_2},\cdots,\boldsymbol{\beta}_{k_m}$ 分别是向量组 A 与 B 的极大无关组，则由等价的传递性知

$$\boldsymbol{\alpha}_{j_1},\boldsymbol{\alpha}_{j_2},\cdots,\boldsymbol{\alpha}_{j_r} \text{ 与 } \boldsymbol{\beta}_{k_1},\boldsymbol{\beta}_{k_2},\cdots,\boldsymbol{\beta}_{k_m}$$

等价，由定理 3.11 得 $r=m$，即

$$r(\boldsymbol{\alpha}_1,\boldsymbol{\alpha}_2,\cdots,\boldsymbol{\alpha}_s)=r=m=r(\boldsymbol{\beta}_1,\boldsymbol{\beta}_2,\cdots,\boldsymbol{\beta}_t)。$$ □

注： 定理 3.15 的逆命题不成立，即若向量组的秩相等，两向量组不一定等价，但如下的命题是正确的。

定理 3.16 若两个向量组的秩相等，且其中的一个向量组能被另一个线性表示，则这两个向量组等价。

【证】设向量组 A：$\boldsymbol{\alpha}_1,\boldsymbol{\alpha}_2,\cdots,\boldsymbol{\alpha}_s$ 与向量组 B：$\boldsymbol{\beta}_1,\boldsymbol{\beta}_2,\cdots,\boldsymbol{\beta}_t$ 满足

$$r(\boldsymbol{\alpha}_1,\boldsymbol{\alpha}_2,\cdots,\boldsymbol{\alpha}_s)=r(\boldsymbol{\beta}_1,\boldsymbol{\beta}_2,\cdots,\boldsymbol{\beta}_t),$$

且向量组 A 可由向量组 B 线性表示，则将两组向量合并在一起得向量组

$$C:\boldsymbol{\alpha}_1,\boldsymbol{\alpha}_2,\cdots,\boldsymbol{\alpha}_s,\boldsymbol{\beta}_1,\boldsymbol{\beta}_2,\cdots,\boldsymbol{\beta}_t。$$

一方面，显然 C 可由 $\boldsymbol{\beta}_1,\boldsymbol{\beta}_2,\cdots,\boldsymbol{\beta}_t$ 线性表示，因此

$$r(\boldsymbol{\alpha}_1,\boldsymbol{\alpha}_2,\cdots,\boldsymbol{\alpha}_s,\boldsymbol{\beta}_1,\boldsymbol{\beta}_2,\cdots,\boldsymbol{\beta}_t)\leqslant r(\boldsymbol{\beta}_1,\boldsymbol{\beta}_2,\cdots,\boldsymbol{\beta}_t)。$$

另一方面，$\boldsymbol{\beta}_1,\boldsymbol{\beta}_2,\cdots,\boldsymbol{\beta}_t$ 在向量组 C 中是部分组，因此

$$r(\boldsymbol{\alpha}_1,\boldsymbol{\alpha}_2,\cdots,\boldsymbol{\alpha}_s,\boldsymbol{\beta}_1,\boldsymbol{\beta}_2,\cdots,\boldsymbol{\beta}_t)\geqslant r(\boldsymbol{\beta}_1,\boldsymbol{\beta}_2,\cdots,\boldsymbol{\beta}_t)。$$

所以

$$r(\boldsymbol{\alpha}_1,\boldsymbol{\alpha}_2,\cdots,\boldsymbol{\alpha}_s,\boldsymbol{\beta}_1,\boldsymbol{\beta}_2,\cdots,\boldsymbol{\beta}_t)=r(\boldsymbol{\beta}_1,\boldsymbol{\beta}_2,\cdots,\boldsymbol{\beta}_t)=r(\boldsymbol{\alpha}_1,\boldsymbol{\alpha}_2,\cdots,\boldsymbol{\alpha}_s)。$$

这说明 $\boldsymbol{\beta}_1,\boldsymbol{\beta}_2,\cdots,\boldsymbol{\beta}_t$ 可以由 $\boldsymbol{\alpha}_1,\boldsymbol{\alpha}_2,\cdots,\boldsymbol{\alpha}_s$ 的极大无关组线性表示，因而 $\boldsymbol{\beta}_1,\boldsymbol{\beta}_2,\cdots,\boldsymbol{\beta}_t$ 可以由 $\boldsymbol{\alpha}_1,\boldsymbol{\alpha}_2,\cdots,\boldsymbol{\alpha}_s$ 线性表示，故 $\boldsymbol{\alpha}_1,\boldsymbol{\alpha}_2,\cdots,\boldsymbol{\alpha}_s$ 与 $\boldsymbol{\beta}_1,\boldsymbol{\beta}_2,\cdots,\boldsymbol{\beta}_t$ 等价。 □

3.4.3 矩阵的行秩与列秩

运用向量组秩的概念，可以引入矩阵的行秩与列秩的概念。矩阵的行秩与列秩及矩阵的秩存在相等的关系。

定义 3.13 设 $m\times n$ 矩阵

$$\boldsymbol{A}=\begin{pmatrix} a_{11} & a_{12} & \cdots & a_{1n} \\ a_{21} & a_{22} & \cdots & a_{2n} \\ \vdots & \vdots & & \vdots \\ a_{m1} & a_{m2} & \cdots & a_{mn} \end{pmatrix}\begin{matrix} \boldsymbol{\beta}_1 \\ \boldsymbol{\beta}_2 \\ \vdots \\ \boldsymbol{\beta}_m \end{matrix}$$

$$\boldsymbol{\alpha}_1 \quad \boldsymbol{\alpha}_2 \quad \cdots \quad \boldsymbol{\alpha}_n$$

矩阵按列分块得列向量组 $\boldsymbol{\alpha}_1,\boldsymbol{\alpha}_2,\cdots,\boldsymbol{\alpha}_n$，列向量组的秩称为 $\boldsymbol{A}$ 的**列秩**；矩阵按行分块得行向量组 $\boldsymbol{\beta}_1$，$\boldsymbol{\beta}_2$，…，$\boldsymbol{\beta}_m$，行向量组的秩称为 $\boldsymbol{A}$ 的**行秩**。

注：(1) 注意 $\boldsymbol{A}$ 的行向量是 n 维的，列向量是 m 维的。

(2)矩阵 $\boldsymbol{A}$ 的行秩与列秩相等，这一点将在下面给予证明。

引理 3.2 对矩阵做列初等变换不改变矩阵的列秩；对矩阵做行初等变换不改变矩阵的行秩。

【证】(仅就列变换证明) 设

$$\boldsymbol{A}=\begin{pmatrix} a_{11} & a_{12} & \cdots & a_{1n} \\ a_{21} & a_{22} & \cdots & a_{2n} \\ \vdots & \vdots & & \vdots \\ a_{m1} & a_{m2} & \cdots & a_{mn} \end{pmatrix}$$

的列向量组为 $\boldsymbol{\alpha}_1,\boldsymbol{\alpha}_2,\cdots,\boldsymbol{\alpha}_n$，经过一次列初等变换得矩阵 $\boldsymbol{B}$，由于列初等变换只有三种形式，因此 $\boldsymbol{B}$ 的列向量组只能是下列三种情况之一：

(1)矩阵 $\boldsymbol{A}$ 的某两列互换，则得

$$A=\{\boldsymbol{\alpha}_1,\cdots,\boldsymbol{\alpha}_i,\cdots,\boldsymbol{\alpha}_j,\cdots,\boldsymbol{\alpha}_n\}\cong\{\boldsymbol{\alpha}_1,\cdots,\boldsymbol{\alpha}_j,\cdots,\boldsymbol{\alpha}_i,\cdots,\boldsymbol{\alpha}_n\}=B。$$

(2)矩阵 $\boldsymbol{A}$ 的某一列乘以非零常数，则得

$$A=\{\boldsymbol{\alpha}_1,\cdots,\boldsymbol{\alpha}_i,\cdots,\boldsymbol{\alpha}_n\}\cong\{\boldsymbol{\alpha}_1,\cdots,k\boldsymbol{\alpha}_i,\cdots,\boldsymbol{\alpha}_n\}=B。$$

(3)把矩阵 $\boldsymbol{A}$ 的第 j 列的 k 倍加到第 i 列上，则得

$$A=\{\boldsymbol{\alpha}_1,\cdots,\boldsymbol{\alpha}_i,\cdots,\boldsymbol{\alpha}_j,\cdots,\boldsymbol{\alpha}_n\}\cong\{\boldsymbol{\alpha}_1,\cdots,\boldsymbol{\alpha}_i+k\boldsymbol{\alpha}_j,\cdots,\boldsymbol{\alpha}_j,\cdots,\boldsymbol{\alpha}_n\}=B。$$

总之，矩阵 $\boldsymbol{A}$ 的列向量组与矩阵 $\boldsymbol{B}$ 的列向量组是等价的，由于等价的向量组的秩相同，所以列初等变换不改变矩阵的列秩。 □

引理 3.3 矩阵的行初等变换不改变矩阵的列秩；矩阵的列初等变换不改变矩阵的行秩。

【证】略。 □

由引理，可得下面的结论。

定理 3.17 矩阵的行秩与列秩相等且等于矩阵的秩。

【证】设 $\boldsymbol{A}$ 为 $m\times n$ 矩阵，由定理 2.6，经过若干次初等变换，矩阵 $\boldsymbol{A}$ 可化为标准形

$$\begin{pmatrix}\boldsymbol{E}_r & \boldsymbol{O}\\ \boldsymbol{O} & \boldsymbol{O}\end{pmatrix}_{m\times n}=\boldsymbol{F}。$$

显然，$\boldsymbol{F}$ 矩阵的行秩与列秩均为 r，所以由引理 3.2 与引理 3.3 知矩阵 $\boldsymbol{A}$ 的行秩等于 r，$\boldsymbol{A}$ 的列秩也等于 r，即矩阵的行秩与列秩相等。又因为矩阵 $\boldsymbol{F}$ 的秩也等于 r，所以矩阵的行秩与列秩相等且等于矩阵的秩。 □

定理 3.18 矩阵的行初等变换不改变矩阵的列向量组的线性关系；矩阵的列初等变换不改变矩阵的行向量组的线性关系。

【证】略。 □

注：(1)由定理 3.17，矩阵的列向量组的秩等于矩阵的秩，因此求 n 维向量组 $\boldsymbol{\alpha}_1,\boldsymbol{\alpha}_2,\cdots,\boldsymbol{\alpha}_s$ 的秩等同于求以 $\boldsymbol{\alpha}_1,\boldsymbol{\alpha}_2,\cdots,\boldsymbol{\alpha}_s$ 为列的矩阵 $(\boldsymbol{\alpha}_1,\boldsymbol{\alpha}_2,\cdots,\boldsymbol{\alpha}_s)_{n\times s}$ 的秩。这样，求向量组的秩等同于求矩阵的秩。

(2)定理 3.18 表明，若以 n 维向量组 $\boldsymbol{\alpha}_1$，$\boldsymbol{\alpha}_2,\cdots,\boldsymbol{\alpha}_s$ 为列的矩阵经行初等变换化成矩阵 $(\boldsymbol{\beta}_1,\boldsymbol{\beta}_2,\cdots,\boldsymbol{\beta}_s)_{n\times s}$，即

$$(\boldsymbol{\alpha}_1,\boldsymbol{\alpha}_2,\cdots,\boldsymbol{\alpha}_s)_{n\times s}\xrightarrow{r}(\boldsymbol{\beta}_1,\boldsymbol{\beta}_2,\cdots,\boldsymbol{\beta}_s)_{n\times s},$$

则当 $\boldsymbol{\alpha}_{i_1},\boldsymbol{\alpha}_{i_2},\cdots,\boldsymbol{\alpha}_{i_r}$ 是 $\boldsymbol{\alpha}_1,\boldsymbol{\alpha}_2,\cdots,\boldsymbol{\alpha}_s$ 的极大无关组时，相应的 $\boldsymbol{\beta}_{i_1},\boldsymbol{\beta}_{i_2},\cdots,\boldsymbol{\beta}_{i_r}$ 也是 $\boldsymbol{\beta}_1,\boldsymbol{\beta}_2,\cdots,\boldsymbol{\beta}_s$ 的极大无关组。反之亦然。并且若

$$\boldsymbol{\beta}_i=k_1\boldsymbol{\beta}_{i_1}+k_2\boldsymbol{\beta}_{i_2}+\cdots+k_r\boldsymbol{\beta}_{i_r},$$

则对应地有
$$\boldsymbol{\alpha}_i = k_1\boldsymbol{\alpha}_{i_1} + k_2\boldsymbol{\alpha}_{i_2} + \cdots + k_r\boldsymbol{\alpha}_{i_r}。$$

反之亦然。这就为我们求向量组的极大无关组提供了方法。

【例 3.16】已知向量组
$$\boldsymbol{\alpha}_1 = (1,-1,2,4)^{\mathrm{T}}, \boldsymbol{\alpha}_2 = (0,3,1,2)^{\mathrm{T}}, \boldsymbol{\alpha}_3 = (3,0,7,14)^{\mathrm{T}},$$
$$\boldsymbol{\alpha}_4 = (1,-1,2,0)^{\mathrm{T}}, \boldsymbol{\alpha}_5 = (2,1,5,6)^{\mathrm{T}},$$
求该向量组的秩，并求出一个极大无关组，且将其余向量用所求的极大无关组线性表示。

【解】以向量 $\boldsymbol{\alpha}_1,\boldsymbol{\alpha}_2,\boldsymbol{\alpha}_3,\boldsymbol{\alpha}_4,\boldsymbol{\alpha}_5$ 为列做矩阵 $\boldsymbol{A}$，对 $\boldsymbol{A}$ 做行初等变换，将其化成行简化矩阵：

$$\boldsymbol{A} = \begin{pmatrix} 1 & 0 & 3 & 1 & 2 \\ -1 & 3 & 0 & -1 & 1 \\ 2 & 1 & 7 & 2 & 5 \\ 4 & 2 & 14 & 0 & 6 \end{pmatrix} \xrightarrow[r_4 - 4r_1]{\substack{r_2 + r_1 \\ r_3 - 2r_1}} \begin{pmatrix} 1 & 0 & 3 & 1 & 2 \\ 0 & 3 & 3 & 0 & 3 \\ 0 & 1 & 1 & 0 & 1 \\ 0 & 2 & 2 & -4 & -2 \end{pmatrix}$$

$$\xrightarrow{\substack{r_3 - \frac{1}{3}r_2 \\ r_4 - \frac{2}{3}r_2}} \begin{pmatrix} 1 & 0 & 3 & 1 & 2 \\ 0 & 3 & 3 & 0 & 3 \\ 0 & 0 & 0 & 0 & 0 \\ 0 & 0 & 0 & -4 & -4 \end{pmatrix} \xrightarrow{r_3 \leftrightarrow r_4} \begin{pmatrix} 1 & 0 & 3 & 1 & 2 \\ 0 & 3 & 3 & 0 & 3 \\ 0 & 0 & 0 & -4 & -4 \\ 0 & 0 & 0 & 0 & 0 \end{pmatrix}$$

$$\xrightarrow{\frac{1}{3}r_2;\frac{1}{-4}r_3} \begin{pmatrix} 1 & 0 & 3 & 1 & 2 \\ 0 & 1 & 1 & 0 & 1 \\ 0 & 0 & 0 & 1 & 1 \\ 0 & 0 & 0 & 0 & 0 \end{pmatrix} \xrightarrow{r_1 - r_3} \begin{pmatrix} 1 & 0 & 3 & 0 & 1 \\ 0 & 1 & 1 & 0 & 1 \\ 0 & 0 & 0 & 1 & 1 \\ 0 & 0 & 0 & 0 & 0 \end{pmatrix} = \boldsymbol{B},$$

矩阵 $\boldsymbol{B}$ 有三个非零行，所以 $r(\boldsymbol{A})=3$，即
$$r(\boldsymbol{\alpha}_1,\boldsymbol{\alpha}_2,\boldsymbol{\alpha}_3,\boldsymbol{\alpha}_4,\boldsymbol{\alpha}_5) = 3。$$
这说明极大无关组含有 3 个向量。

观察矩阵 $\boldsymbol{B}$，每行首非零元素所在的列是第 1、2、4 列，对应于 $\boldsymbol{A}$ 中的列向量 $\boldsymbol{\alpha}_1,\boldsymbol{\alpha}_2,\boldsymbol{\alpha}_4$ 即是 $\boldsymbol{A}$ 的极大无关组，且其余的向量 $\boldsymbol{\alpha}_3,\boldsymbol{\alpha}_5$ 可由极大无关组线性表示为
$$\boldsymbol{\alpha}_3 = 3\boldsymbol{\alpha}_1 + \boldsymbol{\alpha}_2 + 0\cdot\boldsymbol{\alpha}_4, \quad \boldsymbol{\alpha}_5 = \boldsymbol{\alpha}_1 + \boldsymbol{\alpha}_2 + \boldsymbol{\alpha}_4。$$

注：这里 $\boldsymbol{\alpha}_3$ 用 $\boldsymbol{\alpha}_1,\boldsymbol{\alpha}_2,\boldsymbol{\alpha}_4$ 线性表示时，系数是如何确定的呢？即若设
$$\boldsymbol{\alpha}_3 = x_1\boldsymbol{\alpha}_1 + x_2\boldsymbol{\alpha}_2 + x_3\boldsymbol{\alpha}_4,$$
那么如何确定 x_1,x_2,x_3 呢？

我们不加证明地指出：x_1,x_2,x_3 的唯一取值就是矩阵 $\boldsymbol{B}$ 中的第 3 列的对应数值，即 $x_1=3,x_2=1,x_3=0$。证明过程只要参考线性方程组的求解法就能完成。

同理，$\boldsymbol{\alpha}_5$ 用 $\boldsymbol{\alpha}_1,\boldsymbol{\alpha}_2,\boldsymbol{\alpha}_4$ 线性表示时，矩阵 $\boldsymbol{B}$ 中的第 5 列的对应数值就是其系数。

【例 3.17】判断向量组 $\boldsymbol{\alpha}_1=(1,0,0,1)^{\mathrm{T}}$，$\boldsymbol{\alpha}_2=(0,1,0,1)^{\mathrm{T}}$，$\boldsymbol{\alpha}_3=(1,0,1,0)^{\mathrm{T}}$，$\boldsymbol{\alpha}_4=(0,1,1,0)^{\mathrm{T}}$ 的线性相关性。

【解】将向量组写成矩阵，令

$$\boldsymbol{A}=(\boldsymbol{\alpha}_1,\boldsymbol{\alpha}_2,\boldsymbol{\alpha}_3,\boldsymbol{\alpha}_4)=\begin{pmatrix}1&0&1&0\\0&1&0&1\\0&0&1&1\\1&1&0&0\end{pmatrix}\xrightarrow[r_4-r_2]{r_4-r_1}\begin{pmatrix}1&0&1&0\\0&1&0&1\\0&0&1&1\\0&0&-1&-1\end{pmatrix}\xrightarrow{r_4+r_3}\begin{pmatrix}1&0&1&0\\0&1&0&1\\0&0&1&1\\0&0&0&0\end{pmatrix}。$$

所以 $r(\boldsymbol{A})=3<4$，故 $\boldsymbol{\alpha}_1,\boldsymbol{\alpha}_2,\boldsymbol{\alpha}_3,\boldsymbol{\alpha}_4$ 线性相关。

【例 3.18】设 $\boldsymbol{A}$ 为 $m\times s$ 矩阵，$\boldsymbol{B}$ 为 $s\times n$ 矩阵，证明：$r(\boldsymbol{AB})\leqslant\min(r(\boldsymbol{A}),r(\boldsymbol{B}))$。

【证】设 $\boldsymbol{A}=(a_{ij})_{m\times s}$，$\boldsymbol{B}=(b_{ij})_{s\times n}$，将 $\boldsymbol{A}$ 按列分块 $\boldsymbol{A}=(\boldsymbol{\alpha}_1,\boldsymbol{\alpha}_2,\cdots,\boldsymbol{\alpha}_s)$，则

$$\boldsymbol{AB}=(\boldsymbol{\alpha}_1,\boldsymbol{\alpha}_2,\cdots,\boldsymbol{\alpha}_s)\begin{pmatrix}b_{11}&b_{12}&\cdots&b_{1n}\\b_{21}&b_{22}&\cdots&b_{2n}\\\vdots&\vdots&&\vdots\\b_{s1}&b_{s2}&\cdots&b_{sn}\end{pmatrix}$$

$$=(b_{11}\boldsymbol{\alpha}_1+\cdots+b_{s1}\boldsymbol{\alpha}_s,b_{12}\boldsymbol{\alpha}_1+\cdots+b_{s2}\boldsymbol{\alpha}_s,\cdots,b_{1n}\boldsymbol{\alpha}_1+\cdots+b_{sn}\boldsymbol{\alpha}_s)。$$

又将 $\boldsymbol{AB}$ 按列分块 $\boldsymbol{AB}=(\boldsymbol{\gamma}_1,\boldsymbol{\gamma}_2,\cdots,\boldsymbol{\gamma}_n)$，则

$$\begin{cases}\boldsymbol{\gamma}_1=b_{11}\boldsymbol{\alpha}_1+b_{21}\boldsymbol{\alpha}_2+\cdots+b_{s1}\boldsymbol{\alpha}_s\\\boldsymbol{\gamma}_2=b_{12}\boldsymbol{\alpha}_1+b_{22}\boldsymbol{\alpha}_2+\cdots+b_{s2}\boldsymbol{\alpha}_s\\\qquad\vdots\\\boldsymbol{\gamma}_n=b_{1n}\boldsymbol{\alpha}_1+b_{2n}\boldsymbol{\alpha}_2+\cdots+b_{sn}\boldsymbol{\alpha}_s\end{cases},$$

这说明向量 $\boldsymbol{\gamma}_1,\boldsymbol{\gamma}_2,\cdots,\boldsymbol{\gamma}_n$ 可由 $\boldsymbol{\alpha}_1,\boldsymbol{\alpha}_2,\cdots,\boldsymbol{\alpha}_s$ 线性表示，所以

$$r(\boldsymbol{\gamma}_1,\boldsymbol{\gamma}_2,\cdots,\boldsymbol{\gamma}_n)\leqslant r(\boldsymbol{\alpha}_1,\boldsymbol{\alpha}_2,\cdots,\boldsymbol{\alpha}_s),$$

即 $r(\boldsymbol{AB})\leqslant r(\boldsymbol{A})$。同理有 $r(\boldsymbol{AB})\leqslant r(\boldsymbol{B})$。因此，

$$r(\boldsymbol{AB})\leqslant\min(r(\boldsymbol{A}),r(\boldsymbol{B}))。$$

练习 3.4

1. 设 $\boldsymbol{\alpha}_1=(1,0)^{\mathrm{T}}$，$\boldsymbol{\alpha}_2=(1,1)^{\mathrm{T}}$，$\boldsymbol{\beta}_1=(2,1)^{\mathrm{T}}$，$\boldsymbol{\beta}_2=(0,1)^{\mathrm{T}}$，证明 $\boldsymbol{\alpha}_1$，$\boldsymbol{\alpha}_2$ 与 $\boldsymbol{\beta}_1$，$\boldsymbol{\beta}_2$ 等价。

2. 已知向量组

$$\boldsymbol{\alpha}_1=(1,0,2,1)^{\mathrm{T}},\boldsymbol{\alpha}_2=(1,2,0,1)^{\mathrm{T}},\boldsymbol{\alpha}_3=(2,1,3,0)^{\mathrm{T}},$$
$$\boldsymbol{\alpha}_4=(2,5,-1,4)^{\mathrm{T}},\boldsymbol{\alpha}_5=(1,-1,3,-1)^{\mathrm{T}},$$

(1)求向量组的秩；(2)求向量组的一个极大无关组；(3)将其余向量用极大无关组线性表示。

3. 已知向量组 $\boldsymbol{\alpha}_1=(1+a,1,1,1)^{\mathrm{T}}$，$\boldsymbol{\alpha}_2=(2,2+a,2,2)^{\mathrm{T}}$，$\boldsymbol{\alpha}_3=(3,3,3+a,3)^{\mathrm{T}}$，$\boldsymbol{\alpha}_4=(4,4,4,4+a)^{\mathrm{T}}$，问 a 取什么值时 $\boldsymbol{\alpha}_1,\boldsymbol{\alpha}_2,\boldsymbol{\alpha}_3,\boldsymbol{\alpha}_4$ 线性相关。在 $\boldsymbol{\alpha}_1,\boldsymbol{\alpha}_2,\boldsymbol{\alpha}_3,\boldsymbol{\alpha}_4$ 线性相关时，求它们的一个极大无关组，并将其余向量用该极大无关组线性表示。

4. 已知向量组 $\boldsymbol{\alpha}_1=(1,2,-1,1)^{\mathrm{T}}$，$\boldsymbol{\alpha}_2=(2,0,a,0)^{\mathrm{T}}$，$\boldsymbol{\alpha}_3=(0,-4,5,-2)^{\mathrm{T}}$，$\boldsymbol{\alpha}_4=(3,-2,a+4,-1)^{\mathrm{T}}$ 的秩为 2，求常数 a。

3.5　齐次线性方程组解的结构

本节我们利用向量工具来研究有无穷多解的线性方程组解的结构问题。所谓解的结构就是解之间的关系，我们将得出任一解向量可用方程组的有限个解向量来表示。

3.5.1　齐次线性方程组解的性质

对于齐次线性方程组(3.4)，即 $\boldsymbol{Ax}=\boldsymbol{0}$，设向量 $\boldsymbol{\xi}=(d_1,d_2,\cdots,d_n)^{\mathrm{T}}$ 是满足方程组(3.4)的解向量，则 $\boldsymbol{A\xi}=\boldsymbol{0}$。

齐次线性方程组 $\boldsymbol{Ax}=\boldsymbol{0}$ 的解向量具有如下的线性运算性质。

性质 3.1（和性质） 设 $\boldsymbol{\xi}_1,\boldsymbol{\xi}_2$ 是方程组 $\boldsymbol{Ax}=\boldsymbol{0}$ 的两个解，则 $\boldsymbol{\xi}_1+\boldsymbol{\xi}_2$ 也是 $\boldsymbol{Ax}=\boldsymbol{0}$ 的解。

【证】因为 $\boldsymbol{A\xi}_1=0$，$\boldsymbol{A\xi}_2=0$，所以 $\boldsymbol{\xi}_1+\boldsymbol{\xi}_2$ 满足

$$\boldsymbol{A}(\boldsymbol{\xi}_1+\boldsymbol{\xi}_2)=\boldsymbol{A\xi}_1+\boldsymbol{A\xi}_2=\boldsymbol{0}+\boldsymbol{0}=\boldsymbol{0},$$

即 $\boldsymbol{\xi}_1+\boldsymbol{\xi}_2$ 是方程组 $\boldsymbol{Ax}=\boldsymbol{0}$ 的解。证毕。 □

性质 3.1 表明方程的任意两个解向量的和还是其解向量。

性质 3.2（数乘性质） 若 $\boldsymbol{\xi}$ 是方程组 $\boldsymbol{Ax}=\boldsymbol{0}$ 的解，k 是一个常数，则 $k\boldsymbol{\xi}$ 是 $\boldsymbol{Ax}=\boldsymbol{0}$ 的解。

【证】因为 $\boldsymbol{A\xi}=\boldsymbol{0}$，所以 $k\boldsymbol{\xi}$ 满足

$$\boldsymbol{A}(k\boldsymbol{\xi})=k(\boldsymbol{A\xi})=k\boldsymbol{0}=\boldsymbol{0},$$

即 $k\boldsymbol{\xi}$ 是方程组 $\boldsymbol{Ax}=\boldsymbol{0}$ 的解。 □

性质 3.2 表明方程的任意一个解向量的数乘还是解向量。

注：(1)性质 3.1 表明，齐次线性方程组的解向量的线性组合仍是方程组的解向量。也就是说，若 $\boldsymbol{\xi}_1,\boldsymbol{\xi}_2$ 是齐次线性方程组 $\boldsymbol{Ax}=\boldsymbol{0}$ 的解，则 $k_1\boldsymbol{\xi}_1+k_2\boldsymbol{\xi}_2$ 也是 $\boldsymbol{Ax}=\boldsymbol{0}$ 的解，其中 k_1,k_2 是任意常数。

(2)若 $\boldsymbol{Ax}=\boldsymbol{0}$ 有一个非零解向量，则它一定有无限多个非零解向量。

(3)齐次线性方程组的全体解向量集合，称为方程组的**解向量空间**。

自然的想法是：能否在解向量空间中选出有限个解向量，而其余的解向量可由这有限个解向量线性表示？为此引入**基础解系**的概念。

3.5.2 基础解系与方程组解的结构

定义 3.14 设 $\boldsymbol{\xi}_1,\boldsymbol{\xi}_2,\cdots,\boldsymbol{\xi}_t$ 是 n 元齐次线性方程组的 $\boldsymbol{Ax}=\boldsymbol{0}$ 的 t 个解(向量)，且满足：

(1) $\boldsymbol{\xi}_1,\boldsymbol{\xi}_2,\cdots,\boldsymbol{\xi}_t$ 线性无关；

(2) $\boldsymbol{Ax}=\boldsymbol{0}$ 的任一解向量都可由 $\xi_1,\xi_2,\cdots,\xi_t$ 线性表示。

称 $\boldsymbol{\xi}_1,\boldsymbol{\xi}_2,\cdots,\boldsymbol{\xi}_t$ 为方程组 $\boldsymbol{Ax}=\boldsymbol{0}$ 的基础解系。

若 $\boldsymbol{\xi}_1,\boldsymbol{\xi}_2,\cdots,\boldsymbol{\xi}_t$ 是 $\boldsymbol{Ax}=\boldsymbol{0}$ 的基础解系，称由基础解系表示的解向量

$$\boldsymbol{x}=k_1\boldsymbol{\xi}_1+k_2\boldsymbol{\xi}_2+\cdots+k_t\boldsymbol{\xi}_t$$

为方程组 $\boldsymbol{Ax}=\boldsymbol{0}$ 的**通解**，其中 $k_1,k_2,\cdots,k_t$ 为任意常数。

注：(1)由定义 3.14 可知，基础解系就是齐次线性方程组 $\boldsymbol{Ax}=\boldsymbol{0}$ 的所有解向量的极大无关组。

(2)由于极大无关组不唯一，因而齐次线性方程组的基础解系并不唯一。

(3)若齐次线性方程组仅有零向量解，则它的基础解系不存在。否则，若齐次线性方程组有非零解，则它的基础解系一定存在。这是因为线性方程组的解向量是 n 维的，任意 $n+1$ 个 n 维向量是线性相关的，故解向量组的极大无关组是存在的，即基础解系一定存在！

下面的定理给出了基础解系中所含向量的个数。

定理 3.19 如果 n 元齐次线性方程组 $\boldsymbol{Ax}=\boldsymbol{0}$ 的系数矩阵 $\boldsymbol{A}$ 的秩 $r(\boldsymbol{A})=r<n$，那么它的基础解系含有 $n-r$ 个解向量。

【证】因为 $r(\boldsymbol{A})=r<n$，这时 $\boldsymbol{A}$ 的列向量组的极大无关组含有 r 个向量，为表述方便，不妨设 $\boldsymbol{A}$ 的前 r 列向量是极大无关组，于是对 $\boldsymbol{A}$ 做行初等变换得行简化形，且可表示为

$$\boldsymbol{A} \xrightarrow{r} \begin{pmatrix} 1 & 0 & \cdots & 0 & c_{1(r+1)} & c_{1(r+2)} & \cdots & c_{1n} \\ 0 & 1 & \cdots & 0 & c_{2(r+1)} & c_{2(r+2)} & \cdots & c_{2n} \\ \vdots & \vdots & & \vdots & \vdots & \vdots & & \vdots \\ 0 & 0 & \cdots & 1 & c_{r(r+1)} & c_{r(r+2)} & \cdots & c_{rn} \\ 0 & 0 & \cdots & 0 & 0 & 0 & \cdots & 0 \\ \vdots & \vdots & & \vdots & \vdots & \vdots & & \vdots \\ 0 & 0 & \cdots & 0 & 0 & 0 & \cdots & 0 \end{pmatrix},$$

其中 $c_{ij}(i=1,2,\cdots,r;\ j=r+1,r+2,\cdots,n)$是常数。

由行简化形矩阵写出原方程组的同解方程组为

$$\begin{cases} x_1 = -c_{1(r+1)}x_{r+1} - c_{1(r+2)}x_{r+2} - \cdots - c_{1n}x_n, \\ x_2 = -c_{2(r+1)}x_{r+1} - c_{2(r+2)}x_{r+2} - \cdots - c_{2n}x_n, \\ \qquad \vdots \\ x_r = -c_{r(r+1)}x_{r+1} - c_{r(r+2)}x_{r+2} - \cdots - c_{rn}x_n, \end{cases} \tag{3.15}$$

其中 $x_{r+1},x_{r+2},\cdots,x_n$ 为自由未知量。令自由未知量 $x_{r+1},x_{r+2},\cdots,x_n$ 分别取下列 $n-r$ 组数

$$\begin{pmatrix} x_{r+1} \\ x_{r+2} \\ \vdots \\ x_n \end{pmatrix} = \begin{pmatrix} 1 \\ 0 \\ \vdots \\ 0 \end{pmatrix}, \begin{pmatrix} 0 \\ 1 \\ \vdots \\ 0 \end{pmatrix}, \cdots, \begin{pmatrix} 0 \\ 0 \\ \vdots \\ 1 \end{pmatrix},$$

代入同解方程组(3.15)得原方程组的 $n-r$ 个线性无关的解向量为

$$\boldsymbol{\xi}_1 = \begin{pmatrix} -c_{1(r+1)} \\ -c_{2(r+1)} \\ \vdots \\ -c_{r(r+1)} \\ 1 \\ 0 \\ \vdots \\ 0 \end{pmatrix}, \boldsymbol{\xi}_2 = \begin{pmatrix} -c_{1(r+2)} \\ -c_{2(r+2)} \\ \vdots \\ -c_{r(r+2)} \\ 0 \\ 1 \\ \vdots \\ 0 \end{pmatrix}, \cdots, \boldsymbol{\xi}_{n-r} = \begin{pmatrix} -c_{1n} \\ -c_{2n} \\ \vdots \\ -c_{rn} \\ 0 \\ 0 \\ \vdots \\ 1 \end{pmatrix},$$

且原方程组的**任一解可表示为**

$$\boldsymbol{x}=\begin{pmatrix}x_1\\x_2\\\vdots\\x_r\\x_{r+1}\\x_{r+2}\\\vdots\\x_n\end{pmatrix}=k_1\begin{pmatrix}-c_{1(r+1)}\\-c_{2(r+1)}\\\vdots\\-c_{r(r+1)}\\1\\0\\\vdots\\0\end{pmatrix}+k_2\begin{pmatrix}-c_{1(r+2)}\\-c_{2(r+2)}\\\vdots\\-c_{r(r+2)}\\0\\1\\\vdots\\0\end{pmatrix}+\cdots+k_{n-r}\begin{pmatrix}-c_{1n}\\-c_{2n}\\\vdots\\-c_{rn}\\0\\0\\\vdots\\1\end{pmatrix},$$

其中 $k_1,k_2,\cdots,k_{n-r}$ 是任意常数，即

$$x=k_1\boldsymbol{\xi}_1+k_2\boldsymbol{\xi}_2+\cdots+k_{n-r}\boldsymbol{\xi}_{n-r}。$$

因而 $\boldsymbol{\xi}_1,\boldsymbol{\xi}_2,\cdots,\boldsymbol{\xi}_{n-r}$ 是方程组 $\boldsymbol{A}\boldsymbol{x}=\boldsymbol{0}$ 的基础解系，且含有 $n-r$ 个解向量。 □

注：(1) 实际上，由于 $\boldsymbol{\xi}_1,\boldsymbol{\xi}_2,\cdots,\boldsymbol{\xi}_{n-r}$ 除去前 r 个分量后是 $n-r$ 维的线性无关的基本单位向量组。因此由添加分量定理知 $\boldsymbol{\xi}_1,\boldsymbol{\xi}_2,\cdots,\boldsymbol{\xi}_{n-r}$ 线性无关。

(2)在方程组(3.15)中，若自由未知量 $x_{r+1},x_{r+2},\cdots,x_n$ 分别取 $n-r$ 组线性无关向量的分量数，则可得到另一个基础解系。因此方程组的基础解系不唯一，不过基础解系所含解向量的个数都一样，都等于 $n-r$。

(3)定理 3.19 的证明过程也是求解齐次线性方程组基础解系的过程。下面举例说明求齐次线性方程组的基础解系的方法。

【例 3.19】求齐次线性方程组

$$\begin{cases}x_1+x_2-7x_3-7x_4=0,\\2x_1-5x_2+21x_3+14x_4=0,\\x_1-x_2+3x_3+x_4=0\end{cases}$$

的一个基础解系。

【解】对系数矩阵做行初等变换，化为行简化矩阵：

$$\begin{pmatrix}1&1&-7&-7\\2&-5&21&14\\1&-1&3&1\end{pmatrix}\xrightarrow[r_3-7r_1]{r_2-2r_1}\begin{pmatrix}1&1&-7&-7\\0&-7&35&28\\0&-2&10&8\end{pmatrix}$$

$$\xrightarrow{r_3-\frac{2}{7}r_2}\begin{pmatrix}1&1&-7&-7\\0&-7&35&28\\0&0&0&0\end{pmatrix}\xrightarrow[r_2\div(-7)]{r_1+\frac{1}{7}r_2}\begin{pmatrix}1&0&-2&-3\\0&1&-5&-4\\0&0&0&0\end{pmatrix}。$$

从行简化矩阵写出原方程组的同解方程组为

$$\begin{cases} x_1 = 2x_3 + 3x_4, \\ x_2 = 5x_3 + 4x_4, \end{cases}$$

其中 x_3, x_4 为自由未知量，取 $\begin{pmatrix} x_3 \\ x_4 \end{pmatrix} = \begin{pmatrix} 1 \\ 0 \end{pmatrix}, \begin{pmatrix} 0 \\ 1 \end{pmatrix}$ 并代入同解方程组的基础解系得

$$\boldsymbol{\xi}_1 = \begin{pmatrix} 2 \\ 5 \\ 1 \\ 0 \end{pmatrix}, \boldsymbol{\xi}_2 = \begin{pmatrix} 3 \\ 4 \\ 0 \\ 1 \end{pmatrix}。$$

所以，原方程组的通解为

$$\boldsymbol{x} = k_1\boldsymbol{\xi}_1 + k_2\boldsymbol{\xi}_2 = k_1\begin{pmatrix} 2 \\ 5 \\ 1 \\ 0 \end{pmatrix} + k_2\begin{pmatrix} 3 \\ 4 \\ 0 \\ 1 \end{pmatrix},$$

其中 k_1, k_2 为任意常数。

练习 3.5

1. 求下列齐次线性方程的基础解系与通解。

(1) $\begin{cases} x_1 - 2x_2 + 10x_3 + 2x_4 = 0, \\ 2x_1 + x_2 + 5x_3 - x_4 = 0, \\ 3x_1 + 2x_2 + 6x_3 - 2x_4 = 0。 \end{cases}$　(2) $\begin{cases} 2x_1 - 3x_2 - 2x_3 + x_4 = 0, \\ 3x_1 + 5x_2 + 4x_3 - 2x_4 = 0, \\ 8x_1 + 7x_2 + 6x_3 - 3x_4 = 0。 \end{cases}$

(3) $\begin{cases} x_1 + 2x_2 + x_3 - x_4 = 0, \\ 3x_1 + 6x_2 - x_3 - 3x_4 = 0, \\ 5x_1 + 10x_2 + x_3 - 5x_4 = 0。 \end{cases}$　(4) $nx_1 + (n-1)x_2 + \cdots + 2x_{n-1} + x_n = 0 (n \geqslant 2)$。

2. 已知 $\boldsymbol{A} = (a_{ij})_n$，如果 $|\boldsymbol{A}| = 0$，而 $\boldsymbol{A}$ 中有一个元素 a_{ij} 的代数余子式 $\boldsymbol{A}_{ij} \neq 0$，则齐次线性方程组 $\boldsymbol{Ax} = \boldsymbol{0}$ 的全部解为 $c(\boldsymbol{A}_{i1}, \boldsymbol{A}_{i2}, \cdots, \boldsymbol{A}_{in})$，其中 c 为任意常数，试证明。

3.6　非齐次线性方程组解的性质与结构

上节介绍了齐次线性方程组解的结构，本节利用齐次线性方程组的基础解系研究非齐

次线性方程组解的结构。

3.6.1 非齐次线性方程组解的性质

对于非齐次线性方程组(3.1)，即 $\boldsymbol{Ax}=\boldsymbol{b}$，将常数项 $b_i(i=1,2,\cdots,m)$都换成常数 0，则得到齐次线性方程组 $\boldsymbol{Ax}=\boldsymbol{0}$，称其为 $\boldsymbol{Ax}=\boldsymbol{b}$ 的**导出组**。

非齐次线性方程组 $\boldsymbol{Ax}=\boldsymbol{b}$ 的解与其导出组 $\boldsymbol{Ax}=\boldsymbol{0}$ 的解有如下关系。

性质 3.3 设 $\boldsymbol{\eta}_1,\boldsymbol{\eta}_2$ 是方程组 $\boldsymbol{Ax}=\boldsymbol{b}$ 的两个解向量，则 $\boldsymbol{\eta}=\boldsymbol{\eta}_1-\boldsymbol{\eta}_2$ 是其导出组 $\boldsymbol{Ax}=\boldsymbol{0}$ 的解向量。

【证】因为 $\boldsymbol{\eta}_1,\boldsymbol{\eta}_2$ 是方程组 $\boldsymbol{Ax}=\boldsymbol{b}$ 的解，则有 $\boldsymbol{A\eta}_1=\boldsymbol{b},\boldsymbol{A\eta}_2=\boldsymbol{b}$，于是

$$\boldsymbol{A\eta}=\boldsymbol{A}(\boldsymbol{\eta}_1-\boldsymbol{\eta}_2)=\boldsymbol{A\eta}_1-\boldsymbol{A\eta}_2=\boldsymbol{b}-\boldsymbol{b}=\boldsymbol{0},$$

故 $\boldsymbol{\eta}=\boldsymbol{\eta}_1-\boldsymbol{\eta}_2$ 是方程组的导出组 $\boldsymbol{Ax}=\boldsymbol{0}$ 的解向量。 □

性质 3.4 设 $\boldsymbol{\eta}$ 是方程组 $\boldsymbol{Ax}=\boldsymbol{b}$ 的解向量，$\boldsymbol{\xi}$ 是其导出组 $\boldsymbol{Ax}=\boldsymbol{0}$ 的解向量，则 $\boldsymbol{\xi}+\boldsymbol{\eta}$ 是方程组 $\boldsymbol{Ax}=\boldsymbol{b}$ 的解向量。

【证】因为 $\boldsymbol{\eta}$ 是方程组 $\boldsymbol{Ax}=\boldsymbol{b}$ 的解向量，所以有 $\boldsymbol{A\eta}=\boldsymbol{b}$。

因为 $\boldsymbol{\xi}$ 是导出组的解向量，所以有 $\boldsymbol{A\xi}=\boldsymbol{0}$。因此，

$$\boldsymbol{A}(\boldsymbol{\xi}+\boldsymbol{\eta})=\boldsymbol{A\xi}+\boldsymbol{A\eta}=\boldsymbol{0}+\boldsymbol{b}=\boldsymbol{b},$$

即 $\boldsymbol{\xi}+\boldsymbol{\eta}$ 是方程组 $\boldsymbol{Ax}=\boldsymbol{b}$ 的解向量。 □

3.6.2 非齐次线性方程组解的结构

定理 3.20 设 $\boldsymbol{\gamma}_0$ 是方程组 $\boldsymbol{Ax}=\boldsymbol{b}$ 的一个解向量(常称为特解)，$\boldsymbol{\xi}$ 是导出组 $\boldsymbol{Ax}=\boldsymbol{0}$ 的解向量，则 $\boldsymbol{Ax}=\boldsymbol{b}$ 的任意一个解向量都可写成 $\boldsymbol{\xi}+\boldsymbol{\gamma}_0$ 的形式。

【证】设 $\boldsymbol{\eta}$ 是方程组 $\boldsymbol{Ax}=\boldsymbol{b}$ 的任意解向量，则

$$\boldsymbol{\eta}=\boldsymbol{\eta}-\boldsymbol{\gamma}_0+\boldsymbol{\gamma}_0=(\boldsymbol{\eta}-\boldsymbol{\gamma}_0)+\boldsymbol{\gamma}_0=\boldsymbol{\xi}+\boldsymbol{\gamma}_0,$$

其中 $\boldsymbol{\xi}=\boldsymbol{\eta}-\boldsymbol{\gamma}_0$，由性质 3.4 知，$\boldsymbol{\eta}$ 是导出组 $\boldsymbol{Ax}=\boldsymbol{0}$ 的解。 □

注：(1)定理表明，若 $\boldsymbol{\gamma}_0$ 是 $\boldsymbol{Ax}=\boldsymbol{b}$ 一个特解，$\boldsymbol{\xi}_1,\boldsymbol{\xi}_2,\cdots,\boldsymbol{\xi}_{n-r}$是其导出组 $\boldsymbol{Ax}=\boldsymbol{0}$ 的一个基础解系，则方程组 $\boldsymbol{Ax}=\boldsymbol{b}$ 的通解为

$$\boldsymbol{x}=k_1\boldsymbol{\xi}_1+k_2\boldsymbol{\xi}_2+\cdots+k_{n-r}\boldsymbol{\xi}_{n-r}+\boldsymbol{\gamma}_0, \tag{3.16}$$

其中 $k_1,k_2,\cdots,k_{n-r}$为任意常数。

(2)求方程组 $\boldsymbol{Ax}=\boldsymbol{b}$ 的通解，可转化为求原方程组的一个特解与导出组 $\boldsymbol{Ax}=\boldsymbol{0}$ 的基础解系，然后按式(3.16)写出通解表达式。

下面通过例子说明非齐次线性方程组的求解过程。

【例 3.20】求非齐线性方程组

$$\begin{cases} x_1 - x_2 - x_3 + x_4 = 0, \\ x_1 - x_2 + x_3 - 3x_4 = 2, \\ x_1 - x_2 - 2x_3 + 3x_4 = -1 \end{cases}$$

的通解。

【解】对方程组的增广矩阵$(\boldsymbol{A},\boldsymbol{b})$做行初等变换，将其化为行简化矩阵：

$$(\boldsymbol{A},\boldsymbol{b}) = \left(\begin{array}{cccc:c} 1 & -1 & -1 & 1 & 0 \\ 1 & -1 & 1 & -3 & 2 \\ 1 & -1 & -2 & 3 & -1 \end{array}\right) \xrightarrow[r_3 - r_1]{r_2 - r_1} \left(\begin{array}{cccc:c} 1 & -1 & -1 & 1 & 0 \\ 0 & 0 & 2 & -4 & 2 \\ 0 & 0 & -1 & 2 & -1 \end{array}\right)$$

$$\xrightarrow{r_3 + \frac{r_2}{2}} \left(\begin{array}{cccc:c} 1 & -1 & -1 & 1 & 0 \\ 0 & 0 & 1 & -2 & 1 \\ 0 & 0 & 0 & 0 & 0 \end{array}\right) \xrightarrow{r_1 + r_2} \left(\begin{array}{cccc:c} 1 & -1 & 0 & -1 & 1 \\ 0 & 0 & 1 & -2 & 1 \\ 0 & 0 & 0 & 0 & 0 \end{array}\right)。$$

从行简化矩阵写出原方程组的同解方程组为

$$\begin{cases} x_1 = 1 + x_2 + x_4, \\ x_3 = 1 + 2x_4。 \end{cases} \quad (x_2, x_4 \text{ 是自由未知量})$$

令自由未知量 $x_2 = 0$，$x_4 = 0$，并代入同解方程组得

$$\begin{cases} x_1 = 1, \\ x_2 = 0, \\ x_3 = 1, \\ x_4 = 0, \end{cases}$$

即原方程组的一个特解

$$\boldsymbol{\gamma}_0 = \begin{pmatrix} 1 \\ 0 \\ 1 \\ 0 \end{pmatrix}。$$

从行简化矩阵写出原方程组导出组的同解方程组为

$$\begin{cases} x_1 = x_2 + x_4, \\ x_3 = 2x_4。 \end{cases}$$

取 $\begin{pmatrix} x_2 \\ x_4 \end{pmatrix} = \begin{pmatrix} 1 \\ 0 \end{pmatrix}, \begin{pmatrix} 0 \\ 1 \end{pmatrix}$ 并代入导出组的同解方程组得基础解系：

$$\boldsymbol{\xi}_1=\begin{pmatrix}1\\1\\0\\0\end{pmatrix},\ \boldsymbol{\xi}_2=\begin{pmatrix}1\\0\\2\\1\end{pmatrix},$$

所以，原方程组的通解为

$$\boldsymbol{x}=k_1\boldsymbol{\xi}_1+k_2\boldsymbol{\xi}_2+\boldsymbol{\gamma}_0=k_1\begin{pmatrix}1\\1\\0\\0\end{pmatrix}+k_2\begin{pmatrix}1\\0\\2\\1\end{pmatrix}+\begin{pmatrix}1\\0\\1\\0\end{pmatrix},$$

其中 k_1，k_2 为任意常数。

注：在求特解时，可令自由未知量全部取 0 并代入原方程的同解方程组求出非自由未知量的值，这样可得特解向量。令自由未知量全部取 0 是为了简化计算，也可以取其他数值！

【例 3.21】λ 取何值时线性方程组

$$\begin{cases}\lambda x_1+x_2+x_3=\lambda-3,\\ x_1+\lambda x_2+x_3=-2,\\ x_1+x_2+\lambda x_3=-2\end{cases}$$

有唯一解、无解或有无穷多解？并在有无穷多解时求出通解。

【解】对增广矩阵$(\boldsymbol{A},\boldsymbol{b})$做行初等变换，将其化为行阶梯形矩阵 $\boldsymbol{B}$：

$$(\boldsymbol{A},\boldsymbol{b})=\left(\begin{array}{ccc:c}\lambda & 1 & 1 & \lambda-3\\ 1 & \lambda & 1 & -2\\ 1 & 1 & \lambda & -2\end{array}\right)\xrightarrow[r_3-\lambda r_1,r_3+r_2]{r_3\leftrightarrow r_1,r_2-r_1}\left(\begin{array}{ccc:c}1 & 1 & \lambda & -2\\ 0 & \lambda-1 & 1-\lambda & 0\\ 0 & 0 & (\lambda+2)(1-\lambda) & 3(\lambda-1)\end{array}\right)=\boldsymbol{B}。$$

(1)当 $\lambda\neq1$ 且 $\lambda\neq-2$ 时，$r(\boldsymbol{A})=r(\boldsymbol{A},\boldsymbol{b})=3$，故方程组有唯一解，且

$$x_1=\frac{\lambda-1}{\lambda+2},\ x_2=x_3=\frac{-3}{\lambda+2}。$$

(2)当 $\lambda=-2$ 时，可得 $r(\boldsymbol{A})=2<r(\boldsymbol{A},\boldsymbol{b})=3$，故方程组无解。

(3)当 $\lambda=1$ 时，$(\boldsymbol{A},\boldsymbol{b})\xrightarrow{r}\boldsymbol{B}=\left(\begin{array}{ccc:c}1 & 1 & 1 & -2\\ 0 & 0 & 0 & 0\\ 0 & 0 & 0 & 0\end{array}\right)$，可得 $r(\boldsymbol{A})=r(\boldsymbol{A},\boldsymbol{b})=1<3$，故方程组有无穷多解。由行简化矩阵写出同解方程组为

$$\begin{cases} x_1 = -x_2 - x_3 - 2, \\ x_2 = x_2, & (x_2, x_3 \text{ 为自由未知量}) \\ x_3 = x_3 。\end{cases}$$

分别令 $x_2=0, x_3=1$ 与 $x_2=1, x_3=0$，则方程组导出组的基础解系为

$$\boldsymbol{\xi}_1 = \begin{pmatrix} -1 \\ 0 \\ 1 \end{pmatrix}, \boldsymbol{\xi}_2 = \begin{pmatrix} -1 \\ 1 \\ 0 \end{pmatrix}。$$

又令 $x_2=0, x_3=0$，则原方程组的特解为

$$\boldsymbol{\gamma}_0 = \begin{pmatrix} -2 \\ 0 \\ 0 \end{pmatrix}。$$

所以，原方程组的通解为

$$\begin{pmatrix} x_1 \\ x_2 \\ x_3 \end{pmatrix} = k_1\boldsymbol{\xi}_1 + k_2\boldsymbol{\xi}_2 + \boldsymbol{\gamma}_0 = k_1\begin{pmatrix} -1 \\ 0 \\ 1 \end{pmatrix} + k_2\begin{pmatrix} -1 \\ 1 \\ 0 \end{pmatrix} + \begin{pmatrix} -2 \\ 0 \\ 0 \end{pmatrix},$$

k_1, k_2 为任意常数。

【例 3.22】已知线性方程组 $\mathbf{A}\boldsymbol{x}=\boldsymbol{b}$ 有两个解向量 $\boldsymbol{\gamma}_1=(0,1,2)^{\mathrm{T}}$，$\boldsymbol{\gamma}_2=(2,3,-1)^{\mathrm{T}}$，且 $r(\mathbf{A})=r(\mathbf{A},\boldsymbol{b})=2$，求该方程组的通解。

【解】解向量是 3 维的，即 $n=3$，且 $r(\mathbf{A})=r=2$，根据定理 3.17，$\mathbf{A}\boldsymbol{x}=\mathbf{0}$ 的基础解系包含 $n-r=3-2=1$ 个向量。另一方面，$\boldsymbol{\gamma}_1-\boldsymbol{\gamma}_2$ 是 $\mathbf{A}\boldsymbol{x}=\mathbf{0}$ 的非零解，所以它构成基础解系。于是根据定理 3.18，原方程组的通解为

$$\boldsymbol{x} = k(\boldsymbol{\gamma}_1 - \boldsymbol{\gamma}_2) + \boldsymbol{\gamma}_1 = k\begin{pmatrix} -2 \\ -2 \\ 3 \end{pmatrix} + \begin{pmatrix} 0 \\ 1 \\ 2 \end{pmatrix}, \text{其中 } k \text{ 为任意常数。}$$

以下我们运用方程组解的理论，证明几个关于矩阵秩的结论。

推论 3.8　设 $\mathbf{A}$ 是一个 $m\times n$ 实矩阵，证明 $r(\mathbf{A}^{\mathrm{T}}\mathbf{A})=r(\mathbf{A})$。

思路：从齐次线性方程组 $\mathbf{A}\boldsymbol{x}=\mathbf{0}$ 及 $\mathbf{A}^{\mathrm{T}}\mathbf{A}\boldsymbol{x}=\mathbf{0}$ 是同解方程组，得到 $r(\mathbf{A}^{\mathrm{T}}\mathbf{A})=r(\mathbf{A})$。

【证】设 $\mathbf{A}=(a_{ij})_{m\times n}$，且 $\boldsymbol{\xi}$ 是齐次线性方程组 $\mathbf{A}\boldsymbol{x}=\mathbf{0}$ 的任一个解，则

$$(\mathbf{A}^{\mathrm{T}}\mathbf{A})\boldsymbol{\xi} = \mathbf{A}^{\mathrm{T}}(\mathbf{A}\boldsymbol{\xi}) = \mathbf{A}^{\mathrm{T}}\mathbf{0} = \mathbf{0},$$

故 ξ 也是方程组 $(\mathbf{A}^{\mathrm{T}}\mathbf{A})\boldsymbol{x}=\mathbf{0}$ 的解。

又设 $\boldsymbol{\eta}$ 是方程组$(\boldsymbol{A}^{\mathrm{T}}\boldsymbol{A})\boldsymbol{x}=\boldsymbol{0}$ 的解，于是 $\boldsymbol{\eta}^{\mathrm{T}}(\boldsymbol{A}^{\mathrm{T}}\boldsymbol{A})\boldsymbol{\eta}=0$，即

$$(\boldsymbol{A\eta})^{\mathrm{T}}(\boldsymbol{A\eta})=0,$$

所以

$$\boldsymbol{A\eta}=\boldsymbol{0},$$

(事实上 $\boldsymbol{A\eta}$ 是一个 $m\times 1$ 实矩阵，记 $\boldsymbol{A\eta}=\boldsymbol{\alpha}$，则 $\boldsymbol{\alpha}^{\mathrm{T}}\boldsymbol{\alpha}=0$，故 $\boldsymbol{\alpha}=\boldsymbol{0}$。)即 $\boldsymbol{\eta}$ 也是齐次线性方程组 $\boldsymbol{Ax}=\boldsymbol{0}$的解。

综上得方程组$(\boldsymbol{A}^{\mathrm{T}}\boldsymbol{A})\boldsymbol{x}=\boldsymbol{0}$ 与 $\boldsymbol{Ax}=\boldsymbol{0}$是同解方程组，因而

$$r(\boldsymbol{A}^{\mathrm{T}}\boldsymbol{A})=r(\boldsymbol{A})。$$ □

推论 3.9 设 $\boldsymbol{A}$ 是一个 $m\times n$ 实矩阵，$\boldsymbol{B}$ 是一个 $n\times t$ 实矩阵，且 $\boldsymbol{AB}=\boldsymbol{0}$，证明 $r(\boldsymbol{A})+r(\boldsymbol{B})\leqslant n$。

【证】将矩阵 $\boldsymbol{B}$ 按列分块 $\boldsymbol{B}=(\boldsymbol{\beta}_1,\boldsymbol{\beta}_2,\cdots,\boldsymbol{\beta}_t)$。因为 $\boldsymbol{AB}=\boldsymbol{O}$，所以

$$\boldsymbol{AB}=(\boldsymbol{A\beta}_1,\boldsymbol{A\beta}_2,\cdots,\boldsymbol{A\beta}_t)=(\boldsymbol{0},\boldsymbol{0},\cdots,\boldsymbol{0})。$$

因而 $\boldsymbol{\beta}_1,\boldsymbol{\beta}_2,\cdots,\boldsymbol{\beta}_t$ 是方程组 $\boldsymbol{Ax}=\boldsymbol{0}$ 的解。

(1)当 $r(\boldsymbol{A})=n$ 时，则方程组 $\boldsymbol{Ax}=\boldsymbol{0}$ 仅仅有零解，那么 $\boldsymbol{B}=\boldsymbol{O}$，从而 $r(\boldsymbol{A})+r(\boldsymbol{B})\leqslant n$。

(2)当 $r(\boldsymbol{A})<n$ 时，则方程组 $\boldsymbol{Ax}=\boldsymbol{0}$ 的基础解系含有 $n-r$ 个解向量，且 $\boldsymbol{\beta}_1,\boldsymbol{\beta}_2,\cdots,\boldsymbol{\beta}_t$ 可由基础解系线性表示，因此 $r(\boldsymbol{B})\leqslant n-r$，即 $r(\boldsymbol{A})+r(\boldsymbol{B})\leqslant n$。 □

练习 3.6

1. 求下列非齐次方程组的通解(用基础解系表示)。

(1) $\begin{cases}x_1+x_2-x_3+x_4=1,\\2x_1+2x_2-2x_3+x_4=2,\\x_1+x_2-x_3-x_4=1。\end{cases}$

(2) $\begin{cases}2x_1+3x_2+x_3=4,\\x_1-2x_2+4x_3=-5,\\3x_1+8x_2-2x_3=13,\\4x_1-x_2+9x_3=-6。\end{cases}$

(3) $\begin{cases}x_1+x_2=5,\\2x_1+x_2+x_3+2x_4=1,\\5x_1+3x_2+2x_3+2x_4=3。\end{cases}$

(4) $\begin{cases}x_1+5x_2+x_3-3x_4=11,\\5x_1+3x_2+3x_3-x_4=-1,\\2x_1+4x_2+x_3+x_4=-6。\end{cases}$

2. 设四元非齐次线性方程组 $\boldsymbol{Ax}=\boldsymbol{b}$ 的系数矩阵秩为 3，已知 $\boldsymbol{\eta}_1,\boldsymbol{\eta}_2,\boldsymbol{\eta}_3$ 是它的三个解向量，且 $\boldsymbol{\eta}_1=(2,3,4,5)^{\mathrm{T}}$，$\boldsymbol{\eta}_2+\boldsymbol{\eta}_3=(1,2,3,4)^{\mathrm{T}}$，求该方程组的通解。

3. 设 3 阶矩阵 $\boldsymbol{A}=\begin{pmatrix}1 & 1 & 1-a\\1 & 0 & a\\a+1 & 1 & a+1\end{pmatrix}$，$\boldsymbol{\beta}=\begin{pmatrix}0\\1\\2a-2\end{pmatrix}$，且方程组 $\boldsymbol{Ax}=\boldsymbol{\beta}$ 无解。(1)求 a 的值；(2)求方程组 $\boldsymbol{A}^{\mathrm{T}}\boldsymbol{Ax}=\boldsymbol{A}^{\mathrm{T}}\boldsymbol{\beta}$ 的通解。

4. 设 $\boldsymbol{A}=\begin{pmatrix}1 & -2 & 3 & -4\\0 & 1 & -1 & 1\\1 & 2 & 0 & -3\end{pmatrix}$，$\boldsymbol{E}$ 为 3 阶单位矩阵。(1) 求方程 $\boldsymbol{Ax}=\boldsymbol{0}$ 的基础解系；(2)求满足 $\boldsymbol{AB}=\boldsymbol{E}$ 的所有矩阵 $\boldsymbol{B}$。

5. 已知 4 阶矩阵 $\boldsymbol{A}=(\boldsymbol{\alpha}_1,\boldsymbol{\alpha}_2,\boldsymbol{\alpha}_3,\boldsymbol{\alpha}_4)$，$\boldsymbol{\alpha}_1,\boldsymbol{\alpha}_2,\boldsymbol{\alpha}_3,\boldsymbol{\alpha}_4$ 均为四维列向量，其中 $\boldsymbol{\alpha}_2,\boldsymbol{\alpha}_3,\boldsymbol{\alpha}_4$ 线性无关，且 $\boldsymbol{\alpha}_1=2\boldsymbol{\alpha}_2-\boldsymbol{\alpha}_3$。如果 $\boldsymbol{b}=\boldsymbol{\alpha}_1+\boldsymbol{\alpha}_2+\boldsymbol{\alpha}_3+\boldsymbol{\alpha}_4$，求线性方程组 $\boldsymbol{Ax}=\boldsymbol{b}$ 的通解。

习题三

一、选择题

1. 设 $\boldsymbol{A}$ 为 $m\times n$ 矩阵，则 n 元齐次线性方程组 $\boldsymbol{Ax}=\boldsymbol{0}$ 有非零解的充分必要条件是(　　)。

(A)$r(\boldsymbol{A})=n$；　(B) $r(\boldsymbol{A})=m$；　(C) $r(\boldsymbol{A})<n$；　(D) $r(\boldsymbol{A})<m$。

2. 设 $\boldsymbol{Ax}=\boldsymbol{b}$ 含有 n 个未知量 m 个方程，且 $r(\boldsymbol{A},\boldsymbol{b})=r(\boldsymbol{A})=r$，其中$(\boldsymbol{A},\boldsymbol{b})$为增广矩阵，则此方程组(　　)。

(A)当 $r=m$ 时有唯一解；　(B)当 $r=n$ 时有唯一解；

(C)当 $m=n$ 时有解；　(D)当 $r\leqslant m$ 时有无穷多解。

3. 设 $\boldsymbol{A}$ 为 $m\times n$ 矩阵，$\boldsymbol{B}$ 为 $n\times m$ 矩阵，则方程组$(\boldsymbol{AB})\boldsymbol{x}=\boldsymbol{0}$ (　　)。

(A)当 $n>m$ 时，仅有零解；　(B)当 $n>m$ 时，必有非零解；

(C)当 $n<m$ 时，仅有零解；　(D)当 $n<m$ 时，必有非零解。

4. 关于非齐次方程组 $\boldsymbol{Ax}=\boldsymbol{b}(\boldsymbol{b}\neq\boldsymbol{0})$与其导出组 $\boldsymbol{Ax}=\boldsymbol{0}$，下列说法正确的是(　　)。

(A)$\boldsymbol{Ax}=\boldsymbol{0}$ 无非零解时 $\boldsymbol{Ax}=\boldsymbol{b}$ 无解；　(B)$\boldsymbol{Ax}=\boldsymbol{0}$有非零解时 $\boldsymbol{Ax}=\boldsymbol{b}$ 有无穷多解；

(C)$\boldsymbol{Ax}=\boldsymbol{0}$ 仅有零解时 $\boldsymbol{Ax}=\boldsymbol{b}$ 有唯一解；　(D)$\boldsymbol{Ax}=\boldsymbol{b}$ 有唯一解时 $\boldsymbol{Ax}=\boldsymbol{0}$仅有零解。

5. 设 $\boldsymbol{\beta}=(3,5,-6)^{\mathrm{T}}$，$\boldsymbol{\alpha}_1=(1,0,1)^{\mathrm{T}}$，$\boldsymbol{\alpha}_2=(1,1,1)^{\mathrm{T}}$，$\boldsymbol{\alpha}_3=(0,-1,-1)^{\mathrm{T}}$，且 $\boldsymbol{\beta}=k_1\boldsymbol{\alpha}_1+k_2\boldsymbol{\alpha}_2+k_3\boldsymbol{\alpha}_3$，则组合系数 k_1,k_2,k_3 为(　　)。

(A) $(k_1,k_2,k_3)=(1,4,7)$；　(B)$(k_1,k_2,k_3)=(-11,14,9)$；

(C)$(k_1,k_2,k_3)=(11,-14,-9)$；　(D)$(k_1,k_2,k_3)=(3,5,-6)$。

6. 设 $\boldsymbol{\alpha}_1=(1,1,1)^{\mathrm{T}}$，$\boldsymbol{\alpha}_2=(1,1,2)^{\mathrm{T}}$，$\boldsymbol{\alpha}_3=(1,1,4)^{\mathrm{T}}$，则(　　)。

(A)α_1,α_2 线性相关；　　(B)α_1,α_3 线性相关；

(C)α_2,α_3 线性相关；　　(D)$\alpha_1,\alpha_2,\alpha_3$ 线性相关。

7. 设矩阵 $\boldsymbol{A},\boldsymbol{B},\boldsymbol{C}$ 均为 n 阶矩阵，若 $\boldsymbol{AB}=\boldsymbol{C}$，且 $\boldsymbol{B}$ 可逆，则(　　)。

(A)矩阵 $\boldsymbol{C}$ 的行向量组与矩阵 $\boldsymbol{A}$ 的行向量组等价；

(B)矩阵 $\boldsymbol{C}$ 的列向量组与矩阵 $\boldsymbol{A}$ 的列向量组等价；

(C)矩阵 $\boldsymbol{C}$ 的行向量组与矩阵 $\boldsymbol{B}$ 的行向量组等价；

(D)矩阵 $\boldsymbol{C}$ 的列向量组与矩阵 $\boldsymbol{B}$ 的列向量组等价。

8. 设矩阵 $\boldsymbol{A}=\begin{pmatrix}1&1&1\\1&a&a^2\\1&b&b^2\end{pmatrix}$，$\boldsymbol{b}=\begin{pmatrix}1\\2\\4\end{pmatrix}$，则 $\boldsymbol{Ax}=\boldsymbol{b}$ 的解的情况是(　　)。

(A)无解；　　(B)有解；

(C)有无穷多解或无解；　　(D)有唯一解或无解。

9. 设矩阵 $\boldsymbol{A}=\begin{pmatrix}1&1&1\\1&2&a\\1&4&a^2\end{pmatrix}$，$\boldsymbol{b}=\begin{pmatrix}1\\d\\d^2\end{pmatrix}$，集合 $U=\{1,2\}$，则线性方程组 $\boldsymbol{Ax}=\boldsymbol{b}$ 有无穷多解的充分必要条件是(　　)。

(A)$a\notin U$，$d\notin U$；　(B)$a\notin U$，$d\in U$；　(C)$a\in U$，$d\notin U$；　(D)$a\in U$，$d\in U$。

10. 设 $\boldsymbol{\alpha}_1=\begin{pmatrix}1\\2\\3\end{pmatrix}$，$\boldsymbol{\alpha}_2=\begin{pmatrix}2\\1\\1\end{pmatrix}$，$\boldsymbol{\beta}_1=\begin{pmatrix}2\\5\\9\end{pmatrix}$，$\boldsymbol{\beta}_2=\begin{pmatrix}1\\0\\1\end{pmatrix}$。$\boldsymbol{\gamma}$ 可由 $\boldsymbol{\alpha}_1,\boldsymbol{\alpha}_2$ 线性表示，也可由 $\boldsymbol{\beta}_1,\boldsymbol{\beta}_2$ 线性表示，则 $\boldsymbol{\gamma}=$(　　)。

(A)$k\begin{pmatrix}3\\3\\4\end{pmatrix}$，$k$ 为任意常数；　　(B)$k\begin{pmatrix}3\\5\\10\end{pmatrix}$，$k$ 为任意常数；

(C)$k\begin{pmatrix}-1\\1\\2\end{pmatrix}$，$k$ 为任意常数；　　(D)$k\begin{pmatrix}1\\5\\8\end{pmatrix}$，$k$ 为任意常数。

二、填空题

11. 设 $\boldsymbol{A}$ 为三阶矩阵，$\boldsymbol{\alpha}_1,\boldsymbol{\alpha}_2,\boldsymbol{\alpha}_3$ 为线性无关的向量组，若 $\boldsymbol{A\alpha}_1=\boldsymbol{\alpha}_1+\boldsymbol{\alpha}_2$，$\boldsymbol{A\alpha}_2=\boldsymbol{\alpha}_2+\boldsymbol{\alpha}_3$，$\boldsymbol{A\alpha}_3=\boldsymbol{\alpha}_1+\boldsymbol{\alpha}_3$，则 $|\boldsymbol{A}|=$__________。

12. 已知向量组 $\boldsymbol{\alpha}_1=(1,2,3)^{\mathrm{T}}$，$\boldsymbol{\alpha}_2=(0,2,-a)^{\mathrm{T}}$，$\boldsymbol{\alpha}_3=(3,a,1)^{\mathrm{T}}$ 线性相关，则常数 $a=$ ________。

13. 设矩阵 $\boldsymbol{A}=\begin{pmatrix}1&0&1\\1&1&2\\0&1&1\end{pmatrix}$，$\boldsymbol{\alpha}_1,\boldsymbol{\alpha}_2,\boldsymbol{\alpha}_3$ 为线性无关的三维列向量组，则向量组 $\boldsymbol{A\alpha}_1,\boldsymbol{A\alpha}_2,\boldsymbol{A\alpha}_3$ 的秩为__________。

14. 设方程组 $\begin{pmatrix}a&1&1\\1&a&1\\1&1&a\end{pmatrix}\begin{pmatrix}x_1\\x_2\\x_3\end{pmatrix}=\begin{pmatrix}1\\1\\-2\end{pmatrix}$ 有无穷多解，则 $a=$ ________。

15. 已知三元线性方程组 $\boldsymbol{Ax}=\boldsymbol{b}$ 有无穷多解，且 $\boldsymbol{\alpha}_1=(1,2,1)^{\mathrm{T}}$，$\boldsymbol{\alpha}_2=(0,2,-1)^{\mathrm{T}}$，$\boldsymbol{\alpha}_3=(1,0,1)^{\mathrm{T}}$ 是其三个解，则方程组的通解为________。

三、计算题

16. 求矩阵 $\begin{pmatrix}1&1&2&2&1\\0&2&1&5&-1\\2&0&3&-1&3\\1&1&0&4&-1\end{pmatrix}$ 的列向量组的一个极大无关组，并将其余列向量用极大无关组线性表示出来。

17. 求解下列线性方程组的通解。

(1) $\begin{cases}x_1+x_2+2x_3-x_4=0,\\2x_1+x_2+x_3-x_4=0,\\2x_1+2x_2+x_3+2x_4=0。\end{cases}$　(2) $\begin{cases}2x_1+x_2-x_3+x_4=1,\\3x_1-2x_2+x_3-3x_4=4,\\x_1+4x_2-3x_3+5x_4=-2。\end{cases}$

18. 设 $\boldsymbol{\alpha}_1=\begin{pmatrix}2\\a\\4\end{pmatrix}$，$\boldsymbol{\alpha}_2=\begin{pmatrix}a\\-1\\5\end{pmatrix}$，$\boldsymbol{\alpha}_3=\begin{pmatrix}1\\-1\\5\end{pmatrix}$，$\boldsymbol{\beta}=\begin{pmatrix}1\\2\\-1\end{pmatrix}$，$a$ 取何值时 $\boldsymbol{\beta}$ 可由 $\boldsymbol{\alpha}_1,\boldsymbol{\alpha}_2,\boldsymbol{\alpha}_3$ 线性表示？并求出表示式。

四、证明题

19. 设 $\boldsymbol{A}$ 为 n 阶方阵，$\boldsymbol{\alpha}_1,\boldsymbol{\alpha}_2,\boldsymbol{\alpha}_3$ 为 n 维列向量，且有 $\boldsymbol{A\alpha}_1=\boldsymbol{\alpha}_1\neq\boldsymbol{0}$，$\boldsymbol{A\alpha}_2=\boldsymbol{\alpha}_1+\boldsymbol{\alpha}_2$，$\boldsymbol{A\alpha}_3=\boldsymbol{\alpha}_2+\boldsymbol{\alpha}_3$。证明 $\boldsymbol{\alpha}_1,\boldsymbol{\alpha}_2,\boldsymbol{\alpha}_3$ 线性无关。

20. 设 $\boldsymbol{A}$ 是 $n\times m$ 矩阵，$\boldsymbol{B}$ 是 $m\times n$ 矩阵，其中 $m>n$，$\boldsymbol{E}$ 是 n 阶单位矩阵。若 $\boldsymbol{AB}=\boldsymbol{E}$，证明 $\boldsymbol{B}$ 的列向量组线性无关。

21. 设矩阵 $\boldsymbol{A}=\begin{pmatrix}1 & -1 & 0 & -1\\ 1 & 1 & 0 & 3\\ 2 & 1 & 2 & 6\end{pmatrix}$，$\boldsymbol{B}=\begin{pmatrix}1 & 0 & 1 & 2\\ 1 & -1 & a & a-1\\ 2 & -3 & 2 & -2\end{pmatrix}$，向量 $\boldsymbol{\alpha}=\begin{pmatrix}0\\ 2\\ 3\end{pmatrix}$，$\boldsymbol{\beta}=\begin{pmatrix}1\\ 0\\ -1\end{pmatrix}$。

(1)证明：方程组 $\boldsymbol{AX}=\boldsymbol{\alpha}$ 的解均是方程组 $\boldsymbol{BX}=\boldsymbol{\beta}$ 的解；(2)若方程组 $\boldsymbol{AX}=\boldsymbol{\alpha}$ 与方程组 $\boldsymbol{BX}=\boldsymbol{\beta}$ 不同解，求 a 的值。

第4章 CHAPTER 4

向量空间

本章目标：

(1)了解 n 维向量空间的概念，了解 $\mathbb{R}^n$ 的基、子空间及其维数的概念，了解向量在不同基下的坐标变换。

(2)了解 n 维向量内积的概念，会用施密特(Schmidt)方法将线性无关向量组标准正交化。

(3)了解正交矩阵的概念及其性质。

前一章在研究线性方程组通解的结构时，提到了方程组的解向量空间概念。本章不局限于具体的解向量，就一般的 n 维向量介绍向量空间的一些基本概念和理论。

4.1 向量空间基本概念

4.1.1 向量空间的定义

定义 4.1 设 V 为 n 维向量组成的集合,如果集合 V 非空,且集合 V 关于向量的线性运算满足：

(1)若向量 $\boldsymbol{\alpha},\boldsymbol{\beta}\in V$，则 $\boldsymbol{\alpha}+\boldsymbol{\beta}\in V$(关于加法运算封闭)；

(2)若向量 $\boldsymbol{\alpha}\in V$，对任意实数 $k\in\mathbb{R}$ 则 $k\boldsymbol{\alpha}\in V$(关于数乘运算封闭)。

那么就称集合 V 为**向量空间**。

注：(1)由定义知，若实数 $k=0$，则 $0\boldsymbol{\alpha}=\mathbf{0}\in V$，即 V 中存在零向量。同理，V 中任意向量的负向量也在 V 中。

(2)若 V 中存在非零向量，则向量空间 V 中就有无限多个向量。

(3)加法及数乘两种运算统称为线性运算，因而向量空间也可理解为关于线性运算封闭的非空向量集合。

【例 4.1】全体三维实向量所组成的集合

$$\{(a,b,c)^{\mathrm{T}} \mid a,b,c \in \mathbb{R}\}$$

是一个向量空间，记为 $\mathbb{R}^3$。

因为任意两个三维实向量之和仍然是三维实向量，三维实向量乘以实数 k 所得向量仍然是三维实向量,它们都属于 $\mathbb{R}^3$。

【例 4.2】全体 n 维实向量所组成的集合

$$\{(a_1,a_2,\cdots,a_n)^{\mathrm{T}} \mid a_i \in \mathbb{R}, i=1,2,\cdots,n\}$$

是一个向量空间。记为 $\mathbb{R}^n$。

【解】因为任意两个 n 维实向量之和仍然是 n 维实向量,实数 k 乘以 n 维实向量仍然是 n 维实向量,它们都属于 $\mathbb{R}^n$。

【例 4.3】n 维实向量集合 $V=\{(a_1,a_2,\cdots,a_{n-1},0) \mid a_i \in \mathbb{R}, i=1,\cdots,(n-1)\}$是一个向量空间。

【解】注意到 V 中向量的第 n 个分量为 0。因为对于任意 $\boldsymbol{\alpha},\boldsymbol{\beta} \in V$，以及实数 k，若

$$\boldsymbol{\alpha}=(a_1,a_2,\cdots,a_{n-1},0),\ \boldsymbol{\beta}=(b_1,b_2,\cdots,b_{n-1},0),$$

则

$$\boldsymbol{\alpha}+\boldsymbol{\beta}=(a_1+b_1,a_2+b_2,\cdots,a_{n-1}+b_{n-1},0) \in V(\text{关于加法运算封闭}),$$

且

$$k\boldsymbol{\alpha}=(ka_1,ka_2,\cdots,ka_{n-1},0) \in V \qquad (\text{关于数乘运算封闭})。$$

所以 V 是一个向量空间。

【例 4.4】n 维实向量集合 $W=\{(a_1,a_2,\cdots,a_{n-1},1) \mid a_i \in \mathbb{R}, i=1,\cdots,(n-1)\}$不是向量空间。

【解】注意到 V 中向量的第 n 个分量为 1。因为对于任意 $\boldsymbol{\alpha},\boldsymbol{\beta} \in W$，若

$$\boldsymbol{\alpha}=(a_1,a_2,\cdots,a_{n-1},1),\ \boldsymbol{\beta}=(b_1,b_2,\cdots,b_{n-1},1),$$

则

$$\boldsymbol{\alpha}+\boldsymbol{\beta}=(a_1+b_1,a_2+b_2,\cdots,a_{n-1}+b_{n-1},2) \notin W,$$

向量 $\boldsymbol{\alpha}+\boldsymbol{\beta}$ 的第 n 个分量为 $2(\neq 1)$，即集合 W 关于加法运算不封闭，所以 W 不是向量空间。

【例 4.5】给定两个 n 维向量 $\boldsymbol{\alpha}$，$\boldsymbol{\beta}$，由 $\boldsymbol{\alpha},\boldsymbol{\beta}$ 的线性运算得到的全体向量集合

$$V=\{k_1\boldsymbol{\alpha}+k_2\boldsymbol{\beta} \mid k_i \in \mathbb{R}, i=1,2\}$$

是一向量空间。

【解】因为对于任意 $\boldsymbol{\delta},\boldsymbol{\gamma}\in V$，设 $\boldsymbol{\delta}=k_1\boldsymbol{\alpha}+k_2\boldsymbol{\beta}$，$\boldsymbol{\gamma}=l_1\boldsymbol{\alpha}+l_2\boldsymbol{\beta}$，则有

$$\boldsymbol{\delta}+\boldsymbol{\gamma}=(k_1+l_1)\boldsymbol{\alpha}+(k_2+l_2)\boldsymbol{\beta}\in V(\text{关于加法运算封闭}),$$

且

$$k\boldsymbol{\delta}=(kk_1)\boldsymbol{\alpha}+(kk_2)\boldsymbol{\beta}\in V(\text{关于数乘运算封闭})。$$

所以 V 是一个向量空间。

像例 4.5 这样的空间称作由向量 $\boldsymbol{\alpha},\boldsymbol{\beta}$ 生成的向量空间，记作 $L(\boldsymbol{\alpha},\boldsymbol{\beta})$。

一般地，由向量 $\boldsymbol{\alpha}_1,\boldsymbol{\alpha}_2,\cdots,\boldsymbol{\alpha}_s$ 生成的向量空间，记作 $L(\boldsymbol{\alpha}_1,\boldsymbol{\alpha}_2,\cdots,\boldsymbol{\alpha}_s)$，即

$$\begin{aligned}&L(\boldsymbol{\alpha}_1,\boldsymbol{\alpha}_2,\cdots,\boldsymbol{\alpha}_s)\\&=\{k_1\boldsymbol{\alpha}_1+k_2\boldsymbol{\alpha}_2+\cdots+k_s\boldsymbol{\alpha}_s\,|\,k_j\in\mathbb{R},\boldsymbol{\alpha}_j\in\mathbb{R}^n,j=1,\cdots,s\}。\end{aligned}$$

【例 4.6】n 元齐次线性方程组的解向量集

$$S=\{\boldsymbol{x}\,|\,\boldsymbol{A}\boldsymbol{x}=\boldsymbol{0}\}$$

是一个向量空间，称为齐次线性方程组的**解空间**。

显然，由齐次线性方程组解的结构可知，齐次线性方程组的**解空间**也可以看成基础解系生成的向量空间，即

$$S=\{\boldsymbol{x}\,|\,\boldsymbol{x}=k_1\boldsymbol{\xi}_1+k_2\boldsymbol{\xi}_2+\cdots+k_{n-r}\boldsymbol{\xi}_{n-r},k_i\in\mathbb{R}\}$$

其中 $\boldsymbol{\xi}_1,\boldsymbol{\xi}_2,\cdots,\boldsymbol{\xi}_{n-r}$ 为 $\boldsymbol{A}\boldsymbol{x}=\boldsymbol{0}$ 的基础解系。

向量空间的维数

定义 4.2　如果向量空间 V 中有 r 个线性无关的向量，且 V 中任意 $r+1$ 个向量均线性相关，则称 V 为 **r 维向量空间**，或者说 V 的**维数是 r**，记为 $\dim(V)=r$。

注：(1)由定义知，只有零向量的向量空间的维数规定为 0，即 $\dim(\boldsymbol{O})=0$。

(2)向量空间的维数与向量的维数是不同的概念，二者不能混淆。向量的维数是指向量的分量个数。

(3)对于向量空间 $\mathbb{R}^n$，由于 n 维基本单位向量组 $\boldsymbol{\varepsilon}_1,\boldsymbol{\varepsilon}_2,\cdots,\boldsymbol{\varepsilon}_n$ 线性无关，且 n 维向量都可由其线性表示，所以 $\dim(\mathbb{R}^n)=n$。

(4) 在例 4.3 中，$\dim(V)=n-1$；在例 4.5 中，若向量 $\boldsymbol{\alpha},\boldsymbol{\beta}$ 线性无关，则 $\dim L(\boldsymbol{\alpha},\boldsymbol{\beta})=2$；在例 4.6 中，$\dim(S)=n-r(\boldsymbol{A})$。

(5)空间的维数是空间的重要数字特征，这一点在以后的学习中可逐步体会到。

子空间

定义 4.3　设 V 是一个向量空间，$V_1\neq\varnothing$ 且 $V_1\subset V$，如果 V_1 对于加法及乘数运算也

是封闭的，则称 V_1 是 V 的**子空间**。

注：(1)由定义，只有零向量的空间 $\{\mathbf{0}\}$ 是 $\mathbb{R}^n$ 的子空间，称为**零子空间**；向量空间 $\mathbb{R}^n$ 也是 $\mathbb{R}^n$ 的子空间，称为**平凡子空间**。

(2)由 s 个 n 维向量 $\boldsymbol{\alpha}_1,\boldsymbol{\alpha}_2,\cdots,\boldsymbol{\alpha}_s$ 生成的空间

$$\begin{aligned}&L(\boldsymbol{\alpha}_1,\boldsymbol{\alpha}_2,\cdots,\boldsymbol{\alpha}_s)\\&=\{k_1\boldsymbol{\alpha}_1+k_2\boldsymbol{\alpha}_2+\cdots+k_s\boldsymbol{\alpha}_s \mid k_j\in\mathbb{R},\boldsymbol{\alpha}_j\in\mathbb{R}^n,j=1,\cdots,s\}\end{aligned}$$

是 $\mathbb{R}^n$ 的子空间。

(3)容易证明：若 V_1 是 V 的子空间，则 $\dim V_1\leqslant\dim V$，即子空间的维数小于或等于原空间的维数。

4.1.2 基与坐标

定义 4.4 若向量空间 V 的维数为 r，则在 V 中的 r 个线性无关的向量组 $\boldsymbol{\alpha}_1,\boldsymbol{\alpha}_2,\cdots,\boldsymbol{\alpha}_r$ 就称为 V 的一个**基**或**基底**。

设 $\boldsymbol{\alpha}_1,\boldsymbol{\alpha}_2,\cdots,\boldsymbol{\alpha}_r$ 是 V 的一个基，则 V 中任意向量 $\boldsymbol{\alpha}$ 可唯一地表示为

$$\boldsymbol{\alpha}=x_1\boldsymbol{\alpha}_1+x_2\boldsymbol{\alpha}_2+\cdots+x_r\boldsymbol{\alpha}_r,$$

数组 $x_1,x_2,\cdots,x_r$ 称为向量 $\boldsymbol{\alpha}$ 在基 $\boldsymbol{\alpha}_1,\boldsymbol{\alpha}_2,\cdots,\boldsymbol{\alpha}_r$ 中的坐标，记作 $(x_1,x_2,\cdots,x_r)$。

注：(1)如果 V 是 0 维向量空间，即只含一个向量 $\mathbf{0}$，那么 V 没有基。

(2)若把向量空间 V 看作向量组,则向量空间 V 的基就是向量组的极大无关组,向量空间 V 的维数就是向量组的秩。

(3)由于极大无关组不唯一，因此向量空间 V 的基不唯一。

(4)引入向量在确定基中的坐标，从方法论上来说，对向量空间 V 的研究可以转化为对 r 维向量的研究。V 中的向量 α 是 n 维的，而 $\boldsymbol{\alpha}$ 在基中的坐标是 r 维的向量，$r\leqslant n$，这也就达到了降维的目的。

以下我们主要研究向量空间 $\mathbb{R}^n$，介绍一些相关的概念。

在向量空间 $\mathbb{R}^n$ 中，显然基本单位向量组

$$\boldsymbol{\varepsilon}_1=\begin{pmatrix}1\\0\\\vdots\\0\end{pmatrix},\boldsymbol{\varepsilon}_2=\begin{pmatrix}0\\1\\\vdots\\0\end{pmatrix},\cdots,\boldsymbol{\varepsilon}_n=\begin{pmatrix}0\\0\\\vdots\\1\end{pmatrix}$$

是 $\mathbb{R}^n$ 的一个基(习惯上称为**自然基**)，且任意向量 $\boldsymbol{\alpha}=(a_1,a_2,\cdots,a_n)^{\mathrm{T}}\in\mathbb{R}^n$ 可唯一地表

示为

$$\boldsymbol{\alpha}=a_1\boldsymbol{\varepsilon}_1+a_2\boldsymbol{\varepsilon}_2+\cdots+a_n\boldsymbol{\varepsilon}_n,$$

即向量 $\boldsymbol{\alpha}$ 在基 $\boldsymbol{\varepsilon}_1,\boldsymbol{\varepsilon}_2,\cdots,\boldsymbol{\varepsilon}_n$ 中的坐标是 $(a_1,a_2,\cdots,a_n)$。

除 $\mathbb{R}^n$ 的自然基外，可以验证向量组

$$\boldsymbol{\eta}_1=\begin{pmatrix}1\\0\\\vdots\\0\end{pmatrix},\ \boldsymbol{\eta}_2=\begin{pmatrix}1\\1\\\vdots\\0\end{pmatrix},\ \cdots,\ \boldsymbol{\eta}_n=\begin{pmatrix}1\\1\\\vdots\\1\end{pmatrix}$$

也是 $\mathbb{R}^n$ 的一个基。因为 $\boldsymbol{\eta}_1,\boldsymbol{\eta}_2,\cdots,\boldsymbol{\eta}_n$ 线性无关，且 $n+1$ 个 n 维向量 $\boldsymbol{\eta}_1,\boldsymbol{\eta}_2,\cdots,\boldsymbol{\eta}_n,\boldsymbol{\alpha}$ 线性相关，故向量 $\boldsymbol{\alpha}=(a_1,a_2,\cdots,a_n)^{\mathrm{T}}$ 可由基 $\boldsymbol{\eta}_1,\boldsymbol{\eta}_2,\cdots,\boldsymbol{\eta}_n$ 线性表示。

显然，向量 $\boldsymbol{\alpha}=(a_1,a_2,\cdots,a_n)^{\mathrm{T}}$ 在基 $\boldsymbol{\eta}_1,\boldsymbol{\eta}_2,\cdots,\boldsymbol{\eta}_n$ 中的坐标 $(x_1,x_2,\cdots,x_n)$ 满足方程

$$x_1\boldsymbol{\eta}_1+x_2\boldsymbol{\eta}_2+\cdots+x_n\boldsymbol{\eta}_n=\boldsymbol{\alpha},$$

即

$$\begin{cases}x_1+x_2+\cdots+x_n=a_1,\\ \qquad x_2+\cdots+x_n=a_2,\\ \qquad\qquad\vdots\\ \qquad\qquad x_n=a_n。\end{cases}$$

解此方程组可得 $(x_1,x_2,\cdots,x_n)=(a_2-a_1,a_3-a_2,\cdots,a_n-a_{n-1},a_n)$。

一般地，设 $\boldsymbol{\alpha}_1,\boldsymbol{\alpha}_2,\cdots,\boldsymbol{\alpha}_n$ 是 $\mathbb{R}^n$ 的一个基，那么求向量 $\boldsymbol{\alpha}=(a_1,a_2,\cdots,a_n)^{\mathrm{T}}$ 在基 $\boldsymbol{\alpha}_1,\boldsymbol{\alpha}_2,\cdots,\boldsymbol{\alpha}_n$ 中的坐标 $(x_1,x_2,\cdots,x_n)$ 等价于解线性方程组

$$x_1\boldsymbol{\alpha}_1+x_2\boldsymbol{\alpha}_2+\cdots+x_n\boldsymbol{\alpha}_n=\boldsymbol{\alpha}。$$

【例 4.7】设 $\mathbb{R}^3$ 的一个基为

$$\boldsymbol{\alpha}_1=\begin{pmatrix}1\\0\\1\end{pmatrix},\ \boldsymbol{\alpha}_2=\begin{pmatrix}1\\1\\0\end{pmatrix},\ \boldsymbol{\alpha}_3=\begin{pmatrix}0\\1\\1\end{pmatrix},$$

求向量 $\boldsymbol{\alpha}=(2,3,3)^{\mathrm{T}}$ 在基 $\boldsymbol{\alpha}_1,\boldsymbol{\alpha}_2,\boldsymbol{\alpha}_3$ 中的坐标。

【解】设向量 $\boldsymbol{\alpha}=(2,3,3)^{\mathrm{T}}$ 在基 $\boldsymbol{\alpha}_1,\boldsymbol{\alpha}_2,\boldsymbol{\alpha}_3$ 中的坐标为 x_1,x_2,x_3，即

$$x_1\boldsymbol{\alpha}_1+x_2\boldsymbol{\alpha}_2+x_3\boldsymbol{\alpha}_3=\boldsymbol{\alpha},$$

由已知，得方程组

$$\begin{pmatrix}1&1&0\\0&1&1\\1&0&1\end{pmatrix}\begin{pmatrix}x_1\\x_2\\x_3\end{pmatrix}=\begin{pmatrix}2\\3\\3\end{pmatrix},$$

用初等行变换求解此方程，得

$$(\boldsymbol{A},\boldsymbol{\alpha})=\left(\begin{array}{ccc:c}1&1&0&2\\0&1&1&3\\1&0&1&3\end{array}\right)\xrightarrow{r}\left(\begin{array}{ccc:c}1&1&0&2\\0&1&1&3\\0&0&1&2\end{array}\right)\xrightarrow{r}\left(\begin{array}{ccc:c}1&0&0&1\\0&1&0&1\\0&0&1&2\end{array}\right)$$

所以 $\boldsymbol{\alpha}$ 在 $\boldsymbol{\alpha}_1,\boldsymbol{\alpha}_2,\boldsymbol{\alpha}_3$ 中的坐标为

$$\begin{pmatrix}x_1\\x_2\\x_3\end{pmatrix}=\begin{pmatrix}1\\1\\2\end{pmatrix}。$$

由于 $\mathbb{R}^n$ 中的基可以有多个，同一向量在不同基中的坐标不同，那么基与基之间存在怎样的关系呢？同一向量在不同基中的坐标之间又存在怎样的变换呢？下一节引入基变换与坐标变换，运用矩阵工具回答这些问题。

练习 4.1

1. 设

$$V_1=\{\boldsymbol{x}=(x_1,x_2,\cdots,x_n)^{\mathrm{T}}\mid x_1,\cdots,x_n\in\mathbb{R},x_1+x_2+\cdots+x_n=0\},$$

$$V_2=\{\boldsymbol{x}=(x_1,x_2,\cdots,x_n)^{\mathrm{T}}\mid x_1,\cdots,x_n\in\mathbb{R},x_1+x_2+\cdots+x_n=1\},$$

问 V_1，V_2 是不是向量空间？为什么？

2. 证明 $\boldsymbol{\alpha}_1=(0,1,1)^{\mathrm{T}}$，$\boldsymbol{\alpha}_2=(1,0,1)^{\mathrm{T}}$，$\boldsymbol{\alpha}_3=(1,1,0)^{\mathrm{T}}$ 是空间 $\mathbb{R}^3$ 的一组基，并求 $\boldsymbol{\alpha}=(1,2,1)^{\mathrm{T}}$ 在该组基下的坐标。

4.2 基变换与坐标变换

4.2.1 基变换公式

由于向量空间的基不是唯一的，而不同的两个基是等价的，即两个基(向量组)可以互相线性表示。

定义 4.5　设 $\boldsymbol{\alpha}_1,\boldsymbol{\alpha}_2,\cdots,\boldsymbol{\alpha}_n$ 和 $\boldsymbol{\beta}_1,\boldsymbol{\beta}_2,\cdots,\boldsymbol{\beta}_n$ 是 $\mathbb{R}^n$ 的两个基，若 $\boldsymbol{\beta}_1,\boldsymbol{\beta}_2,\cdots,\boldsymbol{\beta}_n$ 由 $\boldsymbol{\alpha}_1,\boldsymbol{\alpha}_2,\cdots,\boldsymbol{\alpha}_n$ 线性表示为

$$\begin{cases}\boldsymbol{\beta}_1 = p_{11}\boldsymbol{\alpha}_1 + p_{21}\boldsymbol{\alpha}_2 + \cdots + p_{n1}\boldsymbol{\alpha}_n, \\ \boldsymbol{\beta}_2 = p_{12}\boldsymbol{\alpha}_1 + p_{22}\boldsymbol{\alpha}_2 + \cdots + p_{n2}\boldsymbol{\alpha}_n, \\ \qquad\vdots \\ \boldsymbol{\beta}_n = p_{1n}\boldsymbol{\alpha}_1 + p_{2n}\boldsymbol{\alpha}_2 + \cdots + p_{nn}\boldsymbol{\alpha}_n,\end{cases} \tag{4.1}$$

则称式(4.1)为**基变换公式**。

若记矩阵 $\boldsymbol{P}=\begin{pmatrix}p_{11} & p_{12} & \cdots & p_{1n}\\ p_{21} & p_{22} & \cdots & p_{2n}\\ \vdots & \vdots & & \vdots\\ p_{n1} & p_{n2} & \cdots & p_{nn}\end{pmatrix}$，矩阵 $\boldsymbol{A}=(\boldsymbol{\alpha}_1,\boldsymbol{\alpha}_2,\cdots,\boldsymbol{\alpha}_n)$，$\boldsymbol{B}=(\boldsymbol{\beta}_1,\boldsymbol{\beta}_2,\cdots,\boldsymbol{\beta}_n)$，利用矩阵乘法以及分块矩阵的运算，则式(4.1)可表示成

$$(\boldsymbol{\beta}_1,\boldsymbol{\beta}_2,\cdots,\boldsymbol{\beta}_n) = (\boldsymbol{\alpha}_1,\boldsymbol{\alpha}_2,\cdots,\boldsymbol{\alpha}_n)\begin{pmatrix}p_{11} & p_{12} & \cdots & p_{1n}\\ p_{21} & p_{22} & \cdots & p_{2n}\\ \vdots & \vdots & & \vdots\\ p_{n1} & p_{n2} & \cdots & p_{nn}\end{pmatrix}, \tag{4.2}$$

即

$$\boldsymbol{B} = \boldsymbol{AP},$$

称矩阵 $\boldsymbol{P}$ 为基 $\boldsymbol{\alpha}_1,\boldsymbol{\alpha}_2,\cdots,\boldsymbol{\alpha}_n$ 到基 $\boldsymbol{\beta}_1,\boldsymbol{\beta}_2,\cdots,\boldsymbol{\beta}_n$ 的**过渡矩阵**。

注：(1)由定义 4.5，显然矩阵 $\boldsymbol{A}=(\boldsymbol{\alpha}_1,\boldsymbol{\alpha}_2,\cdots,\boldsymbol{\alpha}_n)$，$\boldsymbol{B}=(\boldsymbol{\beta}_1,\boldsymbol{\beta}_2,\cdots,\boldsymbol{\beta}_n)$是可逆的，因此过渡矩阵 $\boldsymbol{P}=\boldsymbol{A}^{-1}\boldsymbol{B}$ 是可逆的，且基 $\boldsymbol{\beta}_1,\boldsymbol{\beta}_2,\cdots,\boldsymbol{\beta}_n$ 到基 $\boldsymbol{\alpha}_1,\boldsymbol{\alpha}_2,\cdots,\boldsymbol{\alpha}_n$ 的过渡矩阵为 $\boldsymbol{P}^{-1}=\boldsymbol{B}^{-1}\boldsymbol{A}$。

(2)例如，在 $\mathbb{R}^n$ 中的两个基

$$\boldsymbol{\varepsilon}_1=\begin{pmatrix}1\\0\\\vdots\\0\end{pmatrix},\boldsymbol{\varepsilon}_2=\begin{pmatrix}0\\1\\\vdots\\0\end{pmatrix},\cdots,\boldsymbol{\varepsilon}_n=\begin{pmatrix}0\\0\\\vdots\\1\end{pmatrix} \text{与}\ \boldsymbol{\eta}_1=\begin{pmatrix}1\\0\\\vdots\\0\end{pmatrix},\boldsymbol{\eta}_2=\begin{pmatrix}1\\1\\\vdots\\0\end{pmatrix},\cdots,\boldsymbol{\eta}_n=\begin{pmatrix}1\\1\\\vdots\\1\end{pmatrix}$$

之间有

$$\begin{cases} \boldsymbol{\eta}_1 = \boldsymbol{\varepsilon}_1 + 0\boldsymbol{\varepsilon}_2 + \cdots + 0\boldsymbol{\varepsilon}_n, \\ \boldsymbol{\eta}_2 = \boldsymbol{\varepsilon}_1 + \boldsymbol{\varepsilon}_2 + \cdots + 0\boldsymbol{\varepsilon}_n, \\ \qquad\vdots \\ \boldsymbol{\eta}_n = \boldsymbol{\varepsilon}_1 + \boldsymbol{\varepsilon}_2 + \cdots + \boldsymbol{\varepsilon}_n, \end{cases}$$

所以基 $\boldsymbol{\varepsilon}_1,\boldsymbol{\varepsilon}_2,\cdots,\boldsymbol{\varepsilon}_n$ 到基 $\boldsymbol{\eta}_1,\boldsymbol{\eta}_2,\cdots,\boldsymbol{\eta}_n$ 的过渡矩阵

$$\boldsymbol{P} = \begin{pmatrix} 1 & 1 & \cdots & 1 \\ 0 & 1 & \cdots & 1 \\ \vdots & \vdots & & \vdots \\ 0 & 0 & \cdots & 1 \end{pmatrix}。$$

设 $\mathbb{R}^n$ 的两个基分别为

$$\boldsymbol{\alpha}_1 = \begin{pmatrix} a_{11} \\ a_{21} \\ \vdots \\ a_{n1} \end{pmatrix},\ \boldsymbol{\alpha}_2 = \begin{pmatrix} a_{12} \\ a_{22} \\ \vdots \\ a_{n2} \end{pmatrix},\ \cdots,\ \boldsymbol{\alpha}_n = \begin{pmatrix} a_{1n} \\ a_{2n} \\ \vdots \\ a_{nn} \end{pmatrix}$$

与

$$\boldsymbol{\beta}_1 = \begin{pmatrix} b_{11} \\ b_{21} \\ \vdots \\ b_{n1} \end{pmatrix},\ \boldsymbol{\beta}_2 = \begin{pmatrix} b_{12} \\ b_{22} \\ \vdots \\ b_{n2} \end{pmatrix},\ \cdots,\ \boldsymbol{\beta}_n = \begin{pmatrix} b_{1n} \\ b_{2n} \\ \vdots \\ b_{nn} \end{pmatrix},$$

记矩阵

$$\boldsymbol{A} = (\boldsymbol{\alpha}_1,\boldsymbol{\alpha}_2,\cdots,\boldsymbol{\alpha}_n) = \begin{pmatrix} a_{11} & a_{12} & \cdots & a_{1n} \\ a_{21} & a_{22} & \cdots & a_{2n} \\ \vdots & \vdots & & \vdots \\ a_{n1} & a_{n2} & \cdots & a_{nn} \end{pmatrix},$$

$$\boldsymbol{B} = (\boldsymbol{\beta}_1,\boldsymbol{\beta}_2,\cdots,\boldsymbol{\beta}_n) = \begin{pmatrix} b_{11} & b_{12} & \cdots & b_{1n} \\ b_{21} & b_{22} & \cdots & b_{2n} \\ \vdots & \vdots & & \vdots \\ b_{n1} & b_{n2} & \cdots & b_{nn} \end{pmatrix}。$$

显然，矩阵 $\boldsymbol{A}$、$\boldsymbol{B}$ 可逆。设基 $\boldsymbol{\alpha}_1,\boldsymbol{\alpha}_2,\cdots,\boldsymbol{\alpha}_n$ 到基 $\boldsymbol{\beta}_1,\boldsymbol{\beta}_2,\cdots,\boldsymbol{\beta}_n$ 的过渡矩阵为 $\boldsymbol{P}$，则

$$(\boldsymbol{\beta}_1,\boldsymbol{\beta}_2,\cdots,\boldsymbol{\beta}_n) = (\boldsymbol{\alpha}_1,\boldsymbol{\alpha}_2,\cdots,\boldsymbol{\alpha}_n)\boldsymbol{P},$$

即 $\boldsymbol{B}=\boldsymbol{AP}$。因此

$$\boldsymbol{P}=\boldsymbol{A}^{-1}\boldsymbol{B}。$$

同理，由基 $\boldsymbol{\beta}_1,\boldsymbol{\beta}_2,\cdots,\boldsymbol{\beta}_n$ 到基 $\boldsymbol{\alpha}_1,\boldsymbol{\alpha}_2,\cdots,\boldsymbol{\alpha}_n$ 的过渡矩阵为 $\boldsymbol{P}^{-1}=\boldsymbol{B}^{-1}\boldsymbol{A}$。

如何求出过渡矩阵 $\boldsymbol{P}=\boldsymbol{A}^{-1}\boldsymbol{B}$ 或 $\boldsymbol{P}^{-1}=\boldsymbol{B}^{-1}\boldsymbol{A}$ 呢？由矩阵方程的解法（见第 2 章例 2.24），用矩阵的初等行变换方法

$$(\boldsymbol{A},\boldsymbol{B})\xrightarrow{\text{初等行变换}}(\boldsymbol{E},\boldsymbol{A}^{-1}\boldsymbol{B})$$

就可以求得过渡矩阵 $\boldsymbol{P}=\boldsymbol{A}^{-1}\boldsymbol{B}$。

4.2.2 坐标变换公式

定理 4.1 设 $\boldsymbol{\alpha}_1,\boldsymbol{\alpha}_2,\cdots,\boldsymbol{\alpha}_n$ 和 $\boldsymbol{\beta}_1,\boldsymbol{\beta}_2,\cdots,\boldsymbol{\beta}_n$ 是 $\mathbb{R}^n$ 的两组基，由 $\boldsymbol{\alpha}_1,\boldsymbol{\alpha}_2,\cdots,\boldsymbol{\alpha}_n$ 和 $\boldsymbol{\beta}_1,\boldsymbol{\beta}_2,\cdots,\boldsymbol{\beta}_n$ 的过渡矩阵为 $\boldsymbol{P}$，$\boldsymbol{\alpha}$ 关于基 $\boldsymbol{\alpha}_1,\boldsymbol{\alpha}_2,\cdots,\boldsymbol{\alpha}_n$ 的坐标为 $\boldsymbol{x}=(x_1,x_2,\cdots,x_n)^{\mathrm{T}}$，$\boldsymbol{\alpha}$ 关于 $\boldsymbol{\beta}_1,\boldsymbol{\beta}_2,\cdots,\boldsymbol{\beta}_n$ 的坐标为 $\boldsymbol{y}=(y_1,y_2,\cdots,y_n)^{\mathrm{T}}$，则

$$\boldsymbol{x}=\boldsymbol{P}\boldsymbol{y}\quad\text{或}\quad\boldsymbol{y}=\boldsymbol{P}^{-1}\boldsymbol{x},$$

即

$$\begin{pmatrix}x_1\\x_2\\\vdots\\x_n\end{pmatrix}=\boldsymbol{P}\begin{pmatrix}y_1\\y_2\\\vdots\\y_n\end{pmatrix}\quad\text{或}\quad\begin{pmatrix}y_1\\y_2\\\vdots\\y_n\end{pmatrix}=\boldsymbol{P}^{-1}\begin{pmatrix}x_1\\x_2\\\vdots\\x_n\end{pmatrix}\tag{4.3}$$

称式(4.3)为**坐标变换公式**。

从式(4.3)我们可以看到，坐标变换公式与基变换公式（特别是过渡矩阵）有密切的联系。

【例 4.8】设 $\mathbb{R}^3$ 的两个基为

$$\boldsymbol{\alpha}_1=\begin{pmatrix}1\\0\\1\end{pmatrix},\ \boldsymbol{\alpha}_2=\begin{pmatrix}1\\1\\0\end{pmatrix},\ \boldsymbol{\alpha}_3=\begin{pmatrix}0\\1\\1\end{pmatrix}\quad\text{和}\quad\boldsymbol{\beta}_1=\begin{pmatrix}2\\2\\2\end{pmatrix},\ \boldsymbol{\beta}_2=\begin{pmatrix}1\\1\\2\end{pmatrix},\ \boldsymbol{\beta}_3=\begin{pmatrix}1\\2\\1\end{pmatrix},$$

向量 $\boldsymbol{\alpha}=(2,3,3)^{\mathrm{T}}$。(1)求基 $\boldsymbol{\alpha}_1,\boldsymbol{\alpha}_2,\boldsymbol{\alpha}_3$ 到基 $\boldsymbol{\beta}_1,\boldsymbol{\beta}_2,\boldsymbol{\beta}_3$ 的过渡矩阵；(2)求 $\boldsymbol{\alpha}$ 关于这两个基的坐标。

【解】(1)记 $\boldsymbol{A}=(\boldsymbol{\alpha}_1,\boldsymbol{\alpha}_2,\boldsymbol{\alpha}_3)=\begin{pmatrix}1&1&0\\0&1&1\\1&0&1\end{pmatrix}$，$\boldsymbol{B}=(\boldsymbol{\beta}_1,\boldsymbol{\beta}_2,\boldsymbol{\beta}_3)=\begin{pmatrix}2&1&1\\2&1&2\\2&2&1\end{pmatrix}$，对矩阵

$(\boldsymbol{A},\boldsymbol{B})$做初等行变换，

$$(\boldsymbol{A},\boldsymbol{B})=\left(\begin{array}{ccc:ccc}1&1&0&2&1&1\\0&1&1&2&1&2\\1&0&1&2&2&1\end{array}\right)\xrightarrow{r}\left(\begin{array}{ccc:ccc}1&0&0&1&1&0\\0&1&0&1&0&1\\0&0&1&1&1&1\end{array}\right)。$$

因此，由基 $\boldsymbol{\alpha}_1,\boldsymbol{\alpha}_2,\boldsymbol{\alpha}_3$ 到基 $\boldsymbol{\beta}_1,\boldsymbol{\beta}_2,\boldsymbol{\beta}_3$ 的过渡矩阵为

$$\boldsymbol{P}=\begin{pmatrix}1&1&0\\1&0&1\\1&1&1\end{pmatrix}。$$

(2)求向量 $\boldsymbol{\alpha}=(2,3,3)^{\mathrm{T}}$ 在基 $\boldsymbol{\beta}_1,\boldsymbol{\beta}_2,\boldsymbol{\beta}_3$ 中的坐标，设

$$\boldsymbol{\alpha}=y_1\boldsymbol{\beta}_1+y_2\boldsymbol{\beta}_2+y_3\boldsymbol{\beta}_3,$$

则

$$(\boldsymbol{\beta}_1,\boldsymbol{\beta}_2,\boldsymbol{\beta}_3)\begin{pmatrix}y_1\\y_2\\y_3\end{pmatrix}=\boldsymbol{\alpha}。$$

用初等行变换求解方程，

$$(\boldsymbol{B},\boldsymbol{\alpha})=\left(\begin{array}{ccc:c}2&1&1&2\\2&1&2&3\\2&2&1&3\end{array}\right)\xrightarrow{r}\left(\begin{array}{ccc:c}1&0&0&0\\0&1&0&1\\0&0&1&1\end{array}\right)$$

所以 $\boldsymbol{\alpha}$ 在 $\boldsymbol{\beta}_1,\boldsymbol{\beta}_2,\boldsymbol{\beta}_3$ 下的坐标为

$$\begin{pmatrix}y_1\\y_2\\y_3\end{pmatrix}=\begin{pmatrix}0\\1\\1\end{pmatrix}。$$

又由(1)中的过渡矩阵 $\boldsymbol{P}$ 以及**坐标变换公式得**，$\boldsymbol{\alpha}$ 在 $\boldsymbol{\alpha}_1$，$\boldsymbol{\alpha}_2$，$\boldsymbol{\alpha}_3$ 下的坐标为

$$\begin{pmatrix}x_1\\x_2\\x_3\end{pmatrix}=\boldsymbol{P}\begin{pmatrix}y_1\\y_2\\y_3\end{pmatrix}=\begin{pmatrix}1&1&0\\1&0&1\\1&1&1\end{pmatrix}\begin{pmatrix}0\\1\\1\end{pmatrix}=\begin{pmatrix}1\\1\\2\end{pmatrix}。$$

综上，$\boldsymbol{\alpha}$ 在 $\boldsymbol{\alpha}_1,\boldsymbol{\alpha}_2,\boldsymbol{\alpha}_3$ 下的坐标为$(1,1,2)^{\mathrm{T}}$，$\boldsymbol{\alpha}$ 在 $\boldsymbol{\beta}_1,\boldsymbol{\beta}_2,\boldsymbol{\beta}_3$ 下的坐标为$(0,1,1)^{\mathrm{T}}$。

练习 4.2

1. 求基 $\boldsymbol{\alpha}_1,\boldsymbol{\alpha}_2,\cdots,\boldsymbol{\alpha}_n$ 到基 $\boldsymbol{\alpha}_n$，$\boldsymbol{\alpha}_{n-1}$，$\cdots$，$\boldsymbol{\alpha}_2,\boldsymbol{\alpha}_1$ 的过渡矩阵。

2. 在 $\mathbb{R}^3$ 中，取两组基 $\boldsymbol{\alpha}_1=(1,2,1)^{\mathrm{T}}$，$\boldsymbol{\alpha}_2=(2,3,3)^{\mathrm{T}}$，$\boldsymbol{\alpha}_3=(3,7,1)^{\mathrm{T}}$以及 $\boldsymbol{\beta}_1=(3,1,4)^{\mathrm{T}}$，$\boldsymbol{\beta}_2=(5,2,1)^{\mathrm{T}}$，$\boldsymbol{\beta}_3=(1,1,-6)^{\mathrm{T}}$。(1)求 $\boldsymbol{\alpha}_1$，$\boldsymbol{\alpha}_2$，$\boldsymbol{\alpha}_3$ 到 $\boldsymbol{\beta}_1,\boldsymbol{\beta}_2,\boldsymbol{\beta}_3$ 的过渡矩阵；(2)求 $\boldsymbol{\alpha}=(3,6,2)^{\mathrm{T}}$分别在两组基下的坐标。

4.3　向量的内积

前面介绍了向量的线性运算，下面介绍向量的内积，并引入向量的长度、夹角、正交等概念。

4.3.1　向量的内积的定义

定义 4.6　在向量空间 $\mathbb{R}^n$ 中，给定向量 $\boldsymbol{\alpha}=(a_1,a_2,\cdots,a_n)^{\mathrm{T}}$，$\boldsymbol{\beta}=(b_1,b_2,\cdots,b_n)^{\mathrm{T}}$，称

$$\sum_{j=1}^{n}a_jb_j=a_1b_1+a_2b_2+\cdots+a_nb_n$$

为向量 $\boldsymbol{\alpha}$ 与 $\boldsymbol{\beta}$ 的**内积**，记作$[\boldsymbol{\alpha},\boldsymbol{\beta}]$。

注：(1)由定义 4.6，向量的内积结果是标量数值，因此有些教材将内积也称为**数量积**。

(2)由定义 4.6，内积是向量的一种运算，当 $\boldsymbol{\alpha}$ 与 $\boldsymbol{\beta}$ 都是列向量时，由矩阵的乘法有

$$[\boldsymbol{\alpha},\boldsymbol{\beta}]=\boldsymbol{\alpha}^{\mathrm{T}}\boldsymbol{\beta}=\boldsymbol{\beta}^{\mathrm{T}}\boldsymbol{\alpha}。$$

因此，向量的内积又可记作 $\boldsymbol{\alpha}^{\mathrm{T}}\boldsymbol{\beta}$ 或 $\boldsymbol{\beta}^{\mathrm{T}}\boldsymbol{\alpha}$。

设 $\boldsymbol{\alpha},\boldsymbol{\beta},\boldsymbol{\gamma}$ 为 n 维列向量，k 为实数。可以证明，内积运算满足以下运算规律。

① 对称性：$[\boldsymbol{\alpha},\boldsymbol{\beta}]=[\boldsymbol{\beta},\boldsymbol{\alpha}]$；

② 结合律：$[k\boldsymbol{\alpha},\boldsymbol{\beta}]=k[\boldsymbol{\alpha},\boldsymbol{\beta}]$；

③ 分配律：$[\boldsymbol{\alpha}+\boldsymbol{\beta},\boldsymbol{\gamma}]=[\boldsymbol{\alpha},\boldsymbol{\gamma}]+[\boldsymbol{\beta},\boldsymbol{\gamma}]$；

④ 对于任何实数向量 $\boldsymbol{\alpha}=(a_1,a_2,\cdots,a_n)^{\mathrm{T}}$，有

$$[\boldsymbol{\alpha},\boldsymbol{\alpha}]=\boldsymbol{\alpha}^{\mathrm{T}}\boldsymbol{\alpha}=a_1^2+a_2^2+\cdots+a_n^2\geqslant 0。$$

当且仅当 $\boldsymbol{\alpha}=\mathbf{0}$ 时，有$[\boldsymbol{\alpha},\boldsymbol{\alpha}]=0$。

【例 4.9】设 $\boldsymbol{\alpha}=(1,2,3,4)^{\mathrm{T}}$，$\boldsymbol{\beta}=(0,1,1,-1)^{\mathrm{T}}$，$\boldsymbol{\gamma}=(-7,2,1,-1)^{\mathrm{T}}$，计算$[\boldsymbol{\alpha},\boldsymbol{\beta}]$，$[\boldsymbol{\alpha}+\boldsymbol{\beta},\boldsymbol{\gamma}]$。

【解】由内积的定义有

$$[\boldsymbol{\alpha},\boldsymbol{\beta}]=\boldsymbol{\alpha}^{\mathrm{T}}\boldsymbol{\beta}=1\times0+2\times1+3\times1+4\times(-1)=1;$$
$$[(\boldsymbol{\alpha}+\boldsymbol{\beta}),\boldsymbol{\gamma}]=[\boldsymbol{\alpha},\boldsymbol{\gamma}]+[\boldsymbol{\beta},\boldsymbol{\gamma}]=-4+4=0。$$

4.3.2 向量的长度及夹角

定义 4.7 设 $\boldsymbol{\alpha}=(a_1,a_2,\cdots,a_n)^{\mathrm{T}}$，称

$$\sqrt{\boldsymbol{\alpha}^{\mathrm{T}}\boldsymbol{\alpha}}=\sqrt{a_1^2+a_2^2+\cdots+a_n^2}$$

为向量 $\boldsymbol{\alpha}$ 的**长度**(或称向量 $\boldsymbol{\alpha}$ 的**范数**)，记作 $\|\alpha\|$，即

$$\|\boldsymbol{\alpha}\|=\sqrt{\boldsymbol{\alpha}^{\mathrm{T}}\boldsymbol{\alpha}}=\sqrt{a_1^2+a_2^2+\cdots+a_n^2}。$$

特别地，当 $\|\boldsymbol{\alpha}\|=1$ 时，称向量 $\boldsymbol{\alpha}$ 为**单位向量**。

【例 4.10】检验向量 $\boldsymbol{\alpha}=\left(\frac{1}{4},\frac{1}{4},\frac{1}{2}\right)^{\mathrm{T}}$，$\boldsymbol{\beta}=\left(\frac{1}{3},-\frac{2}{3},\frac{2}{3}\right)^{\mathrm{T}}$ 是否为单位向量。

【解】因为

$$\|\boldsymbol{\alpha}\|=\sqrt{\left(\frac{1}{4}\right)^2+\left(\frac{1}{4}\right)^2+\left(\frac{1}{2}\right)^2}=\sqrt{\frac{3}{8}}<1,\|\boldsymbol{\beta}\|=\sqrt{\left(\frac{1}{3}\right)^2+\left(-\frac{2}{3}\right)^2+\left(\frac{2}{3}\right)^2}=1,$$

所以 $\boldsymbol{\alpha}$ 不是单位向量，$\boldsymbol{\beta}$ 是单位向量。

可以证明，向量的长度具有下述性质。

(1) **非负性**：对任一向量 $\boldsymbol{\alpha}$，$\|\boldsymbol{\alpha}\|\geqslant0$；

(2) **齐次性**：对常数 k，$\|k\boldsymbol{\alpha}\|=|k|\,\|\boldsymbol{\alpha}\|$；

(3) **三角不等式**：对任意向量 $\boldsymbol{\alpha},\boldsymbol{\beta}$，$\|\boldsymbol{\alpha}+\boldsymbol{\beta}\|\leqslant\|\boldsymbol{\alpha}\|+\|\boldsymbol{\beta}\|$；

(4) **施瓦茨不等式**：对任意向量 $\boldsymbol{\alpha},\boldsymbol{\beta}$，有 $[\boldsymbol{\alpha},\boldsymbol{\beta}]^2\leqslant\|\boldsymbol{\alpha}\|^2\cdot\|\boldsymbol{\beta}\|^2$，当且仅当 $\boldsymbol{\alpha},\boldsymbol{\beta}$ 线性相关时等号成立。

注：(1)由性质(1)，对于任意非零向量 $\boldsymbol{\alpha}$，令 $\boldsymbol{\alpha}^*=\frac{1}{\|\boldsymbol{\alpha}\|}\boldsymbol{\alpha}$，则 $\boldsymbol{\alpha}^*$ 为单位向量。称将 $\boldsymbol{\alpha}$ 化成单位向量的过程为**向量的标准化过程**。

(2)作为参考，施瓦茨不等式的证明如下：

①若 $\boldsymbol{\alpha},\boldsymbol{\beta}$ 线性相关，可设 $\boldsymbol{\alpha}=k\boldsymbol{\beta}$，于是

$$[\boldsymbol{\alpha},\boldsymbol{\beta}]^2=[k\boldsymbol{\beta},\boldsymbol{\beta}]^2=k^2(\boldsymbol{\beta},\boldsymbol{\beta})^2=k^2\|\boldsymbol{\beta}\|^4=\|k\boldsymbol{\beta}\|^2\cdot\|\boldsymbol{\beta}\|=\|\boldsymbol{\alpha}\|^2\cdot\|\boldsymbol{\beta}\|^2。$$

②若 $\boldsymbol{\alpha}$,$\boldsymbol{\beta}$ 线性无关，则可设 $\boldsymbol{\alpha}+k\boldsymbol{\beta}\neq0$，于是

$$\|\boldsymbol{\alpha}+k\boldsymbol{\beta}\|^2=(\boldsymbol{\alpha}+k\boldsymbol{\beta})^{\mathrm{T}}(\boldsymbol{\alpha}+k\boldsymbol{\beta})=\boldsymbol{\alpha}^{\mathrm{T}}\boldsymbol{\alpha}+2k\boldsymbol{\alpha}^{\mathrm{T}}\boldsymbol{\beta}+k^2\boldsymbol{\beta}^{\mathrm{T}}\boldsymbol{\beta}>0,$$

这是关于 k 的二次三项式，判别式应小于 0，即

$$4(\boldsymbol{\alpha}^{\mathrm{T}}\boldsymbol{\beta})^2-4(\boldsymbol{\alpha}^{\mathrm{T}}\boldsymbol{\alpha})(\boldsymbol{\beta}^{\mathrm{T}}\boldsymbol{\beta})<0,$$

所以

$$[\boldsymbol{\alpha},\boldsymbol{\beta}]^2<(\boldsymbol{\alpha}^{\mathrm{T}}\boldsymbol{\alpha})(\boldsymbol{\beta}^{\mathrm{T}}\boldsymbol{\beta})=\|\boldsymbol{\alpha}\|^2\cdot\|\boldsymbol{\beta}\|^2。$$

综合①和②有

$$[\boldsymbol{\alpha},\boldsymbol{\beta}]^2\leqslant\|\boldsymbol{\alpha}\|^2\cdot\|\boldsymbol{\beta}\|^2。$$

(3)由施瓦茨不等式，可以定义向量间的夹角余弦。

定义 4.8　向量 $\boldsymbol{\alpha}$ 与 $\boldsymbol{\beta}$ 夹角 θ 的余弦定义为

$$\cos\theta=\frac{\boldsymbol{\alpha}^{\mathrm{T}}\boldsymbol{\beta}}{\|\boldsymbol{\alpha}\|\cdot\|\boldsymbol{\beta}\|}\quad(0\leqslant\theta\leqslant\pi)。$$

当 $\theta=0$ 或 π 时，称 $\boldsymbol{\alpha}$ 与 $\boldsymbol{\beta}$ **共线**；当 $\theta=\frac{\pi}{2}$ 时，称向量 $\boldsymbol{\alpha}$ 与 $\boldsymbol{\beta}$ **正交**，此时$[\boldsymbol{\alpha},\boldsymbol{\beta}]=\boldsymbol{\alpha}^{\mathrm{T}}\boldsymbol{\beta}=0$。

定义 4.9　对于向量 $\boldsymbol{\alpha}$ 与 $\boldsymbol{\beta}$，若$[\boldsymbol{\alpha},\boldsymbol{\beta}]=\boldsymbol{\alpha}^{\mathrm{T}}\boldsymbol{\beta}=0$，则称 $\boldsymbol{\alpha}$ 与 $\boldsymbol{\beta}$ **正交**。

由定义 4.9，零向量与任意向量正交。

4.3.3　正交向量组

定义 4.10　如果非零向量 $\boldsymbol{\alpha}_1,\boldsymbol{\alpha}_2,\cdots,\boldsymbol{\alpha}_s(s\geqslant2)$两两正交，即

$$\boldsymbol{\alpha}_i^{\mathrm{T}}\boldsymbol{\alpha}_j=0\quad(i\neq j),$$

则称 $\boldsymbol{\alpha}_1,\boldsymbol{\alpha}_2,\cdots,\boldsymbol{\alpha}_s$ 为**正交向量组**。

由定义 4.10，正交向量组中的向量必须是非零向量。

正交向量组具有下面的性质。

定理 4.2　设 $\boldsymbol{\alpha}_1,\boldsymbol{\alpha}_2,\cdots,\boldsymbol{\alpha}_s(s\geqslant2)$是正交向量组，则 $\boldsymbol{\alpha}_1,\boldsymbol{\alpha}_2,\cdots,\boldsymbol{\alpha}_s$ 线性无关。

【证】设有数 $\lambda_1,\lambda_2,\cdots,\lambda_s$，使得

$$\lambda_1\boldsymbol{\alpha}_1+\lambda_2\boldsymbol{\alpha}_2+\cdots+\lambda_s\boldsymbol{\alpha}_s=0,$$

用 $\boldsymbol{\alpha}_i^{\mathrm{T}}$ 左乘上式两端得

$$\lambda_1\boldsymbol{\alpha}_i^{\mathrm{T}}\boldsymbol{\alpha}_1+\lambda_2\boldsymbol{\alpha}_i^{\mathrm{T}}\boldsymbol{\alpha}_2+\cdots+\lambda_i\boldsymbol{\alpha}_i^{\mathrm{T}}\boldsymbol{\alpha}_i+\cdots+\lambda_s\boldsymbol{\alpha}_i^{\mathrm{T}}\boldsymbol{\alpha}_s=\boldsymbol{\alpha}_i^{\mathrm{T}}0=0,$$

又因为 $\boldsymbol{\alpha}_i^{\mathrm{T}}\boldsymbol{\alpha}_k=0(1\leqslant k\leqslant s,k\neq i)$，所以有

$$\lambda_i\boldsymbol{\alpha}_i^{\mathrm{T}}\alpha_i=0(i=1,2,\cdots,s)。$$

而 $\boldsymbol{\alpha}_i^{\mathrm{T}}\boldsymbol{\alpha}_i\neq0(i=1,2,\cdots,s)$，所以

$$\lambda_i=0(i=1,2,\cdots,s)。$$

因此向量组 $\boldsymbol{\alpha}_1,\boldsymbol{\alpha}_2,\cdots,\boldsymbol{\alpha}_s$ 线性无关。　□

注：(1)定理 4.2 表明，正交向量组是线性无关组。但反之不一定成立，即定理的逆命题是不成立的。这说明正交向量组是线性无关组中的特例。

(2)在一个向量空间中，若一个基(当然是线性无关组)是正交向量组，称该基为**向量空间的正交基**。我们研究向量空间时，通常选用正交基，这样便于对问题进行深入研究。

以下我们主要研究向量空间 $\mathbb{R}^n$ 的正交基问题。

练习 4.3

1. 求下列向量的内积。

(1)$\boldsymbol{\alpha}=(1,3,0,-1)^{\mathrm{T}}$，$\boldsymbol{\beta}=(0,2,4,-1)^{\mathrm{T}}$；(2)$\boldsymbol{\alpha}=(0,0,1,1)^{\mathrm{T}}$，$\boldsymbol{\beta}=(1,1,0,-1)^{\mathrm{T}}$。

2. 将下列向量单位化。

(1)$\boldsymbol{\alpha}_1=(1,1,1,1)^{\mathrm{T}}$；(2)$\boldsymbol{\alpha}_2=(0,1,1,-1)^{\mathrm{T}}$；(3)$\boldsymbol{\alpha}_3=(\sqrt{2},1,\sqrt{5},-1)^{\mathrm{T}}$。

3. 验证向量组 $\alpha_1=(\sqrt{2},0,-2)^{\mathrm{T}}$，$\alpha_2=(\sqrt{2},-\sqrt{3},1)^{\mathrm{T}}$，$\alpha_3=(\sqrt{2},\sqrt{3},1)^{\mathrm{T}}$ 是正交向量组。

4.4 $\mathbb{R}^n$的标准正交基

4.4.1 标准正交基与施密特正交化

定义 4.11 在向量空间 $\mathbb{R}^n$中，设 $\boldsymbol{\xi}_1,\boldsymbol{\xi}_2,\cdots,\boldsymbol{\xi}_n$ 是一个正交基，且都是单位向量，则称 $\boldsymbol{\xi}_1,\boldsymbol{\xi}_2,\cdots,\boldsymbol{\xi}_n$ 为 $\mathbb{R}^n$的**一个规范正交基或标准正交基**。

由定义 4.11，向量空间 $\mathbb{R}^n$中的基本单位向量组 $\boldsymbol{\varepsilon}_1,\boldsymbol{\varepsilon}_2,\cdots,\boldsymbol{\varepsilon}_n$ 是 $\mathbb{R}^n$的一个**标准正交基**。

下面讨论任意向量在标准正交基下的坐标的求法。

设 $\boldsymbol{\xi}_1,\boldsymbol{\xi}_2,\cdots,\boldsymbol{\xi}_n$ 是 $\mathbb{R}^n$ 的一个标准正交基，$\boldsymbol{\alpha}\in\mathbb{R}^n$ 在标准正交基中的坐标为 $(x_1,x_2,\cdots,x_n)^{\mathrm{T}}$，则有

$$\boldsymbol{\alpha}=x_1\boldsymbol{\xi}_1+x_2\boldsymbol{\xi}_2+\cdots+x_n\boldsymbol{\xi}_n。$$

由内积性质有

$$[\boldsymbol{\xi}_i,\boldsymbol{\alpha}]=x_1[\boldsymbol{\xi}_i,\boldsymbol{\xi}_1]+x_2[\boldsymbol{\xi}_i,\boldsymbol{\xi}_2]+\cdots+x_i[\boldsymbol{\xi}_i,\boldsymbol{\xi}_i]+\cdots+x_n[\boldsymbol{\xi}_i,\boldsymbol{\xi}_n];$$

又因为$[\boldsymbol{\xi}_i,\boldsymbol{\xi}_k]=0(k\neq i)$，$[\boldsymbol{\xi}_i,\boldsymbol{\xi}_i]=1$，所以

$$[\boldsymbol{\xi}_i,\boldsymbol{\alpha}]=x_i[\boldsymbol{\xi}_i,\boldsymbol{\xi}_i]=x_i\quad(1\leqslant i\leqslant n)。$$

注：(1)上面的分析表明，$\mathbb{R}^n$中向量 $\boldsymbol{\alpha}$ 在标准正交基 $\boldsymbol{\xi}_1,\boldsymbol{\xi}_2,\cdots,\boldsymbol{\xi}_n$ 下的坐标为

$$x_i=[\boldsymbol{\xi}_i,\boldsymbol{\alpha}]\quad(1\leqslant i\leqslant n)。$$

这也表明，向量在标准正交基下的坐标就是该向量与基向量的内积，比在一般基下求坐标

要方便得多。

(2)由(1)知，找出向量空间的标准正交基是很有意义的。由向量空间的一个基构造出向量空间的一个正交基的方法也称为**基的正交化**。那么如何从向量空间的一个基出发，构造出向量空间的一个标准正交基呢？在这方面已经有大量深入研究，并得到一些方法，在这里我们不加证明地给出施密特方法。

设 $\boldsymbol{\alpha}_1,\boldsymbol{\alpha}_2,\cdots,\boldsymbol{\alpha}_n$ 是 $\mathbb{R}^n$ 的一个基，构造 $\mathbb{R}^n$ 的一个等价的标准正交基分两步：第一步，用施密特正交化方法求正交基；第二步，将正交基单位化得标准正交基。具体步骤如下：

第一步：取

$\boldsymbol{\beta}_1=\boldsymbol{\alpha}_1$；

$$\boldsymbol{\beta}_2=\boldsymbol{\alpha}_2-\frac{[\boldsymbol{\beta}_1,\boldsymbol{\alpha}_2]}{[\boldsymbol{\beta}_1,\boldsymbol{\beta}_1]}\boldsymbol{\beta}_1;$$

$$\boldsymbol{\beta}_3=\boldsymbol{\alpha}_3-\frac{[\boldsymbol{\beta}_1,\boldsymbol{\alpha}_3]}{[\boldsymbol{\beta}_1,\boldsymbol{\beta}_1]}\boldsymbol{\beta}_1-\frac{[\boldsymbol{\beta}_2,\boldsymbol{\alpha}_3]}{[\boldsymbol{\beta}_2,\boldsymbol{\beta}_2]}\boldsymbol{\beta}_2;$$

$\vdots$

$$\boldsymbol{\beta}_n=\boldsymbol{\alpha}_n-\frac{[\boldsymbol{\beta}_1,\boldsymbol{\alpha}_n]}{[\boldsymbol{\beta}_1,\boldsymbol{\beta}_1]}\boldsymbol{\beta}_1-\frac{[\boldsymbol{\beta}_2,\boldsymbol{\alpha}_n]}{[\boldsymbol{\beta}_2,\boldsymbol{\beta}_2]}\boldsymbol{\beta}_2-\cdots-\frac{[\boldsymbol{\beta}_{n-1},\boldsymbol{\alpha}_n]}{[\boldsymbol{\beta}_{n-1},\boldsymbol{\beta}_{n-1}]}\boldsymbol{\beta}_{n-1}。$$

可以验证 $\boldsymbol{\beta}_1,\boldsymbol{\beta}_2,\cdots,\boldsymbol{\beta}_n$ 两两正交，且与 $\boldsymbol{\alpha}_1,\boldsymbol{\alpha}_2,\cdots,\boldsymbol{\alpha}_n$ 等价。

第二步：将 $\boldsymbol{\beta}_1,\boldsymbol{\beta}_2,\cdots,\boldsymbol{\beta}_n$ 单位化，令

$$\boldsymbol{\xi}_k=\frac{1}{\|\boldsymbol{\beta}_k\|}\boldsymbol{\beta}_k(k=1,2,\cdots,n),$$

则 $\boldsymbol{\xi}_1,\boldsymbol{\xi}_2,\cdots,\boldsymbol{\xi}_n$ 为 $\mathbb{R}^n$ 的一个标准正交基。

注：(1) 第一步称为**施密特正交化**。

(2)显然，对任何 $k(2\leqslant k\leqslant n)$，$\boldsymbol{\beta}_1,\boldsymbol{\beta}_2,\cdots,\boldsymbol{\beta}_k$ 是正交向量组，且 $\boldsymbol{\beta}_1,\boldsymbol{\beta}_2,\cdots,\boldsymbol{\beta}_k$ 与 $\boldsymbol{\alpha}_1,\boldsymbol{\alpha}_2,\cdots,\boldsymbol{\alpha}_k$ 等价。

【例 4.11】设 $\boldsymbol{\alpha}_1=(1,-2,2)^{\mathrm{T}}$，$\boldsymbol{\alpha}_2=(-1,0,-1)^{\mathrm{T}}$，$\boldsymbol{\alpha}_3=(5,-3,-7)^{\mathrm{T}}$ 是 $\mathbb{R}^3$ 的一个基，试求 $\mathbb{R}^3$ 的一个标准正交基。

【解】(1)将 $\boldsymbol{\alpha}_1,\boldsymbol{\alpha}_2,\boldsymbol{\alpha}_3$ 正交化。取

$\boldsymbol{\beta}_1=\boldsymbol{\alpha}_1=(1,-2,2)^{\mathrm{T}}$；

$$\boldsymbol{\beta}_2=\boldsymbol{\alpha}_2-\frac{[\boldsymbol{\beta}_1,\boldsymbol{\alpha}_2]}{[\boldsymbol{\beta}_1,\boldsymbol{\beta}_1]}\boldsymbol{\beta}_1=\begin{pmatrix}-1\\0\\-1\end{pmatrix}-\frac{-3}{9}\begin{pmatrix}1\\-2\\2\end{pmatrix}=\begin{pmatrix}-2/3\\-2/3\\-1/3\end{pmatrix};$$

$$\boldsymbol{\beta}_3=\boldsymbol{\alpha}_3-\frac{[\boldsymbol{\beta}_1,\boldsymbol{\alpha}_3]}{[\boldsymbol{\beta}_1,\boldsymbol{\beta}_1]}\boldsymbol{\beta}_1-\frac{[\boldsymbol{\beta}_2,\boldsymbol{\alpha}_3]}{[\boldsymbol{\beta}_2,\boldsymbol{\beta}_2]}\boldsymbol{\beta}_2=\begin{pmatrix}5\\-3\\-7\end{pmatrix}-\frac{-3}{9}\begin{pmatrix}1\\-2\\2\end{pmatrix}-\frac{1}{1}\begin{pmatrix}-2/3\\-2/3\\-1/3\end{pmatrix}=\begin{pmatrix}6\\-3\\-6\end{pmatrix}。$$

(2)将 $\boldsymbol{\beta}_1,\boldsymbol{\beta}_2,\boldsymbol{\beta}_3$ 单位化。因为

$$\|\boldsymbol{\beta}_1\|=3,\|\boldsymbol{\beta}_2\|=1,\|\boldsymbol{\beta}_3\|=9,$$

所以所求标准正交基为

$$\boldsymbol{\xi}_1=\frac{1}{\|\boldsymbol{\beta}_1\|}\boldsymbol{\beta}_1=\begin{pmatrix}1/3\\-2/3\\2/3\end{pmatrix},\boldsymbol{\xi}_2=\frac{1}{\|\boldsymbol{\beta}_2\|}\boldsymbol{\beta}_2=\begin{pmatrix}-2/3\\-2/3\\-1/3\end{pmatrix},\boldsymbol{\xi}_3=\frac{1}{\|\boldsymbol{\beta}_3\|}\boldsymbol{\beta}_3=\begin{pmatrix}2/3\\-1/3\\-2/3\end{pmatrix}。$$

【例 4.12】设 $\boldsymbol{\beta}=(1,1,1)^{\mathrm{T}}$，求向量 $\boldsymbol{\alpha}_1,\boldsymbol{\alpha}_2$，使得 $\boldsymbol{\beta}$ 与 $\boldsymbol{\alpha}_1,\boldsymbol{\alpha}_2$ 正交。

【解】设 $\boldsymbol{\alpha}=(x_1,x_2,x_3)^{\mathrm{T}}$ 与向量 $\boldsymbol{\beta}$ 正交，即

$$[\boldsymbol{\alpha},\boldsymbol{\beta}]=x_1+x_2+x_3=0,$$

这是只含一个方程的方程组，将 x_2,x_3 视为自由未知量，得

$$x_1=-x_2-x_3,$$

令自由未知量 $\begin{pmatrix}x_2\\x_3\end{pmatrix}=\begin{pmatrix}1\\0\end{pmatrix},\begin{pmatrix}0\\1\end{pmatrix}$，则得基础解系

$$\boldsymbol{\alpha}_1=(-1,1,0)^{\mathrm{T}},\boldsymbol{\alpha}_2=(-1,0,1)^{\mathrm{T}}。$$

$\boldsymbol{\alpha}_1,\boldsymbol{\alpha}_2$ 与 $\boldsymbol{\beta}$ 正交。

施密特正交化方法也可用矩阵的初等变换来实现，不加证明地给出用矩阵的初等变换求标准正交基的步骤：

第一步：设 $\boldsymbol{\alpha}_1,\boldsymbol{\alpha}_2,\cdots,\boldsymbol{\alpha}_n$ 是 $\mathbb{R}^n$ 的一组基，取矩阵 $\boldsymbol{A}=(\boldsymbol{\alpha}_1,\boldsymbol{\alpha}_2,\cdots,\boldsymbol{\alpha}_n)$，并求 $\boldsymbol{A}^{\mathrm{T}}\boldsymbol{A}$；

第二步：做 $2n\times n$ 矩阵 $\begin{pmatrix}\boldsymbol{A}^{\mathrm{T}}\boldsymbol{A}\\\boldsymbol{A}\end{pmatrix}$；

第三步：对矩阵 $\begin{pmatrix}\boldsymbol{A}^{\mathrm{T}}\boldsymbol{A}\\\boldsymbol{A}\end{pmatrix}$ 只做倍加列初等变换，当把 $\boldsymbol{A}^{\mathrm{T}}\boldsymbol{A}$ 化为下三角形矩阵时，矩阵 $\boldsymbol{A}$ 化为矩阵 $\boldsymbol{B}$，即

$$\begin{pmatrix}\boldsymbol{A}^{\mathrm{T}}\boldsymbol{A}\\\boldsymbol{A}\end{pmatrix}\xrightarrow{c}\begin{pmatrix}(\boldsymbol{A}^{\mathrm{T}}\boldsymbol{A})\boldsymbol{P}\\\boldsymbol{A}\boldsymbol{P}\end{pmatrix}=\begin{pmatrix}c_{11}&0&\cdots&0\\ *&c_{22}&\cdots&0\\ \vdots&\vdots&&\vdots\\ *&*&\cdots&c_{nn}\\ &\boldsymbol{A}\boldsymbol{P}&&\end{pmatrix}。$$

其中 $\boldsymbol{P}$ 表示若干初等矩阵的乘积。

第四步： 记 $\boldsymbol{B}=\boldsymbol{AP}=(\boldsymbol{\beta}_1,\boldsymbol{\beta}_2,\cdots,\boldsymbol{\beta}_n)$，令 $\boldsymbol{\xi}_i=\dfrac{1}{\sqrt{c_{ii}}}\boldsymbol{\beta}_i(i=1,2,\cdots,n)$，则 $\boldsymbol{\xi}_1,\boldsymbol{\xi}_2,\cdots,\boldsymbol{\xi}_n$ 是标准正交基。

由上可见，该方法比施密特正交化方法的计算更加简化，所用的方法是贯穿线性代数始终的初等变换，易记易用。

【例 4.13】运用初等变换法求解例 4.12。

【解】记 $\boldsymbol{A}=(\boldsymbol{\alpha}_1,\boldsymbol{\alpha}_2,\boldsymbol{\alpha}_3)=\begin{pmatrix}1&-1&5\\-2&0&-3\\2&-1&-7\end{pmatrix}$，则 $\boldsymbol{A}^{\mathrm{T}}\boldsymbol{A}=\begin{pmatrix}9&3&-3\\-3&2&2\\-3&2&83\end{pmatrix}$。做矩阵 $\begin{pmatrix}\boldsymbol{A}^{\mathrm{T}}\boldsymbol{A}\\\boldsymbol{A}\end{pmatrix}$，对其做倍加列初等变换，将 $\boldsymbol{A}^{\mathrm{T}}\boldsymbol{A}$ 化为下三角形矩阵，同时 $\boldsymbol{A}$ 化为 $\boldsymbol{B}$，即

$$\begin{pmatrix}\boldsymbol{A}^{\mathrm{T}}\boldsymbol{A}\\\boldsymbol{A}\end{pmatrix}=\begin{pmatrix}9&-3&-3\\-3&2&2\\-3&2&83\\1&-1&5\\-2&0&-3\\2&-1&-7\end{pmatrix}\xrightarrow{c}\begin{pmatrix}9&0&0\\-3&1&0\\-3&1&81\\1&-\frac{2}{3}&6\\-2&-\frac{2}{3}&-3\\2&-\frac{1}{3}&-6\end{pmatrix}。$$

故 $\boldsymbol{B}=(\boldsymbol{\beta}_1,\boldsymbol{\beta}_2,\boldsymbol{\beta}_3)=\begin{pmatrix}1&-\frac{2}{3}&6\\-2&-\frac{2}{3}&-3\\2&-\frac{1}{3}&-6\end{pmatrix}$，$c_{11}=9,c_{22}=1,c_{33}=81$。因此，所求标准正交基为

$$\boldsymbol{\xi}_1=\frac{1}{\sqrt{c_{11}}}\boldsymbol{\beta}_1=\frac{1}{\sqrt{9}}\begin{pmatrix}1\\-2\\2\end{pmatrix}=\begin{pmatrix}\frac{1}{3}\\-\frac{2}{3}\\\frac{2}{3}\end{pmatrix},\ \boldsymbol{\xi}_2=\frac{1}{\sqrt{c_{22}}}\boldsymbol{\beta}_2=\begin{pmatrix}-\frac{2}{3}\\-\frac{2}{3}\\-\frac{1}{3}\end{pmatrix},\ \boldsymbol{\xi}_3=\frac{1}{\sqrt{c_{33}}}\boldsymbol{\beta}_3=\begin{pmatrix}\frac{2}{3}\\-\frac{1}{3}\\-\frac{2}{3}\end{pmatrix}。$$

注： 和施密特正交化方法得到的一组标准正交基相同。

4.4.2 正交矩阵与正交变换

以标准正交基向量为列(或行)构成的矩阵在矩阵理论中有广泛的应用。

定义 4.12 如果 n 阶矩阵 $\boldsymbol{A}$ 满足

$$\boldsymbol{A}^{\mathrm{T}}\boldsymbol{A} = \boldsymbol{E},$$

那么称 $\boldsymbol{A}$ 为**正交矩阵**。

注：(1)由定义 4.12，单位矩阵一定是**正交矩阵**，因为 $\boldsymbol{E}^{\mathrm{T}}\boldsymbol{E}=\boldsymbol{E}$。

(2)在定义 4.12 中，若将 $\boldsymbol{A}$ 按列分块，$\boldsymbol{A}=(\boldsymbol{\alpha}_1\ \boldsymbol{\alpha}_2 \cdots \boldsymbol{\alpha}_n)$，则 $\boldsymbol{A}^{\mathrm{T}}\boldsymbol{A}=\boldsymbol{E}$ 表示为

$$\boldsymbol{A}^{\mathrm{T}}\boldsymbol{A} = \begin{pmatrix} \boldsymbol{\alpha}_1^{\mathrm{T}} \\ \boldsymbol{\alpha}_2^{\mathrm{T}} \\ \vdots \\ \boldsymbol{\alpha}_n^{\mathrm{T}} \end{pmatrix} (\boldsymbol{\alpha}_1 \quad \boldsymbol{\alpha}_2 \quad \cdots \quad \boldsymbol{\alpha}_n) = \begin{pmatrix} \boldsymbol{\alpha}_1^{\mathrm{T}}\boldsymbol{\alpha}_1 & \boldsymbol{\alpha}_1^{\mathrm{T}}\boldsymbol{\alpha}_2 & \cdots & \boldsymbol{\alpha}_1^{\mathrm{T}}\boldsymbol{\alpha}_n \\ \boldsymbol{\alpha}_2^{\mathrm{T}}\boldsymbol{\alpha}_1 & \boldsymbol{\alpha}_2^{\mathrm{T}}\boldsymbol{\alpha}_2 & \cdots & \boldsymbol{\alpha}_2^{\mathrm{T}}\boldsymbol{\alpha}_n \\ \vdots & \vdots & & \vdots \\ \boldsymbol{\alpha}_n^{\mathrm{T}}\boldsymbol{\alpha}_1 & \boldsymbol{\alpha}_n^{\mathrm{T}}\boldsymbol{\alpha}_2 & \cdots & \boldsymbol{\alpha}_n^{\mathrm{T}}\boldsymbol{\alpha}_n \end{pmatrix} = \begin{pmatrix} 1 & 0 & \cdots & 0 \\ 0 & 1 & \cdots & 0 \\ \vdots & \vdots & & \vdots \\ 0 & 0 & \cdots & 1 \end{pmatrix},$$

即

$$\boldsymbol{\alpha}_i^{\mathrm{T}}\boldsymbol{\alpha}_j = \begin{cases} 1,(i=j) \\ 0,(i \neq j) \end{cases} \quad i,j = 1,2,\cdots,n。$$

这说明向量组 $\boldsymbol{\alpha}_1,\boldsymbol{\alpha}_2,\cdots,\boldsymbol{\alpha}_n$ 是两两正交的单位向量组(即标准正交基)。因此方阵 $\boldsymbol{A}=(\boldsymbol{\alpha}_1,\boldsymbol{\alpha}_2,\cdots,\boldsymbol{\alpha}_n)$是正交矩阵当且仅当它的列向量组 $\boldsymbol{\alpha}_1,\boldsymbol{\alpha}_2,\cdots,\boldsymbol{\alpha}_n$ 是两两正交的单位向量组。

同理，对方阵 $\boldsymbol{A}$ 按行分块，则 $\boldsymbol{A}$ 的行向量组亦是两两正交的单位向量组。

换句话说，正交矩阵 $\boldsymbol{A}$ 的列(行)向量构成向量空间 $\mathbb{R}^n$ 的一个标准正交基。

由正交矩阵的定义容易证明，正交矩阵有以下性质：

(1) 正交矩阵 $\boldsymbol{A}$ 的转置 $\boldsymbol{A}^{\mathrm{T}}$ 也是正交矩阵；

(2) 正交矩阵是可逆的，且 $\boldsymbol{A}^{-1}=\boldsymbol{A}^{\mathrm{T}}$；

(3) 正交矩阵 $\boldsymbol{A}$ 的行列式 $|\boldsymbol{A}|=\pm 1$；

(4) 若 $\boldsymbol{A}$、$\boldsymbol{B}$ 均为正交矩阵，则 $\boldsymbol{AB}$ 也是正交矩阵；

(5) 若 $\boldsymbol{A}$ 是正交矩阵，则 $\boldsymbol{A}^{-1}$ 也正交。

【例 4.14】设矩阵

$$\boldsymbol{A} = \begin{pmatrix} \dfrac{1}{\sqrt{6}} & -\dfrac{2}{\sqrt{6}} & \dfrac{1}{\sqrt{6}} \\ \dfrac{1}{\sqrt{2}} & 0 & -\dfrac{1}{\sqrt{2}} \\ \dfrac{1}{\sqrt{3}} & \dfrac{1}{\sqrt{3}} & \dfrac{1}{\sqrt{3}} \end{pmatrix},$$

问 $\boldsymbol{A}$ 是不是正交矩阵。

【解】因为

$$\boldsymbol{A}^{\mathrm{T}}\boldsymbol{A}=\begin{pmatrix}\frac{1}{\sqrt{6}} & \frac{1}{\sqrt{2}} & \frac{1}{\sqrt{3}}\\ -\frac{2}{\sqrt{6}} & 0 & \frac{1}{\sqrt{3}}\\ \frac{1}{\sqrt{6}} & -\frac{1}{\sqrt{2}} & \frac{1}{\sqrt{3}}\end{pmatrix}\begin{pmatrix}\frac{1}{\sqrt{6}} & -\frac{2}{\sqrt{6}} & \frac{1}{\sqrt{6}}\\ \frac{1}{\sqrt{2}} & 0 & -\frac{1}{\sqrt{2}}\\ \frac{1}{\sqrt{3}} & \frac{1}{\sqrt{3}} & \frac{1}{\sqrt{3}}\end{pmatrix}=\begin{pmatrix}1&0&0\\0&1&0\\0&0&1\end{pmatrix},$$

所以 $\boldsymbol{A}$ 是正交矩阵。

在第 2 章中，我们介绍了从变量 $x_1,x_2,\cdots,x_n$ 到变量 $y_1,y_2,\cdots,y_m$ 的线性变换的概念，由式(2.6)，有以下正交变换的定义。

定义 4.13　若 $\boldsymbol{A}$ 为正交矩阵，则称线性变换 $\boldsymbol{y}=\boldsymbol{A}\boldsymbol{x}$ 为**正交变换**。

定理 4.3　设 $\boldsymbol{y}=\boldsymbol{A}\boldsymbol{x}$ 为正交变换，则 $\|\boldsymbol{y}\|=\|\boldsymbol{x}\|$，即正交变换保持向量的长度不变。

【证】因为 $\boldsymbol{y}=\boldsymbol{A}\boldsymbol{x}$ 为正交变换，所以

$$\|\boldsymbol{y}\|=\sqrt{\boldsymbol{y}^{\mathrm{T}}\boldsymbol{y}}=\sqrt{(\boldsymbol{A}\boldsymbol{x})^{\mathrm{T}}(\boldsymbol{A}\boldsymbol{x})}=\sqrt{\boldsymbol{x}^{\mathrm{T}}\boldsymbol{A}^{\mathrm{T}}\boldsymbol{A}\boldsymbol{x}}=\sqrt{\boldsymbol{x}^{\mathrm{T}}\boldsymbol{E}\boldsymbol{x}}=\sqrt{\boldsymbol{x}^{\mathrm{T}}\boldsymbol{x}}=\|\boldsymbol{x}\|,$$

即正交变换保持向量的长度不变。　□

正交变换保持向量的长度不变是正交变换的特性。

练习 4.4

1. 将下列向量组标准正交化。

(1) $\boldsymbol{\alpha}_1=(1,1)^{\mathrm{T}}$，$\boldsymbol{\alpha}_2=(1,0)^{\mathrm{T}}$；

(2) $\boldsymbol{\alpha}_1=(1,-1,1)^{\mathrm{T}}$，$\boldsymbol{\alpha}_2=(0,1,-1)^{\mathrm{T}}$，$\boldsymbol{\alpha}_3=(1,2,0)^{\mathrm{T}}$；

(3) $\boldsymbol{\alpha}_1=(1,1,0)^{\mathrm{T}}$，$\boldsymbol{\alpha}_2=(0,1,1)^{\mathrm{T}}$，$\boldsymbol{\alpha}_3=(1,0,1)^{\mathrm{T}}$。

2. 验证下列矩阵是否为正交矩阵。

(1) $\begin{pmatrix}\sin\theta & -\cos\theta\\ \cos\theta & \sin\theta\end{pmatrix}$；　(2) $\begin{pmatrix}\frac{1}{\sqrt{3}} & \frac{1}{\sqrt{3}} & \frac{1}{\sqrt{3}}\\ 0 & -\frac{1}{\sqrt{2}} & \frac{1}{\sqrt{2}}\\ -\frac{2}{\sqrt{6}} & \frac{1}{\sqrt{6}} & \frac{1}{\sqrt{6}}\end{pmatrix}$；　(3) $\begin{pmatrix}1&0&1\\0&1&1\\1&0&-1\end{pmatrix}$。

3. 设 $\boldsymbol{S}$ 为单位长度的 n 维列向量(即 $\boldsymbol{S}^{\mathrm{T}}\boldsymbol{S}=1$)，矩阵 $\boldsymbol{H}=\boldsymbol{E}-2\boldsymbol{S}\boldsymbol{S}^{\mathrm{T}}$，其中 $\boldsymbol{E}$ 为 n 阶单位矩

阵。证明：$\boldsymbol{H}$ 是对称正交矩阵。

4. 设 $\boldsymbol{A}$ 为 n 阶正交矩阵，$\boldsymbol{\alpha},\boldsymbol{\beta}$ 是 n 维列向量。证明：$[\boldsymbol{A\alpha},\boldsymbol{A\beta}]=[\boldsymbol{\alpha},\boldsymbol{\beta}]$。

习题四

一、选择题

1. 设

$$V_1=\{\boldsymbol{x}=(x_1,x_2,\cdots x_n)^{\mathrm{T}}\mid x_1,\cdots,x_n\in\mathbb{R},x_1+\cdots+x_n=0\},$$
$$V_2=\{\boldsymbol{x}=(x_1,x_2,\cdots x_n)^{\mathrm{T}}\mid x_1,\cdots,x_n\in\mathbb{R},x_1+\cdots+x_n=-1\},$$

则(　　)。

(A)V_1 是向量空间，V_2 不是向量空间；　(B)V_1 不是向量空间，V_2 是向量空间；

(C)V_1、V_2 都是向量空间；　(D)V_1、V_2 都不是向量空间。

2. 设 $\boldsymbol{\alpha}_1=(1,1,0)^{\mathrm{T}}$，$\boldsymbol{\alpha}_2=(1,0,1)^{\mathrm{T}}$，$\boldsymbol{\alpha}_3=(0,1,1)^{\mathrm{T}}$ 是一组基，则 $\boldsymbol{u}=(2,0,0)^{\mathrm{T}}$ 在这组基下的坐标是(　　)。

(A)$(1,1,-1)^{\mathrm{T}}$；　(B) $(1,-1,-1)$；　(C) $(-1,1,-1)$；　(D) $(-1,-1,-1)$。

3. 在空间 $\mathbb{R}^2$ 中，由基 $\boldsymbol{\alpha}_1=\begin{pmatrix}1\\0\end{pmatrix}$，$\boldsymbol{\alpha}_2=\begin{pmatrix}1\\-1\end{pmatrix}$ 到基 $\boldsymbol{\beta}_1=\begin{pmatrix}1\\1\end{pmatrix}$，$\boldsymbol{\beta}_2=\begin{pmatrix}1\\2\end{pmatrix}$ 的过渡矩阵为(　　)。

(A) $\begin{pmatrix}2&3\\-1&-2\end{pmatrix}$；　(B) $\begin{pmatrix}2&-3\\1&-2\end{pmatrix}$；　(C) $\begin{pmatrix}-2&-3\\1&2\end{pmatrix}$；　(D) $\begin{pmatrix}1&1\\0&-1\end{pmatrix}$。

4. 在空间 $\mathbb{R}^3$ 中，由基 $\boldsymbol{\alpha}_1=(1,\ 1,1)^{\mathrm{T}}$，$\boldsymbol{\alpha}_2=(1,0,-1)^{\mathrm{T}}$，$\boldsymbol{\alpha}_3=(1,0,1)^{\mathrm{T}}$ 到基 $\boldsymbol{\beta}_1=(1,2,1)^{\mathrm{T}}$，$\boldsymbol{\beta}_2=(2,3,4)^{\mathrm{T}}$，$\boldsymbol{\beta}_3=(3,4,3)^{\mathrm{T}}$ 的过渡矩阵 $\boldsymbol{P}=$(　　)。

(A) $\begin{pmatrix}2&3&4\\0&-1&0\\-1&0&-1\end{pmatrix}$；　(B) $\begin{pmatrix}1&1&1\\1&0&0\\1&-1&1\end{pmatrix}$；

(C) $\begin{pmatrix}1&2&3\\2&3&4\\1&4&3\end{pmatrix}$；　(D) $\begin{pmatrix}2&3&4\\0&-1&0\\-1&0&-1\end{pmatrix}^{-1}$。

5. 非零正交向量组与线性无关组的关系是(　　)。

(A)正交必无关；　(B) 正交必相关；　(C) 无关必正交；　(D) 相关必正交。

6. 若向量 $\boldsymbol{\alpha}=(1,-2,1)$ 与 $\boldsymbol{\beta}=(2,3,t)$ 正交，则 $t=$(　　)。

(A) -2；　　(B) 0；　　(C) 2；　　(D) 4。

7. 若 n 阶方阵 $\boldsymbol{A}$ 满足(　　)，则 $\boldsymbol{A}$ 为正交矩阵。

(A) $|\boldsymbol{A}|=\pm 1$；　　(B) $\boldsymbol{A}^{\mathrm{T}}\boldsymbol{A}=\boldsymbol{E}$；　　(C) $\boldsymbol{A}^{-1}=\boldsymbol{A}$；　　(D) $\boldsymbol{A}^{\mathrm{T}}=\boldsymbol{A}$。

8. 设 $\boldsymbol{A}$ 为 n 阶正交矩阵，则行列式 $|\boldsymbol{A}^2|=$(　　)。

(A) -2；　　(B) -1；　　(C) 1；　　(D) 2。

二、填空题

9. 向量空间 $V=\{k_1\boldsymbol{\alpha}+k_2\boldsymbol{\beta}\,|\,k_1,\ k_2\in\mathbb{R}\}$，其中 $\boldsymbol{\alpha}=(1,1,1)$，$\boldsymbol{\beta}=(1,1,0)$，则 $\dim(V)=$ ________。

10. 在空间 $\mathbb{R}^3$ 中，设 $\boldsymbol{\beta}_1=\boldsymbol{\alpha}_1+\boldsymbol{\alpha}_2$，$\boldsymbol{\beta}_2=\boldsymbol{\alpha}_2+\boldsymbol{\alpha}_3$，$\boldsymbol{\beta}_3=\boldsymbol{\alpha}_3+\boldsymbol{\alpha}_1$，则由基 $\boldsymbol{\alpha}_1,\boldsymbol{\alpha}_2,\boldsymbol{\alpha}_3$ 到基 $\boldsymbol{\beta}_1,\boldsymbol{\beta}_2,\boldsymbol{\beta}_3$ 的过渡矩阵为________。

11. 设向量 $\boldsymbol{\alpha}=(1,2,1)$ 与 $\boldsymbol{\beta}=(1,1,a)$ 长度相等，则 $a=$ ________。

12. 设向量 $\boldsymbol{\alpha}=(1,2,1)$ 与 $\boldsymbol{\beta}=(1,1,a)$ 正交，则 $a=$ ________。

13. 与向量 $\boldsymbol{\alpha}=(1,1,1)$，$\boldsymbol{\beta}=(1,1,0)$ 都正交的单位向量为________。

三、计算题

14. 用施密特正交化方法将下列向量组标准正交化。

$$\boldsymbol{\alpha}_1=(1,\ 1,\ 1,1)^{\mathrm{T}},\ \boldsymbol{\alpha}_2=(-1,\ 2,\ 3,4)^{\mathrm{T}},\ \boldsymbol{\alpha}_3=(1,2,2,3)^{\mathrm{T}}。$$

四、证明题

15. 证明 $\mathbb{R}^n$ 中两组标准正交基间的过渡矩阵是正交矩阵。

16. 设方阵 $\boldsymbol{A}$ 满足 $\boldsymbol{A}^2-4\boldsymbol{A}+3\boldsymbol{E}=\boldsymbol{O}$，且 $\boldsymbol{A}^{\mathrm{T}}=\boldsymbol{A}$。证明 $\boldsymbol{A}-2\boldsymbol{E}$ 为正交矩阵。

第5章 CHAPTER 5

矩阵的特征值和相似对角化

本章目标：

(1)理解矩阵的特征值、特征向量的概念及有关性质，会求矩阵的特征值和特征向量。

(2)了解矩阵相似的概念和性质，了解矩阵可相似对角化的充要条件和对角化的方法。

(3)会求实对称矩阵的相似对角形矩阵。

在工程技术领域和经济领域的研究中，经常碰到有关矩阵特征值与特征向量问题，例如，在数据分析、计量经济学、动态经济模型中经常用到特征值。本章首先介绍矩阵的特征值与特征向量的概念及有关性质，再介绍矩阵相似对角化的条件，最后讨论实对称矩阵的对角化。

5.1 矩阵的特征值与特征向量

5.1.1 特征值与特征向量的概念

【引例】设 $\boldsymbol{A}=\begin{pmatrix}2 & 1\\ 1 & 2\end{pmatrix}$，$\boldsymbol{\alpha}=\begin{pmatrix}1\\ 1\end{pmatrix}$，$\lambda=3$，计算 $\boldsymbol{A\alpha}$ 与 $\lambda\boldsymbol{\alpha}$。

【解】$\boldsymbol{A\alpha}=\begin{pmatrix}2 & 1\\ 1 & 2\end{pmatrix}\begin{pmatrix}1\\ 1\end{pmatrix}=\begin{pmatrix}3\\ 3\end{pmatrix}$，$\lambda\boldsymbol{\alpha}=3\boldsymbol{\alpha}=3\begin{pmatrix}1\\ 1\end{pmatrix}=\begin{pmatrix}3\\ 3\end{pmatrix}$。

显然，

$$\boldsymbol{A\alpha}=\lambda\boldsymbol{\alpha}。$$

换句话说，用矩阵 $\boldsymbol{A}$ 左乘列向量 $\boldsymbol{\alpha}$ 相当于用常数 λ 去乘 $\boldsymbol{\alpha}$，这个常数 λ 不一般，我们引入特征值的概念。

定义 5.1　给定 n 阶矩阵 $\boldsymbol{A}=(a_{ij})_n$，如果存在数 λ 和 n 维非零向量 $\boldsymbol{\alpha}$，使得

$$\boldsymbol{A\alpha}=\lambda\boldsymbol{\alpha},\tag{5.1}$$

则称 λ 是矩阵 $\boldsymbol{A}$ 的一个**特征值**，称非零向量 $\boldsymbol{\alpha}$ 为对应(属)于特征值 λ 的**特征向量**。

由定义 5.1，引例中 $\lambda=3$ 是矩阵 $\boldsymbol{A}$ 的一个特征值，$\boldsymbol{\alpha}=(1,1)^{\mathrm{T}}$ 是 $\boldsymbol{A}$ 的对应于 $\lambda=3$ 的特征向量。

注：(1)特征向量必须是非零向量，且属于同一特征值的特征向量不止一个，可以有无数多个。

事实上，若 $\boldsymbol{\alpha}$ 是 $\boldsymbol{A}$ 的对应于 λ 的特征向量，则对于任意非零常数 k，$k\boldsymbol{\alpha}$ 也是 $\boldsymbol{A}$ 对应于 λ 的特征向量。这是因为

$$\boldsymbol{A}(k\boldsymbol{\alpha})=k(\boldsymbol{A\alpha})=k(\lambda\boldsymbol{\alpha})=\lambda(k\boldsymbol{\alpha}),\text{且 } k\boldsymbol{\alpha}\neq\boldsymbol{0}。$$

若 $\boldsymbol{\alpha}_1,\boldsymbol{\alpha}_2$ 是 $\boldsymbol{A}$ 的对应于 λ 的两个特征向量，则 $\boldsymbol{\alpha}_1+\boldsymbol{\alpha}_2(\boldsymbol{\alpha}_1+\boldsymbol{\alpha}_2\neq\boldsymbol{0})$ 也是 $\boldsymbol{A}$ 的对应于 λ 的特征向量。这是因为

$$\boldsymbol{A}(\boldsymbol{\alpha}_1+\boldsymbol{\alpha}_2)=\boldsymbol{A\alpha}_1+\boldsymbol{A\alpha}_2=\lambda\boldsymbol{\alpha}_1+\lambda\boldsymbol{\alpha}_2=\lambda(\boldsymbol{\alpha}_1+\boldsymbol{\alpha}_2)。$$

同理可得，矩阵 $\boldsymbol{A}$ 的属于特征值 λ 的两个特征向量 $\boldsymbol{\alpha}_1,\boldsymbol{\alpha}_2$ 的非零线性组合 $k_1\boldsymbol{\alpha}_1+k_2\boldsymbol{\alpha}_2$ $(k_1,k_2$ 为常数)也是 $\boldsymbol{A}$ 的属于 λ 的特征向量。

思考：属于同一个特征值的全体特征向量能构成向量空间吗？(答案：不能构成向量空间，因为其中没有零向量，而向量空间中一定有零向量。)

(2)可以证明 n 阶矩阵 $\boldsymbol{A}$ 的特征值至多有 n 个。属于同一个特征值的特征向量不唯一，有无数多个，但一个特征向量只能属于某一个特征值。

5.1.2　特征值与特征向量的求法

下面我们从特征值与特征向量的定义出发，分析矩阵的特征值与特征向量的求法。

由式(5.1)，移项得

$$(\lambda\boldsymbol{E}-\boldsymbol{A})\boldsymbol{\alpha}=\boldsymbol{0},$$

由于 $\boldsymbol{\alpha}\neq\boldsymbol{0}$，这说明 $\boldsymbol{\alpha}$ 是齐次线性方程组

$$(\lambda\boldsymbol{E}-\boldsymbol{A})\boldsymbol{x}=\boldsymbol{0}$$

即

$$\begin{pmatrix} \lambda - a_{11} & -a_{12} & \cdots & -a_{1n} \\ -a_{21} & \lambda - a_{22} & \cdots & -a_{2n} \\ \vdots & \vdots & & \vdots \\ -a_{n1} & -a_{n2} & \cdots & \lambda - a_{nn} \end{pmatrix} \begin{pmatrix} x_1 \\ x_2 \\ \vdots \\ x_n \end{pmatrix} = \begin{pmatrix} 0 \\ 0 \\ \vdots \\ 0 \end{pmatrix} \tag{5.2}$$

的非零解。

由于齐次线性方程组(5.2)有非零解的充分必要条件是系数行列式等于零，所以

$$|\lambda \boldsymbol{E} - \boldsymbol{A}| = \begin{vmatrix} \lambda - a_{11} & -a_{12} & \cdots & -a_{1n} \\ -a_{21} & \lambda - a_{22} & \cdots & -a_{2n} \\ \vdots & \vdots & & \vdots \\ -a_{n1} & -a_{n2} & \cdots & \lambda - a_{nn} \end{vmatrix} = 0。 \tag{5.3}$$

这表明，矩阵 $\boldsymbol{A}$ 的特征值 λ 是满足方程(5.3)的解，对应于 λ 的特征向量 $\boldsymbol{\alpha}$ 是满足线性方程组(5.2)的非零解向量。

为了方便，称 $\lambda\boldsymbol{E}-\boldsymbol{A}$ 为 $\boldsymbol{A}$ 的**特征矩阵**。若记

$$f_{\boldsymbol{A}}(\lambda) = |\lambda \boldsymbol{E} - \boldsymbol{A}| = \begin{vmatrix} \lambda - a_{11} & -a_{12} & \cdots & -a_{1n} \\ -a_{21} & \lambda - a_{22} & \cdots & -a_{2n} \\ \vdots & \vdots & & \vdots \\ -a_{n1} & -a_{n2} & \cdots & \lambda - a_{nn} \end{vmatrix},$$

称 $f_{\boldsymbol{A}}(\lambda)$ 为矩阵 $\boldsymbol{A}$ 的**特征多项式**，称方程

$$f_{\boldsymbol{A}}(\lambda) = |\lambda \boldsymbol{E} - \boldsymbol{A}| = 0$$

称为矩阵 $\boldsymbol{A}$ 的**特征方程**。

显然，$\boldsymbol{A}$ 的特征方程 $f_{\boldsymbol{A}}(\lambda)=|\lambda\boldsymbol{E}-\boldsymbol{A}|=0$ 是 n 次多项式方程，在实数范围内它至多有 n 个不相同的根。

根据以上分析，可得到求矩阵 $\boldsymbol{A}$ 的特征值与特征向量步骤如下。

第一步：写出 $\boldsymbol{A}$ 的特征多项式 $f_{\boldsymbol{A}}(\lambda)=|\lambda\boldsymbol{E}-\boldsymbol{A}|$；

第二步：求出特征方程 $f_{\boldsymbol{A}}(\lambda)=|\lambda\boldsymbol{E}-\boldsymbol{A}|=0$ 的全部根 $\lambda_1,\lambda_2,\cdots,\lambda_n$，这些根就是 $\boldsymbol{A}$ 的全部特征值；

第三步，对于 $\boldsymbol{A}$ 的每一个特征值 $\lambda_i(1\leqslant i\leqslant n)$，解齐次线性方程组

$$(\lambda_i \boldsymbol{E} - \boldsymbol{A})\boldsymbol{x} = \boldsymbol{0},$$

得基础解系 $\boldsymbol{\xi}_1,\boldsymbol{\xi}_2,\cdots,\boldsymbol{\xi}_s(1\leqslant s\leqslant n)$，那么非零向量

$$\boldsymbol{\alpha} = k_1\boldsymbol{\xi}_1 + k_2\boldsymbol{\xi}_2 + \cdots + k_s\boldsymbol{\xi}_s$$

就是 $\boldsymbol{A}$ 的属于特征值 $\lambda_i(1\leqslant i\leqslant n)$ 的全部特征向量，其中 $k_1,k_2,\cdots,k_s$ 是不全为零的任意常数。

【例 5.1】求矩阵 $\boldsymbol{A}=\begin{pmatrix}3 & -1\\ -1 & 3\end{pmatrix}$ 的特征值和特征向量。

【解】矩阵 $\boldsymbol{A}$ 的特征多项式为

$$|\lambda\boldsymbol{E}-\boldsymbol{A}|=\begin{vmatrix}\lambda-3 & 1\\ 1 & \lambda-3\end{vmatrix}=(\lambda-2)(\lambda-4),$$

令 $(\lambda-2)(\lambda-4)=0$，得 $\boldsymbol{A}$ 的特征值为 $\lambda_1=2$，$\lambda_2=4$。

对于 $\lambda_1=2$，求解齐次线性方程组 $(2\boldsymbol{E}-\boldsymbol{A})\boldsymbol{x}=\boldsymbol{0}$，即

$$\begin{pmatrix}2-3 & 1\\ 1 & 2-3\end{pmatrix}\begin{pmatrix}x_1\\ x_2\end{pmatrix}=\begin{pmatrix}0\\ 0\end{pmatrix},$$

由 $2\boldsymbol{E}-\boldsymbol{A}=\begin{pmatrix}-1 & 1\\ 1 & -1\end{pmatrix}\xrightarrow{r}\begin{pmatrix}1 & -1\\ 0 & 0\end{pmatrix}$ 得基础解系 $\boldsymbol{\xi}_1=\begin{pmatrix}1\\ 1\end{pmatrix}$，因此属于特征值 $\lambda_1=2$ 的全部特征向量为 $k_1\boldsymbol{\xi}_1=k_1\begin{pmatrix}1\\ 1\end{pmatrix}$ $(k_1\neq 0$，为任意常数)。

对于 $\lambda_2=4$，求解齐次线性方程组 $(4\boldsymbol{E}-\boldsymbol{A})\boldsymbol{x}=\boldsymbol{0}$，即

$$\begin{pmatrix}4-3 & 1\\ 1 & 4-3\end{pmatrix}\begin{pmatrix}x_1\\ x_2\end{pmatrix}=\begin{pmatrix}0\\ 0\end{pmatrix},$$

由 $4\boldsymbol{E}-\boldsymbol{A}=\begin{pmatrix}1 & 1\\ 1 & 1\end{pmatrix}\xrightarrow{r}\begin{pmatrix}1 & 1\\ 0 & 0\end{pmatrix}$ 得基础解系 $\boldsymbol{\xi}_2=\begin{pmatrix}-1\\ 1\end{pmatrix}$，因此属于特征值 $\lambda_2=4$ 的全部特征向量为 $k_2\boldsymbol{\xi}_2=k_2\begin{pmatrix}-1\\ 1\end{pmatrix}$ $(k_2\neq 0$，为任意常数)。

【例 5.2】求矩阵 $\boldsymbol{A}=\begin{pmatrix}-1 & 1 & 0\\ -4 & 3 & 0\\ 1 & 0 & 2\end{pmatrix}$ 的全部特征值和特征向量。

【解】矩阵 $\boldsymbol{A}$ 的特征多项式为

$$|\lambda\boldsymbol{E}-\boldsymbol{A}|=\begin{vmatrix}\lambda+1 & -1 & 0\\ 4 & \lambda-3 & 0\\ -1 & 0 & \lambda-2\end{vmatrix}=(\lambda-2)(\lambda-1)^2,$$

令 $(\lambda-2)(\lambda-1)^2=0$，得 $\boldsymbol{A}$ 的特征值为 $\lambda_1=2,\lambda_2=\lambda_3=1$(二重根)。

对于 $\lambda_1=2$，求解齐次线性方程组 $(2\boldsymbol{E}-\boldsymbol{A})\boldsymbol{x}=\boldsymbol{0}$，即

$$\begin{pmatrix}2+1 & -1 & 0\\ 4 & 2-3 & 0\\ -1 & 0 & 2-2\end{pmatrix}\begin{pmatrix}x_1\\ x_2\\ x_3\end{pmatrix}=\begin{pmatrix}0\\0\\0\end{pmatrix},$$

由 $2\boldsymbol{E}-\boldsymbol{A}=\begin{pmatrix}3 & -1 & 0\\ 4 & -1 & 0\\ -1 & 0 & 0\end{pmatrix}\xrightarrow{r}\begin{pmatrix}1 & 0 & 0\\ 0 & 1 & 0\\ 0 & 0 & 0\end{pmatrix}$ 得基础解系 $\boldsymbol{\xi}_1=\begin{pmatrix}0\\0\\1\end{pmatrix}$，因此属于特征值 $\lambda_1=2$ 的全部特征向量为 $k_1\boldsymbol{\xi}_1=k_1\begin{pmatrix}0\\0\\1\end{pmatrix}$（$k_1\neq0$，为任意常数）。

对于 $\lambda_2=\lambda_3=1$，求解齐次线性方程组 $(1\boldsymbol{E}-\boldsymbol{A})\boldsymbol{x}=\boldsymbol{0}$，即

$$\begin{pmatrix}1+1 & -1 & 0\\ 4 & 1-3 & 0\\ -1 & 0 & 1-2\end{pmatrix}\begin{pmatrix}x_1\\ x_2\\ x_3\end{pmatrix}=\begin{pmatrix}0\\0\\0\end{pmatrix},$$

由 $1\boldsymbol{E}-\boldsymbol{A}=\begin{pmatrix}2 & -1 & 0\\ 4 & -2 & 0\\ -1 & 0 & -1\end{pmatrix}\xrightarrow{r}\begin{pmatrix}1 & 0 & 1\\ 0 & 1 & 2\\ 0 & 0 & 0\end{pmatrix}$ 得基础解系 $\boldsymbol{\xi}_2=\begin{pmatrix}-1\\-2\\1\end{pmatrix}$，因此属于特征值 $\lambda_2=\lambda_3=1$ 的全部特征向量为 $k_2\boldsymbol{\xi}_2=k_2\begin{pmatrix}-1\\-2\\1\end{pmatrix}$（$k_2\neq0$，为任意常数）。

【例 5.3】求矩阵 $\boldsymbol{A}=\begin{pmatrix}4 & 6 & 0\\ -3 & -5 & 0\\ -3 & -6 & 1\end{pmatrix}$ 的特征值和特征向量。

【解】矩阵 $\boldsymbol{A}$ 的特征多项式为

$$|\lambda\boldsymbol{E}-\boldsymbol{A}|=\begin{vmatrix}\lambda-4 & -6 & 0\\ 3 & \lambda+5 & 0\\ 3 & 6 & \lambda-1\end{vmatrix}=(\lambda+2)(\lambda-1)^2,$$

令 $(\lambda+2)(\lambda-1)^2=0$，得 $\boldsymbol{A}$ 的全部特征值为 $\lambda_1=-2$，$\lambda_2=\lambda_3=1$（二重根）。

对于 $\lambda_1=-2$，求解齐次线性方程组 $(-2\boldsymbol{E}-\boldsymbol{A})\boldsymbol{x}=\boldsymbol{0}$，即

$$\begin{pmatrix} -2-4 & -6 & 0 \\ 3 & -2+5 & 0 \\ 3 & 6 & -2-1 \end{pmatrix}\begin{pmatrix} x_1 \\ x_2 \\ x_3 \end{pmatrix}=\begin{pmatrix} 0 \\ 0 \\ 0 \end{pmatrix},$$

由 $-2\boldsymbol{E}-\boldsymbol{A}=\begin{pmatrix} -6 & -6 & 0 \\ 3 & 3 & 0 \\ 3 & 6 & -3 \end{pmatrix}\xrightarrow{r}\begin{pmatrix} 1 & 0 & 1 \\ 0 & 1 & -1 \\ 0 & 0 & 0 \end{pmatrix}$ 得基础解系 $\boldsymbol{\xi}_1=\begin{pmatrix} -1 \\ 1 \\ 1 \end{pmatrix}$，因此属于特征值 $\lambda_1=-2$ 的全部特征向量为 $k_1\boldsymbol{\xi}_1=k_1\begin{pmatrix} -1 \\ 1 \\ 1 \end{pmatrix}$（$k_1\neq 0$，为任意常数）。

对于 $\lambda_2=\lambda_3=1$，求解齐次线性方程组 $(1\boldsymbol{E}-\boldsymbol{A})\boldsymbol{x}=\boldsymbol{0}$，即

$$\begin{pmatrix} 1-4 & -6 & 0 \\ 3 & 1+5 & 0 \\ 3 & 6 & 1-1 \end{pmatrix}\begin{pmatrix} x_1 \\ x_2 \\ x_3 \end{pmatrix}=\begin{pmatrix} 0 \\ 0 \\ 0 \end{pmatrix},$$

由 $1\boldsymbol{E}-\boldsymbol{A}=\begin{pmatrix} -3 & -6 & 0 \\ 3 & 6 & 0 \\ 3 & 6 & 0 \end{pmatrix}\xrightarrow{r}\begin{pmatrix} 1 & 2 & 0 \\ 0 & 0 & 0 \\ 0 & 0 & 0 \end{pmatrix}$ 得基础解系 $\boldsymbol{\xi}_2=\begin{pmatrix} -2 \\ 1 \\ 0 \end{pmatrix}$，$\boldsymbol{\xi}_3=\begin{pmatrix} 0 \\ 0 \\ 1 \end{pmatrix}$，因此属于特征值 $\lambda_2=\lambda_3=1$ 的全部特征向量为 $k_2\boldsymbol{\xi}_2+k_3\boldsymbol{\xi}_3=k_2\begin{pmatrix} -2 \\ 1 \\ 0 \end{pmatrix}+k_3\begin{pmatrix} 0 \\ 0 \\ 1 \end{pmatrix}$（$k_2,k_3$ 不全为零）。

【例 5.4】求矩阵 $\boldsymbol{A}=\begin{pmatrix} a_1 & 0 & \cdots & 0 \\ 0 & a_2 & \cdots & 0 \\ \vdots & \vdots & & \vdots \\ 0 & 0 & \cdots & a_n \end{pmatrix}$（$a_i\in\mathbb{R},i=1,2,\cdots,n$）的特征值与特征向量。

【解】矩阵 $\boldsymbol{A}$ 的特征多项式为

$$|\lambda\boldsymbol{E}-\boldsymbol{A}|=\begin{vmatrix} \lambda-a_1 & 0 & \cdots & 0 \\ 0 & \lambda-a_2 & \cdots & 0 \\ \vdots & \vdots & & \vdots \\ 0 & 0 & \cdots & \lambda-a_n \end{vmatrix}=\prod_{i=1}^{n}(\lambda-a_i),$$

令 $\prod\limits_{i=1}^{n}(\lambda-a_i)=0$，得 $\boldsymbol{A}$ 的全部的特征值为 $\lambda_1=a_1,\lambda_2=a_2,\cdots,\lambda_n=a_n$。

当 $\lambda_i = a_i$ 时，由对角矩阵的乘法性质易得

$$\boldsymbol{A}\boldsymbol{\varepsilon}_i = a_i\boldsymbol{\varepsilon}_i \quad (i = 1,2,\cdots,n),$$

其中 $\boldsymbol{\varepsilon}_1,\boldsymbol{\varepsilon}_2,\cdots,\boldsymbol{\varepsilon}_n$ 为基本单位向量组，因此属于特征值 $\lambda_i = a_i(i=1,2,\cdots,n)$ 的全部特征向量为 $k_i\boldsymbol{\varepsilon}_i(i=1,2,\cdots,n)(k_i$ 非零)。

例 5.4 表明：对角矩阵的全部特征值就是其主对角线上的全部元素。同理，上(下)三角形矩阵的全部特征值也是其主对角线上的全部元素。

下面利用特征值的定义求解满足一定条件的抽象矩阵的特征值。

【例 5.5】设 λ 是矩阵 $\boldsymbol{A}$ 的特征值，证明 λ^2 是 $\boldsymbol{A}^2$ 的特征值，且与 $\boldsymbol{A}$ 的特征向量相同。

【证】设 $\boldsymbol{\alpha}$ 是 $\boldsymbol{A}$ 的对应于 λ 的特征向量，即 $\boldsymbol{A\alpha}=\lambda\boldsymbol{\alpha}$，因此

$$\boldsymbol{A}^2\boldsymbol{\alpha} = \boldsymbol{A}(\boldsymbol{A\alpha}) = \boldsymbol{A}(\lambda\boldsymbol{\alpha}) = \lambda(\boldsymbol{A\alpha}) = \lambda^2\boldsymbol{\alpha},$$

由定义 5.1 知 λ^2 是 $\boldsymbol{A}^2$ 的特征值，且 $\boldsymbol{A}^2$ 的特征向量与 $\boldsymbol{A}$ 的特征向量 $\boldsymbol{\alpha}$ 相同。 □

【例 5.6】设 $\boldsymbol{A}$ 为 n 阶矩阵，若有正整数 k，使 $\boldsymbol{A}^k=\boldsymbol{O}$，则称 $\boldsymbol{A}$ 为**幂零矩阵**。证明幂零矩阵的特征值只能等于 0。

【证】设 λ 是 $\boldsymbol{A}$ 的特征值，$\boldsymbol{\alpha}$ 是 $\boldsymbol{A}$ 的对应于 λ 的特征向量，则有 $\boldsymbol{A\alpha}=\lambda\boldsymbol{\alpha}$，因此，

$$\boldsymbol{A}^k\boldsymbol{\alpha} = \boldsymbol{A}^{k-1}(\boldsymbol{A\alpha}) = \boldsymbol{A}^{k-1}(\lambda\boldsymbol{\alpha}) = \lambda\boldsymbol{A}^{k-1}\boldsymbol{\alpha} = \cdots = \lambda^k\boldsymbol{\alpha}。$$

因为 $\boldsymbol{A}^k=\boldsymbol{O}$，所以 $\boldsymbol{A}^k\boldsymbol{\alpha}=\boldsymbol{O\alpha}=\boldsymbol{0}=\lambda^k\boldsymbol{\alpha}$。由于 $\boldsymbol{\alpha}\neq\boldsymbol{0}$，故

$$\lambda^k = 0,\ 即\ \lambda = 0。$$ □

【例 5.7】$\boldsymbol{A}$ 为 n 阶矩阵，满足 $\boldsymbol{A}^2=\boldsymbol{A}$，则称 $\boldsymbol{A}$ 为**幂等矩阵**。证明幂等矩阵的特征值只能等于 1 或 0。

【证】设 λ 是 $\boldsymbol{A}$ 的特征值，$\boldsymbol{\alpha}$ 是 $\boldsymbol{A}$ 的对应于 λ 的特征向量，则有 $\boldsymbol{A\alpha}=\lambda\boldsymbol{\alpha}$，因此，

$$\boldsymbol{A}^2\boldsymbol{\alpha} = \boldsymbol{A}(\boldsymbol{A\alpha}) = \boldsymbol{A}(\lambda\alpha) = \lambda(\boldsymbol{A\alpha}) = \lambda(\lambda\boldsymbol{\alpha}) = \lambda^2\boldsymbol{\alpha}。$$

由于 $\boldsymbol{A}^2=\boldsymbol{A}$，所以 $\boldsymbol{A}^2\boldsymbol{\alpha}=\boldsymbol{A\alpha}$，于是 $\lambda^2\boldsymbol{\alpha}=\lambda\boldsymbol{\alpha}$，即

$$(\lambda^2 - \lambda)\boldsymbol{\alpha} = \boldsymbol{0}。$$

又由于 $\boldsymbol{\alpha}\neq\boldsymbol{0}$，故

$$\lambda^2 - \lambda = (\lambda - 1)\lambda = 0。$$

因而 $\lambda=1$ 或 $\lambda=0$。 □

5.1.3 特征值与特征向量的性质

矩阵的特征值反映了矩阵本身具有的内在特性，下面的一些性质就是很好的说明。

性质 5.1 n 阶矩阵 $\boldsymbol{A}$ 与它的转置矩阵 $\boldsymbol{A}^{\mathrm{T}}$ 有相同的特征值。

【证】只要证明 $\boldsymbol{A}$ 与 $\boldsymbol{A}^{\mathrm{T}}$ 有相同的特征多项式即可。因为

$$|\lambda \boldsymbol{E}-\boldsymbol{A}|=|(\lambda \boldsymbol{E}-\boldsymbol{A})^{\mathrm{T}}|=|\lambda \boldsymbol{E}-\boldsymbol{A}^{\mathrm{T}}|,$$

所以 $\boldsymbol{A}$ 与 $\boldsymbol{A}^{\mathrm{T}}$ 有相同的特征多项式，从而它们有相同的特征值。□

注：虽然 $\boldsymbol{A}$ 与 $\boldsymbol{A}^{\mathrm{T}}$ 具有相同的特征值，但特征向量却不一定相同。

性质 5.2　矩阵的不同特征值所对应的特征向量线性无关。

【证】**(仅对两个不同特征值证明)**　设矩阵 $\boldsymbol{A}$ 的两个不同特征值分别为 λ_1、$\lambda_2(\lambda_1\neq\lambda_2)$，对应的特征向量分别为 $\boldsymbol{\alpha}_1$、$\boldsymbol{\alpha}_2$，即

$$\boldsymbol{A\alpha}_1=\lambda_1\boldsymbol{\alpha}_1,\ \boldsymbol{A\alpha}_2=\lambda_2\boldsymbol{\alpha}_2。$$

下面反证 $\boldsymbol{\alpha}_1$、$\boldsymbol{\alpha}_2$ 线性无关。假设 $\boldsymbol{\alpha}_1$、$\boldsymbol{\alpha}_2$ 线性相关，不妨设 $\boldsymbol{\alpha}_1=k\boldsymbol{\alpha}_2(k\neq0)$，那么

$$\boldsymbol{A\alpha}_1=\boldsymbol{A}(k\boldsymbol{\alpha}_2)=k(\boldsymbol{A\alpha}_2)=k(\lambda_2\boldsymbol{\alpha}_2)=\lambda_2(k\boldsymbol{\alpha}_2)=\lambda_2\boldsymbol{\alpha}_1。$$

又因为 $\boldsymbol{A\alpha}_1=\lambda_1\boldsymbol{\alpha}_1$，所以 $\lambda_2\boldsymbol{\alpha}_1=\lambda_1\boldsymbol{\alpha}_1$，即 $(\lambda_2-\lambda_1)\boldsymbol{\alpha}_1=0$。因为特征向量 $\boldsymbol{\alpha}_1\neq\boldsymbol{0}$，故

$$\lambda_2-\lambda_1=0。$$

因此得出 $\lambda_1=\lambda_2$，这与已知 $\lambda_1\neq\lambda_2$ 相矛盾。因此 $\boldsymbol{\alpha}_1$、$\boldsymbol{\alpha}_2$ 线性无关。□

注：n 阶矩阵 $\boldsymbol{A}$ 的 $k(1\leqslant k\leqslant n)$ 个不同特征值所对应的特征向量都线性无关(证明略)。

例如，例 5.3 中不同特征值的特征向量 $\boldsymbol{\xi}_1,\boldsymbol{\xi}_2,\boldsymbol{\xi}_3$ 是线性无关的。

性质 5.3　设矩阵 $\boldsymbol{A}=(a_{ij})_n$ 的 n 个特征值(重特征值按重数计算)为 $\lambda_1,\lambda_2,\cdots,\lambda_n$，则

(1)$\lambda_1+\lambda_2+\cdots+\lambda_n=a_{11}+a_{22}+\cdots+a_{nn}$，即矩阵 $\boldsymbol{A}$ 的 n 个特征值之和等于 $\boldsymbol{A}$ 的 n 个对角线元素之和；

(2)$\lambda_1\lambda_2\cdots\lambda_n=\det(\boldsymbol{A})$，即矩阵 $\boldsymbol{A}$ 的 n 个特征值的乘积等于 $\boldsymbol{A}$ 的行列式。

【证】略。□

注：$\boldsymbol{A}$ 的主对角线元素之和 $a_{11}+a_{22}+\cdots+a_{nn}$ 称为 **$\boldsymbol{A}$ 的迹**，记为 $\mathrm{tr}(\boldsymbol{A})$。由性质 5.3 得，

$$\mathrm{tr}(\boldsymbol{A})=a_{11}+a_{22}+\cdots+a_{nn}=\lambda_1+\lambda_2+\cdots+\lambda_n。$$

推论 5.1　n 阶矩阵 $\boldsymbol{A}$ 可逆的充分必要条件是 $\boldsymbol{A}$ 的所有特征值都不为零。

推论 5.2　$\boldsymbol{A}$ 的行列式 $\det(\boldsymbol{A})=0$ 当且仅当 $\boldsymbol{A}$ 有一个特征值为 0。

性质 5.4　设 λ 是 $\boldsymbol{A}$ 的特征值，$\boldsymbol{\alpha}$ 是 $\boldsymbol{A}$ 的属于特征值 λ 的特征向量，则

(1) λ^m 是 $\boldsymbol{A}^m$ 的特征值，对应的特征向量仍为 $\boldsymbol{\alpha}$，其中 m 为任意正整数；

(2) $f(\lambda)=a_k\lambda^k+a_{k-1}\lambda^{k-1}+\cdots+a_1\lambda+a_0$ 是 $f(\boldsymbol{A})=a_k\boldsymbol{A}^k+a_{k-1}\boldsymbol{A}^{k-1}+\cdots+a_1\boldsymbol{A}+a_0\boldsymbol{E}$ 的特征值，对应的特征向量仍为 $\boldsymbol{\alpha}$，其中 k 为任意正整数，$a_k,a_{k-1},\cdots,a_1,a_0$ 为常数；

(3) 若矩阵 $\boldsymbol{A}$ 可逆，那么 λ^{-1} 是 $\boldsymbol{A}^{-1}$ 的特征值，对应的特征向量仍为 $\boldsymbol{\alpha}$。

【证】(1) 因为 λ 是 $\boldsymbol{A}$ 的特征值，$\boldsymbol{\alpha}$ 是对应的特征向量，即

$$\boldsymbol{A\alpha}=\lambda\boldsymbol{\alpha}。$$

于是

$$\boldsymbol{A}^m\boldsymbol{\alpha}=A^{m-1}(\boldsymbol{A\alpha})=\boldsymbol{A}^{m-1}(\lambda\boldsymbol{\alpha})=\lambda(\boldsymbol{A}^{m-1}\boldsymbol{\alpha})=\lambda^2(\boldsymbol{A}^{m-2}\boldsymbol{\alpha})=\cdots=\lambda^{m-1}(\boldsymbol{A\alpha})=\lambda^m\boldsymbol{\alpha},$$

所以 λ^m 是 $\boldsymbol{A}^m$ 的特征值，对应的特征向量仍是 $\boldsymbol{A}$ 的属于 λ 的特征向量 $\boldsymbol{\alpha}$。

(2)由(1)知，$\boldsymbol{A}^k\boldsymbol{\alpha}=\lambda^k\boldsymbol{\alpha}$（$k$ 为任意正整数），于是

$$\begin{aligned}f(\boldsymbol{A})\boldsymbol{\alpha}&=(a_k\boldsymbol{A}^k+a_{k-1}\boldsymbol{A}^{k-1}+\cdots+a_1\boldsymbol{A}+a_0\boldsymbol{E})\boldsymbol{\alpha}\\&=a_k(\boldsymbol{A}^k\boldsymbol{\alpha})+a_{k-1}(\boldsymbol{A}^{k-1}\boldsymbol{\alpha})+\cdots+a_1(\boldsymbol{A\alpha})+a_0\boldsymbol{\alpha}\\&=a_k(\lambda^k\boldsymbol{\alpha})+a_{k-1}(\lambda^{k-1}\boldsymbol{\alpha})+\cdots+a_1(\lambda\boldsymbol{\alpha})+a_0\boldsymbol{\alpha}\\&=(a_k\lambda^k+a_{k-1}\lambda^{k-1}+\cdots+a_1\lambda+a_0)\boldsymbol{\alpha}=f(\lambda)\boldsymbol{\alpha}。\end{aligned}$$

(3)因为 $\boldsymbol{A}$ 可逆，所以 $|\boldsymbol{A}|\neq0$。又因为 λ 是 $\boldsymbol{A}$ 的特征值，故 $\lambda\neq0$，由 $\boldsymbol{A\alpha}=\lambda\boldsymbol{\alpha}$ 得

$$\boldsymbol{A}^{-1}(\boldsymbol{A\alpha})=\boldsymbol{A}^{-1}(\lambda\boldsymbol{\alpha})\quad\Rightarrow\quad\boldsymbol{\alpha}=\lambda(\boldsymbol{A}^{-1}\boldsymbol{\alpha})。$$

于是，

$$\boldsymbol{A}^{-1}\boldsymbol{\alpha}=\lambda^{-1}\boldsymbol{\alpha},$$

故 λ^{-1} 是 $\boldsymbol{A}^{-1}$ 的特征值，对应的特征向量仍是 $\boldsymbol{A}$ 的属于 λ 的特征向量 $\boldsymbol{\alpha}$。 □

根据性质 5.4，显然，若 λ 是 $\boldsymbol{A}$ 的特征值，那么 $c\boldsymbol{A}$ 的特征值为 $c\lambda$，$\boldsymbol{A}+c\boldsymbol{E}$ 的特征值为 $\lambda+c$。

【例 5.8】设 3 阶方阵 $\boldsymbol{A}$ 的三个特征值分别为 1、2、3，求 $|\boldsymbol{A}^*+3\boldsymbol{A}-2\boldsymbol{E}|$。

【解】依题意，根据性质 5.3，$\boldsymbol{A}$ 的行列式 $|\boldsymbol{A}|=1\times2\times3=6$，故 $\boldsymbol{A}^{-1}$ 的行列式 $|\boldsymbol{A}^{-1}|=1/6$。

$$\begin{aligned}&|\boldsymbol{A}^*+3\boldsymbol{A}-2\boldsymbol{E}|\\&=||\boldsymbol{A}|\boldsymbol{A}^{-1}+3\boldsymbol{A}-2\boldsymbol{E}|\qquad(\text{其中 }\boldsymbol{A}^*=|\boldsymbol{A}|\boldsymbol{A}^{-1})\\&=|6\boldsymbol{A}^{-1}+3\boldsymbol{A}-2\boldsymbol{E}|=|\boldsymbol{A}^{-1}||6\boldsymbol{E}+3\boldsymbol{A}^2-2\boldsymbol{A}|=(1/6)|3\boldsymbol{A}^2-2\boldsymbol{A}+6\boldsymbol{E}|。\end{aligned}$$

令 $f(\boldsymbol{A})=3\boldsymbol{A}^2-2\boldsymbol{A}+6\boldsymbol{E}$，则 $f(\boldsymbol{A})$ 的特征值为 $f(1)=7$，$f(2)=14$，$f(3)=27$，则

$$|f(\boldsymbol{A})|=7\times14\times27=2646,$$

故 $|\boldsymbol{A}^*+3\boldsymbol{A}-2\boldsymbol{E}|=(1/6)\times2646=441$。

【例 5.9】n 阶矩阵 $\boldsymbol{A}$ 满足 $r(\boldsymbol{A}+\boldsymbol{E})+r(\boldsymbol{A}-\boldsymbol{E})=n$ 且 $\boldsymbol{A}\neq\boldsymbol{E}$，证明 $\lambda=-1$ 是 $\boldsymbol{A}$ 的特征值。

【证】因为 $\boldsymbol{A}\neq\boldsymbol{E}$，所以 $\boldsymbol{A}-\boldsymbol{E}\neq\boldsymbol{O}$，故 $r(\boldsymbol{A}-\boldsymbol{E})\neq0$，于是

$$r(\boldsymbol{A}+\boldsymbol{E})=n-r(\boldsymbol{A}-\boldsymbol{E})<n,$$

故 $|\boldsymbol{E}+\boldsymbol{A}|=0$，即 $|-\boldsymbol{E}-\boldsymbol{A}|=|(-1)\boldsymbol{E}-\boldsymbol{A}|=(-1)^n|\boldsymbol{E}+\boldsymbol{A}|=0$，所以 $|(-1)\boldsymbol{E}-\boldsymbol{A}|=0$，即 $\lambda=-1$ 是 $\boldsymbol{A}$ 的特征值。

练习 5.1

1. 已知 $\boldsymbol{\alpha}=(1,a,1)^{\mathrm{T}}$ 是矩阵 $\begin{pmatrix}1&1&1\\1&1&1\\1&1&1\end{pmatrix}$ 的特征向量，求常数 a。

2. 设三阶方阵 $\boldsymbol{A}$ 不可逆，且 $|\boldsymbol{E}+\boldsymbol{A}|=0$，$|2\boldsymbol{E}+\boldsymbol{A}|=0$，求 $\boldsymbol{A}$ 的特征值。

3. 求下列矩阵的特征值与特征向量。

(1) $\begin{pmatrix}1&-1\\-2&2\end{pmatrix}$；　(2) $\begin{pmatrix}2&0&0\\1&1&1\\1&-1&3\end{pmatrix}$；　(3) $\begin{pmatrix}2&-2&0\\-2&1&-2\\0&-2&0\end{pmatrix}$；

(4) $\begin{pmatrix}a_1\\a_2\\\vdots\\a_n\end{pmatrix}(a_1\quad a_2\quad \cdots\quad a_n)$，($a_1\neq 0$，$a_1,a_2,\cdots,a_n$ 为常数)。

4. 设 $\boldsymbol{A}=\begin{pmatrix}-1&2&2\\2&-1&-2\\2&-2&-1\end{pmatrix}$，(1)求 $\boldsymbol{A}$ 的特征值与特征向量；(2)求 $\boldsymbol{E}+\boldsymbol{A}^{-1}$ 与 $\boldsymbol{A}^2-3\boldsymbol{A}-4\boldsymbol{E}$ 的特征值与特征向量。

5. 设矩阵 $\boldsymbol{A}$ 满足 $\boldsymbol{A}^2-3\boldsymbol{A}+2\boldsymbol{E}=\boldsymbol{0}$，其中 $\boldsymbol{E}$ 为与 $\boldsymbol{A}$ 同阶的单位矩阵，证明 $\boldsymbol{A}$ 的特征值只能为 1 或 2。

5.2　相似矩阵与矩阵可对角化条件

对角矩阵是最简单的矩阵类型。本节首先介绍相似矩阵的概念，然后讨论矩阵具备什么条件才能与对角矩阵相似。

5.2.1　相似矩阵的概念与性质

相似矩阵的概念

定义 5.2　设 $\boldsymbol{A}$、$\boldsymbol{B}$ 都是 n 阶矩阵，若存在可逆矩阵 $\boldsymbol{P}$，使得

$$\boldsymbol{P}^{-1}\boldsymbol{A}\boldsymbol{P}=\boldsymbol{B}, \tag{5.4}$$

则称 $\boldsymbol{A}$ **相似于** $\boldsymbol{B}$，或称 $\boldsymbol{A}$ 与 $\boldsymbol{B}$ 是**相似矩阵**，记作 $\boldsymbol{A}\sim\boldsymbol{B}$。

例如，对于矩阵 $\boldsymbol{A}=\begin{pmatrix}1&1\\0&2\end{pmatrix}$ 与 $\boldsymbol{B}=\begin{pmatrix}1&0\\0&2\end{pmatrix}$，存在可逆矩阵 $\boldsymbol{P}=\begin{pmatrix}1&1\\0&1\end{pmatrix}$，使得

$$\boldsymbol{P}^{-1}\boldsymbol{A}\boldsymbol{P}=\begin{pmatrix}1&-1\\0&1\end{pmatrix}\begin{pmatrix}1&1\\0&2\end{pmatrix}\begin{pmatrix}1&1\\0&1\end{pmatrix}=\begin{pmatrix}1&0\\0&2\end{pmatrix}=\boldsymbol{B},$$

所以 $\boldsymbol{A}\sim\boldsymbol{B}$，即 $\begin{pmatrix}1&1\\0&2\end{pmatrix}\sim\begin{pmatrix}1&0\\0&2\end{pmatrix}$。

矩阵间的相似是一种等价关系，具有以下三条基本性质。

(1)**反身性**：对任意 n 阶矩阵 $\boldsymbol{A}$，$\boldsymbol{A}\sim\boldsymbol{A}$；

(2)**对称性**：若 $\boldsymbol{A}\sim\boldsymbol{B}$，则 $\boldsymbol{B}\sim\boldsymbol{A}$；

(3)**传递性**：若 $\boldsymbol{A}\sim\boldsymbol{B}$ 且 $\boldsymbol{B}\sim\boldsymbol{C}$，则 $\boldsymbol{A}\sim\boldsymbol{C}$。

【证】(1)对任意 n 阶矩阵 $\boldsymbol{A}$，令 $\boldsymbol{P}=\boldsymbol{E}$($\boldsymbol{E}$ 为 n 阶单位矩阵)，那么

$$\boldsymbol{P}^{-1}\boldsymbol{A}\boldsymbol{P}=\boldsymbol{E}^{-1}\boldsymbol{A}\boldsymbol{E}=\boldsymbol{A},$$

即 $\boldsymbol{A}\sim\boldsymbol{A}$。

(2)因为 $\boldsymbol{A}\sim\boldsymbol{B}$，即存在可逆矩阵 $\boldsymbol{P}$，使得 $\boldsymbol{P}^{-1}\boldsymbol{A}\boldsymbol{P}=\boldsymbol{B}$，令 $\boldsymbol{P}_1=\boldsymbol{P}^{-1}$，那么

$$\boldsymbol{P}_1^{-1}\boldsymbol{B}\boldsymbol{P}_1=\boldsymbol{P}(\boldsymbol{P}^{-1}\boldsymbol{A}\boldsymbol{P})\boldsymbol{P}^{-1}=(\boldsymbol{P}\boldsymbol{P}^{-1})\boldsymbol{A}(\boldsymbol{P}\boldsymbol{P}^{-1})=\boldsymbol{A},$$

所以 $\boldsymbol{B}\sim\boldsymbol{A}$。

(3)因为 $\boldsymbol{A}\sim\boldsymbol{B}$ 且 $\boldsymbol{B}\sim\boldsymbol{C}$，即存在可逆矩阵 $\boldsymbol{P}_1$，$\boldsymbol{P}_2$，使得

$$\boldsymbol{P}_1{}^{-1}\boldsymbol{A}\boldsymbol{P}_1=\boldsymbol{B},\ \boldsymbol{P}_2{}^{-1}\boldsymbol{B}\boldsymbol{P}_2=\boldsymbol{C}。$$

所以，存在可逆矩阵 $\boldsymbol{P}=\boldsymbol{P}_1\boldsymbol{P}_2$，使得

$$\boldsymbol{P}^{-1}\boldsymbol{A}\boldsymbol{P}=(\boldsymbol{P}_1\boldsymbol{P}_2)^{-1}\boldsymbol{A}(\boldsymbol{P}_1\boldsymbol{P}_2)=\boldsymbol{P}_2{}^{-1}(\boldsymbol{P}_1{}^{-1}\boldsymbol{A}\boldsymbol{P}_1)\boldsymbol{P}_2=\boldsymbol{P}_2{}^{-1}\boldsymbol{B}\boldsymbol{P}_2=\boldsymbol{C},$$

即 $\boldsymbol{A}\sim\boldsymbol{C}$。

相似矩阵的性质

相似矩阵除具有上面的 3 条基本性质外，还有以下一些性质，对这些性质的理解，有助于在相似意义下对矩阵进行分类。

性质 5.5 相似矩阵具有相同的行列式。也就是说，若 $\boldsymbol{A}\sim\boldsymbol{B}$，则 $|\boldsymbol{A}|=|\boldsymbol{B}|$。

【证】因为 $\boldsymbol{A}\sim\boldsymbol{B}$，因而存在矩阵 $\boldsymbol{P}$，使得 $\boldsymbol{P}^{-1}\boldsymbol{A}\boldsymbol{P}=\boldsymbol{B}$，所以

$$|\boldsymbol{B}|=|\boldsymbol{P}^{-1}\boldsymbol{A}\boldsymbol{P}|=|\boldsymbol{P}^{-1}|\cdot|\boldsymbol{A}|\cdot|\boldsymbol{P}|=|\boldsymbol{A}|。$$ □

性质 5.6 相似矩阵具有相同的特征多项式。也就是说，若 $\boldsymbol{A}\sim\boldsymbol{B}$，则 $|\lambda\boldsymbol{E}-\boldsymbol{A}|=$

$|\lambda\boldsymbol{E}-\boldsymbol{B}|$。

【证】因为 $\boldsymbol{A}\sim\boldsymbol{B}$，因而存在矩阵 $\boldsymbol{P}$，使得 $\boldsymbol{P}^{-1}\boldsymbol{A}\boldsymbol{P}=\boldsymbol{B}$，所以

$$\begin{aligned}|\lambda\boldsymbol{E}-\boldsymbol{B}| &= |\lambda\boldsymbol{E}-\boldsymbol{P}^{-1}\boldsymbol{A}\boldsymbol{P}| = |\boldsymbol{P}^{-1}(\lambda\boldsymbol{E})\boldsymbol{P}-\boldsymbol{P}^{-1}\boldsymbol{A}\boldsymbol{P}| \\ &= |\boldsymbol{P}^{-1}(\lambda\boldsymbol{E}-\boldsymbol{A})\boldsymbol{P}| = |\lambda\boldsymbol{E}-\boldsymbol{A}|。\end{aligned}$$

□

注：由于相似矩阵具有相同的特征多项式，因此它们就有相同的特征值和迹。

性质 5.7　相似矩阵具有相同的秩。也就是说，若 $\boldsymbol{A}\sim\boldsymbol{B}$，则 $r(\boldsymbol{A})\sim r(\boldsymbol{B})$。

由乘积矩阵秩的性质可证。

性质 5.8　相似可逆矩阵的逆矩阵也相似。也就是说，若 $\boldsymbol{A}\sim\boldsymbol{B}$ 且 $\boldsymbol{A}$ 可逆，则 $\boldsymbol{B}$ 也可逆，且 $\boldsymbol{A}^{-1}\sim\boldsymbol{B}^{-1}$。

【证】因为 $\boldsymbol{A}\sim\boldsymbol{B}$，因而存在可逆矩阵 $\boldsymbol{P}$，使得 $\boldsymbol{P}^{-1}\boldsymbol{A}\boldsymbol{P}=\boldsymbol{B}$。又因为 $\boldsymbol{A}$ 可逆，所以

$$(\boldsymbol{P}^{-1}\boldsymbol{A}\boldsymbol{P})^{-1}=\boldsymbol{B}^{-1},$$

即

$$\boldsymbol{P}\boldsymbol{A}^{-1}\boldsymbol{P}^{-1}=\boldsymbol{B}^{-1}$$

所以 $\boldsymbol{A}^{-1}\sim\boldsymbol{B}^{-1}$。　□

性质 5.9　相似矩阵的幂是相似矩阵。也就是说，对任意正整数 k，若 $\boldsymbol{A}\sim\boldsymbol{B}$，则 $\boldsymbol{A}^k\sim\boldsymbol{B}^k$。

【证】因为 $\boldsymbol{A}\sim\boldsymbol{B}$，因而存在矩阵 $\boldsymbol{P}$，使得

$$\boldsymbol{P}^{-1}\boldsymbol{A}\boldsymbol{P}=\boldsymbol{B}。$$

两边同时求 k 次幂，有

$$(\boldsymbol{P}^{-1}\boldsymbol{A}\boldsymbol{P})^k=\boldsymbol{B}^k,$$

即

$$\boldsymbol{P}^{-1}\boldsymbol{A}(\boldsymbol{P}\boldsymbol{P}^{-1})\boldsymbol{A}(\boldsymbol{P}\boldsymbol{P}^{-1})\cdots(\boldsymbol{P}\boldsymbol{P}^{-1})\boldsymbol{A}\boldsymbol{P}=\boldsymbol{B}^k,$$

所以

$$\boldsymbol{P}^{-1}\boldsymbol{A}^k\boldsymbol{P}=\boldsymbol{B}^k,$$

即 $\boldsymbol{A}^k\sim\boldsymbol{B}^k$。　□

【例 5.10】若 $\boldsymbol{A}=\begin{pmatrix}1&0&0\\0&0&1\\0&1&x\end{pmatrix}$ 与 $\boldsymbol{B}=\begin{pmatrix}1&0&0\\0&1&0\\0&0&y\end{pmatrix}$ 相似，求 x 与 y。

【解】因为 $\boldsymbol{A}$ 与 $\boldsymbol{B}$ 相似，所以 $\boldsymbol{A}$ 与 $\boldsymbol{B}$ 有相同的行列式和迹。于是，由 $|\boldsymbol{A}|=|\boldsymbol{B}|$ 得

$$|\boldsymbol{A}|=-1=|\boldsymbol{B}|=y,\text{ 即 } y=-1;$$

又由 $\mathrm{tr}(\boldsymbol{A})=\mathrm{tr}(\boldsymbol{B})$得

$$\mathrm{tr}(\boldsymbol{A})=x+1=\mathrm{tr}(\boldsymbol{B})=y+2,\ \text{即}\ x=y+1。$$

综上得 $x=0$，$y=-1$。

5.2.2 矩阵对角化

由于相似矩阵有不少共同性质，因此，对于给定的 n 阶矩阵 $\boldsymbol{A}$，自然希望找一个既简单又便于计算的与 $\boldsymbol{A}$ 相似的矩阵，这样只要研究这个形式简单的矩阵，就可了解到 $\boldsymbol{A}$ 的性质。因为对角矩阵是形式较简单的矩阵，所以一个矩阵**能否相似于**对角矩阵是我们关心的问题。具有什么性质的矩阵会和对角矩阵相似呢？下面讨论这个问题。

如果矩阵 $\boldsymbol{A}$ 与一个对角矩阵相似，就说 $\boldsymbol{A}$ 是可对角化的。

定理 5.1（可对角化判定定理） n 阶矩阵 $\boldsymbol{A}$ 与对角矩阵 $\boldsymbol{\Lambda}$ 相似的充分必要条件是 $\boldsymbol{A}$ 有 n 个线性无关的特征向量。

【证】（必要性） 因为 $\boldsymbol{A}\sim\boldsymbol{\Lambda}$，所以存在可逆矩阵 $\boldsymbol{P}$，使得

$$\boldsymbol{P}^{-1}\boldsymbol{A}\boldsymbol{P}=\boldsymbol{\Lambda}=\begin{pmatrix}\lambda_1 & 0 & \cdots & 0\\ 0 & \lambda_2 & \cdots & 0\\ \vdots & \vdots & & \vdots\\ 0 & 0 & \cdots & \lambda_n\end{pmatrix},$$

即

$$\boldsymbol{A}\boldsymbol{P}=\boldsymbol{P}\begin{pmatrix}\lambda_1 & 0 & \cdots & 0\\ 0 & \lambda_2 & \cdots & 0\\ \vdots & \vdots & & \vdots\\ 0 & 0 & \cdots & \lambda_n\end{pmatrix}。$$

将 $\boldsymbol{P}$ 按列分块 $\boldsymbol{P}=(\boldsymbol{\alpha}_1,\boldsymbol{\alpha}_2,\cdots,\boldsymbol{\alpha}_n)$，则 $\boldsymbol{P}$ 的列向量组$(\boldsymbol{\alpha}_1,\boldsymbol{\alpha}_2,\cdots,\boldsymbol{\alpha}_n)$线性无关（因为 $\boldsymbol{P}$ 可逆）。于是

$$\boldsymbol{A}(\boldsymbol{\alpha}_1,\boldsymbol{\alpha}_2,\cdots,\boldsymbol{\alpha}_n)=(\boldsymbol{\alpha}_1,\boldsymbol{\alpha}_2,\cdots,\boldsymbol{\alpha}_n)\begin{pmatrix}\lambda_1 & 0 & \cdots & 0\\ 0 & \lambda_2 & \cdots & 0\\ \vdots & \vdots & & \vdots\\ 0 & 0 & \cdots & \lambda_n\end{pmatrix},$$

从而有

$$(\boldsymbol{A\alpha}_1,\boldsymbol{A\alpha}_2,\cdots,\boldsymbol{A\alpha}_n)=(\lambda_1\boldsymbol{\alpha}_1,\lambda_2\boldsymbol{\alpha}_2,\cdots,\lambda_n\boldsymbol{\alpha}_n),$$

所以

$$\boldsymbol{A\alpha}_i=\lambda_i\boldsymbol{\alpha}_i(i=1,2,\cdots,n)。$$

由于 $\boldsymbol{\alpha}_i\neq\mathbf{0}(i=1,2,\cdots,n)$，可见 $\lambda_i(i=1,2,\cdots,n)$是 $\boldsymbol{A}$ 的特征值，向量 $\boldsymbol{\alpha}_i$ 就是 $\boldsymbol{A}$ 的属于特征值 λ_i 的特征向量，故 $\boldsymbol{A}$ 有 n 个线性无关的特征向量(它们恰好是可逆矩阵 $\boldsymbol{P}$ 的列向量组)。

(充分性) 若 $\boldsymbol{A}$ 有 n 个线性无关的特征向量 $\boldsymbol{\alpha}_1,\boldsymbol{\alpha}_2,\cdots,\boldsymbol{\alpha}_n$，其分别属于特征值 λ_1，$\lambda_2,\cdots,\lambda_n$，即

$$\boldsymbol{A\alpha}_i=\lambda_i\boldsymbol{\alpha}_i(i=1,2,\cdots,n)。$$

以 $\boldsymbol{A\alpha}_i$ 为列构造分块矩阵

$$(\boldsymbol{A\alpha}_1,\boldsymbol{A\alpha}_2,\cdots,\boldsymbol{A\alpha}_n)=(\lambda_1\boldsymbol{\alpha}_1,\lambda_2\boldsymbol{\alpha}_2,\cdots,\lambda_n\boldsymbol{\alpha}_n),$$

由分块矩阵的运算性质有

$$\boldsymbol{A}(\boldsymbol{\alpha}_1,\boldsymbol{\alpha}_2,\cdots,\boldsymbol{\alpha}_n)=(\boldsymbol{\alpha}_1,\boldsymbol{\alpha}_2,\cdots,\boldsymbol{\alpha}_n)\begin{pmatrix}\lambda_1 & 0 & \cdots & 0\\ 0 & \lambda_2 & \cdots & 0\\ \vdots & \vdots & & \vdots\\ 0 & 0 & \cdots & \lambda_n\end{pmatrix}。$$

令矩阵 $\boldsymbol{P}=(\boldsymbol{\alpha}_1,\boldsymbol{\alpha}_2,\cdots,\boldsymbol{\alpha}_n)$，因为向量组 $\boldsymbol{\alpha}_1,\boldsymbol{\alpha}_2,\cdots,\boldsymbol{\alpha}_n$ 线性无关，所以 $\boldsymbol{P}$ 可逆，且

$$\boldsymbol{AP}=\boldsymbol{P}\begin{pmatrix}\lambda_1 & 0 & \cdots & 0\\ 0 & \lambda_2 & \cdots & 0\\ \vdots & \vdots & & \vdots\\ 0 & 0 & \cdots & \lambda_n\end{pmatrix}。$$

上式两边左乘 $\boldsymbol{P}^{-1}$ 得

$$\boldsymbol{P}^{-1}\boldsymbol{AP}=\begin{pmatrix}\lambda_1 & 0 & \cdots & 0\\ 0 & \lambda_2 & \cdots & 0\\ \vdots & \vdots & & \vdots\\ 0 & 0 & \cdots & \lambda_n\end{pmatrix},$$

所以 $\boldsymbol{A}$ 与对角矩阵 $\mathrm{diag}\{\lambda_1,\lambda_2,\cdots,\lambda_n\}$ 相似。 □

推论 5.3 若 $\boldsymbol{A}\sim\boldsymbol{\Lambda}=\begin{pmatrix}\lambda_1 & 0 & \cdots & 0\\ 0 & \lambda_2 & \cdots & 0\\ \vdots & \vdots & & \vdots\\ 0 & 0 & \cdots & \lambda_n\end{pmatrix}$，则 $\lambda_1,\lambda_2,\cdots,\lambda_n$ 就是 $\boldsymbol{A}$ 的全部特征值。

推论 5.4 若 n 阶矩阵 $\boldsymbol{A}$ 有 n 个互不相同的特征值，则矩阵 $\boldsymbol{A}$ 必与对角矩阵相似。

推论 5.5 n 阶矩阵 $\boldsymbol{A}$ 可对角化的充要条件是：对于 $\boldsymbol{A}$ 的每个 $k(1\leqslant k\leqslant n)$ 重特征值 λ，属于 λ 的特征向量恰有 k 个线性无关，即 $r(\lambda\boldsymbol{E}-\boldsymbol{A})=n-k$。

【证】略。 □

注：(1) 由定理 5.1 可知，n 阶矩阵 $\boldsymbol{A}$ 是否与对角矩阵相似，决定于 $\boldsymbol{A}$ 是否有 n 个线性无关的特征向量。若有，则 $\boldsymbol{A}$ 可对角化。当 $\boldsymbol{A}$ 可对角化时，与 $\boldsymbol{A}$ 相似的对角矩阵就是以 $\boldsymbol{A}$ 的全部特征值 $\lambda_1,\lambda_2,\cdots,\lambda_n$ 为对角线元素的矩阵，且存在可逆矩阵 $\boldsymbol{P}$，使

$$\boldsymbol{P}^{-1}\boldsymbol{A}\boldsymbol{P}=\begin{pmatrix}\lambda_1 & & & \\ & \lambda_2 & & \\ & & \ddots & \\ & & & \lambda_n\end{pmatrix},$$

其中 $\boldsymbol{P}$ 的第 $i(i=1,2,\cdots,n)$ 列是对应于 λ_i 的特征向量。

(2) 对于可对角化的矩阵 $\boldsymbol{A}$，其对角化的实质就是求 $\boldsymbol{A}$ 的全部特征值 $\lambda_1,\lambda_2,\cdots,\lambda_n$ 以及对应的 n 个线性无关的特征向量。

(3) 从矩阵分类的角度看，与一个特定的对角矩阵相似的矩阵可以作为一类，而所有可对角化的矩阵可以作为一大类。一个矩阵要么可对角化，要么不可对角化。

【例 5.11】求 $\boldsymbol{A}=\begin{pmatrix}3 & 4\\ 5 & 2\end{pmatrix}$ 的相似对角矩阵 $\boldsymbol{\Lambda}$，并写出可逆矩阵 $\boldsymbol{P}$。

【解】矩阵 $\boldsymbol{A}$ 的特征多项式

$$|\lambda\boldsymbol{E}-\boldsymbol{A}|=\begin{vmatrix}\lambda-3 & -4\\ -5 & \lambda-2\end{vmatrix}=(\lambda+2)(\lambda-7),$$

令 $(\lambda+2)(\lambda-7)=0$，得 $\boldsymbol{A}$ 的特征值为 $\lambda_1=-2$，$\lambda_2=7$。由齐次线性方程组 $(-2\boldsymbol{E}-\boldsymbol{A})\boldsymbol{x}=\boldsymbol{0}$ 求得属于 $\lambda_1=-2$ 的一个特征向量为 $\boldsymbol{\alpha}_1=\begin{pmatrix}4\\ -5\end{pmatrix}$，由齐次线性方程组 $(7\boldsymbol{E}-\boldsymbol{A})\boldsymbol{x}=\boldsymbol{0}$ 求得属于 $\lambda_2=7$ 的一个特征向量为 $\boldsymbol{\alpha}_2=\begin{pmatrix}1\\ 1\end{pmatrix}$。于是，以 $\boldsymbol{\alpha}_1,\boldsymbol{\alpha}_2$ 为列得可逆矩阵 $\boldsymbol{P}=(\boldsymbol{\alpha}_1,\boldsymbol{\alpha}_2)=\begin{pmatrix}4 & 1\\ -5 & 1\end{pmatrix}$，以及对角矩阵 $\boldsymbol{\Lambda}=\begin{pmatrix}-2 & \\ & 7\end{pmatrix}$，使得 $\boldsymbol{P}^{-1}\boldsymbol{A}\boldsymbol{P}=\begin{pmatrix}4 & 1\\ -5 & 1\end{pmatrix}^{-1}\begin{pmatrix}3 & 4\\ 5 & 2\end{pmatrix}\begin{pmatrix}4 & 1\\ -5 & 1\end{pmatrix}=\begin{pmatrix}-2 & \\ & 7\end{pmatrix}=\boldsymbol{\Lambda}$。

【例 5.12】设矩阵 $\boldsymbol{A}=\begin{pmatrix}1 & 2 & 2\\ 2 & 1 & 2\\ 2 & 2 & 1\end{pmatrix}$，求可逆矩阵 $\boldsymbol{P}$ 与对角形矩阵 $\boldsymbol{\Lambda}$，使 $\boldsymbol{P}^{-1}\boldsymbol{AP}=\boldsymbol{\Lambda}$，并计算 $\boldsymbol{A}^{10}$。

【解】矩阵 $\boldsymbol{A}$ 的特征多项式

$$|\lambda\boldsymbol{E}-\boldsymbol{A}|=\begin{vmatrix}\lambda-1 & -2 & -2\\ -2 & \lambda-1 & -2\\ -2 & -2 & \lambda-1\end{vmatrix}=(\lambda-5)(\lambda+1)^2,$$

令 $(\lambda-5)(\lambda+1)^2=0$，得 $\boldsymbol{A}$ 的特征值为 $\lambda_1=5$，$\lambda_2=\lambda_3=-1$(二重根)。

对于 $\lambda_1=5$，解齐次线性方程组 $(5\boldsymbol{E}-\boldsymbol{A})\boldsymbol{x}=\boldsymbol{0}$，得 $\boldsymbol{A}$ 的属于特征值 $\lambda_1=5$ 的一个特征向量为

$$\boldsymbol{\alpha}_1=\begin{pmatrix}1\\1\\1\end{pmatrix}。$$

对于 $\lambda_2=\lambda_3=-1$(二重根)，解齐次线性方程组 $(-1\boldsymbol{E}-\boldsymbol{A})\boldsymbol{x}=\boldsymbol{0}$，得 $\boldsymbol{A}$ 的属于二重特征值 $\lambda_2=\lambda_3=-1$ 的两个特征向量为

$$\boldsymbol{\alpha}_2=\begin{pmatrix}-1\\1\\0\end{pmatrix},\ \boldsymbol{\alpha}_3=\begin{pmatrix}-1\\0\\1\end{pmatrix}。$$

于是，以 $\boldsymbol{\alpha}_1,\boldsymbol{\alpha}_2,\boldsymbol{\alpha}_3$ 为列得可逆矩阵 $\boldsymbol{P}=(\boldsymbol{\alpha}_1,\boldsymbol{\alpha}_2,\boldsymbol{\alpha}_3)=\begin{pmatrix}1 & -1 & -1\\ 1 & 1 & 0\\ 1 & 0 & 1\end{pmatrix}$，$\boldsymbol{A}$ 的相似对角矩阵为

$$\boldsymbol{\Lambda}=\begin{pmatrix}5 & & \\ & -1 & \\ & & -1\end{pmatrix}。$$

可以验证

$$\boldsymbol{P}^{-1}\boldsymbol{AP}=\boldsymbol{\Lambda}。$$

又因为 $\boldsymbol{P}^{-1}\boldsymbol{AP}=\boldsymbol{\Lambda}$，所以 $\boldsymbol{A}=\boldsymbol{P\Lambda P}^{-1}$，所以

$$A^{10}=P\Lambda^{10}P^{-1}=\begin{pmatrix}1&-1&-1\\1&1&0\\1&0&1\end{pmatrix}\begin{pmatrix}5^{10}&&\\&1&\\&&1\end{pmatrix}\begin{pmatrix}1&-1&-1\\1&1&0\\1&0&1\end{pmatrix}^{-1}$$

$$=\frac{1}{3}\begin{pmatrix}1&-1&-1\\1&1&0\\1&0&1\end{pmatrix}\begin{pmatrix}5^{10}&&\\&1&\\&&1\end{pmatrix}\begin{pmatrix}1&1&1\\-1&2&-1\\-1&-1&2\end{pmatrix}=\frac{1}{3}\begin{pmatrix}5^{10}+2&5^{10}-1&5^{10}-1\\5^{10}-1&5^{10}+2&5^{10}-1\\5^{10}-1&5^{10}-1&5^{10}+2\end{pmatrix}。$$

注：注意线性无关的特征向量的排列顺序和其对应的特征值排列顺序要一致。若取

$$P=(\alpha_2,\alpha_1,\alpha_3)=\begin{pmatrix}-1&1&-1\\1&1&0\\0&1&1\end{pmatrix},$$

那么对角矩阵的形式应为$\begin{pmatrix}-1&&\\&5&\\&&-1\end{pmatrix}$。若取

$$P=(\alpha_2,\alpha_3,\alpha_1)=\begin{pmatrix}-1&-1&1\\1&0&1\\0&1&1\end{pmatrix},$$

那么对角矩阵的形式应为$\begin{pmatrix}-1&&\\&-1&\\&&5\end{pmatrix}$。

【例 5.13】判断 $A=\begin{pmatrix}0&1\\0&0\end{pmatrix}$是否可对角化。

【解】因为$|\lambda E-A|=\begin{vmatrix}\lambda&-1\\0&\lambda\end{vmatrix}=\lambda^2=0$，所以 A 的特征值为$\lambda_1=\lambda_2=0$(二重根)。对于$\lambda_1=\lambda_2=0$，解齐次线性方程组为$(0E-A)x=0$，得 A 的属于二重特征值$\lambda_1=\lambda_2=0$ 的线性无关的特征向量只有一个 $\alpha=\begin{pmatrix}1\\0\end{pmatrix}$，故 A 不可对角化。

练习 5.2

1. 设矩阵 A 与 B 相似，证明 A^T 与 B^T 也相似。
2. 设矩阵 A 可逆，证明 AB 与 BA 相似。

3. 设矩阵 $\boldsymbol{A}=\begin{pmatrix}1 & -2 & -4\\ -2 & x & -2\\ -4 & -2 & 1\end{pmatrix}$ 与 $\boldsymbol{\Lambda}=\begin{pmatrix}5 & & \\ & y & \\ & & -4\end{pmatrix}$ 相似，求 x，y。

4. 将下列矩阵相似对角化，并求可逆阵 $\boldsymbol{P}$，使 $\boldsymbol{P}^{-1}\boldsymbol{AP}=\boldsymbol{\Lambda}$。

(1) $\boldsymbol{A}=\begin{pmatrix}1 & 0 & 2\\ 0 & -1 & 0\\ 0 & 4 & 2\end{pmatrix}$；　(2) $\boldsymbol{A}=\begin{pmatrix}0 & 2 & 1\\ -2 & 5 & 2\\ 2 & -4 & -1\end{pmatrix}$；

(3) $\boldsymbol{A}=\begin{pmatrix}2 & 2 & -2\\ 2 & 5 & -4\\ -2 & -4 & 5\end{pmatrix}$；　(4) $\boldsymbol{A}=\begin{pmatrix}1 & 0 & 1\\ 0 & 1 & 1\\ 1 & 1 & 2\end{pmatrix}$。

5. 设三阶矩阵 $\boldsymbol{A}$ 的特征值为 $\lambda_1=3$，$\lambda_2=0$，$\lambda_3=-3$，对应的特征向量依次为 $\boldsymbol{\alpha}_1=\begin{pmatrix}1\\2\\2\end{pmatrix}$，$\boldsymbol{\alpha}_2=\begin{pmatrix}-2\\2\\-1\end{pmatrix}$，$\boldsymbol{\alpha}_3=\begin{pmatrix}2\\1\\-2\end{pmatrix}$，求矩阵 $\boldsymbol{A}$。

6. 设三阶矩阵 $\boldsymbol{A}$ 满足 $-\boldsymbol{E}+\boldsymbol{A}$，$\boldsymbol{E}+\boldsymbol{A}$，$2\boldsymbol{E}+\boldsymbol{A}$ 不可逆，证明 $\boldsymbol{A}$ 与对角矩阵 $\boldsymbol{\Lambda}=\begin{pmatrix}-1 & & \\ & -2 & \\ & & 1\end{pmatrix}$ 相似。

5.3　实对称矩阵的对角化

在很多实际问题的数学模型中，经常遇到实对称矩阵。实对称矩阵和对角矩阵相似吗？事实上，任何实对称矩阵都相似于对角矩阵，即任何实对称矩阵都可对角化。为了证明这一结论，先讨论实对称矩阵的特征值和特征向量的性质。

5.3.1　实对称矩阵的特征值与特征向量

实矩阵的特征值不一定是实数。例如，矩阵 $\boldsymbol{A}=\begin{pmatrix}1 & -1\\ 1 & 1\end{pmatrix}$ 的特征多项式为

$$|\lambda \boldsymbol{E}-\boldsymbol{A}|=\begin{vmatrix}\lambda-1 & 1\\ -1 & \lambda-1\end{vmatrix}=(\lambda-1)^2+1。$$

特征方程$(\lambda-1)^2+1=0$在实数范围内无解，在复数范围内方程的两个复数根为

$$\lambda=1\pm\sqrt{-1}=1\pm \mathrm{i}\ (\text{其中 } \mathrm{i}=\sqrt{-1}\ \text{为虚数单位})。$$

而对于实对称矩阵，我们有下面的定理。

定理 5.2 实对称矩阵的特征值都是实数，相应的特征向量是实向量。

【证】设 $\boldsymbol{A}$ 为实对称矩阵，$\lambda=a+b\mathrm{i}$（a、b 为实数，i 为虚数单位）是 $\boldsymbol{A}$ 的一个复特征值，$\boldsymbol{A}$ 的属于 λ 的特征向量为 $\boldsymbol{\alpha}+\boldsymbol{\beta}\mathrm{i}$（$\boldsymbol{\alpha}$、$\boldsymbol{\beta}$ 为实向量），则

$$\boldsymbol{A}(\boldsymbol{\alpha}+\boldsymbol{\beta}\mathrm{i})=\lambda(\boldsymbol{\alpha}+\boldsymbol{\beta}\mathrm{i})=(a+b\mathrm{i})(\boldsymbol{\alpha}+\boldsymbol{\beta}\mathrm{i}),$$

即

$$\boldsymbol{A\alpha}+\boldsymbol{A\beta}\mathrm{i}=(a\boldsymbol{\alpha}-b\boldsymbol{\beta})+(a\boldsymbol{\beta}+b\boldsymbol{\alpha})\mathrm{i}。$$

等式两端实部向量与虚部向量分别相等，得

$$\boldsymbol{A\alpha}=a\boldsymbol{\alpha}-b\boldsymbol{\beta},\ \boldsymbol{A\beta}=a\boldsymbol{\beta}+b\boldsymbol{\alpha},$$

于是

$$\boldsymbol{\beta}^{\mathrm{T}}\boldsymbol{A\alpha}=\boldsymbol{\beta}^{\mathrm{T}}(a\boldsymbol{\alpha}-b\boldsymbol{\beta})=a\boldsymbol{\beta}^{\mathrm{T}}\boldsymbol{\alpha}-b\boldsymbol{\beta}^{\mathrm{T}}\boldsymbol{\beta}, \quad ①$$

$$\boldsymbol{\alpha}^{\mathrm{T}}\boldsymbol{A\beta}=\boldsymbol{\alpha}^{\mathrm{T}}(a\boldsymbol{\beta}+b\boldsymbol{\alpha})=a\boldsymbol{\alpha}^{\mathrm{T}}\boldsymbol{\beta}+b\boldsymbol{\alpha}^{\mathrm{T}}\boldsymbol{\alpha}。 \quad ②$$

又因为 $\boldsymbol{A}^{\mathrm{T}}=\boldsymbol{A}$，得 $\boldsymbol{\beta}^{\mathrm{T}}\boldsymbol{A\alpha}=(\boldsymbol{\beta}^{\mathrm{T}}\boldsymbol{A\alpha})^{\mathrm{T}}=\boldsymbol{\alpha}^{\mathrm{T}}\boldsymbol{A}^{\mathrm{T}}\boldsymbol{\beta}=\boldsymbol{\alpha}^{\mathrm{T}}\boldsymbol{A\beta}$，$\boldsymbol{\alpha}^{\mathrm{T}}\boldsymbol{\beta}=\boldsymbol{\beta}^{\mathrm{T}}\boldsymbol{\alpha}$，所以由①－②得

$$b(\boldsymbol{\alpha}^{\mathrm{T}}\boldsymbol{\alpha}+\boldsymbol{\beta}^{\mathrm{T}}\boldsymbol{\beta})=0。$$

由于 $\boldsymbol{\alpha}+\boldsymbol{\beta}\mathrm{i}\neq\boldsymbol{0}$，故 $\boldsymbol{\alpha},\boldsymbol{\beta}$ 至少有一个不等于 $\boldsymbol{0}$，因此 $\boldsymbol{\alpha}^{\mathrm{T}}\boldsymbol{\alpha}+\boldsymbol{\beta}^{\mathrm{T}}\boldsymbol{\beta}>0$，所以 $b=0$，这样 $\lambda=a+0\mathrm{i}=a$ 为实数，即 $\boldsymbol{A}$ 的特征值一定是实数。

由于 $\boldsymbol{A}$ 的属于特征值 λ 的特征向量是齐次线性方程组 $(\lambda\boldsymbol{E}-\boldsymbol{A})\boldsymbol{x}=\boldsymbol{0}$ 的非零解，而方程组系数矩阵 $\lambda\boldsymbol{E}-\boldsymbol{A}$ 是实矩阵，它的解也是实数，所以特征向量也都是实的。证毕。 □

定理 5.3 实对称矩阵的属于不同特征值的特征向量必正交。

【证】设 $\boldsymbol{A}$ 为 n 阶实对称矩阵，且 $\boldsymbol{\alpha}_1$、$\boldsymbol{\alpha}_2$ 分别是 $\boldsymbol{A}$ 的属于不同特征值 λ_1、λ_2 的特征向量，即

$$\boldsymbol{A}^{\mathrm{T}}=\boldsymbol{A},\ \boldsymbol{A\alpha}_1=\lambda_1\boldsymbol{\alpha}_1,\ \boldsymbol{A\alpha}_2=\lambda_2\boldsymbol{\alpha}_2,\ \lambda_1\neq\lambda_2,$$

所以

$$\boldsymbol{\alpha}_2^{\mathrm{T}}\boldsymbol{A\alpha}_1=\boldsymbol{\alpha}_2^{\mathrm{T}}(\boldsymbol{A\alpha}_1)=\boldsymbol{\alpha}_2^{\mathrm{T}}(\lambda_1\boldsymbol{\alpha}_1)=\lambda_1\boldsymbol{\alpha}_2^{\mathrm{T}}\boldsymbol{\alpha}_1, \quad ①$$

$$\boldsymbol{\alpha}_2^{\mathrm{T}}\boldsymbol{A\alpha}_1=\boldsymbol{\alpha}_2^{\mathrm{T}}\boldsymbol{A}^{\mathrm{T}}\boldsymbol{\alpha}_1=(\boldsymbol{A\alpha}_2)^{\mathrm{T}}\boldsymbol{\alpha}_1=(\lambda_2\boldsymbol{\alpha}_2)^{\mathrm{T}}\boldsymbol{\alpha}_1=\lambda_2\boldsymbol{\alpha}_2^{\mathrm{T}}\boldsymbol{\alpha}_1, \quad ②$$

②－①，得

$$(\lambda_1 - \lambda_2)\boldsymbol{\alpha}_2^{\mathrm{T}}\boldsymbol{\alpha}_1 = 0。$$

因为 $\lambda_1 \neq \lambda_2$，所以 $\boldsymbol{\alpha}_2^{\mathrm{T}}\boldsymbol{\alpha}_1 = 0$，即 $\boldsymbol{\alpha}_1$ 与 $\boldsymbol{\alpha}_2$ 正交。□

定理 5.4　设 $\boldsymbol{A}$ 为 n 阶实对称阵，λ 是 $\boldsymbol{A}$ 的特征方程的 k 重根，则方阵 $\lambda\boldsymbol{E}-\boldsymbol{A}$ 的秩 $r(\lambda\boldsymbol{E}-\boldsymbol{A})=n-k$。

【证】略。□

推论 5.6　设 $\boldsymbol{A}$ 为 n 阶对称矩阵，λ 是 $\boldsymbol{A}$ 的特征方程的 k 重根，则 $\boldsymbol{A}$ 的属于特征值 λ 的特征向量有 k 个线性无关的向量。

这样，我们有下面的定理。

定理 5.5　实对称矩阵一定可对角化。

【证】设 $\boldsymbol{A}$ 为 n 阶实对称矩阵，它的 m 个不同的特征值 $\lambda_1,\lambda_2,\cdots,\lambda_m$ 的重数分别为 k_1，$k_2,\cdots,k_m$，那么

$$k_1 + k_2 + \cdots + k_m = n。$$

因为 $\boldsymbol{A}$ 的属于每个 $\lambda_i(i=1,2,\cdots,m)$ 的线性无关的特征向量有 k_i 个，所以有 $\boldsymbol{A}$ 共有 n 个线性无关的特征向量，故 $\boldsymbol{A}$ 相似于对角矩阵，即可对角化。□

实对称矩阵不仅可对角化，还有更进一步的结论。

定理 5.6　设 $\boldsymbol{A}$ 为 n 阶实对称矩阵，则存在 n 阶正交矩阵 $\boldsymbol{Q}$，使得

$$\boldsymbol{Q}^{-1}\boldsymbol{A}\boldsymbol{Q} = \boldsymbol{Q}^{\mathrm{T}}\boldsymbol{A}\boldsymbol{Q} = \boldsymbol{\Lambda},$$

其中 $\boldsymbol{\Lambda}$ 为对角矩阵。

【证】略。□

由于 $\boldsymbol{A}$ 有 n 个线性无关的特征向量，且属于不同特征值的特征向量是正交的，而属于同一特征值 λ_i 的特征向量有 k_i 个(这里 $k_1+k_2+\cdots+k_m=n$)，利用施密特正交化方法把这 k_i 个特征向量正交化，正交化后的 k_i 个向量仍是 $\boldsymbol{A}$ 的对应于特征值 λ_i 的特征向量。这样，可求得 $\boldsymbol{A}$ 的 n 个正交的特征向量，把这一组正交的特征向量单位化，并排成矩阵 $\boldsymbol{Q}$，则 $\boldsymbol{Q}$ 是正交矩阵。

5.3.2　实对称矩阵对角化方法

根据上面的分析，对于 n 阶实对称矩阵 $\boldsymbol{A}$，正交矩阵 $\boldsymbol{Q}$ 的求法可按以下步骤进行。

第一步：由特征方程 $|\lambda\boldsymbol{E}-\boldsymbol{A}|=0$ 求出 $\boldsymbol{A}$ 的全部特征根 $\lambda_1,\lambda_2,\cdots,\lambda_m$，对应的重数分别为 $k_1,k_2,\cdots,k_m(k_1+k_2+\cdots+k_m=n)$；

第二步：对于 $\boldsymbol{A}$ 的每一个特征值 λ_i，求齐次线性方程组 $(\lambda_i\boldsymbol{E}-\boldsymbol{A})\boldsymbol{x}=\boldsymbol{0}$ 的一个基础解系

$\boldsymbol{\xi}_{i_1},\boldsymbol{\xi}_{i_2},\cdots,\boldsymbol{\xi}_{i_{k_i}}(i=1,2,\cdots,m)$；

第三步：将每一个向量组 $\boldsymbol{\xi}_{i_1},\boldsymbol{\xi}_{i_2},\cdots,\boldsymbol{\xi}_{i_{k_i}}$ 正交单位化，合并得到 $\mathbb{R}^n$ 的一组标准正交基 $\boldsymbol{\alpha}_1,\boldsymbol{\alpha}_2,\cdots,\boldsymbol{\alpha}_n$；

第四步：令 $\boldsymbol{Q}=(\boldsymbol{\alpha}_1,\boldsymbol{\alpha}_2,\cdots,\boldsymbol{\alpha}_n)$，则矩阵 $\boldsymbol{Q}$ 为正交矩阵，且有

$$\boldsymbol{Q}^{-1}\boldsymbol{A}\boldsymbol{Q}=\boldsymbol{Q}^{\mathrm{T}}\boldsymbol{A}\boldsymbol{Q}=\boldsymbol{\Lambda}。$$

下面举例说明实对称矩阵对角化的计算。

【例 5.14】设 $\boldsymbol{A}=\begin{pmatrix}3&-1&0\\-1&3&0\\0&0&3\end{pmatrix}$，求正交矩阵 $\boldsymbol{Q}$，使 $\boldsymbol{Q}^{-1}\boldsymbol{A}\boldsymbol{Q}=\boldsymbol{\Lambda}$ 为对角矩阵。

【解】矩阵 $\boldsymbol{A}$ 的特征多项式为

$$|\lambda\boldsymbol{E}-\boldsymbol{A}|=\begin{vmatrix}\lambda-3&1&0\\1&\lambda-3&0\\0&0&\lambda-3\end{vmatrix}=(\lambda-3)(\lambda-2)(\lambda-4),$$

令 $(\lambda-3)(\lambda-2)(\lambda-4)=0$，得 $\boldsymbol{A}$ 的特征值 $\lambda_1=3,\lambda_2=2,\lambda_3=4$。

对于 $\lambda_1=3$，求解线性方程组 $(3\boldsymbol{E}-\boldsymbol{A})\boldsymbol{x}=\boldsymbol{0}$ 得 $\boldsymbol{A}$ 的属于 $\lambda_1=3$ 的特征向量为 $\boldsymbol{\xi}_1=\begin{pmatrix}0\\0\\1\end{pmatrix}$；

对于 $\lambda_2=2$，求解线性方程组 $(2\boldsymbol{E}-\boldsymbol{A})\boldsymbol{x}=\boldsymbol{0}$ 得 $\boldsymbol{A}$ 的属于 $\lambda_2=2$ 的特征向量为 $\boldsymbol{\xi}_2=\begin{pmatrix}1\\1\\0\end{pmatrix}$；

对于 $\lambda_3=4$，求解线性方程组 $(4\boldsymbol{E}-\boldsymbol{A})\boldsymbol{x}=\boldsymbol{0}$ 得 $\boldsymbol{A}$ 的属于 $\lambda_3=4$ 的特征向量为 $\boldsymbol{\xi}_3=\begin{pmatrix}1\\-1\\0\end{pmatrix}$。

将 $\boldsymbol{\xi}_1$、$\boldsymbol{\xi}_2$、$\boldsymbol{\xi}_3$ 单位化得

$$\boldsymbol{\alpha}_1=\frac{1}{\|\boldsymbol{\xi}_1\|}\boldsymbol{\xi}_1=\begin{pmatrix}0\\0\\1\end{pmatrix},\boldsymbol{\alpha}_2=\frac{1}{\|\boldsymbol{\xi}_2\|}\boldsymbol{\xi}_2=\begin{pmatrix}\frac{1}{\sqrt{2}}\\\frac{1}{\sqrt{2}}\\0\end{pmatrix},\boldsymbol{\alpha}_3=\frac{1}{\|\boldsymbol{\xi}_3\|}\boldsymbol{\xi}_3=\begin{pmatrix}\frac{1}{\sqrt{2}}\\-\frac{1}{\sqrt{2}}\\0\end{pmatrix}。$$

取 $\boldsymbol{Q}=(\boldsymbol{\alpha}_1,\boldsymbol{\alpha}_2,\boldsymbol{\alpha}_3)=\begin{pmatrix}0 & \frac{1}{\sqrt{2}} & \frac{1}{\sqrt{2}}\\ 0 & \frac{1}{\sqrt{2}} & -\frac{1}{\sqrt{2}}\\ 1 & 0 & 0\end{pmatrix}$，则 $\boldsymbol{Q}$ 为正交矩阵，且有

$$\boldsymbol{Q}^{-1}\boldsymbol{A}\boldsymbol{Q}=\boldsymbol{Q}^{\mathrm{T}}\boldsymbol{A}\boldsymbol{Q}=\begin{pmatrix}3 & 0 & 0\\ 0 & 2 & 0\\ 0 & 0 & 4\end{pmatrix}。$$

【例 5.15】设 $\boldsymbol{A}=\begin{pmatrix}4 & 2 & 2\\ 2 & 4 & 2\\ 2 & 2 & 4\end{pmatrix}$，求正交矩阵 $\boldsymbol{Q}$，使 $\boldsymbol{Q}^{-1}\boldsymbol{A}\boldsymbol{Q}=\boldsymbol{\Lambda}$ 为对角矩阵。

【解】矩阵 $\boldsymbol{A}$ 的特征多项式为

$$|\lambda\boldsymbol{E}-\boldsymbol{A}|=\begin{vmatrix}\lambda-4 & -2 & -2\\ -2 & \lambda-4 & -2\\ -2 & -2 & \lambda-4\end{vmatrix}=(\lambda-8)(\lambda-2)^2,$$

令 $(\lambda-8)(\lambda-2)^2=0$，得 $\boldsymbol{A}$ 的特征值为 $\lambda_1=\lambda_2=2$，$\lambda_3=8$。

对于 $\lambda_1=\lambda_2=2$，求解齐次线性方程组 $(2\boldsymbol{E}-\boldsymbol{A})\boldsymbol{x}=\boldsymbol{0}$ 得 $\boldsymbol{A}$ 的属于 $\lambda_1=\lambda_2=2$ 两个线性无关的特征向量为 $\boldsymbol{\xi}_1=\begin{pmatrix}-1\\ 1\\ 0\end{pmatrix}$，$\boldsymbol{\xi}_2=\begin{pmatrix}-1\\ 0\\ 1\end{pmatrix}$，正交单位化得 $\boldsymbol{\alpha}_1=\begin{pmatrix}-\frac{1}{\sqrt{2}}\\ \frac{1}{\sqrt{2}}\\ 0\end{pmatrix}$，$\boldsymbol{\alpha}_2=\begin{pmatrix}-\frac{1}{\sqrt{6}}\\ -\frac{1}{\sqrt{6}}\\ \frac{2}{\sqrt{6}}\end{pmatrix}$；

对于 $\lambda_3=8$，解齐次线性方程组 $(8\boldsymbol{E}-\boldsymbol{A})\boldsymbol{x}=\boldsymbol{0}$ 得 $\boldsymbol{A}$ 的属于 $\lambda_3=8$ 的特征向量为 $\boldsymbol{\xi}_3=\begin{pmatrix}1\\ 1\\ 1\end{pmatrix}$，将 $\boldsymbol{\xi}_3$ 单位化得 $\boldsymbol{\alpha}_3=\begin{pmatrix}\frac{1}{\sqrt{3}}\\ \frac{1}{\sqrt{3}}\\ \frac{1}{\sqrt{3}}\end{pmatrix}$。

令 $\boldsymbol{Q}=(\boldsymbol{\alpha}_1,\boldsymbol{\alpha}_2,\boldsymbol{\alpha}_3)=\begin{pmatrix}-\frac{1}{\sqrt{2}} & -\frac{1}{\sqrt{6}} & \frac{1}{\sqrt{3}}\\ \frac{1}{\sqrt{2}} & -\frac{1}{\sqrt{6}} & \frac{1}{\sqrt{3}}\\ 0 & \frac{2}{\sqrt{6}} & \frac{1}{\sqrt{3}}\end{pmatrix}$，则 $\boldsymbol{Q}$ 是正交矩阵，且有

$$Q^{-1}AQ=Q^{\mathrm{T}}AQ=\begin{pmatrix}2&0&0\\0&2&0\\0&0&8\end{pmatrix}。$$

【例 5.16】设 A 为实对称幂等矩阵，试证 $r(A)=\mathrm{tr}(A)$；若 $r(A)=r$，计算 $|2E-A|$。

【证】因为 A 为幂等矩阵，所以 A 的特征值为 1 或 0。又因为 A 为实对称矩阵，故存在正交矩阵 Q，使得

$$Q^{-1}AQ=\Lambda=\begin{pmatrix}1&&&&&\\&\ddots&&&&\\&&1&&&\\&&&0&&\\&&&&\ddots&\\&&&&&0\end{pmatrix}\begin{matrix}\left.\right\}r\text{ 个}\\ \left.\right\}n-r\text{ 个}\end{matrix}$$

由相似矩阵的性质，所以 $r(A)=r(\Lambda)=\mathrm{tr}(\Lambda)=\mathrm{tr}(A)=r$。

又因为 $Q^{-1}AQ=Q^{\mathrm{T}}AQ=\Lambda$，所以 $A=Q\Lambda Q^{\mathrm{T}}$，于是

$$|2E-A|=|2QQ^{\mathrm{T}}-Q\Lambda Q^{\mathrm{T}}|=|Q(2E-\Lambda)Q^{\mathrm{T}}|=|2E-\Lambda|=2^{n-r}。$$

练习 5.3

1. 求正交矩阵 Q，将下列矩阵 A 化为对角矩阵 $\Lambda=Q^{\mathrm{T}}AQ$。

(1) $\begin{pmatrix}2&-2&0\\-2&1&-2\\0&-2&0\end{pmatrix}$；(2) $\begin{pmatrix}2&2&-2\\2&5&-4\\-2&-4&5\end{pmatrix}$；(3) $\begin{pmatrix}0&1&1&-1\\1&0&-1&1\\1&-1&0&1\\-1&1&1&0\end{pmatrix}$。

2. 设三阶实对称矩阵 A 的各行元素之和为 3，向量 $\boldsymbol{\xi}_1=(-1,2,-1)^{\mathrm{T}}$、$\boldsymbol{\xi}_2=(0,-1,1)^{\mathrm{T}}$都是齐次线性方程组 $Ax=\mathbf{0}$ 的解，求 A 的特征值与特征向量。

3. 设三阶实对称阵 A 的特征值为$\lambda_1=1,\lambda_2=2,\lambda_3=3$，$A$ 的属于特征值λ_1、λ_2 的特征向量分别为 $\boldsymbol{\alpha}_1=(-1,-1,1)^{\mathrm{T}}$，$\boldsymbol{\alpha}_2=(1,-2,-1)^{\mathrm{T}}$，求 A 的属于特征值λ_3 的特征向量以及矩阵 A。

4. 设三阶实对称阵 A 的特征值为 $\lambda_1=6,\lambda_2=3,\lambda_3=3$，其中属于特征值 λ_1 的特征向量为

$\boldsymbol{\alpha}_1=(1,1,1)^{\mathrm{T}}$，求 $\boldsymbol{A}$ 的属于特征值 λ_2、λ_3 的特征向量以及矩阵 $\boldsymbol{A}$。

5. 设 $\boldsymbol{A}=\begin{pmatrix}5 & -1 & 3\\ -1 & 5 & -3\\ 3 & -3 & c\end{pmatrix}$，且 $r(\boldsymbol{A})=2$，求 c 及 $\boldsymbol{A}$ 的特征值。

习题五

一、选择题

1. 矩阵 $\boldsymbol{A}$ 的不同特征值所对应的特征向量一定是(　　)。

(A)正交的；　(B)线性无关的；

(C)正交且线性无关；　(D)不正交的。

2. 设 $\boldsymbol{A}$ 为 n 阶矩阵，则 $\boldsymbol{A}^{\mathrm{T}}$ 与 $\boldsymbol{A}$(　　)。

(A)特征值相同；　(B)特征向量相同；　(C)相似；　(D)合同。

3. 设 $\boldsymbol{A}$ 为三阶矩阵，且已知 $|3\boldsymbol{A}+2\boldsymbol{E}|=0$，则 $\boldsymbol{A}$ 必有一个特征值为(　　)。

(A) $-\frac{3}{2}$；　(B) $-\frac{2}{3}$；　(C) $\frac{2}{3}$；　(D) $\frac{3}{2}$。

4. 设三阶方阵 $\boldsymbol{A}$ 的特征值为 $1,-1,2$，则下列矩阵中为可逆矩阵的是(　　)。

(A) $\boldsymbol{E}-\boldsymbol{A}$；　(B) $-\boldsymbol{E}-\boldsymbol{A}$；　(C) $2\boldsymbol{E}-\boldsymbol{A}$；　(D) $-2\boldsymbol{E}-\boldsymbol{A}$。

5. 设 $\lambda=2$ 是非奇异矩阵 $\boldsymbol{A}$ 的一个特征值，则矩阵 $\left(\frac{1}{3}\boldsymbol{A}^2\right)^{-1}$ 有一个特征值等于(　　)。

(A) $\frac{4}{3}$；　(B) $\frac{3}{4}$；　(C) $\frac{1}{2}$；　(D) $\frac{1}{4}$。

6. 设 $\boldsymbol{A}=\begin{pmatrix}1 & 1 & 4\\ 1 & x & 2\\ 0 & 0 & 1\end{pmatrix}$ 且 $\boldsymbol{A}$ 的特征值为 $0,1,2$，则 $x=$(　　)。

(A) 1；　(B) 2；　(C) 3；　(D) 4。

7. 方阵 $\begin{pmatrix}1 & 1\\ 0 & 2\end{pmatrix}$ 相似于矩阵(　　)。

(A) $\begin{pmatrix}-1 & 0\\ 0 & -2\end{pmatrix}$；　(B) $\begin{pmatrix}1 & 1\\ 2 & 2\end{pmatrix}$；　(C) $\begin{pmatrix}1 & 0\\ 0 & 2\end{pmatrix}$；　(D) $\begin{pmatrix}1 & 1\\ 0 & 1\end{pmatrix}$。

8. 设矩阵 $\boldsymbol{A}=\begin{pmatrix}0 & -2 & -4\\ -2 & x & -2\\ -4 & -2 & 0\end{pmatrix}$ 与 $\boldsymbol{\Lambda}=\begin{pmatrix}4 & & \\ & y & \\ & & -5\end{pmatrix}$ 相似，则(　　)。

(A) $x=3,y=4$；　(B) $x=4,y=3$；　(C) $x=-5,y=-4$；(D) $x=-4,y=5$。

9. n 阶方阵 $\boldsymbol{A}$ 具有 n 个不同的特征值是 $\boldsymbol{A}$ 与对角阵相似的(　　)。

(A)充分必要条件；　(B)充分而非必要条件；

(C)必要而非充分条件；　(D)既非充分条件而非必要条件。

10. 若 $\boldsymbol{A}$ 与 $\boldsymbol{B}$ 相似，则(　　)。

(A) $\boldsymbol{A},\boldsymbol{B}$ 都和同一对角矩阵相似；　(B) $\boldsymbol{A},\boldsymbol{B}$ 有相同的特征向量；

(C) $\lambda\boldsymbol{E}-\boldsymbol{A}=\lambda\boldsymbol{E}-\boldsymbol{B}$；　(D) $|\boldsymbol{A}|=|\boldsymbol{B}|$。

11. 设 3 阶实对称矩阵 $\boldsymbol{A}$ 的特征值为 $\lambda_1=\lambda_2=0,\lambda_3=2$，则秩($\boldsymbol{A}$)=(　　)。

(A) 0；　(B) 1；　(C) 2；　(D) 3。

12. 若 $\boldsymbol{A}$ 为 n 阶实对称矩阵，$\boldsymbol{\Lambda}$ 是以 $\boldsymbol{A}$ 的 n 个特征值为对角元素的对角矩阵，则一定存在正交矩阵 $\boldsymbol{Q}$，使得(　　)。

(A) $\boldsymbol{Q}^{-1}\boldsymbol{\Lambda}=\boldsymbol{A}\boldsymbol{Q}$；　(B) $\boldsymbol{\Lambda}\boldsymbol{Q}=\boldsymbol{Q}^{-1}\boldsymbol{A}$；

(C) $\boldsymbol{Q}^{\mathrm{T}}\boldsymbol{\Lambda}=\boldsymbol{A}\boldsymbol{Q}$；　(D) $\boldsymbol{Q}\boldsymbol{A}=\boldsymbol{\Lambda}\boldsymbol{Q}$。

13. 已知矩阵 $\boldsymbol{A}=\begin{pmatrix}2 & 0 & 0\\ 0 & 1 & 1\\ 0 & 0 & 1\end{pmatrix}$，$\boldsymbol{B}=\begin{pmatrix}2 & 1 & 0\\ 0 & 2 & 0\\ 0 & 0 & 1\end{pmatrix}$，$\boldsymbol{C}=\begin{pmatrix}1 & 0 & 0\\ 0 & 2 & 0\\ 0 & 0 & 2\end{pmatrix}$，则(　　)。

(A) $\boldsymbol{A}$ 与 $\boldsymbol{C}$ 相似，$\boldsymbol{B}$ 与 $\boldsymbol{C}$ 相似；　(B) $\boldsymbol{A}$ 与 $\boldsymbol{C}$ 相似，$\boldsymbol{B}$ 与 $\boldsymbol{C}$ 不相似；

(C) $\boldsymbol{A}$ 与 $\boldsymbol{C}$ 不相似，$\boldsymbol{B}$ 与 $\boldsymbol{C}$ 相似；　(D) $\boldsymbol{A}$ 与 $\boldsymbol{C}$ 不相似，$\boldsymbol{B}$ 与 $\boldsymbol{C}$ 不相似。

14. 设 $\boldsymbol{A}$ 与 $\boldsymbol{B}$ 是可逆矩阵，且 $\boldsymbol{A}$ 与 $\boldsymbol{B}$ 相似，则下列结论错误的是(　　)。

(A) $\boldsymbol{A}^{\mathrm{T}}$ 与 $\boldsymbol{B}^{\mathrm{T}}$ 相似；　(B) $\boldsymbol{A}^{-1}$ 与 $\boldsymbol{B}^{-1}$ 相似；

(C) $\boldsymbol{A}+\boldsymbol{A}^{\mathrm{T}}$ 与 $\boldsymbol{B}+\boldsymbol{B}^{\mathrm{T}}$ 相似；　(D) $\boldsymbol{A}+\boldsymbol{A}^{-1}$ 与 $\boldsymbol{B}+\boldsymbol{B}^{-1}$ 相似。

15. 矩阵 $\begin{pmatrix}1 & a & 1\\ a & b & a\\ 1 & a & 1\end{pmatrix}$ 与 $\begin{pmatrix}2 & 0 & 0\\ 0 & b & 0\\ 0 & 0 & 0\end{pmatrix}$ 相似的充分必要条件为(　　)。

(A) $a=0$，$b=2$；　(B) $a=0$，b 为任意常数；

(C) $a=2$，$b=0$；　(D) $a=2$，b 为任意常数。

二、填空题

16. 已知 $\boldsymbol{A}=\begin{pmatrix}3 & 2 & -1\\ t & -2 & 2\\ 3 & s & -1\end{pmatrix}$ 的一个特征向量为 $\boldsymbol{\alpha}=(1,-2,3)^{\mathrm{T}}$，则 $(s,t)=$________。

17. 设三阶方阵 $\boldsymbol{A}$ 的特征值为 1、2、3，方阵 $\boldsymbol{B}$ 与矩阵 $\boldsymbol{A}$ 相似，则 $|2\boldsymbol{E}+\boldsymbol{B}|=$________。

18. 设 $\boldsymbol{A}$ 为三阶矩阵，$\boldsymbol{A}^*$ 为 $\boldsymbol{A}$ 的伴随矩阵，$\boldsymbol{E}$ 为三阶单位矩阵，若 $r(2\boldsymbol{E}-\boldsymbol{A})=1$，$r(\boldsymbol{E}+\boldsymbol{A})=2$，则 $|\boldsymbol{A}^*|=$________。

19. 设三阶实对称矩阵 $\boldsymbol{A}$ 的一个二重特征值为 -3，且 $\boldsymbol{A}$ 的迹 $\mathrm{tr}(\boldsymbol{A})=-1$，则 $|\boldsymbol{A}|=$________。

20. 设 n 阶矩阵 $\boldsymbol{A}$ 与 $\boldsymbol{B}$ 相似，且 $\boldsymbol{B}$ 为正交矩阵，则 $|\boldsymbol{A}|=$________。

三、计算题

21. 将下列矩阵相似对角化，并求可逆阵 $\boldsymbol{P}$，使 $\boldsymbol{P}^{-1}\boldsymbol{A}\boldsymbol{P}=\boldsymbol{\Lambda}$。

(1) $\boldsymbol{A}=\begin{pmatrix}1 & 1 & 0\\ -2 & 4 & 0\\ 4 & -2 & 3\end{pmatrix}$；(2) $\boldsymbol{A}=\begin{pmatrix}1 & -1 & 1\\ -1 & 1 & 1\\ 1 & 1 & 1\end{pmatrix}$。

22. 设矩阵 $\boldsymbol{A}=\begin{pmatrix}0 & 2 & -3\\ -1 & 3 & -3\\ 1 & -2 & a\end{pmatrix}$ 相似于矩阵 $\boldsymbol{B}=\begin{pmatrix}1 & -2 & 0\\ 0 & b & 0\\ 0 & 3 & 1\end{pmatrix}$。(1)求 a、b 的值；(2)求可逆矩阵 $\boldsymbol{P}$，使得 $\boldsymbol{P}^{-1}\boldsymbol{A}\boldsymbol{P}$ 为对角矩阵。

23. 设 $\boldsymbol{A}$ 为二阶矩阵，$\boldsymbol{P}=(\boldsymbol{\alpha},\boldsymbol{A}\boldsymbol{\alpha})$，其中 $\boldsymbol{\alpha}$ 为非零向量且不是 $\boldsymbol{A}$ 的特征向量。(1)证明 $\boldsymbol{P}$ 为可逆矩阵；(2)若 $\boldsymbol{A}^2\boldsymbol{\alpha}+\boldsymbol{A}\boldsymbol{\alpha}-6\boldsymbol{\alpha}=\boldsymbol{0}$，求 $\boldsymbol{P}^{-1}\boldsymbol{A}\boldsymbol{P}$，并判断 $\boldsymbol{A}$ 是否相似于对角矩阵。

24. 设 $\boldsymbol{A}=\begin{pmatrix}a & a & a & a\\ a & a & a & a\\ a & a & a & a\\ a & a & a & a\end{pmatrix}$ $(a\neq 0)$，求一个正交矩阵 $\boldsymbol{Q}$，使 $\boldsymbol{Q}^{\mathrm{T}}\boldsymbol{A}\boldsymbol{Q}=\boldsymbol{\Lambda}$ 为对角矩阵。

25. 设矩阵 $\boldsymbol{A}=\begin{pmatrix}2 & 1 & 0\\ 1 & 2 & 0\\ 1 & a & b\end{pmatrix}$ 有两个不同的特征值，并且 $\boldsymbol{A}$ 相似于对角矩阵，求 a、b 的值，并求可逆矩阵 $\boldsymbol{P}$，使得 $\boldsymbol{P}^{-1}\boldsymbol{A}\boldsymbol{P}$ 为对角矩阵。

26. 设矩阵 $\boldsymbol{A}$ 满足对于任意的 x_1、x_2、x_3 均有 $\boldsymbol{A}\begin{pmatrix}x_1\\ x_2\\ x_3\end{pmatrix}=\begin{pmatrix}x_1+x_2+x_3\\ 2x_1-x_2+x_3\\ x_2-x_3\end{pmatrix}$。(1)求 $\boldsymbol{A}$；(2)求

可逆矩阵 $\boldsymbol{P}$ 与对角矩阵 $\boldsymbol{\Lambda}$，使得 $\boldsymbol{P}^{-1}\boldsymbol{A}\boldsymbol{P}=\boldsymbol{\Lambda}$。

四、证明题

27. 设 $\boldsymbol{A}$ 是 n 阶实对称矩阵，且 $\boldsymbol{A}^2=\boldsymbol{E}$，证明 $\boldsymbol{A}$ 为正交矩阵。

28. 证明 n 阶矩阵 $\begin{pmatrix} 1 & 1 & \cdots & 1 \\ 1 & 1 & \cdots & 1 \\ \vdots & \vdots & & \vdots \\ 1 & 1 & \cdots & 1 \end{pmatrix}$ 与 $\begin{pmatrix} 0 & 0 & \cdots & 1 \\ 0 & 0 & \cdots & 2 \\ \vdots & \vdots & & \vdots \\ 0 & 0 & \cdots & n \end{pmatrix}$ 相似。

29. 设 $\boldsymbol{A}$ 是 n 阶对称矩阵，$\boldsymbol{A}$ 的秩是 r，证明：存在秩为 $n-r$ 的对称矩阵 $\boldsymbol{B}$，使 $\boldsymbol{AB}=\boldsymbol{O}$。

第6章 CHAPTER 6

二次型

本章目标：

(1)了解二次型的概念，会用矩阵形式表示二次型。

(2)了解合同变换和合同矩阵的概念、二次型秩的概念、实二次型的标准形和规范形等概念，了解惯性定理，会用正交变换化实二次型为标准形。

(3)了解正定二次型、正定矩阵的概念和性质。

二次型起源于解析几何中化二次曲线方程为标准式问题，二次型除几何应用外，在自然科学与工程技术等诸多领域都有广泛的应用。本章将介绍二次型的概念与化简问题，还介绍正定二次型与正定矩阵及其应用。

6.1 二次型与实对称矩阵

在微积分中，我们研究过多元函数的分析性质，二次型实质是一类特殊的多元函数，本节我们运用代数方法研究如何化简它及相关性质。

6.1.1 二次型的定义

定义 6.1 设 n 个变量 $x_1, x_2, \cdots, x_n$ 的二次齐次多项式函数为

$$\begin{aligned} f(x_1, x_2, \cdots, x_n) = a_{11}x_1^2 + 2a_{12}x_1x_2 + 2a_{13}x_1x_3 + \cdots + 2a_{1n}x_1x_n + \\ a_{22}x_2^2 + 2a_{23}x_2x_3 + \cdots + 2a_{2n}x_2x_n + \\ a_{33}x_3^2 + \cdots + 2a_{3n}x_3x_n + \\ \cdots + a_{nn}x_n^2, \end{aligned} \tag{6.1}$$

则称 $f(x_1,x_2,\cdots,x_n)$ 为 **n 元二次型**，简称**二次型** f，其中 $a_{ij}\in\mathbb{R}(i,j=1,2,\cdots,n)$ 是常数。

通常二次型 f 中的 $a_{ii}x_i^2(i=1,2,\cdots,n)$ 称为**平方项**，$2a_{ij}x_ix_j(i<j=1,2,\cdots,n)$ 称为**交叉项**。

例如：(1) $f_1(x_1,\ x_2,\ x_3,\ x_4)=x_1^2+3x_1x_2-6x_2x_3+9x_3x_4$ 是四元二次型；

(2) $f_2(x_1,\ x_2,\ x_3)=x_1^2-5x_1x_2+4x_3$ 不是二次型，因为 $4x_3$ 是一次项；

(3) $f_3(x_1,\ x_2,\ x_3)=x_1^2+2x_3\sqrt{x_1x_2}+3x_2^2$ 是二次齐次函数，但它不是二次型，因为 $2x_3\sqrt{x_1x_2}$ 不是某两个变量乘积的交叉项。

6.1.2 二次型的矩阵表示

在二次型(6.1)中，若取 $a_{ij}=a_{ji}$，则 $2a_{ij}x_ix_j=a_{ij}x_ix_j+a_{ji}x_jx_i(i\neq j)$。于是式(6.1)可写成

$$\begin{aligned}f(x_1,x_2,\cdots,x_n)=&a_{11}x_1^2+a_{12}x_1x_2+a_{13}x_1x_3+\cdots+a_{1n}x_1x_n+\\&a_{21}x_2x_1+a_{22}x_2^2+a_{23}x_2x_3+\cdots+a_{2n}x_2x_n+\\&a_{31}x_3x_1+a_{32}x_3x_2+a_{33}x_3^2+\cdots+a_{3n}x_3x_n+\\&\cdots+a_{n1}x_2x_1+a_{n2}x_nx_2+a_{n3}x_nx_3+\cdots+a_{nn}x_n^2。\end{aligned}$$

记矩阵

$$\boldsymbol{A}=\begin{pmatrix}a_{11}&a_{12}&\cdots&a_{1n}\\a_{21}&a_{22}&\cdots&a_{2n}\\\vdots&\vdots&&\vdots\\a_{n1}&a_{n2}&\cdots&a_{nn}\end{pmatrix},\ \boldsymbol{x}=\begin{pmatrix}x_1\\x_2\\\vdots\\x_n\end{pmatrix},$$

利用矩阵乘法运算，则二次型(6.1)可表示为

$$f(x_1,x_2,\cdots,x_n)=(x_1,x_2,\cdots,x_n)\begin{pmatrix}a_{11}&a_{12}&\cdots&a_{1n}\\a_{21}&a_{22}&\cdots&a_{2n}\\\vdots&\vdots&&\vdots\\a_{n1}&a_{n2}&\cdots&a_{nn}\end{pmatrix}\begin{pmatrix}x_1\\x_2\\\vdots\\x_n\end{pmatrix},$$

即

$$f(\boldsymbol{x})=\boldsymbol{x}^{\mathrm{T}}\boldsymbol{A}\boldsymbol{x}。\tag{6.2}$$

我们称式(6.2)为二次型(6.1)的**矩阵表示**。

显然，给定一个二次型(6.1)或式(6.2)，就唯一确定一个对称矩阵 $\boldsymbol{A}$；反之，给定一

个对称矩阵 **A**，也唯一地确定一个二次型(6.1)或式(6.2)，这样，二次型与对称矩阵之间存在一一对应关系。因此，在式(6.2)中，我们把对称矩阵 **A** 称为二次型 f 的矩阵，也把 f 叫作对称矩阵 **A** 的二次型，称矩阵 **A** 的秩为二次型 f 的**秩**。

注：(1)由式(6.2)可知，对称矩阵 **A** 的主对角线上的元素 a_{ii} 依次是 f 的平方项 $a_{ii}x_i^2$ $(i=1,2,\cdots,n)$的系数，主对角线以外的元素 a_{ij} $(i\neq j)$是式(6.1)中交叉项 $2a_{ij}x_ix_j$ $(i,j=1,2,\cdots,n)$系数的一半。

(2)二次型(6.1)还可用和号"Σ"表示成

$$f(x_1,x_2,\cdots,x_n)=\sum_{i=1}^{n}\sum_{j=1}^{n}a_{ij}x_ix_j, \tag{6.3}$$

其中 $a_{ij}=a_{ji}$。

【例 6.1】设二次型 $f(x_1,x_2,x_3)=x_1^2+3x_2^2-2x_1x_2+4x_2x_3$，写出二次型矩阵 **A** 以及 f 的矩阵表示。

【解】因为 **A** 的主对角线上的元素 a_{ii} 是平方项 $a_{ii}x_i^2$ $(i=1,2,3)$的系数，主对角线以外的$(i,\ j)$元素 a_{ij} 是交叉项 $2a_{ij}x_ix_j$ $(i,j=1,2,3)$系数一半，故二次型 f 的矩阵为

$$\boldsymbol{A}=(a_{ij})_3=\begin{pmatrix}1&-1&0\\-1&3&2\\0&2&0\end{pmatrix},$$

f 的矩阵表示为

$$f(x_1,x_2,x_3)=(x_1,x_2,x_3)\begin{pmatrix}1&-1&0\\-1&3&2\\0&2&0\end{pmatrix}\begin{pmatrix}x_1\\x_2\\x_3\end{pmatrix}。$$

【例 6.2】设矩阵 $\boldsymbol{A}=\begin{pmatrix}3&1&3\\1&1&-2\\3&-2&-2\end{pmatrix}$，写出矩阵 **A** 的二次型 f。

【解】由式(6.2)，对称矩阵 **A** 对应的三元二次型为

$$\begin{aligned}f(x_1,x_2,x_3)&=(x_1,x_2,x_3)\begin{pmatrix}3&1&3\\1&1&-2\\3&-2&-2\end{pmatrix}\begin{pmatrix}x_1\\x_2\\x_3\end{pmatrix}\\&=3x_1^2+2x_1x_2+6x_1x_3+x_2^2-4x_2x_3-2x_3^2。\end{aligned}$$

6.1.3 二次型的标准形

定义 6.2 若 n 元二次型 f 只含平方项，不含交叉项，即具有形式

$$f=d_1x_1^2+d_2x_2^2+\cdots+d_nx_n^2, \tag{6.4}$$

则称 f 为二次型**标准形**，其中 $d_1,d_2,\cdots,d_n$ 是常数。

显然，二次型标准形式(6.4)对应的矩阵为对角矩阵

$$\begin{pmatrix} d_1 & & & \\ & d_2 & & \\ & & \ddots & \\ & & & d_n \end{pmatrix}。$$

例如，二次型标准形 $f_1(x_1,x_2,x_3)=3x_1^2+x_2^2-2x_3^2$ 对应于对角矩阵 $\begin{pmatrix} 3 & & \\ & 1 & \\ & & -2 \end{pmatrix}$；二次型 $f_2(x_1,x_2,x_3,x_4)=3x_1^2+x_2^2$ 对应于对角矩阵 $\begin{pmatrix} 3 & & & \\ & 1 & & \\ & & 0 & \\ & & & 0 \end{pmatrix}$。

6.1.4 线性变换与合同矩阵

线性变换

定义 6.3 设 $x_1,x_2,\cdots,x_n$ 与 $y_1,y_2,\cdots,y_n$ 是两组变量，它们之间存在关系

$$\begin{cases} x_1=c_{11}y_1+c_{12}y_2+\cdots+c_{1n}y_n, \\ x_2=c_{21}y_1+c_{22}y_2+\cdots+c_{2n}y_n, \\ \qquad\vdots \\ x_n=c_{n1}y_1+c_{n2}y_2+\cdots+c_{nn}y_n, \end{cases} \tag{6.5}$$

则称式(6.5)为由变量 $y_1,y_2,\cdots,y_n$ 到 $x_1,x_2,\cdots,x_n$ 的**线性变换**，简称**变换**。

记矩阵

$$\boldsymbol{C}=\begin{pmatrix} c_{11} & c_{12} & \cdots & c_{1n} \\ c_{21} & c_{22} & \cdots & c_{2n} \\ \vdots & \vdots & & \vdots \\ c_{n1} & c_{n2} & \cdots & c_{nn} \end{pmatrix},\ \boldsymbol{x}=\begin{pmatrix} x_1 \\ x_2 \\ \vdots \\ x_n \end{pmatrix},\ \boldsymbol{y}=\begin{pmatrix} y_1 \\ y_2 \\ \vdots \\ y_n \end{pmatrix},$$

则式(6.5)可以写成矩阵形式

$$\boldsymbol{x}=\boldsymbol{C}\boldsymbol{y}。\tag{6.6}$$

当矩阵 $\boldsymbol{C}$ 是可逆矩阵时，称线性变换 $\boldsymbol{x}=\boldsymbol{C}\boldsymbol{y}$ 为**可逆线性变换**(或非退化线性变换)；当 $\boldsymbol{C}$ 为正交矩阵时，称 $\boldsymbol{x}=\boldsymbol{C}\boldsymbol{y}$ 为**正交线性变换**。

把可逆线性变换 $\boldsymbol{x}=\boldsymbol{C}\boldsymbol{y}$ 代入二次型 $f(\boldsymbol{x})=\boldsymbol{x}^{\mathrm{T}}\boldsymbol{A}\boldsymbol{x}$ 中，得

$$\begin{aligned}f(\boldsymbol{x})=\boldsymbol{x}^{\mathrm{T}}\boldsymbol{A}\boldsymbol{x}&\xlongequal[\boldsymbol{C}\text{ 可逆}]{\boldsymbol{x}=\boldsymbol{C}\boldsymbol{y}}(\boldsymbol{C}\boldsymbol{y})^{\mathrm{T}}\boldsymbol{A}(\boldsymbol{C}\boldsymbol{y})\\&=\boldsymbol{y}^{\mathrm{T}}(\boldsymbol{C}^{\mathrm{T}}\boldsymbol{A}\boldsymbol{C})\boldsymbol{y}。\end{aligned}$$

若记 $\boldsymbol{B}=\boldsymbol{C}^{\mathrm{T}}\boldsymbol{A}\boldsymbol{C}$，则得

$$f(\boldsymbol{C}\boldsymbol{y})=\boldsymbol{y}^{\mathrm{T}}\boldsymbol{B}\boldsymbol{y}。\tag{6.7}$$

当 $\boldsymbol{B}$ 是对角矩阵时，二次型(6.7)是二次型 $f(\boldsymbol{x})=\boldsymbol{x}^{\mathrm{T}}\boldsymbol{A}\boldsymbol{x}$ 的标准形。

这里，变换前后两个二次型矩阵 $\boldsymbol{A}$ 与 $\boldsymbol{B}$ 的关系是

$$\boldsymbol{B}=\boldsymbol{C}^{\mathrm{T}}\boldsymbol{A}\boldsymbol{C},$$

这一等式具有普遍意义，为此我们引入合同矩阵的概念。

合同矩阵

定义 6.4 设 $\boldsymbol{A},\boldsymbol{B}$ 均为 n 阶矩阵，如果存在可逆矩阵 $\boldsymbol{C}$，使得

$$\boldsymbol{C}^{\mathrm{T}}\boldsymbol{A}\boldsymbol{C}=\boldsymbol{B},\tag{6.8}$$

则称 $\boldsymbol{A}$ 与 $\boldsymbol{B}$ **合同**，记作 $\boldsymbol{A}\simeq\boldsymbol{B}$。

矩阵的合同关系是一种等价关系，具有以下基本性质。

(1)**反身性**：对于任意对称矩阵 $\boldsymbol{A}$，有 $\boldsymbol{A}\simeq\boldsymbol{A}$；

(2)**对称性**：若 $\boldsymbol{A}\simeq\boldsymbol{B}$，则 $\boldsymbol{B}\simeq\boldsymbol{A}$；

(3)**传递性**：若 $\boldsymbol{A}\simeq\boldsymbol{B}$，$\boldsymbol{B}\simeq\boldsymbol{C}$，则 $\boldsymbol{A}\simeq\boldsymbol{C}$。

注：由于矩阵的合同关系是一种等价关系，矩阵的相似关系也是一种等价关系，但它们是有区别的，不能混淆。

显然，由式(6.7)，立即得到下面的结论。

定理 6.1 给定二次型 $f(\boldsymbol{X})=\boldsymbol{X}^{\mathrm{T}}\boldsymbol{A}\boldsymbol{X}$，做可逆线性变换 $\boldsymbol{X}=\boldsymbol{C}\boldsymbol{Y}$ 得二次型

$$f(\boldsymbol{C}\boldsymbol{Y})=\boldsymbol{Y}^{\mathrm{T}}\boldsymbol{B}\boldsymbol{Y},$$

则对称矩阵 $\boldsymbol{A}$ 与对称矩阵 $\boldsymbol{B}$ 合同。

还容易证明下面的两个定理。

定理 6.2 合同矩阵具有相同的秩。

定理 6.3 $\boldsymbol{A}$ 为实对称矩阵的充分必要条件是 $\boldsymbol{A}$ 与实对角矩阵合同。

这说明，实对称矩阵合同于对角矩阵。前一章已证明了实对称矩阵与对角矩阵相似，因此实对称矩阵既相似于对角矩阵又合同于对角矩阵。

对于二次型 $f(\boldsymbol{X})=\boldsymbol{X}^{\mathrm{T}}\boldsymbol{A}\boldsymbol{X}$，我们讨论的主要问题是，怎样寻找可逆线性变换 $\boldsymbol{X}=\boldsymbol{C}\boldsymbol{Y}$ 将其化为标准形。

练习 6.1

1. 写出下列二次型的矩阵，并将二次型用矩阵形式表示。

(1) $f(x_1, x_2)=4x_1^2+x_2^2-4x_1x_2$；

(2) $f(x_1, x_2, x_3)=2x_1^2+3x_2^2+x_3^2-2x_1x_2-6x_1x_3+4x_2x_3$；

(3) $f(x_1, x_2, x_3)=x_1x_2+x_1x_3+x_2x_3$；

(4) $f(x_1,x_2,\cdots,x_n)=\sum\limits_{i=1}^{n}x_i^2$；

(5) $f(x_1,x_2,\cdots,x_n)=2\sum\limits_{i=1}^{n}\sum\limits_{j=1}^{n}x_ix_j$。

2. 写出下列对称矩阵的二次型。

(1) $\begin{pmatrix}1&1&-3\\1&0&2\\-3&2&2\end{pmatrix}$；　(2) $\begin{pmatrix}0&1&-1\\1&0&1\\-1&1&0\end{pmatrix}$；　(3) $\boldsymbol{A}+\boldsymbol{A}^{\mathrm{T}}$，其中 $\boldsymbol{A}=(a_{ij})_n$。

3. 设 $f(x_1,x_2,x_3)=(x_1,x_2,x_3)\begin{pmatrix}1&0&3\\2&1&1\\-3&3&-1\end{pmatrix}\begin{pmatrix}x_1\\x_2\\x_3\end{pmatrix}$，求该二次型的矩阵 $\boldsymbol{A}$。

4. 设矩阵 $\boldsymbol{A}$ 与 $\boldsymbol{B}$ 合同，且矩阵 $\boldsymbol{B}$ 与 $\boldsymbol{C}$ 合同，证明矩阵 $\boldsymbol{A}$ 与 $\boldsymbol{C}$ 合同。

5. 设 $\boldsymbol{C}=\begin{pmatrix}1&0\\0&\sqrt{2}\end{pmatrix}$，$\boldsymbol{A}=\begin{pmatrix}1&0\\0&2\end{pmatrix}$，$\boldsymbol{E}=\begin{pmatrix}1&0\\0&1\end{pmatrix}$，验证 $\boldsymbol{C}^{\mathrm{T}}\boldsymbol{E}\boldsymbol{C}=\boldsymbol{A}$，并证明 $\boldsymbol{E}$ 与 $\boldsymbol{A}$ 不相似。

6.2 化二次型为标准形

6.2.1 用正交变换化二次型为标准形

由实对称矩阵的对角化定理知：若 $\boldsymbol{A}$ 为实对称矩阵，则存在正交矩阵 $\boldsymbol{Q}$，使得 $\boldsymbol{Q}^{-1}\boldsymbol{A}\boldsymbol{Q}=$

$Q^{\mathrm{T}}AQ=\Lambda$ 为对角矩阵。把这个结论改用二次型语言叙述，就得到下面的定理。

定理 6.4（主轴定理） 对于任意一个 n 元实二次型 $f(x)=x^{\mathrm{T}}Ax$，总存在一个正交变换 $x=Qy$，使得 f 化为标准形

$$f(Qy)=\lambda_1 y_1^2+\lambda_2 y_2^2+\cdots+\lambda_n y_n^2, \tag{6.9}$$

其中 $\lambda_1,\lambda_2,\cdots,\lambda_n$ 是矩阵 A 的全部特征值，Q 的列向量是 A 的对应于特征值 $\lambda_1,\lambda_2,\cdots,\lambda_n$ 的正交单位特征向量。

定理表明，实二次型经正交变换可化成标准形。

【例 6.3】求正交变换 $x=Qy$ 将二次型

$$f(x_1,x_2,x_3)=x_1^2-3x_2^2-3x_3^2-2x_1x_2+2x_1x_3-6x_2x_3$$

化成标准形。

【解】二次型 f 的对称矩阵为 $A=\begin{pmatrix}1&-1&1\\-1&-3&-3\\1&-3&-3\end{pmatrix}$，$A$ 的特征方程为

$$|\lambda E-A|=\begin{vmatrix}\lambda-1&1&-1\\1&\lambda+3&3\\-1&3&\lambda+3\end{vmatrix}=(\lambda-2)(\lambda+1)(\lambda+6)=0,$$

所以 A 的特征值为 $\lambda_1=2$，$\lambda_2=-1$，$\lambda_3=-6$。

当 $\lambda_1=2$ 时，解齐次线性方程组 $(2E-A)x=0$。由

$$2E-A=\begin{pmatrix}1&1&-1\\1&5&3\\-1&3&5\end{pmatrix}\xrightarrow{r}\begin{pmatrix}1&0&-2\\0&1&1\\0&0&0\end{pmatrix}$$

得

$$\begin{cases}x_1-2x_3=0\\x_2+x_3=0\end{cases}(x_3\text{ 为自由未知量}),$$

故得方程组基础解系即特征向量为 $\xi_1=(2,-1,1)^{\mathrm{T}}$，再将 ξ_1 单位化得

$$\alpha_1=\frac{1}{\|\xi_1\|}\xi_1=\left(\frac{2}{\sqrt{6}},\frac{-1}{\sqrt{6}},\frac{1}{\sqrt{6}}\right)^{\mathrm{T}}。$$

当 $\lambda_2=-1$ 时，解齐次线性方程组 $(-E-A)x=0$。由

$$-E-A=\begin{pmatrix}-2&1&-1\\1&2&3\\-1&3&2\end{pmatrix}\xrightarrow{r}\begin{pmatrix}1&0&1\\0&1&1\\0&0&0\end{pmatrix}$$

得

$$\begin{cases} x_1 + x_3 = 0 \\ x_2 + x_3 = 0 \end{cases} \quad (x_3 \text{ 为自由未知量}),$$

故得方程组的基础解系即特征向量为 $\boldsymbol{\xi}_2 = (1, 1, -1)^{\mathrm{T}}$，再将 $\boldsymbol{\xi}_2$ 单位化得

$$\boldsymbol{\alpha}_2 = \frac{1}{\|\boldsymbol{\xi}_2\|}\boldsymbol{\xi}_2 = \left(\frac{1}{\sqrt{3}}, \frac{1}{\sqrt{3}}, \frac{-1}{\sqrt{3}}\right)^{\mathrm{T}}。$$

当 $\lambda_3 = -6$ 时，解齐次线性方程组 $(-6\boldsymbol{E} - \boldsymbol{A})\boldsymbol{x} = \boldsymbol{0}$，由

$$-6\boldsymbol{E} - \boldsymbol{A} = \begin{pmatrix} -7 & 1 & -1 \\ 1 & -3 & 3 \\ -1 & 3 & -3 \end{pmatrix} \xrightarrow{r} \begin{pmatrix} 1 & 0 & 0 \\ 0 & 1 & -1 \\ 0 & 0 & 0 \end{pmatrix}$$

得

$$\begin{cases} x_1 = 0 \\ x_2 - x_3 = 0 \end{cases} \quad (x_3 \text{ 为自由未知量}),$$

故得其基础解系即特征向量为 $\boldsymbol{\xi}_3 = (0, 1, 1)^{\mathrm{T}}$，再将 $\boldsymbol{\xi}_3$ 单位化得

$$\boldsymbol{\alpha}_3 = \frac{1}{\|\boldsymbol{\xi}_3\|}\boldsymbol{\xi}_3 = \left(0, \frac{1}{\sqrt{2}}, \frac{1}{\sqrt{2}}\right)^{\mathrm{T}}。$$

令 $\boldsymbol{Q} = (\boldsymbol{\alpha}_1, \boldsymbol{\alpha}_2, \boldsymbol{\alpha}_3) = \begin{pmatrix} \frac{2}{\sqrt{6}} & \frac{1}{\sqrt{3}} & 0 \\ \frac{-1}{\sqrt{6}} & \frac{1}{\sqrt{3}} & \frac{1}{\sqrt{2}} \\ \frac{1}{\sqrt{6}} & \frac{-1}{\sqrt{3}} & \frac{1}{\sqrt{2}} \end{pmatrix}$，则 $\boldsymbol{Q}$ 为正交矩阵，且

$$\boldsymbol{Q}^{-1}\boldsymbol{A}\boldsymbol{Q} = \boldsymbol{Q}^{\mathrm{T}}\boldsymbol{A}\boldsymbol{Q} = \begin{pmatrix} 2 & & \\ & -1 & \\ & & -6 \end{pmatrix}。$$

于是，二次型 f 的标准形为

$$f = 2y_1^2 - y_2^2 - 6y_3^2。$$

其正交变换为 $\boldsymbol{x} = \boldsymbol{Q}\boldsymbol{y}$，即

$$\begin{pmatrix} x_1 \\ x_2 \\ x_3 \end{pmatrix} = \begin{pmatrix} \frac{2}{\sqrt{6}} & \frac{1}{\sqrt{3}} & 0 \\ \frac{-1}{\sqrt{6}} & \frac{1}{\sqrt{3}} & \frac{1}{\sqrt{2}} \\ \frac{1}{\sqrt{6}} & \frac{-1}{\sqrt{3}} & \frac{1}{\sqrt{2}} \end{pmatrix} \begin{pmatrix} y_1 \\ y_2 \\ y_3 \end{pmatrix}。$$

注：(1)用正交变换化二次型为标准形的具体步骤。

第一步：将二次型 f 表示成矩阵形式 $f(\boldsymbol{x})=\boldsymbol{x}^{\mathrm{T}}\boldsymbol{A}\boldsymbol{x}$（若已是）；

第二步：求出 $\boldsymbol{A}$ 的所有特征值 $\lambda_1,\lambda_2,\cdots,\lambda_n$；

第三步：求出对应特征值的特征向量 $\boldsymbol{\xi}_1,\boldsymbol{\xi}_2,\cdots,\boldsymbol{\xi}_n$；

第四步：将特征向量 $\boldsymbol{\xi}_1,\boldsymbol{\xi}_2,\cdots,\boldsymbol{\xi}_n$ 标准正交化，得 $\boldsymbol{\alpha}_1,\boldsymbol{\alpha}_2,\cdots,\boldsymbol{\alpha}_n$，令 $\boldsymbol{Q}=(\boldsymbol{\alpha}_1,\boldsymbol{\alpha}_2,\cdots,\boldsymbol{\alpha}_n)$；

第五步：做正交变换 $\boldsymbol{x}=\boldsymbol{Q}\boldsymbol{y}$，写出 f 的标准形

$$f=\lambda_1 y_1^2+\lambda_2 y_2^2+\cdots+\lambda_n y_n^2。$$

(2)在几何空间中，正交变换保持几何图形大小与形状不变，因此二次型在正交变换下所表示的几何图形大小与形状不变，且这个特征是其他可逆线性变换所不具备的。

(3)正交变换无论在理论上还是在实际应用中都是化二次型为标准形的重要方法。但是它的计算较烦琐，而且只能适应于实二次型，因此使用时有一定的局限性。

下面介绍的配方法则对所有二次型都适用。

6.2.2　用配方法化二次型为标准形

配方法比较初等、简便，实际上是中学代数里二次三项式配方法的推广。下面通过例题来介绍配方法。

在中学里，我们知道诸如以下平方公式：

(1)$a^2+2ab+b^2=(a+b)^2$；

(2)$a^2+b^2+c^2+2ab+2ac+2bc=(a+b+c)^2$。

由(1)可得 $a^2+2ab=(a+b)^2-b^2$；由(2)可得 $a^2+2ab+2ac=(a+b+c)^2-(b+c)^2$。配方时往往灵活应用这些代数公式。

【例 6.4】用配方法化二次型

$$f(x_1,x_2,x_3)=2x_1^2+x_2^2-4x_1x_2-4x_2x_3$$

为标准形，并写出所用的可逆线性变换。

【解】由于所给二次型中有 x_1^2 项，我们先把含 x_1 的项写在一起，再对所有含 x_1 的项进行配方，即

$$\begin{aligned}f(x_1,x_2,x_3)&=2x_1^2+x_2^2-4x_1x_2-4x_2x_3=(2x_1^2-4x_1x_2)+x_2^2-4x_2x_3\text{（含 }x_1\text{ 的项用括号括起来）}\\&=2(x_1^2-2x_1x_2+x_2^2)-2x_2^2+x_2^2-4x_2x_3\quad\text{（含 }x_1\text{ 的项进行配方）}\\&=2(x_1-x_2)^2-(x_2^2+4x_2x_3+4x_3^2)+4x_3^2\quad\text{（含 }x_2\text{ 的项进行配方）}\end{aligned}$$

$$= 2(x_1 - x_2)^2 - (x_2 + 2x_3)^2 + 4x_3^2,$$

令

$$\begin{cases} y_1 = x_1 - x_2 \\ y_2 = \quad\quad x_2 + 2x_3, \\ y_3 = \quad\quad\quad\quad x_3 \end{cases}$$

即

$$\begin{pmatrix} y_1 \\ y_2 \\ y_3 \end{pmatrix} = \begin{pmatrix} 1 & -1 & 0 \\ 0 & 1 & 2 \\ 0 & 0 & 1 \end{pmatrix} \begin{pmatrix} x_1 \\ x_2 \\ x_3 \end{pmatrix},$$

则得 f 的标准形

$$f = 2y_1^2 - y_2^2 + 4y_3^2。$$

所用的可逆线性变换为

$$\begin{pmatrix} x_1 \\ x_2 \\ x_3 \end{pmatrix} = \begin{pmatrix} 1 & -1 & 0 \\ 0 & 1 & 2 \\ 0 & 0 & 1 \end{pmatrix}^{-1} \begin{pmatrix} y_1 \\ y_2 \\ y_3 \end{pmatrix} = \begin{pmatrix} 1 & 1 & -2 \\ 0 & 1 & -2 \\ 0 & 0 & 1 \end{pmatrix} \begin{pmatrix} y_1 \\ y_2 \\ y_3 \end{pmatrix},$$

即

$$\begin{cases} x_1 = y_1 + y_2 - 2y_3, \\ x_2 = \quad\quad y_2 - 2y_3, \\ x_3 = \quad\quad\quad\quad y_3。 \end{cases}$$

【例 6.5】化二次型 $f = x_1^2 - 4x_1x_2 + 2x_1x_3 + x_2^2 + 2x_2x_3 - 2x_3^2$ 为标准形，并求所用的变换矩阵。

【解】由于所给二次型中含有 x_1^2，我们先对所有含 x_1 的项进行配方，即

$$\begin{aligned} f &= (x_1^2 - 4x_1x_2 + 2x_1x_3) + x_2^2 + 2x_2x_3 - 2x_3^2 \\ &= x_1^2 + 2x_1(-2x_2 + x_3) + (-2x_2 + x_3)^2 - (-2x_2 + x_3)^2 + x_2^2 + 2x_2x_3 - 2x_3^2 \\ &= (x_1 - 2x_2 + x_3)^2 - 4x_2^2 - x_3^2 + 4x_2x_3 + x_2^2 + 2x_2x_3 - 2x_3^2 \\ &= (x_1 - 2x_2 + x_3)^2 - 3x_2^2 + 6x_2x_3 - 3x_3^2 \\ &= (x_1 - 2x_2 + x_3)^2 - 3(x_2 - x_3)^2。 \end{aligned}$$

（注意配方结果中只有两个平方项了！）

令

$$\begin{cases} y_1 = x_1 - 2x_2 + x_3 \\ y_2 = \qquad\ \ x_2 - x_3, \\ y_3 = \qquad\qquad\ \ x_3 \end{cases}$$

即

$$\begin{pmatrix} y_1 \\ y_2 \\ y_3 \end{pmatrix} = \begin{pmatrix} 1 & -2 & 1 \\ 0 & 1 & -1 \\ 0 & 0 & 1 \end{pmatrix} \begin{pmatrix} x_1 \\ x_2 \\ x_3 \end{pmatrix},$$

则得 f 的标准形

$$f = y_1^2 - 3y_2^2。$$

所用的线性变换为 $\begin{pmatrix} x_1 \\ x_2 \\ x_3 \end{pmatrix} = \begin{pmatrix} 1 & -2 & 1 \\ 0 & 1 & -1 \\ 0 & 0 & 1 \end{pmatrix}^{-1} \begin{pmatrix} y_1 \\ y_2 \\ y_3 \end{pmatrix} = \begin{pmatrix} 1 & 2 & 1 \\ 0 & 1 & 1 \\ 0 & 0 & 1 \end{pmatrix} \begin{pmatrix} y_1 \\ y_2 \\ y_3 \end{pmatrix}$，即

$$\begin{cases} x_1 = y_1 + 2y_2 + y_3, \\ x_2 = \qquad\ \ y_2 + y_3, \\ x_3 = \qquad\qquad\ \ y_3。 \end{cases}$$

【例 6.6】化二次型 $f(x_1, x_2, x_3) = x_1x_2 + x_1x_3 + x_2x_3$ 为标准形。

【解】由于所给二次型中没有平方项，所以可以先做以下可逆线性变换，令

$$\begin{cases} x_1 = u_1 + u_2 \\ x_2 = u_1 - u_2, \\ x_3 = \qquad\ \ u_3 \end{cases}$$

即

$$\begin{pmatrix} x_1 \\ x_2 \\ x_3 \end{pmatrix} = \begin{pmatrix} 1 & 1 & 0 \\ 1 & -1 & 0 \\ 0 & 0 & 1 \end{pmatrix} \begin{pmatrix} u_1 \\ u_2 \\ u_3 \end{pmatrix},$$

于是，

$$\begin{aligned} f &= (u_1 + u_2)(u_1 - u_2) + (u_1 + u_2)u_3 + (u_1 - u_2)u_3 \\ &= u_1^2 - u_2^2 + u_1u_3 + u_2u_3 + u_1u_3 - u_2u_3 \\ &= u_1^2 - u_2^2 + 2u_1u_3。 \end{aligned}$$

上式作为 u_1, u_2, u_3 的二次型，已出现平方项，例如有 u_1^2 项，可仿照例 6.4，先对所有含

u_1 的项进行配方，即

$$f=(u_1^2+2u_1u_3+u_3^2)-u_2^2-u_3^2$$
$$=(u_1+u_3)^2-u_2^2-u_3^2。$$

令

$$\begin{cases}y_1=u_1\quad+u_3\\y_2=\quad u_2\qquad,\\y_3=\qquad\quad u_3\end{cases}$$

即

$$\begin{pmatrix}y_1\\y_2\\y_3\end{pmatrix}=\begin{pmatrix}1&0&1\\0&1&0\\0&0&1\end{pmatrix}\begin{pmatrix}u_1\\u_2\\u_3\end{pmatrix},$$

则得 f 的标准形

$$f=y_1^2-y_2^2-y_3^2。$$

所用的可逆线性变换为

$$\begin{pmatrix}x_1\\x_2\\x_3\end{pmatrix}=\begin{pmatrix}1&1&0\\1&-1&0\\0&0&1\end{pmatrix}\begin{pmatrix}u_1\\u_2\\u_3\end{pmatrix}=\begin{pmatrix}1&1&0\\1&-1&0\\0&0&1\end{pmatrix}\begin{pmatrix}1&0&1\\0&1&0\\0&0&1\end{pmatrix}^{-1}\begin{pmatrix}y_1\\y_2\\y_3\end{pmatrix}=\begin{pmatrix}1&1&-1\\1&-1&-1\\0&0&1\end{pmatrix}\begin{pmatrix}y_1\\y_2\\y_3\end{pmatrix},$$

即

$$\begin{cases}x_1=y_1+y_2-y_3,\\x_2=y_1-y_2-y_3,\\x_3=\qquad\qquad y_3。\end{cases}$$

从例 6.6 可以得出用配方法化二次型为标准形的步骤：

(1)若二次型含有 x_i^2，则先把含有 x_i 的乘积项集中，然后配方，再对其余的变量同样进行，直到都配成平方项为止。经过非退化线性变换，就得到标准形。

(2)若二次型中不含平方项，但是 $a_{ij}\neq0(i\neq j)$，则先做可逆线性变换

$$\begin{cases}x_i=u_i-u_j,\\x_j=u_i+u_j,\quad(k=1,2,\cdots,n\text{ 且 }k\neq i,j)\\x_k=u_k,\end{cases}$$

化二次型为含有平方项的二次型，然后再按(1)中方法配方。

(3)若做了多个可逆线性变换才将二次型化为标准形，则需要将它们合成(见例 6.6)写出总的可逆线性变换。

6.2.3　用矩阵初等变换法化二次型为标准形

由定理 6.4 知，对于任意实对称矩阵 $\boldsymbol{A}$，一定存在可逆矩阵 $\boldsymbol{C}$，使得

$$\boldsymbol{C}^{\mathrm{T}}\boldsymbol{A}\boldsymbol{C}=\boldsymbol{B}=\begin{pmatrix} d_1 & & & \\ & d_2 & & \\ & & \ddots & \\ & & & d_n \end{pmatrix}。$$

又因为可逆矩阵一定可以表示成有限个初等矩阵 $\boldsymbol{P}_1,\boldsymbol{P}_2,\cdots,\boldsymbol{P}_s$ 的乘积，即 $\boldsymbol{C}=\boldsymbol{P}_1\boldsymbol{P}_2\cdots\boldsymbol{P}_s$，于是有

$$\boldsymbol{C}^{\mathrm{T}}\boldsymbol{A}\boldsymbol{C}=\boldsymbol{P}_s^{\mathrm{T}}\cdots\boldsymbol{P}_2^{\mathrm{T}}\boldsymbol{P}_1^{\mathrm{T}}\boldsymbol{A}\boldsymbol{P}_1\boldsymbol{P}_2\cdots\boldsymbol{P}_s=\boldsymbol{B}=\begin{pmatrix} d_1 & & & \\ & d_2 & & \\ & & \ddots & \\ & & & d_n \end{pmatrix}。$$

这就是说，对称矩阵 $\boldsymbol{A}$ 经过一系列初等变换能化为对角矩阵。由此得出化二次型为标准形的初等变换法，具体如下：

将单位矩阵 $\boldsymbol{E}$ 放在给定的二次型矩阵 $\boldsymbol{A}$ 的下面，构成 $2n\times n$ 矩阵 $\begin{pmatrix}\boldsymbol{A}\\ \boldsymbol{E}\end{pmatrix}$，对 $\begin{pmatrix}\boldsymbol{A}\\ \boldsymbol{E}\end{pmatrix}$ 每做一次列变换，同时仅对前 n 行的 $\boldsymbol{A}$ 做一次相应的行变换，最后 $\begin{pmatrix}\boldsymbol{A}\\ \boldsymbol{E}\end{pmatrix}\xrightarrow{c,r}\begin{pmatrix}\boldsymbol{C}^{\mathrm{T}}\boldsymbol{A}\boldsymbol{C}\\ \boldsymbol{E}\boldsymbol{C}\end{pmatrix}$。当 $\boldsymbol{C}^{\mathrm{T}}\boldsymbol{A}\boldsymbol{C}$ 变成对角矩阵时，$\boldsymbol{E}$ 就化为线性变换矩阵 $\boldsymbol{E}\boldsymbol{C}=\boldsymbol{C}$，对应的可逆的线性变换为 $\boldsymbol{x}=\boldsymbol{C}\boldsymbol{y}$。

【例 6.7】　用矩阵的初等变换法化二次型

$$f(x_1,x_2,x_3)=x_1^2+2x_2^2+4x_3^2-2x_1x_2+2x_1x_3-4x_2x_3$$

为标准形。

【解】二次型的矩阵 $\boldsymbol{A}=\begin{pmatrix}1 & -1 & 1\\ -1 & 2 & -2\\ 1 & -2 & 4\end{pmatrix}$，因为 $\boldsymbol{A}$ 中 $a_{11}\neq 0$，可利用 a_{11} 分别将第一行及第一列其余元素全化为零，后面做法类似。

$$\begin{pmatrix} \boldsymbol{A} \\ \cdots \\ \boldsymbol{E} \end{pmatrix} = \begin{pmatrix} 1 & -1 & 1 \\ -1 & 2 & -2 \\ 1 & -2 & 4 \\ \hdashline 1 & 0 & 0 \\ 0 & 1 & 0 \\ 0 & 0 & 1 \end{pmatrix} \xrightarrow{c_2+c_1} \begin{pmatrix} 1 & 0 & 1 \\ -1 & 1 & -2 \\ 1 & -1 & 4 \\ \hdashline 1 & 1 & 0 \\ 0 & 1 & 0 \\ 0 & 0 & 1 \end{pmatrix} \xrightarrow{r_2+r_1} \begin{pmatrix} 1 & 0 & 1 \\ 0 & 1 & -1 \\ 1 & -1 & 4 \\ \hdashline 1 & 1 & 0 \\ 0 & 1 & 0 \\ 0 & 0 & 1 \end{pmatrix}$$

$$\xrightarrow{c_3-c_1} \begin{pmatrix} 1 & 0 & 0 \\ 0 & 1 & -1 \\ 1 & -1 & 3 \\ \hdashline 1 & 1 & -1 \\ 0 & 1 & 0 \\ 0 & 0 & 1 \end{pmatrix} \xrightarrow{r_3-r_1} \begin{pmatrix} 1 & 0 & 0 \\ 0 & 1 & -1 \\ 0 & -1 & 3 \\ \hdashline 1 & 1 & -1 \\ 0 & 1 & 0 \\ 0 & 0 & 1 \end{pmatrix} \xrightarrow{c_3+c_2} \begin{pmatrix} 1 & 0 & 0 \\ 0 & 1 & 0 \\ 0 & -1 & 2 \\ \hdashline 1 & 1 & 0 \\ 0 & 1 & 1 \\ 0 & 0 & 1 \end{pmatrix} \xrightarrow{r_3+r_2} \begin{pmatrix} 1 & 0 & 0 \\ 0 & 1 & 0 \\ 0 & 0 & 2 \\ \hdashline 1 & 1 & 0 \\ 0 & 1 & 1 \\ 0 & 0 & 1 \end{pmatrix}$$

由此得 f 的标准形为

$$f(x_1,x_2,x_3) = y_1^2 + y_2^2 + 2y_3^2,$$

所作的线性变换矩阵 $C=\begin{pmatrix} 1 & 1 & 0 \\ 0 & 1 & 1 \\ 0 & 0 & 1 \end{pmatrix}$，即可逆的线性变换为$\begin{cases} x_1 = y_1 + y_2 \\ x_2 = y_2 + y_3 \\ x_3 = \quad\quad y_3 \end{cases}$

【例 6.8】用初等变换法化二次型

$$f(x_1,x_2,x_3) = x_2^2 - x_3^2 + 2x_1x_2 - 4x_2x_3$$

为标准形。

【解】二次型的矩阵为 $\boldsymbol{A}=\begin{pmatrix} 0 & 1 & 0 \\ 1 & 1 & -2 \\ 0 & -2 & -1 \end{pmatrix}$，因为 $\boldsymbol{A}$ 中 $a_{11}=0$，但 $a_{22}\neq 0$，故将第一列与第二列交换，同时做相应行交换，可使矩阵左上角元素非零。具体过程为

$$\begin{pmatrix} \boldsymbol{A} \\ \hdashline \boldsymbol{E} \end{pmatrix} = \begin{pmatrix} 0 & 1 & 0 \\ 1 & 1 & -2 \\ 0 & -2 & -1 \\ \hdashline 1 & 0 & 0 \\ 0 & 1 & 0 \\ 0 & 0 & 1 \end{pmatrix} \xrightarrow{c_1 \leftrightarrow c_2} \begin{pmatrix} 1 & 0 & 0 \\ 1 & 1 & -2 \\ -2 & 0 & -1 \\ \hdashline 0 & 1 & 0 \\ 1 & 0 & 0 \\ 0 & 0 & 1 \end{pmatrix} \xrightarrow{r_1 \leftrightarrow r_2} \begin{pmatrix} 1 & 1 & -2 \\ 1 & 0 & 0 \\ -2 & 0 & -1 \\ \hdashline 0 & 1 & 0 \\ 1 & 0 & 0 \\ 0 & 0 & 1 \end{pmatrix}$$

$$\xrightarrow{c_2-c_1}\begin{pmatrix}1&0&-2\\1&-1&0\\-2&2&-1\\\hdashline 0&1&0\\1&-1&0\\0&0&1\end{pmatrix}\xrightarrow{r_2-r_1}\begin{pmatrix}1&0&-2\\0&-1&2\\-2&2&-1\\\hdashline 0&1&0\\1&-1&0\\0&0&1\end{pmatrix}\xrightarrow{c_3+2c_1}\begin{pmatrix}1&0&0\\0&-1&2\\-2&2&-5\\\hdashline 0&1&0\\1&-1&2\\0&0&1\end{pmatrix}$$

$$\xrightarrow{r_3+2r_1}\begin{pmatrix}1&0&0\\0&-1&2\\0&2&-5\\\hdashline 0&1&0\\1&-1&2\\0&0&1\end{pmatrix}\xrightarrow{c_3+2c_2}\begin{pmatrix}1&0&0\\0&-1&0\\0&2&-1\\\hdashline 0&1&2\\1&-1&0\\0&0&1\end{pmatrix}\xrightarrow{r_3+2r_2}\begin{pmatrix}1&0&0\\0&-1&0\\0&0&-1\\\hdashline 0&1&2\\1&-1&0\\0&0&1\end{pmatrix}。$$

由此得到原二次型的标准形为

$$f=y_1^2-y_2^2-y_3^2。$$

所用的可逆线性变换为 $\boldsymbol{x}=\boldsymbol{C}\boldsymbol{y}$，其中 $\boldsymbol{C}=\begin{pmatrix}0&1&2\\1&-1&0\\0&0&1\end{pmatrix}$。

注：(1)化二次型为标准形的方法有三种，不同的方法一般是不同的可逆线性变换，因此二次型可有不同的标准形，但标准形中含有的项数必定相同，项数等于所给二次型的秩。将在下节看到，任意二次型的规范形是唯一的。

(2)还要注意，用配方法或初等变换法得到的标准形中平方项的系数不一定是二次型矩阵的特征值。

练习 6.2

1. 用正交变换化二次型为标准形。

(1) $f(x_1\ x_2\ x_3)=2x_1^2+2x_2^2+2x_3^2+2x_1x_2+2x_1x_3+2x_2x_3$；

(2) $f(x_1\ x_2\ x_3)=2x_1^2+x_2^2+4x_1x_2+4x_2x_3$；

(3) $f(x_1\ x_2\ x_3)=2x_1^2+5x_2^2+5x_3^2+4x_1x_2-4x_1x_3-8x_2x_3$。

2. 已知二次型 $f(x_1\ x_2\ x_3)=2x_1^2+3x_2^2+3x_3^2+2ax_2x_3\ (a>0)$ 经正交变换 $\boldsymbol{x}=\boldsymbol{Q}\boldsymbol{y}$ 化为标准形 $f=y_1^2+2y_2^2+5y_3^2$，求参数 a 及所用的正交变换矩阵 $\boldsymbol{Q}$。

3. 用配方法化二次型为标准形，并写出线性变换 $\boldsymbol{x}=\boldsymbol{C}\boldsymbol{y}$。

(1) $f(x_1,x_2,x_3)=x_1^2+2x_2^2+x_3^2-2x_1x_2$；

(2) $f(x_1,x_2,x_3)=2x_1^2+4x_1x_2+4x_1x_3+4x_2x_3$;

(3) $f(x_1,x_2,x_3)=x_1x_2-x_2x_3$。

4. 用合同变换化二次型为标准形，并写出相应的线性变换 $\boldsymbol{x}=\boldsymbol{C}\boldsymbol{y}$。

(1) $f(x_1,x_2,x_3)=x_1^2+2x_2^2+2x_1x_2-2x_2x_3$;

(2) $f(x_1,x_2,x_3)=x_1^2+5x_1x_2-4x_2x_3$。

6.3 二次型的规范形与正定性

前面我们介绍了化二次型为标准形的不同方法，且得出结论：一个二次型的标准形不是唯一的。但是，不论用哪种方法化一个二次型为标准形，所得标准形中所含项数是确定的，等于该二次型的秩。不仅如此，在限定变换为实变换时，标准形中正系数平方项和负系数平方项的个数也是不变的。本节介绍二次型的规范形与正定二次型。

6.3.1 二次型的规范形

定理 6.1 用二次型语言叙述就是：对于任一个 n 元实二次型

$$f(\boldsymbol{x})=\boldsymbol{x}^{\mathrm{T}}\boldsymbol{A}\boldsymbol{x},$$

存在一个可逆线性变换 $\boldsymbol{x}=\boldsymbol{C}\boldsymbol{y}$(含适当交换变量的次序)，可使 $f(\boldsymbol{x})=\boldsymbol{x}^{\mathrm{T}}\boldsymbol{A}\boldsymbol{x}$ 化成如下形式的标准形：

$$d_1y_1^2+\cdots+d_py_p^2-d_{p+1}y_{p+1}^2-\cdots-d_ry_r^2, \tag{6.10}$$

其中 $d_i>0$，$i=1,2,\cdots r,r\leqslant n$，$r$ 是 $f(x_1,x_2,\cdots,x_n)$的秩。

将式(6.10)改写成

$$(\sqrt{d_1}y_1)^2+\cdots+(\sqrt{d_p}y_p)^2-(\sqrt{d_{p+1}}y_{p+1})^2-\cdots-(\sqrt{d_r}y_r)^2, \tag{6.11}$$

并再做可逆线性变换

$$\begin{cases} y_1=\dfrac{1}{\sqrt{d_1}}z_1, \\ \qquad\ddots \\ y_r=\qquad\dfrac{1}{\sqrt{d_r}}z_r, \\ y_{r+1}=\qquad\qquad z_{r+1}, \\ \qquad\qquad\qquad\ddots \\ y_n=\qquad\qquad\qquad z_n, \end{cases}$$

则式(6.10)变成

$$z_1^2+\cdots+z_p^2-z_{p+1}^2-\cdots-z_r^2, \tag{6.12}$$

称式(6.12)为实二次型 $f(x_1,x_2,\cdots,x_n)$ 的**规范形**。

定理 6.5 (惯性定理) 实数域上的任意一个二次型，经过一适当的可逆线性变换可以变成规范形，且规范形是唯一的。

【证】略。 □

定义 6.5 在实二次型的规范形式(6.12)中，正平方项的个数 p 称为 f 的**正惯性指数**，负平方项的个数 $r-p$ 称为 f 的**负惯性指数**，它们的差 $p-(r-p)=2p-r$ 称为 f 的**符号差**。

应该指出，虽然实二次型的标准形不是唯一的，但是由上面化成规范形的过程可以看出，标准形中系数为正的平方项的个数与规范形中正平方项的个数是一致的。因此，惯性定理也可以叙述为：实二次型的标准形中系数为正的平方项的个数是唯一确定的，它等于正惯性指数，而系数为负的平方项的个数就等于负惯性指数。

6.3.2 二次型的正定性

比较常用的二次型是标准形的系数全为正或全为负的情形。我们有下述定义。

定义 6.6 设实二次型 $f(\boldsymbol{x})=\boldsymbol{x}^{\mathrm{T}}\boldsymbol{A}\boldsymbol{x}$，

(1)如果对于任何 $\boldsymbol{x}\neq\boldsymbol{0}$，都有 $f(\boldsymbol{x})=\boldsymbol{x}^{\mathrm{T}}\boldsymbol{A}\boldsymbol{x}>0$ 成立，则称 $f(\boldsymbol{x})=\boldsymbol{x}^{\mathrm{T}}\boldsymbol{A}\boldsymbol{x}$ 为正定二次型，矩阵 $\boldsymbol{A}$ 称为正定矩阵。

(2)如果对于任何 $\boldsymbol{x}\neq\boldsymbol{0}$，都有 $f(\boldsymbol{x})=\boldsymbol{x}^{\mathrm{T}}\boldsymbol{A}\boldsymbol{x}<0$ 成立，则称 $f(\boldsymbol{x})=\boldsymbol{x}^{\mathrm{T}}\boldsymbol{A}\boldsymbol{x}$ 为负定二次型，矩阵 $\boldsymbol{A}$ 称为负定矩阵。

(3)如果对于任何 $\boldsymbol{x}$，都有 $f(\boldsymbol{x})=\boldsymbol{x}^{\mathrm{T}}\boldsymbol{A}\boldsymbol{x}\geqslant 0$，且有某个 $\boldsymbol{x}_0\neq\boldsymbol{0}$，使得 $\boldsymbol{x}_0^{\mathrm{T}}\boldsymbol{A}\boldsymbol{x}=0$，则称二次型 $f(\boldsymbol{x})=\boldsymbol{x}^{\mathrm{T}}\boldsymbol{A}\boldsymbol{x}$ 为半正定的，矩阵 $\boldsymbol{A}$ 称为半正定矩阵。

(4)如果对于任何 $\boldsymbol{x}$，都有 $f(\boldsymbol{x})=\boldsymbol{x}^{\mathrm{T}}\boldsymbol{A}\boldsymbol{x}\leqslant 0$，且有某个 $\boldsymbol{x}_0\neq\boldsymbol{0}$，使得 $\boldsymbol{x}_0^{\mathrm{T}}\boldsymbol{A}\boldsymbol{x}=0$，则称二次型 $f(\boldsymbol{x})=\boldsymbol{x}^{\mathrm{T}}\boldsymbol{A}\boldsymbol{x}$ 为半负定的，矩阵 $\boldsymbol{A}$ 称为半负定矩阵。

说明：显然，若 $f(\boldsymbol{x})=\boldsymbol{x}^{\mathrm{T}}\boldsymbol{A}\boldsymbol{x}$ 是负定二次型，则 $g(\boldsymbol{x})=-f(\boldsymbol{x})=\boldsymbol{x}^{\mathrm{T}}(-\boldsymbol{A})\boldsymbol{x}$ 是正定二次型。因此，以下主要讨论正定二次型与正定矩阵的有关性质。

【例 6.9】二次型

$$f(x_1,x_2,\cdots,x_n)=x_1^2+x_2^2+\cdots+x_n^2,$$

当 $\boldsymbol{x}\neq\boldsymbol{0}$ 时，显然有 $f>0$，所以这个二次型是正定的，其矩阵 $\boldsymbol{E}$ 是正定矩阵。

不难验证，实二次型

$$f(x_1,x_2,\cdots,x_n)=d_1x_1^2+d_2x_2^2+\cdots+d_nx_n^2$$

是正定的，当且仅当 $d_i>0$，$i=1,2,\cdots,n$。

【例 6.10】二次型

$$f(x_1,x_2,x_3)=x_1^2-4x_1x_2+2x_1x_3+4x_2^2-4x_2x_3+x_3^2$$

可写成

$$f(x_1,x_2,x_3)=(x_1-2x_2+x_3)^2\geqslant 0,$$

当 $x_1-2x_2+x_3=0$ 时，$f(x_1,x_2,x_3)=0$，因此 $f(x_1,x_2,x_3)$半正定，其对应的矩阵

$$\boldsymbol{A}=\begin{pmatrix}1&-2&1\\-2&4&-2\\1&-2&1\end{pmatrix}$$

是半正定矩阵。

【例 6.11】二次型

$$f(x_1,x_2,x_3)=x_1^2-2x_2^2+3x_3^2$$

既不是正定的，也不是负定的，因为其符号有时为正有时为负。例如，当 $x_1=1,x_2=1,x_3=0$ 时，

$$f(1,1,0)=-1<0,$$

而当 $x_1=1,x_2=1,x_3=1$ 时，

$$f(1,1,1)=2>0。$$

像例 6.11 这样的二次型也称为**不定二次型**。

定理 6.6 可逆线性变换不改变二次型的正定性。

【证】略。 □

关于二次型的正定性的判定，我们可以利用以下定理中的等价条件。

定理 6.7 设 n 元实二次型 $f(\boldsymbol{x})=\boldsymbol{x}^{\mathrm{T}}\boldsymbol{A}\boldsymbol{x}$，则以下条件是等价的：

(1) 实二次型 $f(\boldsymbol{x})=\boldsymbol{x}^{\mathrm{T}}\boldsymbol{A}\boldsymbol{x}$ 为正定二次型；

(2) 矩阵 $\boldsymbol{A}$ 的所有特征值均大于零；

(3) 正惯性指数为 n；

(4) $\boldsymbol{A}$ 与单位矩阵 $\boldsymbol{E}$ 是合同矩阵；

(5) 存在可逆矩阵 $\boldsymbol{P}$，使得 $\boldsymbol{A}=\boldsymbol{P}^{\mathrm{T}}\boldsymbol{P}$。

【证】只要证明(1)=>(2)=>(3)=>(4)=>(5)=>(1)。

(1)=>(2)：设实二次型 $f(\boldsymbol{x})=\boldsymbol{x}^{\mathrm{T}}\boldsymbol{A}\boldsymbol{x}$ 为正定二次型，λ_i是 $\boldsymbol{A}$ 的特征值，$\boldsymbol{\alpha}_i$是对应的

特征向量($\boldsymbol{\alpha}_i \neq \mathbf{0}$)，即

$$\boldsymbol{A\alpha}_i = \lambda_i \boldsymbol{\alpha}_i (i = 1,2,\cdots,n)。$$

取 $\boldsymbol{x}=\boldsymbol{\alpha}_i$，那么

$$f(\boldsymbol{\alpha}_i) = \boldsymbol{\alpha}_i^{\mathrm{T}}\boldsymbol{A\alpha}_i = \boldsymbol{\alpha}_i^{\mathrm{T}}\lambda_i\boldsymbol{\alpha}_i = \lambda_i(\boldsymbol{\alpha}_i^{\mathrm{T}}\boldsymbol{\alpha}_i) = \lambda_i \|\boldsymbol{\alpha}_i\|^2 > 0。$$

所以，$\lambda_i>0$ ($i=1,2,\cdots,n$)，即矩阵 $\boldsymbol{A}$ 的所有特征值均大于零。

(2)=>(3)：设矩阵 $\boldsymbol{A}$ 的所有特征值 $\lambda_i>0$ ($i=1,2,\cdots,n$)，那么存在正交矩阵 $\boldsymbol{Q}$，在正交变换 $\boldsymbol{x}=\boldsymbol{Qy}$ 下二次型 $f(\boldsymbol{x})=\boldsymbol{x}^{\mathrm{T}}\boldsymbol{Ax}$ 的标准形为

$$\begin{aligned} f(\boldsymbol{Qy}) &= (\boldsymbol{Qy})^{\mathrm{T}}\boldsymbol{A}(\boldsymbol{Qy}) = \boldsymbol{y}^{\mathrm{T}}(\boldsymbol{Q}^{\mathrm{T}}\boldsymbol{AQ})\boldsymbol{y} \\ &= \lambda_1 y_1^2 + \lambda_2 y_2^2 + \cdots + \lambda_n y_n^2。\end{aligned}$$

标准形中有 n 个正的平方项和，故二次型 f 的正惯性指数为 n。

(3)=>(4)：设二次型 f 的正惯性指数为 n，那么存在可逆线性变换 $\boldsymbol{x}=\boldsymbol{Cy}$，化二次型 $f(\boldsymbol{x})=\boldsymbol{x}^{\mathrm{T}}\boldsymbol{Ax}$ 为规范形

$$f(\boldsymbol{x}) = \boldsymbol{x}^{\mathrm{T}}\boldsymbol{Ax} = (\boldsymbol{Cy})^{\mathrm{T}}\boldsymbol{A}(\boldsymbol{Cy}) = \boldsymbol{y}^{\mathrm{T}}(\boldsymbol{C}^{\mathrm{T}}\boldsymbol{AC})\boldsymbol{y} = y_1^2 + y_2^2 + \cdots + y_n^2 = \boldsymbol{y}^{\mathrm{T}}\boldsymbol{Ey}$$

所以，$\boldsymbol{C}^{\mathrm{T}}\boldsymbol{AC}=\boldsymbol{E}$，即矩阵 $\boldsymbol{A}$ 与单位矩阵 $\boldsymbol{E}$ 合同。

(4)=>(5)：设矩阵 $\boldsymbol{A}$ 与单位矩阵 $\boldsymbol{E}$ 合同，那么存在可逆矩阵 $\boldsymbol{P}$，使得

$$\boldsymbol{A} = \boldsymbol{P}^{\mathrm{T}}\boldsymbol{EP} = \boldsymbol{P}^{\mathrm{T}}\boldsymbol{P}。$$

(5)=>(1)：设存在可逆矩阵 $\boldsymbol{P}$，使得 $\boldsymbol{A}=\boldsymbol{P}^{\mathrm{T}}\boldsymbol{P}$，代入二次型 $f(\boldsymbol{x})=\boldsymbol{x}^{\mathrm{T}}\boldsymbol{Ax}$ 有

$$f(\boldsymbol{x}) = \boldsymbol{x}^{\mathrm{T}}\boldsymbol{Ax} = \boldsymbol{x}^{\mathrm{T}}\boldsymbol{P}^{\mathrm{T}}\boldsymbol{Px} = (\boldsymbol{Px})^{\mathrm{T}}(\boldsymbol{Px}) = (\boldsymbol{Px},\boldsymbol{Px})。$$

当 $\boldsymbol{x}\neq\mathbf{0}$ 时，$\boldsymbol{P}$ 可逆，所以 $\boldsymbol{Px}\neq\mathbf{0}$，因此 $f(\boldsymbol{x})=(\boldsymbol{Px},\boldsymbol{Px})>0$，故二次型 $f(\boldsymbol{x})=\boldsymbol{x}^{\mathrm{T}}\boldsymbol{Ax}$ 是正定二次型。 □

6.3.3　正定矩阵的性质

理论上可以用二次型的标准形或特征值来判别二次型或矩阵的正定性，但是，求标准形或计算特征值都是比较麻烦的，有时利用下面的定义 6.7 是比较方便的。为此先介绍顺序主子式的概念。

定义 6.7　设二次型 $f(\boldsymbol{x})=\boldsymbol{x}^{\mathrm{T}}\boldsymbol{Ax}$，其中

$$\boldsymbol{A} = \begin{pmatrix} a_{11} & a_{12} & \cdots & a_{1n} \\ a_{21} & a_{22} & \cdots & a_{2n} \\ \vdots & \vdots & & \vdots \\ a_{n1} & a_{n2} & \cdots & a_{nn} \end{pmatrix},$$

位于左上角的 $1,2,\cdots,k(1\leqslant k\leqslant n)$ 阶子式

$$\boldsymbol{A}_1=|a_{11}|=a_{11},\boldsymbol{A}_2=\begin{vmatrix}a_{11}&a_{12}\\a_{21}&a_{22}\end{vmatrix},\cdots,\boldsymbol{A}_k=\begin{vmatrix}a_{11}&a_{12}&\cdots&a_{1k}\\a_{21}&a_{22}&\cdots&a_{2k}\\\vdots&\vdots&&\vdots\\a_{k1}&a_{k2}&\cdots&a_{kk}\end{vmatrix},\cdots$$

称为矩阵 $\boldsymbol{A}$ 的 $1,2,\cdots,k$ 阶**顺序主子式**。

定理 6.8 实二次型 $f(\boldsymbol{x})=\boldsymbol{x}^{\mathrm{T}}\boldsymbol{A}\boldsymbol{x}$ 为正定二次型的充要条件是 $\boldsymbol{A}=(a_{ij})_n$ 的各阶顺序主子式 $\boldsymbol{A}_k$ 均大于零，即 $A_k>0$，$(k=1,2,\cdots,n)$。

【证】略。 □

推论 6.1 实二次型 $f(\boldsymbol{x})=\boldsymbol{x}^{\mathrm{T}}\boldsymbol{A}\boldsymbol{x}$ 为负定的充要条件是 $\boldsymbol{A}$ 的各阶顺序主子式负正交替，即

$$(-1)^kA_k>0,(k=1,2,\cdots,n)。$$

【证】略。 □

【例 6.12】判断二次型

$$f(x_1,x_2,x_3)=3x_1^2+6x_1x_3+x_2^2-4x_2x_3+8x_3^2$$

的正定性。

【解】因为二次型矩阵为 $\boldsymbol{A}=\begin{pmatrix}3&0&3\\0&1&-2\\3&-2&8\end{pmatrix}$，且 $\boldsymbol{A}$ 的各阶顺序主子式

$$\boldsymbol{A}_1=3>0，\boldsymbol{A}_2=\begin{vmatrix}3&0\\0&1\end{vmatrix}=3>0，\boldsymbol{A}_3=|\boldsymbol{A}|=3>0，$$

由定理 6.7 知 $f(x_1,x_2,x_3)$ 为正定二次型，$\boldsymbol{A}$ 为正定矩阵。

【例 6.13】当 t 取何值时，

$$f(x_1,x_2,x_3)=x_1^2+2x_1x_2+4x_1x_3+2x_2^2+6x_2x_3+tx_3^2$$

为正定二次型。

【解】因为二次型矩阵 $\boldsymbol{A}=\begin{pmatrix}1&1&2\\1&2&3\\2&3&t\end{pmatrix}$，且 $\boldsymbol{A}$ 各阶顺序主子式为

$$\boldsymbol{A}_1=1>0，\boldsymbol{A}_2=\begin{vmatrix}1&1\\1&2\end{vmatrix}=1>0，\boldsymbol{A}_3=|\boldsymbol{A}|=t-5，$$

所以当 $t>5$ 时，$f(x_1,x_2,x_3)$ 为正定二次型。

正定矩阵还有下列性质。

性质 6.1　若 $\boldsymbol{A}$ 为正定的，则 $\boldsymbol{A}^{-1}$ 为正定的。

【证】因为 $\boldsymbol{A}$ 为正定的，则 $\boldsymbol{A}$ 与单位矩阵合同，即存在可逆矩阵 $\boldsymbol{C}$，使得

$$\boldsymbol{C}^{\mathrm{T}}\boldsymbol{A}\boldsymbol{C}=\boldsymbol{E},$$

于是

$$\boldsymbol{A}=(\boldsymbol{C}^{\mathrm{T}})^{-1}\boldsymbol{C}^{-1},\ \boldsymbol{A}^{-1}=\boldsymbol{C}\boldsymbol{E}\boldsymbol{C}^{\mathrm{T}}。$$

故 $\boldsymbol{A}^{-1}$ 与单位矩阵 $\boldsymbol{E}$ 合同，因而 $\boldsymbol{A}^{-1}$ 为正定矩阵。□

性质 6.2　若 $\boldsymbol{A}$ 为正定的，则 $\boldsymbol{A}$ 的主对角线上的元素 $a_{ii}(i=1,2,\cdots,n)$ 全大于 0。

【证】若不然，则存在 $k(1\leqslant k\leqslant n)$，$a_{kk}\leqslant 0$。取非零列向量 $\boldsymbol{x}=(0,\cdots,1,\cdots,0)^{\mathrm{T}}$，则 $\boldsymbol{x}^{\mathrm{T}}\boldsymbol{A}\boldsymbol{x}=a_{kk}\leqslant 0$，与 $\boldsymbol{A}$ 为正定的矛盾。□

性质 6.3　若 $\boldsymbol{A}$ 为正定的，则 $\boldsymbol{A}^m$(m 为正整数)为正定的。

【证】因为 $\boldsymbol{A}$ 为正定的，则 $\boldsymbol{A}$ 的全部特征值 $\lambda_i>0(i=1,2,\cdots,n)$，因而 $\boldsymbol{A}^m$ 的全部特征值 $\lambda_i^m>0(i=1,2,\cdots,n)$，所以 $\boldsymbol{A}^m$(m 为正整数)为正定的。

性质 6.4　若 $\boldsymbol{A}$、$\boldsymbol{B}$ 均为 n 阶正定矩阵，则 $\boldsymbol{A}+\boldsymbol{B}$ 也是正定矩阵。

【证】任意非零列向量 $\boldsymbol{x}$，

$$\boldsymbol{x}^{\mathrm{T}}(\boldsymbol{A}+\boldsymbol{B})\boldsymbol{x}=\boldsymbol{x}^{\mathrm{T}}\boldsymbol{A}\boldsymbol{x}+\boldsymbol{x}^{\mathrm{T}}\boldsymbol{B}\boldsymbol{x}>0,$$

所以由正定性的定义知，$\boldsymbol{A}+\boldsymbol{B}$ 是正定矩阵。□

性质 6.5　实对称矩阵 $\boldsymbol{A}$ 是正定矩阵的充分必要条件是存在可逆矩阵 $\boldsymbol{P}$，使 $\boldsymbol{A}=\boldsymbol{P}^{\mathrm{T}}\boldsymbol{P}$。

【证】因为 $\boldsymbol{A}$ 是正定矩阵，则 $\boldsymbol{A}\cong\boldsymbol{E}$，故有 $\boldsymbol{A}=\boldsymbol{P}^{\mathrm{T}}\boldsymbol{P}$；反之 $\boldsymbol{A}=\boldsymbol{P}^{\mathrm{T}}\boldsymbol{P}$，则 $\boldsymbol{A}\cong\boldsymbol{E}$，所以 $\boldsymbol{A}$ 是正定矩阵。□

注：若 $\boldsymbol{A}$、$\boldsymbol{B}$ 均为 n 阶正定矩阵，问 $\boldsymbol{AB}$ 是否为正定矩阵？(不一定！)

例如，$\boldsymbol{A}=\begin{pmatrix}1&-1\\-1&3\end{pmatrix}$，$\boldsymbol{B}=\begin{pmatrix}2&1\\1&1\end{pmatrix}$ 均为正定矩阵，但

$$\boldsymbol{AB}=\begin{pmatrix}1&-1\\-1&3\end{pmatrix}\begin{pmatrix}2&1\\1&1\end{pmatrix}=\begin{pmatrix}1&0\\1&2\end{pmatrix},$$

$\boldsymbol{AB}$ 不是对称矩阵，因而 $\boldsymbol{AB}$ 不是正定矩阵。

【例 6.14】设 $\boldsymbol{A}$ 是 $m\times n(m\geqslant n)$ 阶列满秩实矩阵，试证 $\boldsymbol{A}^{\mathrm{T}}\boldsymbol{A}$ 是正定矩阵。

【证】因为 $\boldsymbol{A}$ 是 $m\times n(m\geqslant n)$ 阶列满秩实矩阵，且 $(\boldsymbol{A}^{\mathrm{T}}\boldsymbol{A})^{\mathrm{T}}=\boldsymbol{A}^{\mathrm{T}}(\boldsymbol{A}^{\mathrm{T}})^{\mathrm{T}}=\boldsymbol{A}^{\mathrm{T}}\boldsymbol{A}$，所以 $\boldsymbol{A}^{\mathrm{T}}\boldsymbol{A}$ 是 n 阶实对称矩阵。对任意 n 维实向量 $\boldsymbol{x}$，由于 $r(\boldsymbol{A})=n$，故当 $\boldsymbol{x}\neq\boldsymbol{0}$ 时必有 $\boldsymbol{A}\boldsymbol{x}\neq\boldsymbol{0}$，

即二次型

$$X^T(A^TA)X=(AX)^TAX=\|AX\|>0,$$

所以 A^TA 是正定矩阵。

练习 6.3

1. 判定下列二次型的正定性。

(1) $f(x_1,x_2,x_3)=5x_1^2+x_2^2+5x_3^2+4x_1x_2-8x_1x_3-4x_2x_3$;

(2) $f(x_1,x_2,x_3)=-2x_1^2-2x_2^2-x_3^2+2x_1x_2+2x_1x_3$;

(3) $f(x_1,x_2,x_3)=x_1^2+x_2^2+x_3^2+2x_1x_2+2x_1x_3+2x_2x_3$。

2. 常数 k 取什么值时下列二次型为正定二次型。

(1) $f(x_1,x_2,x_3)=x_1^2+x_2^2+5x_3^2+2kx_1x_2-2x_1x_3+4x_2x_3$;

(2) $f(x_1,x_2,x_3)=k(x_1^2+x_2^2+x_3^2)+2x_1x_2-2x_2x_3$。

3. 证明：实二次型 $f(x,\ y)=ax^2+bxy+cy^2$ 是正定的，当且仅当 $a>0$ 且 $4ac-b^2>0$。

4. 判断下列矩阵是否为正定矩阵。

(1) $\begin{pmatrix}1&2\\2&5\end{pmatrix}$; (2) $\begin{pmatrix}1&0&1\\0&2&0\\1&0&3\end{pmatrix}$; (3) $\begin{pmatrix}-1&3&0\\3&-10&0\\0&0&-2\end{pmatrix}$。

习题六

一、选择题

1. 设 $f(x)=2x_1^2+3x_2^2+3x_3^2+4x_2x_3$，则其二次型矩阵为(　　)。

(A) $\begin{pmatrix}2&0&0\\0&3&2\\0&0&3\end{pmatrix}$; (B) $\begin{pmatrix}2&0&0\\0&3&2\\0&2&3\end{pmatrix}$; (C) $\begin{pmatrix}2&0&0\\0&3&4\\0&4&3\end{pmatrix}$; (D) $\begin{pmatrix}2&0&0\\0&3&4\\0&0&3\end{pmatrix}$。

2. 四元二次型 $f(x_1,x_2,x_3,x_4)=x_1^2+2x_1x_2+2x_1x_3+2x_1x_4$ 的秩为(　　)。

(A)4; (B) 3; (C) 2; (D) 1。

3. 矩阵 $\begin{pmatrix}-2&0&0\\0&3&0\\0&0&4\end{pmatrix}$ 合同于矩阵(　　)。

(A) $\begin{pmatrix} 3 & 0 & 0 \\ 0 & -2 & 0 \\ 0 & 0 & 5 \end{pmatrix}$；　(B) $\begin{pmatrix} 1 & 0 & 0 \\ 0 & -1 & 0 \\ 0 & 0 & 0 \end{pmatrix}$；　(C) $\begin{pmatrix} -1 & 0 & 0 \\ 0 & -1 & 0 \\ 0 & 0 & 1 \end{pmatrix}$；　(D) $\begin{pmatrix} 1 & 0 & 0 \\ 0 & 2 & 0 \\ 0 & 0 & 3 \end{pmatrix}$。

4. 设 $\boldsymbol{A}$、$\boldsymbol{B}$ 为同阶方阵，且 $r(\boldsymbol{A})=r(\boldsymbol{B})$，则(　　)。

(A)$\boldsymbol{A}$ 与 $\boldsymbol{B}$ 相似；　(B)$|\boldsymbol{A}|=|\boldsymbol{B}|$；　(C)$\boldsymbol{A}$ 与 $\boldsymbol{B}$ 等价；　(D)$\boldsymbol{A}$ 与 $\boldsymbol{B}$ 合同。

5. 二次型 $f(x_1,x_2,x_3)=(x_1+x_2)^2+(x_1+x_3)^2-4(x_2-x_3)^2$ 的规范形为(　　)。

(A)$y_1^2+y_2^2$；　(B)$y_1^2-y_2^2$；　(C)$y_1^2+y_2^2-4y_3^2$；　(D)$y_1^2+y_2^2-y_3^2$。

6. 实二次型 $f(\boldsymbol{x})=\boldsymbol{x}^{\mathrm{T}}\boldsymbol{A}\boldsymbol{x}$ 为正定二次型的充要条件是(　　)。

(A)对于任意 $\boldsymbol{x}$，$f(\boldsymbol{x})=x^{\mathrm{T}}\boldsymbol{A}\boldsymbol{x}>0$；　(B)$\boldsymbol{A}$ 的标准型中有 n 个平方项；

(C)$\boldsymbol{A}$ 的负惯性指数为 0；　(D)$\boldsymbol{A}$ 的正惯性指数为 n。

7. 若三阶实对称矩阵 $\boldsymbol{A}=(a_{ij})$是正定矩阵，则 $\boldsymbol{A}$ 的正惯性指数为(　　)。

(A)0；　(B)1；　(C) 2；　(D) 3。

8. 设 $\boldsymbol{A}$ 为三阶实对称矩阵，$\boldsymbol{E}$ 为三阶单位矩阵，若 $\boldsymbol{A}^2+\boldsymbol{A}=2\boldsymbol{E}$，且 $|\boldsymbol{A}|=4$，则二次型 $\boldsymbol{x}^{\mathrm{T}}\boldsymbol{A}\boldsymbol{x}$ 的规范形为(　　)。

(A)$y_1^2+y_2^2+y_3^2$；　(B)$y_1^2+y_2^2-y_3^2$；　(C)$y_1^2-y_2^2-y_3^2$；　(D)$-y_1^2-y_2^2-y_3^2$。

9. 实二次型 $f(\boldsymbol{x})=\boldsymbol{x}^{\mathrm{T}}\boldsymbol{A}\boldsymbol{x}$ 正定的充要条件是(　　)。

(A)对于任意的 $\boldsymbol{x}\neq\boldsymbol{0}$，有 $\boldsymbol{x}^{\mathrm{T}}\boldsymbol{A}\boldsymbol{x}>0$；　(B) $|\boldsymbol{A}|>0$；

(C)存在 n 阶矩阵 $\boldsymbol{C}$ 使得 $\boldsymbol{A}=\boldsymbol{C}^{\mathrm{T}}\boldsymbol{C}$；　(D) 负惯性指数为零。

10. n 阶实对称矩阵 $\boldsymbol{A}$ 为正定矩阵的充要条件是(　　)。

(A)所有 k 级子式为正($k=1,2,\cdots,n$)；　(B) $\boldsymbol{A}$ 的所有特征值非负；

(C)$\boldsymbol{A}^{-1}$为正定矩阵；　(D) $r(\boldsymbol{A})=n$。

11. 若二次型 $f(x_1,x_2,x_3)=x_1^2+x_2^2-tx_2x_3+4x_3^2$ 正定，则 t 的取值范围是(　　)。

(A)$-2<t<2$；　(B)$-4<t<4$；　(C)$t>1$；　(D)$t<2$。

12. 设 $\boldsymbol{A}$ 是 n 阶正定矩阵，$\boldsymbol{E}$ 是 n 阶单位矩阵，则(　　)。

(A)$\boldsymbol{A}+\boldsymbol{E}$ 正定；　(B)$\boldsymbol{A}-\boldsymbol{E}$ 正定；　(C)$\boldsymbol{A}-\boldsymbol{E}$ 不定；　(D)$\boldsymbol{A}-\boldsymbol{E}$ 负定。

13. 实二次型 $f(\boldsymbol{x})=\boldsymbol{x}^{\mathrm{T}}\boldsymbol{A}\boldsymbol{x}$ 的标准形为 $f=y_1^2+y_2^2+y_3^2-y_4^2$，则不正确的说法为(　　)。

(A)正惯性指数为 3；　(B)负惯性指数为 1；

(C)$r(\boldsymbol{A})=4$；　(D)$\boldsymbol{A}$ 的特征值为 1，-1。

14. 设 $f=2x_1^2+3x_2^2+ax_3^2+6x_2x_3$，经过正交变换化为 $f=2y_1^2+6y_2^2$，则(　　)。

(A)$a=3$；　(B)$a=6$；　(C)$a=2$；　(D)$a=1$。

15. 设实二次型 $f(x_1,x_2,x_3)=x_2^2-x_3^2$，则 f(　　)。

(A)正定； (B)不定； (C) 负定； (D) 半正定。

16. 设实二次型 $f(x_1,x_2,x_3)$在正交变换 $\boldsymbol{x}=\boldsymbol{P}\boldsymbol{y}$ 下的标准型为 $2y_1^2+y_2^2-y_3^2$，其中 $\boldsymbol{P}=(\boldsymbol{e}_1,\boldsymbol{e}_2,\boldsymbol{e}_3)$，若 $\boldsymbol{Q}=(\boldsymbol{e}_1,-\boldsymbol{e}_3,\boldsymbol{e}_2)$，则 $f(x_1,x_2,x_3)$在正交变换 $\boldsymbol{x}=\boldsymbol{Q}\boldsymbol{y}$ 下的标准型为(　　)。

(A)$2y_1^2-y_2^2+y_3^2$； (B)$2y_1^2+y_2^2-y_3^2$； (C)$2y_1^2-y_2^2-y_3^2$； (D)$2y_1^2+y_2^2+y_3^2$。

17. 设实二次型 $f(x_1,x_2,x_3)=a(x_1^2+x_2^2+x_3^2)+2x_1x_2+2x_1x_3+2x_2x_3$ 的正、负惯性指数分别为 1,2，则(　　)。

(A)$a>1$； (B)$a<-2$； (C)$-2<a<1$； (D)$a=1$ 或 $a=-2$。

二、填空题

18. 设实二次型 $f(x_1,x_2,x_3)=x_1^2+ax_2^2+x_3^2+2x_1x_2-2x_2x_3-2ax_1x_3$ 的正、负惯性指数都为 1，则 $a=$________。

19. 已知 $\boldsymbol{A}$ 为可逆实对称矩阵，线性变换 $\boldsymbol{x}=\boldsymbol{C}\boldsymbol{y}$ 将二次型 $f(\boldsymbol{x})=\boldsymbol{x}^{\mathrm{T}}\boldsymbol{A}\boldsymbol{x}$ 化成 $f(\boldsymbol{C}\boldsymbol{y})=\boldsymbol{y}^{\mathrm{T}}\boldsymbol{A}^{-1}\boldsymbol{y}$，则 $\boldsymbol{C}=$________。

20. 设二次型 $f(\boldsymbol{x})=\boldsymbol{x}^{\mathrm{T}}\boldsymbol{A}\boldsymbol{x}$ 在正交变换下的标准型为 $y_1^2-2y_2^2+3y_3^2$，则二次型 f 的矩阵 $\boldsymbol{A}$ 的行列式 $|\boldsymbol{A}|=$________，$\boldsymbol{A}$ 的迹 $\mathrm{tr}(\boldsymbol{A})=$________。

三、计算题

21. 设实二次型 $f(x_1,x_2,x_3)=(x_1-x_2+x_3)^2+(x_2+x_3)^2+(x_1+ax_3)^2$，其中 a 为参数。(1)$f(x_1,x_2,x_3)=0$ 的解；(2)求 $f(x_1,x_2,x_3)$的规范形。

22. 设实二次型 $f(x_1,x_2,x_3)=2x_1^2-x_2^2+ax_3^2+2x_1x_2-8x_1x_3+2x_2x_3$ 在正交变换 $\boldsymbol{x}=\boldsymbol{Q}\boldsymbol{y}$ 下的标准型为 $\lambda_1y_1^2+\lambda_2y_2^2$，求 a 的值及一个正交矩阵 $\boldsymbol{Q}$。

23. 求二次型 $f(x_1,x_2,x_3)=(x_1+x_2)^2+(x_2+x_3)^2-(x_3-x_1)^2$ 的正惯性指数与负惯性指数。

24. 设二次型 $f(x_1,x_2)=x_1^2+4x_2^2-4x_1x_2$ 经正交变换 $\begin{pmatrix}x_1\\x_2\end{pmatrix}=\boldsymbol{Q}\begin{pmatrix}y_1\\y_2\end{pmatrix}$ 化为

$$g(y_1,y_2)=ay_1^2+by_2^2+4y_1y_2,$$

其中 $a\geqslant b$。(1)求 a、b 的值；(2) 求正交变换矩阵 $\boldsymbol{Q}$。

四、证明题

25. 设二次型 $f(x_1,x_2,x_3)=2(a_1x_1+a_2x_2+a_3x_3)^2+(b_1x_1+b_2x_2+b_3x_3)^2$，记 $\boldsymbol{\alpha}=\begin{pmatrix}a_1\\a_2\\a_3\end{pmatrix}$，

$\boldsymbol{\beta}=\begin{pmatrix} b_1 \\ b_2 \\ b_3 \end{pmatrix}$。

(1)证明二次型 f 对应的矩阵为 $2\boldsymbol{\alpha}^{\mathrm{T}}\boldsymbol{\alpha}+\boldsymbol{\beta}^{\mathrm{T}}\boldsymbol{\beta}$。

(2)若 $\boldsymbol{\alpha},\boldsymbol{\beta}$ 正交且均为单位向量，证明二次型 f 在正交变换下的标准型为二次型 $2y_1^2+y_2^2$。

26. 设实二次型 $f(x_1,x_2,\cdots,x_n)=\sum_{i=1}^{s}(a_{i1}x_1+a_{i2}x_2+\cdots+a_{in}x_n)^2$，证明：$f(x_1,x_2,\cdots,x_n)$的秩等于矩阵 $\boldsymbol{A}=(a_{ij})_{s\times n}$的秩。

27. 设 $\boldsymbol{A}$ 为 n 阶实对称矩阵，证明 $\boldsymbol{A}$ 与 $-\boldsymbol{A}$ 合同的充分必要条件是 A 的秩是偶数且惯性符号差为零。

28. 设 $\boldsymbol{B}$ 为 $m\times n$ 实矩阵，$\boldsymbol{x}=(x_1,x_2,\cdots,x_n)^{\mathrm{T}}$ 为实向量，证明：齐次线性方程 $\boldsymbol{Bx}=\boldsymbol{0}$ 只有零解的充分必要条件是 $\boldsymbol{B}^{\mathrm{T}}\boldsymbol{B}$ 是正定矩阵。

29. 设 $\boldsymbol{A}$ 为 $m\times n$ 实矩阵，$\boldsymbol{E}$ 为 n 阶单位矩阵，已知矩阵 $\boldsymbol{B}=\lambda\boldsymbol{E}+\boldsymbol{A}^{\mathrm{T}}\boldsymbol{A}$，试证：当 $\lambda>0$ 时矩阵 $\boldsymbol{B}$ 为正定矩阵。

30. 已知二次型 $f(x_1,x_2,x_3)=3x_1^2+4x_2^2+3x_3^2+2x_1x_3$。(1)求正交变换 $\boldsymbol{x}=\boldsymbol{Q}\boldsymbol{y}$，将 $f(x_1,x_2,x_3)$化为标准型；(2) 证明$\min\limits_{\boldsymbol{x}\neq\boldsymbol{0}}\dfrac{f(\boldsymbol{x})}{\boldsymbol{x}^{\mathrm{T}}\boldsymbol{x}}=2$。

部分练习和习题答案

第 1 章　行列式

练习 1.1

1. (1)1；　(2)1；　(3) $ab(b-a)$；　(4) 0；　(5) -4；　(6) -360；　(7) $-a^3+3abc-b^3-c^3$；　(8) $(b-a)(c-a)(c-b)$；　(9)$-2a^3-2b^3$。

2. $\lambda=0$ 或 $\lambda=-2$。

3. (1) $\begin{cases}x_1=-7,\\ x_2=12。\end{cases}$ (2) $\begin{cases}x_1=1,\\ x_2=3,\\ x_3=2。\end{cases}$ (3) $\begin{cases}x_1=-1,\\ x_2=2,\\ x_3=1。\end{cases}$

练习 1.2

1. (1)$\tau(1\ 2\ 3\ 4)=0$；(2)$\tau(4\ 1\ 3\ 2\ 5)=4$；(3)$\tau(3\ 4\ 6\ 5\ 2\ 1)=10$；(4)$\tau(5\ 6\ 2\ 4\ 1\ 3)=11$。

2. (1)$\tau[1\ 3\cdots(2n-1)\ 2\ 4\cdots(2n)]=n(n-1)/2$；

   (2)$\tau[1\ 3\cdots(2n-1)\ (2n)\ (2n-2)\cdots 2]=n(n-1)$。

3. (1)$-abcd$；(2) $(ad-bc)eg$。

4. (1) $(-1)^{n-1}n!$；(2) $(-1)^{n-1}a_1a_2\cdots a_{n-1}a_n$。

练习 1.3

1. (1)0；(2)0；(3)0；(4)$(a^2+1)(b^2+1)$。

2. (1)$(a+3b)(a-b)^3$；(2) $D_n=\left(x+\sum_{i=1}^{n}a_i\right)x^{n-1}$；　(3) $D_n=\left(1+\sum_{i=1}^{n}\frac{1}{a_i}\right)a_1a_2\cdots a_n$。

练习 1.4

1. $A_{11}=5$，$A_{12}=-7$，$A_{13}=1$，$A_{14}=13$；$D=-6$；$A_{11}-A_{12}+A_{13}-A_{14}=0$。

2. (1) 2；　(2) -240；　(3)$1+(-1)^{n+1}a_1a_2\cdots a_{n-1}a_n$。

练习 1.5

1. (1)$x_1=3$，$x_2=1$，$x_3=2$；　(2)$x_1=1$，$x_2=2$，$x_3=3$，$x_4=-1$。

2. $\lambda=0$ 或 $\lambda=3$。

3. $a=1$,b 为任意常数；或者 $b=0$，a 为任意常数。

习题一

1. A。2. A。3. C。4. B。5. A。6. 0。7. 0。8. 7。9. a^4+4。10. $3a-2b\neq0$。11. -10。

12. (1)$1+(-1)^{n+1}a_1a_2\cdots a_{n-1}a_n$；(2) $a^n+(-1)^{n+1}b^n$；(3) $\left(a_0-\sum\limits_{i=1}^{n}\dfrac{1}{a_i}\right)a_1a_2\cdots a_n$；

13. 略；14. 略；15. $\lambda=1$ 或 $\lambda=2$。

第 2 章　矩阵及其运算

练习 2.1

1. 略。2. $\boldsymbol{A}=\begin{pmatrix}\frac{1}{2}&\frac{1}{3}&\frac{1}{4}\\\frac{1}{3}&\frac{1}{4}&\frac{1}{5}\\\frac{1}{4}&\frac{1}{5}&\frac{1}{6}\end{pmatrix}$。3. $\boldsymbol{A}=\begin{pmatrix}2&1/3&1/4&1/5\\3&4&1/5&1/6\\4&5&6&1/7\\5&6&7&8\end{pmatrix}$。4. 略。5. $x=3$，$y=-1$，$z=2$。

练习 2.2

1. (1)$\boldsymbol{A}+\boldsymbol{B}=\begin{pmatrix}6&8&3\\6&-1&8\end{pmatrix}$，$\boldsymbol{A}-\boldsymbol{B}=\begin{pmatrix}4&-4&-3\\-2&3&-6\end{pmatrix}$，$2\boldsymbol{A}+3\boldsymbol{B}=\begin{pmatrix}13&22&9\\16&-4&23\end{pmatrix}$；

(2)$\boldsymbol{X}=\begin{pmatrix}2&1&3\\1&1&1/3\end{pmatrix}$；(3) $\begin{pmatrix}69&24\\130&1\end{pmatrix}$，$\begin{pmatrix}41&-60\\77&-150\end{pmatrix}$；(4) $\begin{pmatrix}-12&-8\\2&-62\end{pmatrix}$。

2. (1) $\begin{pmatrix}6\\6\\3\end{pmatrix}$；(2)$(5\quad5\quad5)$；(3)15；(4) $\begin{pmatrix}11&4\\4&5\\6&0\end{pmatrix}$；(5) 87；(6) $\begin{pmatrix}6&1&0\\1&25&15\\0&15&11\end{pmatrix}$。

3. $\boldsymbol{A}^2=\begin{pmatrix}0&0&1\\0&0&0\\0&0&0\end{pmatrix}$，$\boldsymbol{A}^3=\begin{pmatrix}0&0&0\\0&0&0\\0&0&0\end{pmatrix}$。

4. $f(\boldsymbol{A})=\begin{pmatrix}-1&-6\\18&5\end{pmatrix}$，$\boldsymbol{A}f(\boldsymbol{A})=f(\boldsymbol{A})\boldsymbol{A}=\begin{pmatrix}-19&-11\\33&-8\end{pmatrix}$。

5. 略；6. 略；7. $|\boldsymbol{A}|=1$，$\boldsymbol{A}^*=\begin{pmatrix}0&2&-1\\-1&0&0\\0&-1&1\end{pmatrix}$，$|\boldsymbol{A}^*|=1$。8. 略。

练习 2.3

1. (1) $\begin{pmatrix}4&-1\\-7&2\end{pmatrix}$；(2) $\begin{pmatrix}1&-1&-1\\0&1&-1\\0&0&1\end{pmatrix}$；(3) $\frac{1}{2}\begin{pmatrix}1&1&0\\0&1&1\\1&0&1\end{pmatrix}$。

2. 略。3. 略。

4. $\boldsymbol{X}=\begin{pmatrix}10&2\\-15&-3\\12&4\end{pmatrix}$。

5. 3。

练习 2.4

1. (1) $\begin{pmatrix}1&0&0\\0&1&0\\0&0&1\end{pmatrix}$。(2) $\begin{pmatrix}1&-1&0&2&-3\\0&0&1&-2&2\\0&0&0&0&0\\0&0&0&0&0\end{pmatrix}$，标准形略。2. $a=5$，$b=1$。

练习 2.5

1. $\begin{pmatrix}3&2&1\\6&5&4\\15&13&11\end{pmatrix}$。

2. $\begin{pmatrix}1&-1&2&-1\\0&4&-6&5\\1&3&-4&4\end{pmatrix}$。

3.(1) $\begin{pmatrix} \frac{1}{2} & \frac{1}{2} & 0 \\ 0 & \frac{1}{2} & \frac{1}{2} \\ \frac{1}{2} & 0 & \frac{1}{2} \end{pmatrix}$；(2) $\begin{pmatrix} \frac{7}{6} & \frac{2}{3} & -\frac{3}{2} \\ -1 & -1 & 2 \\ -\frac{1}{2} & 0 & \frac{1}{2} \end{pmatrix}$；(3) $\begin{pmatrix} 1 & -3 & -2 & 0 \\ 0 & 1 & 0 & -1 \\ -1 & 3 & 3 & 2 \\ 2 & -7 & -6 & -2 \end{pmatrix}$。

4. $\begin{pmatrix} 10 & 2 \\ -15 & -3 \\ 12 & 4 \end{pmatrix}$。

5. $\boldsymbol{X}=\begin{pmatrix} 9 & 10 & 15 \\ 1 & 2 & 1 \\ 3 & 4 & 7 \end{pmatrix}$。

练习 2.6

1.(1) 1；(2) 2；(3) 3。

2. 当 $a=3$ 时，$r(\boldsymbol{A})=2$；当 $a\neq 3$ 时，$r(\boldsymbol{A})=3$。

3. 略。

练习 2.7

1.(1) $\begin{pmatrix} -3 & 7 & 0 & 0 \\ -2 & 3 & 0 & 0 \\ 0 & 0 & 4 & 5 \end{pmatrix}$；(2) $\begin{pmatrix} 3 & -1 & 0 & 0 \\ -2 & 1 & 0 & 0 \\ 0 & 0 & 1 & 0 \\ 0 & 0 & -3 & 1 \end{pmatrix}$。

2. $\boldsymbol{A}^{\mathrm{T}}\boldsymbol{A}=\begin{pmatrix} \boldsymbol{\alpha}_1^{\mathrm{T}}\boldsymbol{\alpha}_1 & \boldsymbol{\alpha}_1^{\mathrm{T}}\boldsymbol{\alpha}_2 & \cdots & \boldsymbol{\alpha}_1^{\mathrm{T}}\boldsymbol{\alpha}_n \\ \boldsymbol{\alpha}_2^{\mathrm{T}}\boldsymbol{\alpha}_1 & \boldsymbol{\alpha}_2^{\mathrm{T}}\boldsymbol{\alpha}_2 & \cdots & \boldsymbol{\alpha}_2^{\mathrm{T}}\boldsymbol{\alpha}_n \\ \vdots & \vdots & & \vdots \\ \boldsymbol{\alpha}_n^{\mathrm{T}}\boldsymbol{\alpha}_1 & \boldsymbol{\alpha}_n^{\mathrm{T}}\boldsymbol{\alpha}_2 & \cdots & \boldsymbol{\alpha}_n^{\mathrm{T}}\boldsymbol{\alpha}_n \end{pmatrix}$，$\boldsymbol{A}\boldsymbol{A}^{\mathrm{T}}=\boldsymbol{\alpha}_1\boldsymbol{\alpha}_1^{\mathrm{T}}+\boldsymbol{\alpha}_2\boldsymbol{\alpha}_2^{\mathrm{T}}+\cdots+\boldsymbol{\alpha}_n\boldsymbol{\alpha}_n^{\mathrm{T}}$。

3. $\begin{pmatrix} \boldsymbol{A} & \boldsymbol{O} \\ \boldsymbol{O} & \boldsymbol{B}-\boldsymbol{C}^{\mathrm{T}}(\boldsymbol{A}^{-1})^{\mathrm{T}}\boldsymbol{C} \end{pmatrix}$。

4. 矩阵表示：$\begin{pmatrix} 1 & 2 & 1 & -1 \\ 3 & -1 & 4 & 1 \\ 0 & 3 & 1 & 6 \end{pmatrix}\begin{pmatrix} x_1 \\ x_2 \\ x_3 \\ x_4 \end{pmatrix}=\begin{pmatrix} 5 \\ 2 \\ 0 \end{pmatrix}$，

向量表示：$x_1\begin{pmatrix}1\\3\\0\end{pmatrix}+x_2\begin{pmatrix}2\\-1\\3\end{pmatrix}+x_3\begin{pmatrix}1\\4\\1\end{pmatrix}+x_4\begin{pmatrix}-1\\1\\6\end{pmatrix}=\begin{pmatrix}5\\2\\0\end{pmatrix}$。

习题二

1. D。2. D。3. D。4. D。5. D。6. A。7. C。8. C。9. C。10. D。11. B。12. C。

13. $\boldsymbol{AB}^{\mathrm{T}}=-1$，$\boldsymbol{A}^{\mathrm{T}}\boldsymbol{B}=\begin{pmatrix}1&1&-2\\0&0&0\\1&1&-2\end{pmatrix}$，$(\boldsymbol{B}^{\mathrm{T}}\boldsymbol{B})^{100}=6^{99}\begin{pmatrix}1&1&-2\\1&1&-2\\-2&-2&4\end{pmatrix}$。

14. $\begin{pmatrix}-5&7\\-18&5\end{pmatrix}$。

15. 3。

16. 1。

17. a/b。

18. 2。

19. $-\dfrac{1}{3}$。

20. $\begin{pmatrix}1&0&0&0\\0&1&0&0\\0&0&0&0\end{pmatrix}$。

21. -2。

22. $\begin{pmatrix}1&0&0\\0&1&0\\-4&0&1\end{pmatrix}$。

23. $\begin{pmatrix}3&1&1\\8&7&4\\7&7&5\end{pmatrix}$，$\begin{pmatrix}10&5&3\\5&3&3\\1&0&2\end{pmatrix}$，$\begin{pmatrix}2&1&-1\\4&4&3\\2&5&5\end{pmatrix}$，$\begin{pmatrix}15&6&3\\16&5&9\\6&-2&8\end{pmatrix}$。

24. (1) $\begin{pmatrix}2&-1&1\\4&-2&1\\-\dfrac{3}{2}&1&-\dfrac{1}{2}\end{pmatrix}$，(2) $\begin{pmatrix}0&0&1\\\dfrac{1}{2}&0&0\\0&\dfrac{1}{2}&0\end{pmatrix}$，(3) $\begin{pmatrix}3&-2&-4&8\\-1&1&2&-4\\-1&1&1&-2\\1&-1&-1&3\end{pmatrix}$。

25. $(-1)^{n+1}a_1a_2\cdots a_n\left(\sum\limits_{i=1}^{n}\frac{1}{a_i}\right)$。

26. $\begin{pmatrix}1&0&0\\-1&2&0\\0&-2&3\end{pmatrix}$。

27. 略。

28. $\begin{pmatrix}\frac{3}{2}&\frac{1}{2}&0\\3&2&2\end{pmatrix}$。

29. (1)$a=0$；(2)$\boldsymbol{X}=\begin{pmatrix}3&1&-2\\1&1&-1\\2&1&-1\end{pmatrix}$。

30. $\begin{pmatrix}3&2&1\\6&5&4\\9+12k&8+10k&7+8k\end{pmatrix}$。

31. $\begin{pmatrix}3&0&0\\0&3&0\\0&0&-1\end{pmatrix}$。

32. $a=2$，$\boldsymbol{P}=\begin{pmatrix}3&4&-2\\-1&-1&1\\0&0&1\end{pmatrix}$。

33. 当 $a=-3$ 时，$r(\boldsymbol{A})=3$；当 $a=1$ 时，$r(\boldsymbol{A})=1$；当 $a\neq1$ 且 $a\neq-3$ 时，$r(\boldsymbol{A})=4$。

34～38. 略。

第 3 章　线性方程组

练习 3.1

1. 略。2. 略。

3. (1)$\begin{cases}x_1=4c\\x_2=-9c\\x_3=4c\\x_4=c\end{cases}$（$c$ 为任意常数）。(2)$\begin{cases}x_1=1-c_1+c_2\\x_2=c_1\\x_3=c_2\\x_4=0\end{cases}$（$c_1$、$c_2$ 为任意常数）。

(3) $\begin{cases} x_1=\dfrac{6}{7}+\dfrac{1}{7}c_1+\dfrac{1}{7}c_2 \\ x_2=-\dfrac{5}{7}+\dfrac{5}{7}c_1-\dfrac{9}{7}c_2 \\ x_3=c_1 \\ x_4=c_2 \end{cases}$（$c_1$、$c_2$ 为任意常数）。

4. 略。

练习 3.2

1. $(7,4,-3)^{\mathrm{T}}$。2. $(-1,-1,-2,-3)^{\mathrm{T}}$。

3. 略。4. 略。

练习 3.3

1. (1) 线性无关，因为 $\det(\boldsymbol{\alpha}_1,\boldsymbol{\alpha}_2,\boldsymbol{\alpha}_3)=1\neq0$；(2) 线性相关，因为 $\det(\boldsymbol{\alpha}_1,\boldsymbol{\alpha}_2,\boldsymbol{\alpha}_3)=0$；(3)线性无关；(4) 线性相关，因为向量个数大于向量维数。

2. 略。3. 略。

4. $t=4$；$\boldsymbol{\beta}=-3k\boldsymbol{\alpha}_1+(4-k)\boldsymbol{\alpha}_2+k\boldsymbol{\alpha}_3$，$k$ 为任意常数。

练习 3.4

1. 略。

2. (1)$r=3$；(2)一个极大无关组为 $\boldsymbol{\alpha}_1$，$\boldsymbol{\alpha}_2$，$\boldsymbol{\alpha}_3$；(3) $\boldsymbol{\alpha}_4=\boldsymbol{\alpha}_1+3\boldsymbol{\alpha}_2-\boldsymbol{\alpha}_3$，$\boldsymbol{\alpha}_5=-\boldsymbol{\alpha}_2+\boldsymbol{\alpha}_3$。

3. 当 $a=0$ 时 $\boldsymbol{\alpha}_1$，$\boldsymbol{\alpha}_2$，$\boldsymbol{\alpha}_3$，$\boldsymbol{\alpha}_4$ 线性相关，一个极大无关组为 $\boldsymbol{\alpha}_1$，且 $\boldsymbol{\alpha}_2=2\boldsymbol{\alpha}_1$，$\boldsymbol{\alpha}_3=3\boldsymbol{\alpha}_1$，$\boldsymbol{\alpha}_4=4\boldsymbol{\alpha}_1$；当 $a=-10$ 时 $\boldsymbol{\alpha}_1$，$\boldsymbol{\alpha}_2$，$\boldsymbol{\alpha}_3$，$\boldsymbol{\alpha}_4$ 线性相关，一个极大无关组为 $\boldsymbol{\alpha}_1$，$\boldsymbol{\alpha}_2$，$\boldsymbol{\alpha}_3$，且 $\boldsymbol{\alpha}_4=-\boldsymbol{\alpha}_1-\boldsymbol{\alpha}_2-\boldsymbol{\alpha}_3$。

4. $a=3$。

练习 3.5

1. (1)基础解系 $\boldsymbol{\xi}_1=\begin{pmatrix}-4\\3\\1\\0\end{pmatrix}$，$\boldsymbol{\xi}_2=\begin{pmatrix}0\\1\\0\\1\end{pmatrix}$，通解 $\boldsymbol{x}=k_1\boldsymbol{\xi}_1+k_2\boldsymbol{\xi}_2=k_1\begin{pmatrix}-4\\3\\1\\0\end{pmatrix}+k_2\begin{pmatrix}0\\1\\0\\1\end{pmatrix}$，其中 k_1，k_2 为任意常数。(不唯一)

(2)基础解系 $\boldsymbol{\xi}_1=\begin{pmatrix}-2\\-14\\19\\0\end{pmatrix}$，$\boldsymbol{\xi}_2=\begin{pmatrix}1\\7\\0\\19\end{pmatrix}$，通解 $\boldsymbol{x}=k_1\boldsymbol{\xi}_1+k_2\boldsymbol{\xi}_2=k_1\begin{pmatrix}-2\\-14\\19\\0\end{pmatrix}+k_2\begin{pmatrix}1\\7\\0\\19\end{pmatrix}$，其中

k_1，k_2 为任意常数。(不唯一)

(3)基础解系 $\boldsymbol{\xi}_1=\begin{pmatrix}-2\\1\\0\\0\end{pmatrix}$，$\boldsymbol{\xi}_2=\begin{pmatrix}1\\0\\0\\1\end{pmatrix}$，通解 $\boldsymbol{x}=k_1\boldsymbol{\xi}_1+k_2\boldsymbol{\xi}_2=k_1\begin{pmatrix}-2\\1\\0\\0\end{pmatrix}+k_2\begin{pmatrix}1\\0\\0\\1\end{pmatrix}$，其中 k_1，

k_2 为任意常数。(不唯一)

(4)基础解系 $\boldsymbol{\xi}_1=\begin{pmatrix}-1\\0\\\vdots\\0\\n\end{pmatrix}$，$\boldsymbol{\xi}_2=\begin{pmatrix}0\\-1\\\vdots\\0\\n-1\end{pmatrix}$，…，$\boldsymbol{\xi}_{n-1}=\begin{pmatrix}0\\0\\\vdots\\-1\\2\end{pmatrix}$，通解 $\boldsymbol{x}=k_1\boldsymbol{\xi}_1+k_2\boldsymbol{\xi}_2+\cdots+$

$k_{n-1}\boldsymbol{\xi}_{n-1}$，其中 k_1，k_2，…，k_{n-1}为任意常数。

2. 提示：利用 $\boldsymbol{AA}^*=\boldsymbol{O}$ 证明。

练习 3.6

1. (1)$\boldsymbol{x}=k_1\begin{pmatrix}-1\\1\\0\\0\end{pmatrix}+k_2\begin{pmatrix}1\\0\\1\\0\end{pmatrix}+\begin{pmatrix}1\\0\\0\\0\end{pmatrix}$，其中 k_1,k_2 为任意常数。

(2)$X=k\begin{pmatrix}-2\\1\\1\end{pmatrix}+\begin{pmatrix}-1\\2\\0\end{pmatrix}$，其中 k 为任意常数。

(3)$\boldsymbol{x}=k\begin{pmatrix}-1\\1\\1\\0\end{pmatrix}+\begin{pmatrix}-8\\13\\0\\2\end{pmatrix}$，其中 k 为任意常数。

(4)$X=k\begin{pmatrix}-4\\0\\7\\1\end{pmatrix}+\begin{pmatrix}-17\\0\\28\\0\end{pmatrix}$，其中 k 为任意常数。

2. $\boldsymbol{x}=k(2\boldsymbol{\eta}_1-\boldsymbol{\eta}_2-\boldsymbol{\eta}_3)+\boldsymbol{\eta}_1$，其中 k 为任意常数。

3.(1)$a=0$；(2)$\boldsymbol{x}=k\begin{pmatrix}0\\-1\\1\end{pmatrix}+\begin{pmatrix}1\\-2\\0\end{pmatrix}$，其中 k 为任意常数。

4.(1)基础解系 $\boldsymbol{\xi}=\begin{pmatrix}-1\\2\\3\\1\end{pmatrix}$；(2)$\boldsymbol{B}=\begin{pmatrix}-k_1&-k_2&-k_3\\2k_1&2k_2&2k_3\\3k_1&3k_2&3k_3\\k_1&k_2&k_3\end{pmatrix}+\begin{pmatrix}2&6&-1\\-1&-3&1\\-1&-4&1\\0&0&0\end{pmatrix}$，其中 k_1,k_2，k_3 为任意常数。

5. $\boldsymbol{x}=k\begin{pmatrix}1\\-2\\1\\0\end{pmatrix}+\begin{pmatrix}1\\1\\1\\1\end{pmatrix}$，其中 k 为任意常数。

习题三

1. C。2. B。3. D。4. D。5. B。6. D。7. B。8. D。9. D。10. D。

11. 2。

12. 8 或 -2。

13. 2。

14. -2。

15. $\boldsymbol{x}=k_1(\boldsymbol{\alpha}_1-\boldsymbol{\alpha}_2)+k_2(\boldsymbol{\alpha}_1-\boldsymbol{\alpha}_3)+\boldsymbol{\alpha}_1$，其中 k_1,k_2 为任意常数。

16. 列向量组的一个极大无关组为第 1、2、3 列，且

$$\begin{pmatrix}2\\5\\-1\\4\end{pmatrix}=\begin{pmatrix}1\\0\\2\\1\end{pmatrix}+3\begin{pmatrix}1\\2\\0\\1\end{pmatrix}-\begin{pmatrix}2\\1\\3\\0\end{pmatrix},\begin{pmatrix}1\\-1\\3\\-1\end{pmatrix}=-\begin{pmatrix}1\\2\\0\\1\end{pmatrix}+\begin{pmatrix}2\\1\\3\\0\end{pmatrix}。$$

17. (1)通解为 $\begin{pmatrix}x_1\\x_2\\x_3\\x_4\end{pmatrix}=k\begin{pmatrix}-4\\9\\-4\\3\end{pmatrix}$，其中 k 为任意常数。(2)通解为 $\begin{pmatrix}x_1\\x_2\\x_3\\x_4\end{pmatrix}=\frac{k_1}{7}\begin{pmatrix}1\\5\\1\\0\end{pmatrix}+\frac{k_2}{7}\begin{pmatrix}1\\-9\\0\\1\end{pmatrix}+\frac{1}{7}\begin{pmatrix}6\\-5\\0\\0\end{pmatrix}$，其中 k_1,k_2 为任意常数。

18. 当 $a=1$ 时，$\boldsymbol{\beta}=\boldsymbol{\alpha}_1-(1+k)\boldsymbol{\alpha}_2+k\boldsymbol{\alpha}_3$，其中 k 为任意常数。

19. 略。20. 略。21.(1)略；(2)$a=1$。

第 4 章　向量空间

练习 4.1

1.V_1 是向量空间，V_2 不是。2.$(x_1,x_2,x_3)=(1,0,1)$。

练习 4.2

1. $\boldsymbol{P}=\begin{pmatrix}0&0&\cdots&1\\0&0&\cdots&0\\\vdots&\vdots&&\vdots\\0&1&\cdots&0\\1&0&\cdots&0\end{pmatrix}$。2.(1)$\boldsymbol{P}=\begin{pmatrix}-27&-71&-41\\9&20&9\\4&12&8\end{pmatrix}$。(2) $\begin{pmatrix}x_1\\x_2\\x_3\end{pmatrix}=\begin{pmatrix}-2\\1\\1\end{pmatrix}$，$\begin{pmatrix}y_1\\y_2\\y_3\end{pmatrix}=\dfrac{1}{4}\begin{pmatrix}153\\-106\\83\end{pmatrix}$。

练习 4.3

1.(1)7；(2)-1。

2. (1)$\boldsymbol{\alpha}_1^*=\left(\dfrac{1}{2},\dfrac{1}{2},\dfrac{1}{2},\dfrac{1}{2}\right)^{\mathrm{T}}$；(2)$\boldsymbol{\alpha}_2^*=\left(0,\dfrac{1}{\sqrt{3}},\dfrac{1}{\sqrt{3}},\dfrac{-1}{\sqrt{3}}\right)^{\mathrm{T}}$；

(3)$\boldsymbol{\alpha}_3^*=\left(\dfrac{\sqrt{2}}{3},\dfrac{1}{3},\dfrac{\sqrt{5}}{3},\dfrac{-1}{3}\right)^{\mathrm{T}}$。

3. 略。

练习 4.4

1. (1)$\boldsymbol{\xi}_1=\left(\dfrac{1}{\sqrt{2}},\dfrac{1}{\sqrt{2}}\right)^{\mathrm{T}}$，$\boldsymbol{\xi}_2=\left(\dfrac{1}{\sqrt{2}},-\dfrac{1}{\sqrt{2}}\right)^{\mathrm{T}}$；(2)$\boldsymbol{\xi}_1=\left(\dfrac{1}{\sqrt{3}},-\dfrac{1}{\sqrt{3}},\dfrac{1}{\sqrt{3}}\right)^{\mathrm{T}}$，$\boldsymbol{\xi}_2=\left(\dfrac{2}{\sqrt{6}},\dfrac{1}{\sqrt{6}},-\dfrac{1}{\sqrt{6}}\right)^{\mathrm{T}}$，

$\boldsymbol{\xi}_3=\left(0,\dfrac{1}{\sqrt{2}},\dfrac{1}{\sqrt{2}}\right)^{\mathrm{T}}$；(3)$\boldsymbol{\xi}_1=\left(\dfrac{1}{\sqrt{2}},\dfrac{1}{\sqrt{2}},0\right)^{\mathrm{T}}$，$\boldsymbol{\xi}_2=\left(-\dfrac{1}{\sqrt{6}},\dfrac{1}{\sqrt{6}},\dfrac{2}{\sqrt{6}}\right)^{\mathrm{T}}$，$\boldsymbol{\xi}_3=\left(\dfrac{1}{\sqrt{3}},-\dfrac{1}{\sqrt{3}},\dfrac{1}{\sqrt{3}}\right)^{\mathrm{T}}$。

2.(1)正交矩阵；(2)正交矩阵；(3)不是正交矩阵。

3. 略。4. 略。

习题四

1. A。2. A。3. A。4. A。5. A。6. D。7. B。8. C。

9. 2。

10. $\begin{pmatrix}1&0&1\\1&1&0\\0&1&1\end{pmatrix}$。

11. ±2。

12. −3。

13. $(-k,k,0)^{\mathrm{T}}$，其中 k 为任意常数。

14. $\boldsymbol{\xi}_1=\left(\frac{1}{2},\frac{1}{2},\frac{1}{2},\frac{1}{2}\right)^{\mathrm{T}}$，$\boldsymbol{\xi}_2=\left(-\frac{3}{\sqrt{14}},0,\frac{1}{\sqrt{14}},\frac{2}{\sqrt{14}}\right)^{\mathrm{T}}$，$\boldsymbol{\xi}_3=\left(\frac{1}{\sqrt{42}},0,-\frac{5}{\sqrt{42}},\frac{4}{\sqrt{42}}\right)^{\mathrm{T}}$。

15. 略。16. 略。

第 5 章 矩阵的特征值和相似对角化

练习 5.1

1. $a=1$ 或 $a=-2$。

2. $\lambda_1=0$，$\lambda_2=-1$，$\lambda_3=-2$。

3. (1)$\lambda_1=0$，$\lambda_2=3$，$\boldsymbol{\alpha}_1=k_1\begin{pmatrix}1\\1\end{pmatrix}$，$\boldsymbol{\alpha}_2=k_2\begin{pmatrix}-1\\2\end{pmatrix}$，其中 k_1，k_2 为任意非零常数。

(2)$\lambda_1=2$(三重根)，$\boldsymbol{\alpha}=k_1\begin{pmatrix}1\\1\\0\end{pmatrix}+k_2\begin{pmatrix}-1\\0\\1\end{pmatrix}$，其中 k_1，k_2 是不全为零的任意常数。

(3)特征值 $\lambda_1=-2,\lambda_2=1,\lambda_3=4$，对应的特征向量为

$$\boldsymbol{\alpha}_1=k_1\begin{pmatrix}-1\\-2\\-2\end{pmatrix},\boldsymbol{\alpha}_2=k_2\begin{pmatrix}2\\1\\-2\end{pmatrix},\boldsymbol{\alpha}_3=k_3\begin{pmatrix}-2\\2\\-1\end{pmatrix},$$

其中 k_1,k_2,k_3 为全不为零的任意常数。

(4)$\lambda_1=0$($n-1$ 重根)，$\lambda_2=a_1^2+a_2^2+\cdots+a_n^2$，属于 λ_1 的特征向量 $\boldsymbol{\alpha}_1=k_1\begin{pmatrix}-a_2\\a_1\\0\\\vdots\\0\end{pmatrix}+$

$k_2\begin{pmatrix}-a_3\\0\\a_1\\\vdots\\0\end{pmatrix}+\cdots+k_{n-1}\begin{pmatrix}-a_n\\0\\0\\\vdots\\a_1\end{pmatrix}$，其中 $k_1,k_2,\cdots,k_{n-1}$ 是不全为零的任意常数。属于 λ_2 的特征向量为 $k\begin{pmatrix}a_1\\a_2\\\vdots\\a_n\end{pmatrix}$，其中 k 为任意非零常数。

4. (1)$\lambda_1=1$(二重根)，$\lambda_2=-5$。属于 λ_1 的线性无关的特征向量 $\boldsymbol{\alpha}_1=k_1\begin{pmatrix}1\\1\\0\end{pmatrix}$，$\boldsymbol{\alpha}_2=k_2\begin{pmatrix}1\\0\\1\end{pmatrix}$，其中 k_1,k_2 为任意非零常数。属于 λ_2 的特征向量为 $\boldsymbol{\alpha}_3=k\begin{pmatrix}-1\\1\\1\end{pmatrix}$，其中为任意非零常数。

(2)略。

5. 略。

练习 5.2

1. 略。

2. 略。

3. $x=4$，$y=5$。

4. (1) $\boldsymbol{P}=\begin{pmatrix}1&-4&2\\0&-3&0\\0&4&1\end{pmatrix}$，$\boldsymbol{\Lambda}=\begin{pmatrix}1&&\\&-1&\\&&2\end{pmatrix}$。

(2)$\boldsymbol{P}=\begin{pmatrix}1&0&1\\0&1&2\\1&-2&-2\end{pmatrix}$，$\boldsymbol{\Lambda}=\begin{pmatrix}1&&\\&1&\\&&2\end{pmatrix}$。

(3)$\boldsymbol{P}=\begin{pmatrix}-2&2&-1\\1&0&-2\\0&1&2\end{pmatrix}$，$\boldsymbol{\Lambda}=\begin{pmatrix}1&&\\&1&\\&&10\end{pmatrix}$。

(4) $\boldsymbol{P}=\begin{pmatrix} 1 & -1 & 1 \\ 1 & 1 & 1 \\ -1 & 0 & 2 \end{pmatrix}$，$\boldsymbol{\Lambda}=\begin{pmatrix} 0 & & \\ & 1 & \\ & & 3 \end{pmatrix}$。

5\. $\boldsymbol{A}=\begin{pmatrix} -1 & 0 & 2 \\ 0 & 1 & 2 \\ 2 & 2 & 0 \end{pmatrix}$。

6\. 略。

练习 5.3

1\. (1) $\boldsymbol{Q}=\begin{pmatrix} \frac{1}{3} & -\frac{2}{3} & \frac{2}{3} \\ \frac{2}{3} & -\frac{1}{3} & -\frac{2}{3} \\ \frac{2}{3} & \frac{2}{3} & \frac{1}{3} \end{pmatrix}$，$\boldsymbol{\Lambda}=\begin{pmatrix} -2 & & \\ & 1 & \\ & & 4 \end{pmatrix}$。

(2) $\boldsymbol{Q}=\begin{pmatrix} -\frac{1}{3} & \frac{2}{\sqrt{5}} & \frac{2}{3\sqrt{5}} \\ -\frac{2}{3} & 0 & -\frac{5}{3\sqrt{5}} \\ \frac{2}{3} & \frac{1}{\sqrt{5}} & -\frac{4}{3\sqrt{5}} \end{pmatrix}$，$\boldsymbol{\Lambda}=\begin{pmatrix} 10 & & \\ & 1 & \\ & & 1 \end{pmatrix}$。

(3) $\boldsymbol{Q}=\begin{pmatrix} \frac{1}{2} & \frac{1}{\sqrt{2}} & \frac{1}{\sqrt{6}} & -\frac{1}{2\sqrt{3}} \\ -\frac{1}{2} & \frac{1}{\sqrt{2}} & -\frac{1}{\sqrt{6}} & \frac{1}{2\sqrt{3}} \\ -\frac{1}{2} & 0 & \frac{2}{\sqrt{6}} & \frac{1}{2\sqrt{3}} \\ \frac{1}{2} & 0 & 0 & \frac{3}{2\sqrt{3}} \end{pmatrix}$，$\boldsymbol{\Lambda}=\begin{pmatrix} -3 & & & \\ & 1 & & \\ & & 1 & \\ & & & 1 \end{pmatrix}$。

2\. $\lambda_1=3,\lambda_2=0,\lambda_3=0$，$\boldsymbol{\alpha}_1=k(1,1,1)^{\mathrm{T}}$，$\boldsymbol{\alpha}_2=k_1\boldsymbol{\xi}_1+k_2\boldsymbol{\xi}_2$，其中 $k\neq0$，k_1,k_2 是不全为零的任意常数。

3\. $\boldsymbol{\alpha}_3=k(1,0,1)^{\mathrm{T}}$，其中 $k\neq0$ 为任意常数。$\boldsymbol{A}=\begin{pmatrix} \frac{13}{6} & -\frac{1}{3} & \frac{5}{6} \\ -\frac{1}{3} & \frac{5}{3} & \frac{1}{3} \\ \frac{5}{6} & \frac{1}{3} & \frac{13}{6} \end{pmatrix}$。

4. $\boldsymbol{\alpha}_2=(-1,1,0)^{\mathrm{T}}$，$\boldsymbol{\alpha}_3=(1,1,-2)^{\mathrm{T}}$，$\boldsymbol{A}=\begin{pmatrix}4&1&1\\1&4&1\\1&1&4\end{pmatrix}$。

5. $c=3$，$\lambda_1=0$，$\lambda_2=4$，$\lambda_3=9$。

习题五

1. B。2. A。3. B。4. D。5. B。6. A。7. C。8. A。9. B。10. D。11. B。12. D。13. C。14. C。15. B。

16. $(-2,6)$。

17. 60。

18. 16。

19. 45。

20. ±1。

21. (1)$\boldsymbol{P}=\begin{pmatrix}1&0&1\\2&0&1\\0&1&-2\end{pmatrix}$，$\boldsymbol{\Lambda}=\begin{pmatrix}3&0&0\\0&3&0\\0&0&2\end{pmatrix}$。(2)$\boldsymbol{P}=\begin{pmatrix}-1&-1&1\\-1&1&0\\1&0&1\end{pmatrix}$，$\boldsymbol{\Lambda}=\begin{pmatrix}-1&0&0\\0&2&0\\0&0&2\end{pmatrix}$。

22. (1)$a=4$，$b=5$。(2)$\boldsymbol{P}=\begin{pmatrix}-1&2&-3\\-1&1&0\\1&0&1\end{pmatrix}$，$\boldsymbol{\Lambda}=\begin{pmatrix}5&0&0\\0&1&0\\0&0&1\end{pmatrix}$。

23. (1)提示：用反证法。(2)$\boldsymbol{P}^{-1}\boldsymbol{AP}=\begin{pmatrix}0&6\\1&-1\end{pmatrix}$，$\boldsymbol{A}$ 相似于对角矩阵。

24. $\boldsymbol{Q}=\begin{pmatrix}\frac{1}{2}&-\frac{1}{\sqrt{2}}&\frac{1}{\sqrt{6}}&\frac{1}{\sqrt{12}}\\\frac{1}{2}&\frac{1}{\sqrt{2}}&\frac{1}{\sqrt{6}}&\frac{1}{\sqrt{12}}\\\frac{1}{2}&0&-\frac{2}{\sqrt{6}}&\frac{1}{\sqrt{12}}\\\frac{1}{2}&0&0&\frac{-3}{\sqrt{12}}\end{pmatrix}$，$\boldsymbol{\Lambda}=\begin{pmatrix}4a&&&\\&0&&\\&&0&\\&&&0\end{pmatrix}$。

25. $b=1$，$a=1$ 或 $b=3$，$a=-1$。当 $b=1$，$a=1$ 时，$\boldsymbol{P}=\begin{pmatrix}-1&0&1\\0&0&1\\1&1&1\end{pmatrix}$，$\boldsymbol{\Lambda}=\begin{pmatrix}1&0&0\\0&1&0\\0&0&3\end{pmatrix}$；

当 $b=3$、$a=-1$ 时，$\boldsymbol{P}=\begin{pmatrix}-1 & 1 & 0\\ 1 & 1 & 0\\ 1 & 0 & 1\end{pmatrix}$，$\boldsymbol{\Lambda}=\begin{pmatrix}1 & 0 & 0\\ 0 & 3 & 0\\ 0 & 0 & 3\end{pmatrix}$。

26. (1) $\boldsymbol{A}=\begin{pmatrix}1 & 1 & 1\\ 2 & -1 & 1\\ 0 & 1 & -1\end{pmatrix}$，(2) $\boldsymbol{P}=\begin{pmatrix}0 & -1 & 4\\ -1 & 0 & 3\\ 1 & 2 & 1\end{pmatrix}$，$\boldsymbol{\Lambda}=\begin{pmatrix}-2 & 0 & 0\\ 0 & -1 & 0\\ 0 & 0 & 2\end{pmatrix}$。

27. 略。

28. 提示：把两个矩阵都对角化。

29. 略。

第 6 章　二次型

练习 6.1

1. (1) $\begin{pmatrix}4 & -2\\ -2 & 1\end{pmatrix}$。(2) $\begin{pmatrix}2 & -1 & -3\\ -1 & 3 & 2\\ -3 & 2 & 1\end{pmatrix}$。(3) $\begin{pmatrix}0 & \frac{1}{2} & \frac{1}{2}\\ \frac{1}{2} & 0 & \frac{1}{2}\\ \frac{1}{2} & \frac{1}{2} & 0\end{pmatrix}$。(4) $\begin{pmatrix}1 & & & \\ & 1 & & \\ & & \ddots & \\ & & & 1\end{pmatrix}$。

(5) $\begin{pmatrix}2 & 1 & \cdots & 1\\ 1 & 2 & \cdots & 1\\ \vdots & \vdots & & \vdots\\ 1 & 1 & \cdots & 2\end{pmatrix}$。

2. (1) $f=x_1^2+2x_3^2+2x_1x_2-6x_1x_3+4x_2x_3$。(2) $f=2x_1x_2-2x_1x_3+2x_2x_3$。

(3) $f=\boldsymbol{X}^{\mathrm{T}}(\boldsymbol{A}+\boldsymbol{A}^{\mathrm{T}})\boldsymbol{x}$，其中 $\boldsymbol{x}=(x_1, x_2, \cdots, x_n)^{\mathrm{T}}$。

3. $\boldsymbol{A}=\begin{pmatrix}1 & 1 & 0\\ 1 & 1 & 2\\ 0 & 2 & -1\end{pmatrix}$。4. 略。5. 略。

练习 6.2

1. (1)标准形 $f=4y_1^2+y_2^2+y_3^2$，正交变换 $\begin{pmatrix}x_1\\ x_2\\ x_3\end{pmatrix}=\begin{pmatrix}\frac{1}{\sqrt{3}} & -\frac{1}{\sqrt{2}} & \frac{1}{\sqrt{6}}\\ \frac{1}{\sqrt{3}} & \frac{1}{\sqrt{2}} & \frac{1}{\sqrt{6}}\\ \frac{1}{\sqrt{3}} & 0 & -\frac{2}{\sqrt{6}}\end{pmatrix}\begin{pmatrix}y_1\\ y_2\\ y_3\end{pmatrix}$。

(2)标准形 $f=y_1^2-2y_2^2+4y_3^2$，正交变换 $\begin{pmatrix}x_1\\x_2\\x_3\end{pmatrix}=\begin{pmatrix}-\frac{2}{3} & \frac{1}{3} & \frac{2}{3}\\ \frac{1}{3} & -\frac{2}{3} & \frac{2}{3}\\ \frac{2}{3} & \frac{2}{3} & \frac{1}{3}\end{pmatrix}\begin{pmatrix}y_1\\y_2\\y_3\end{pmatrix}$。

(3)标准形 $f=10y_1^2+y_2^2+y_3^2$，正交变换 $\begin{pmatrix}x_1\\x_2\\x_3\end{pmatrix}=\begin{pmatrix}-\frac{1}{3} & -\frac{2}{\sqrt{5}} & \frac{2}{3\sqrt{5}}\\ -\frac{2}{3} & \frac{1}{\sqrt{5}} & \frac{4}{3\sqrt{5}}\\ \frac{2}{3} & 0 & \frac{5}{3\sqrt{5}}\end{pmatrix}\begin{pmatrix}y_1\\y_2\\y_3\end{pmatrix}$。

2. $a=2$，$\begin{pmatrix}x_1\\x_2\\x_3\end{pmatrix}=\begin{pmatrix}0 & 1 & 0\\ -\frac{1}{\sqrt{2}} & 0 & \frac{1}{\sqrt{2}}\\ \frac{1}{\sqrt{2}} & 0 & \frac{1}{\sqrt{2}}\end{pmatrix}\begin{pmatrix}y_1\\y_2\\y_3\end{pmatrix}$。

3. (1)标准形 $f=y_1^2+2y_2^2+y_3^2$，$\begin{pmatrix}x_1\\x_2\\x_3\end{pmatrix}=\begin{pmatrix}1 & 1 & 0\\ 0 & 1 & 0\\ 0 & 0 & 1\end{pmatrix}\begin{pmatrix}y_1\\y_2\\y_3\end{pmatrix}$。

(2)标准形 $f=2y_1^2-2y_2^2-2y_3^2$，$\begin{pmatrix}x_1\\x_2\\x_3\end{pmatrix}=\begin{pmatrix}1 & -1 & -1\\ 0 & 1 & 0\\ 0 & 0 & 1\end{pmatrix}\begin{pmatrix}y_1\\y_2\\y_3\end{pmatrix}$。

(3)标准形 $f=y_1^2-y_2^2$，$\begin{pmatrix}x_1\\x_2\\x_3\end{pmatrix}=\begin{pmatrix}1 & 1 & 1\\ 1 & -1 & 0\\ 0 & 0 & 1\end{pmatrix}\begin{pmatrix}y_1\\y_2\\y_3\end{pmatrix}$。

4. (1) 标准形 $f=y_1^2+y_2^2-y_3^2$，$\begin{pmatrix}x_1\\x_2\\x_3\end{pmatrix}=\begin{pmatrix}1 & -1 & -1\\ 0 & 1 & 1\\ 0 & 0 & 1\end{pmatrix}\begin{pmatrix}y_1\\y_2\\y_3\end{pmatrix}$。

(2) 标准形 $f=y_1^2-y_2^2+y_3^2$，$\begin{pmatrix}x_1\\x_2\\x_3\end{pmatrix}=\begin{pmatrix}1 & -1 & 1\\ 0 & \frac{2}{5} & -\frac{2}{5}\\ 0 & 0 & \frac{5}{4}\end{pmatrix}\begin{pmatrix}y_1\\y_2\\y_3\end{pmatrix}$。

练习 6.3

1.(1)正定。(2)不定。(3)半正定。

2.(1)$-\frac{4}{5}<k<0$。(2)$-\sqrt{2}<k<-1$ 或 $k>\sqrt{2}$。

3. 略。

4.(1)正定。(2)正定。(3)负定。

习题六

1. B。2. C。3. A。4. C。5. B。6. D。7. D。8. C。9. A。10. C。11. B。12. A。13. D。14. A。15. B。16. A。17. C。

18. -2。19. $\boldsymbol{A}^{-1}$。20. -6，2。

21. (1)当 $a=2$ 时，解为 $\begin{pmatrix}x_1\\x_2\\x_3\end{pmatrix}=k\begin{pmatrix}2\\1\\-1\end{pmatrix}$，$k$ 为任意常数；当 $a\neq 2$ 时，解为 $\begin{pmatrix}x_1\\x_2\\x_3\end{pmatrix}=\begin{pmatrix}0\\0\\0\end{pmatrix}$。

(2)当 $a\neq 2$ 时，规范形 $f=y_1^2+y_2^2+y_3^2$；当 $a=2$ 时，规范形 $f=y_1^2+y_2^2$。

22. $a=2$，$\boldsymbol{Q}=\begin{pmatrix}\frac{1}{\sqrt{3}} & -\frac{1}{\sqrt{2}} & \frac{1}{\sqrt{6}}\\ -\frac{1}{\sqrt{3}} & 0 & \frac{2}{\sqrt{6}}\\ \frac{1}{\sqrt{3}} & \frac{1}{\sqrt{2}} & \frac{1}{\sqrt{6}}\end{pmatrix}$。

23. 正、负惯性指数均为 1。

24. (1)$a=4$，$b=1$；(2)$\boldsymbol{Q}=\begin{pmatrix}-\frac{4}{5} & \frac{3}{5}\\ \frac{3}{5} & \frac{4}{5}\end{pmatrix}$。

25. (1)提示：$(\boldsymbol{x}^{\mathrm{T}}\boldsymbol{\alpha})(\boldsymbol{\alpha}^{\mathrm{T}}\boldsymbol{x})=\boldsymbol{x}^{\mathrm{T}}(\boldsymbol{\alpha}\boldsymbol{\alpha}^{\mathrm{T}})\boldsymbol{x}=(a_1x_1+a_2x_2+a_3x_3)^2$。(2)略。

26. 提示：该二次型的矩阵为 $\boldsymbol{A}^{\mathrm{T}}\boldsymbol{A}$，然后证明 $r(\boldsymbol{A}^{\mathrm{T}}\boldsymbol{A})=r(\boldsymbol{A})$。

27. 略。28．略。29. 略。

30. (1)正交变换 $\begin{pmatrix}x_1\\x_2\\x_3\end{pmatrix}=\begin{pmatrix}-\frac{1}{\sqrt{2}} & 0 & \frac{1}{\sqrt{2}}\\ 0 & 1 & 0\\ \frac{1}{\sqrt{2}} & 0 & \frac{1}{\sqrt{2}}\end{pmatrix}\begin{pmatrix}y_1\\y_2\\y_3\end{pmatrix}$，标准形 $f=2y_1^2+4y_2^2+4y_3^2$。(2)提示：将 $\boldsymbol{x}=\boldsymbol{Q}\boldsymbol{y}$ 代入并化简计算。